Wolfgang Huber
ETHIK

Inhalt

1. Einleitung
Worum geht es in der Ethik?

Warum ist Ethik so umstritten? 9 – Was bedeutet persönliche Freiheit? 11 – Freiheit und Gerechtigkeit 12 – Die Freiheit und ihre Grenzen 13 – Religion und Ethik 15 – Was ist richtiges, was gutes Handeln? 17 – Das Beispiel Sexualethik 20 – Grundfragen des Lebens als Grundfragen der Ethik 22

2. Zusammenleben
Hat die Familie Zukunft?

Der Mensch – ein Beziehungswesen 23 – Was ist «Familie» heute? 24 – Jeder hat Familie 26 – Die ethische Bedeutung der Familie 28 – Familienpolitische Aufgaben 32

3. Menschliche Würde
Gibt es eine «Schwangerschaft auf Probe»?

Schwangerschaftskonflikte 39 – Die Vergegenständlichung des Embryos 40 – Der moralische Status des Embryos 42 – Entwicklung als Mensch oder zum Menschen? 43 – Die verantwortungsethische Betrachtung des Embryos 46 – Verantwortung in Schwangerschaftskonflikten 48

4. Behinderung
Wollen wir den perfekten Menschen?

Keine Kinder mehr mit Trisomie 21? 53 – Leid vermindern – Perfektion anstreben? 55 – Spannungsvolles Menschenbild 56 – Die Unterscheidung zwischen Gott und Mensch 57 – Chancen und Herausforderungen der Lebenswissenschaften 59 – Jeder Mensch hat seine eigene Würde 60

5. Grundbedürfnisse
Gehört das Essen nicht zur Moral?
Was sind Grundbedürfnisse? 63 – Grundbedürfnisse und Moral 64 – Erst das Fressen, dann die Moral? 66 – Die Bitte um das tägliche Brot 68 – Wasser ist Leben 69 – Fleischkonsum und Tierhaltung 71 – Vergeudung von Lebensmitteln 72 – Probleme der Welternährung 73

6. Armut
Wie lässt sich Ungerechtigkeit abbauen?
Absolute und relative Armut 77 – Was ist Gerechtigkeit? 78 – Soziale Gerechtigkeit 81 – Bildungsförderung: Potenziale oder Talente? 84 – Bildung für alle! 87

7. Kultur
Gibt es auch kulturelle Grundnahrungsmittel?
Was ist Kultur? 90 – Die ethische Bedeutung der Kultur 94 – Die zentrale Stellung der Sprache 95 – Spiel als Kulturphänomen 96 – Sport: Kult oder Kultur? 96 – Kunst selbst machen 100

8. Gewissen
Lässt sich Gewissensfreiheit lernen – und schützen?
Gewissensfreiheit als Menschenrecht 104 – Was ist mit dem Gewissen gemeint? 106 – Elemente des Gewissens: Urteilsfähigkeit und Verbindlichkeit 109 – Wie entsteht Gewissen? 110 – Wie weit reicht die Gewissensfreiheit? 113

9. Verantwortung
Wie wird man ein Weltbürger?
Aufwachsen in einer vernetzten Welt 117 – Was heißt Verantwortung? 118 – Die Menschenrechte als Orientierungsrahmen 121 – Die Haltung des Weltbürgertums 124 – Verantwortung lernen 127

10. Informationszeitalter
Beherrschen uns die Medien?
Medienethik als Professionsethik 130 – Medienethik als Mediennutzungsethik 133 – Medienethik als Institutionsethik 137

11. Arbeit
Leben wir, um zu arbeiten?

Youth at Risk 140 – Vom Normalarbeitsverhältnis zur Pluralisierung der Arbeitsformen 141 – Erwerbsarbeit ist nicht alles 143 – Stationen der Arbeitsethik 144 – Die Geschichte des Wortes «Beruf» 146 – Erfolgreiche Arbeit als Zeichen der Erwählung durch Gott 148 – Neues Arbeitsethos und Beteiligungsgerechtigkeit 149

12. Profit
Was ist der Zweck der Wirtschaft?

Ein wirtschaftsethischer Neuansatz 154 – Der Zweck der Wirtschaft 156 – Ebenen der Verantwortung 158 – Eine Wertordnung wirtschaftlichen Handelns 160 – Wirtschaftsethische Klärungsprozesse 165 – Ethische Maßstäbe und die Dynamik des Finanzkapitalismus 166

13. Wissenschaft
Dürfen wir alles, was wir können?

Folgenabschätzung und Würdeschutz 170 – Forschung und Freiheit 172 – Am Resultat orientierte Forschung 174 – Wissenschaft als Wahrheitssuche 176 – Wissenschaft im Dienst des Lebens 177 – Wissenschaft und die Verführbarkeit des Menschen 179 – Sich im Leben orientieren 181

14. Medizin
Gibt es ein Menschenrecht auf Gesundheit?

Neue Herausforderungen der Medizinethik 184 – Knappe Ressourcen im Gesundheitswesen 185 – Hauptsache gesund 187 – Medizinischer Fortschritt und personalisierte Medizin 190 – Gerechtigkeit im Gesundheitswesen 191 – Noch einmal: Organtransplantation 197

15. Politik
Lassen sich Macht und Moral verbinden?

Die Pflicht zur Wahrheit als ethisches Thema 200 – Ist Moral Privatsache? 203 – Wiederkehr der Tugenden 204 – Politische Ethik als Professionsethik 207 – Politische Ethik als Institutionsethik 210

16. Toleranz
Wie viel Verschiedenheit halten wir aus?
Die Beschneidung als Toleranztest 214 – Toleranz, Achtung, Anerkennung 216 – Neue Religionskonflikte 219 – Toleranz aus Überzeugung 220 – Persönliche, gesellschaftliche, politische Toleranz 224

17. Krieg und Frieden
Wie weit reicht unsere Verantwortung?
Das Konzept des gerechten Krieges 229 – Die Vorstellung des gerechten Friedens 231 – Gewalt im Dienst des Rechts 234 – Neue Kriege und Schutzverantwortung 236

18. Generationengerechtigkeit
Was hinterlassen wir unseren Nachkommen?
Wie weit reicht die Inklusion? 242 – Bewahrung der Schöpfung? 243 – Gegenwartsschrumpfung und Nachhaltigkeit 245 – Ist unser Wohlstand zukunftsverträglich? 249 – Das Vorsichtsprinzip 251 – Energieproduktion und Energiekonsum als ethische Herausforderung 256

19. Alter
Was heißt «Vater und Mutter ehren»?
Das vierte Gebot heute 261 – Leben mit dem «Methusalem-Komplott» 265 – Die Kreativität des Alters 267 – Demenz als Grenzerfahrung 269

20. Sterben
Wann ist es Zeit für den Tod?
Sterben und Tod 272 – Sterben und Selbstbestimmung 274 – Heilen und Helfen 275 – Sind Leben und Tod gleichwertig? 276 – Begleitung und Beistand im Sterben 278

Nachwort
Ethik im 21. Jahrhundert 283 – Integrative Ethik 285 – Jekyll and Hyde 288 – Dank 291

Anhang
Literaturhinweise 295 – Personenregister 313 – Sachregister 316

1. Einleitung
Worum geht es in der Ethik?

Ein achtzehnjähriger Schüler wirft auf dem Bahnsteig eines Berliner U-Bahnhofs einen Mann zu Boden und tritt dem regungslos Daliegenden mehrfach gegen den Kopf. Einige Monate später verurteilt ihn das zuständige Gericht wegen versuchten Totschlags und gefährlicher Körperverletzung zu einer Haftstrafe ohne Bewährung. Doch die Anwälte des jungen Mannes legen Revision ein; bis zu deren Entscheidung gewährt das Gericht Haftverschonung. Der Berliner Innensenator kritisiert diese Entscheidung der Justiz scharf; bei der Schwere der Tat könnten viele Menschen eine solche Entscheidung nicht nachvollziehen. Ein katholisches Gymnasium aber erklärt sich bereit, den Schüler in der Zeit der Haftverschonung aufzunehmen; zum Profil christlicher Schulen gehöre auch, schuldig gewordenen Menschen eine neue Chance zu eröffnen.

Warum ist Ethik so umstritten?

Erklären sich diese gegensätzlich klingenden Reaktionen einfach aus den unterschiedlichen Rollen eines Innensenators und einer christlichen Schule? Oder drücken sich darin unterschiedliche ethische Haltungen aus? Hängt die Entscheidung in einer solchen Frage mit der jeweiligen Grundeinstellung anderen Menschen gegenüber zusammen?

Ethik hat es heute, mehr noch als in früheren Zeiten, mit Konflikten zu tun. Doch ihr Verhältnis zu diesen Konflikten hat sich geändert. Ethik verhilft nicht nur zur Orientierung im Konflikt; sie ist vielmehr selbst umstritten. Das gehört zu den wichtigsten Kennzeichen des modernen Pluralismus.

Vor einhundert Jahren konnte ein amerikanischer Richter, Oliver Wendell Holmes jr., den Sinn der Moral noch mit den schlichten Worten umschreiben: «Das Recht, meine Faust zu schwingen, endet dort, wo die Nase des Nächsten anfängt: *The right to swing my fist ends where the other man's nose begins.*» (Erlinger 2011: 30)* Heute geht kaum noch jemand von einem vergleichbaren Einverständnis über moralische Regeln aus. Die Vorstellungen, die Menschen von einem richtigen und guten Leben haben, klaffen weit auseinander.

Bis zu welchem Punkt sind solche Unterschiede zu akzeptieren? Hat die Ethik alle Verbindlichkeit verloren, sodass nur ein allgemeiner Relativismus übrig bleibt? Manche halten diesen Relativismus oder gar einen ethischen Nihilismus für unausweichlich (Blackburn 2009: 19 ff.). Doch da wir Menschen nicht einzeln auf Inseln leben, sind wir auf ein gewisses Maß an Verständigung angewiesen. In welchen Fragen brauchen wir ein solches Einvernehmen? Und wie kann es erreicht werden? Ethisches Nachdenken ist gefragt.

Ethik ist die Reflexion menschlicher Lebensführung. Unter den drei Grundfragen des Philosophen Immanuel Kant – Was kann ich wissen? Was soll ich tun? Was darf ich hoffen? – steht die zweite im Zentrum (vgl. Kant 1781/1787: B 832 f.). Sie kann jedoch nicht unabhängig von den beiden anderen beantwortet werden. Die Antwort auf die Frage nach dem richtigen Tun ist nicht nur von dem Wissen über Handlungsbedingungen und Handlungsfolgen abhängig; sie ist auch abhängig von Handlungsmotiven, die unter anderem durch unsere Hoffnungen geprägt sind. Und schließlich ist sie bezogen auf das Menschenbild, von dem wir uns leiten lassen. Insofern münden die drei Fragen Kants in eine vierte: Was ist der Mensch?

---

* Mit dem Verfassernamen, dem Erscheinungsjahr und gegebenenfalls einer Seitenzahl wird auf Veröffentlichungen verwiesen, die in den Literaturhinweisen am Ende dieses Buchs aufgeführt sind. Falls notwendig, wird zusätzlich ein Kurztitel genannt. Die angegebene Jahreszahl bezieht sich in der Regel auf das Erscheinungsjahr der verwendeten Ausgabe, nur in Ausnahmefällen auf das Jahr der Erstveröffentlichung.

Was bedeutet persönliche Freiheit?

Die Frage «Was soll ich tun?» stellt sich, weil sich die Antwort nicht durch die Instinktsteuerung menschlichen Handelns von selbst ergibt. Der Mensch kann vielmehr zwischen verschiedenen Möglichkeiten wählen. Doch seine Selbstbestimmung ist an Grenzen gebunden, über die in der Geschichte des Denkens immer wieder gestritten wird. Ginge man von einer vollständigen Determiniertheit des menschlichen Handelns aus, bräuchte man nach der Ethik gar nicht mehr zu fragen. Insofern handelt die Ethik von der Möglichkeit eines Lebens aus Freiheit.

Doch was ist Freiheit? Umfragen darüber, was die Mehrheit der Deutschen unter Freiheit versteht, ergeben Folgendes: Die meisten verstehen unter Freiheit die Sicherheit vor sozialer Not und vergleichbaren Lebensrisiken. Damit verbindet sich der Gedanke, frei sei, wer tun und lassen kann, was er will. Und schließlich gilt ein Mensch dann als frei, wenn er aktiv den Erfolg im Leben sucht, dafür Risiken eingeht und gegebenenfalls auch die Folgen trägt (Petersen 2012: 14 f.).

Die wichtigsten ethischen Konsequenzen aus einem solchen Freiheitsverständnis heißen: Der Staat soll die großen Lebensrisiken absichern; im Rahmen möglichst zurückhaltender rechtlicher Regelungen soll jeder tun können, was er will; und im Übrigen ist jeder seines eigenen Glückes Schmied.

Ein solches Verständnis der Freiheit erklärt sich daraus, dass wichtige ethische Themen heute vor allem aus wirtschaftlicher Perspektive verstanden und erläutert werden. Freiheit ist deshalb vor allem Wirtschaftsfreiheit. Die Freiheit von äußerer Not bildet die Voraussetzung dafür, dass jeder seine Kräfte für den eigenen Vorteil einsetzen kann. Die Aufgabe des einzelnen besteht darin, die eigenen Lebenschancen so gut wie möglich zu nutzen. Eine Werbung fasst diese verbreitete Freiheitsvorstellung gut zusammen: «Du kaufst keinen Bausparvertrag. Du kaufst Freiheit!»

Doch die Orientierung am eigenen Vorteil ist nur ein Aspekt der Freiheit. Freiheit als «das Gefühl, Urheber unseres Willens und Subjekt unseres Lebens zu sein» (Bieri 2001: 73), ist nicht nur ein Anspruch des einzelnen im Blick auf sein eigenes Leben; sie ist zugleich ein Maßstab für den Umgang mit anderen. Freiheit ist individuell, aber nicht egozentrisch.

Freiheit und Gerechtigkeit

Niemandem kann das Recht verweigert werden, sein Leben selbst in die Hand zu nehmen und zu gestalten. Deshalb muss allen Menschen der gleiche Zugang zur Freiheit offenstehen. Nur dann ist das Streben nach Freiheit mit der gleichen Würde aller Menschen vereinbar. Die Freiheit als Ausgangspunkt der Ethik verbindet sich deshalb mit der Pflicht, die gleiche Freiheit aller anzuerkennen. Man bezeichnet diese Haltung als egalitären Universalismus. Wo immer man ihm begegnet, befindet man sich auf direkte oder indirekte Weise zugleich im Wirkungsbereich des aufklärerischen Vernunftdenkens wie der jüdisch-christlichen Ethik.

Konkreten Ausdruck findet die Sehnsucht nach Freiheit insbesondere angesichts erfahrener Unfreiheit. Das Verlangen nach Freiheit wird im Blick auf die konkreten Einschränkungen formuliert, die überwunden werden sollen. «Sobald diese Beschränkungen überwunden sind, stellen sie den positiven Inhalt dessen dar, was wir jeweils als unsere Freiheiten bezeichnen.» (Mead 1983: 411) Erfahrungen der Unfreiheit und die Kämpfe um ihre Überwindung führen somit zu veränderten Deutungen der Freiheit sowie zu neuen Bemühungen darum, sie rechtlich zu gewährleisten. Der Kampf um die Überwindung der Sklaverei ist der Prototyp dieses geschichtlichen Prozesses (vgl. Patterson 1992). Das Bewusstsein von Freiheit als einem verbindlichen Wert für menschliches Leben und für die Gestaltung des menschlichen Zusammenlebens entsteht also aus einem «Wechselspiel von Leiden und Wertbildungskraft … der Kampf um religiöse Freiheit im 18. Jahrhundert, der Kampf um die Abschaffung der Sklaverei im 19. Jahrhundert, der Kampf gegen die Wiederkehr des Holocaust im 20. Jahrhundert – ohne diese Kontexte lässt sich die stufenweise Artikulation und Institutionalisierung dieser Werte nicht verstehen» (Joas 2002: 451). Ihre inhaltliche Bestimmtheit erlangen Freiheitsforderungen in aller Regel aus der Erfahrung von verweigerter Entfaltung, Zwang und Ungleichheit.

Die Unabhängigkeit von fremdem Zwang, also die negative Freiheit, und die Möglichkeit zur Gestaltung des eigenen Lebens, also die positive Freiheit, gehören unlöslich zusammen. Beide Formen der Freiheit gegeneinander auszuspielen hat wenig Sinn (vgl. Berlin 2006: 197 ff.; Taylor 1988: 118 ff.). Auf der einen Seite beruht die Freiheit darauf, dass die staatliche Gemeinschaft das selbstbestimmte Handeln der einzelnen nur insoweit einschränkt, als dies um der Freiheit willen notwendig ist. Doch auf der anderen Seite muss Freiheit gestaltet werden – und zwar so, dass allen ein möglichst gleicher Zugang zu ihr ermöglicht wird. Die Fairness gegenüber den Gesellschaftsgliedern mit den geringsten Freiheitschancen bildet einen entscheidenden Maßstab positiv verstandener Freiheit. Daran zeigt sich, dass Freiheit niemals nur je meine ist, sondern das Interesse an der des anderen einschließt. Deshalb trägt Freiheit ihrem Wesen nach einen kommunikativen Charakter.

Diese Einsicht nötigt dazu, nicht bei einem individualistischen Verständnis stehen zu bleiben, sondern nach den Bedingungen wie nach den Folgen individueller Freiheit im gemeinsamen Leben zu fragen (vgl. Bedford-Strohm 1993, 1998).

Die Freiheit und ihre Grenzen

Wenn man unter Freiheit das Gefühl versteht, das eigene Leben selbst in der Hand zu haben, kann man die Grenzen nicht verkennen, die dieser Freiheit gesetzt sind. Niemand bestimmt das Datum und den Ort seiner Geburt selbst. Keiner verfügt darüber, welche Begabungen ihm in die Wiege gelegt wurden und welche Schwächen ihn ein Leben lang begleiten. Kein Mensch kann die Veränderungen seines Lebens allein bestimmen: beispielsweise die Friedliche Revolution von 1989, die auf die Lebensbedingungen in Europa einen tief greifenden Einfluss hatte, die Gesundheit, die dem einen vergönnt und beim anderen eingeschränkt ist, den Arbeitsplatz, der trotz wirtschaftlicher Krisen Bestand hat – oder eben nicht –, die Partnerschaft mit einem vertrauten Menschen, die sich als dauerhaft erweist – oder zerbricht.

Ist Freiheit eine Illusion? Diese Frage wird seit der griechischen Antike bis hin zu den modernen Neurowissenschaften immer wieder gestellt. Freiheit ist in der Tat eine Illusion, wenn sie als absolute Freiheit verstanden wird; eine Illusion ist sie auch dann, wenn man meint, sie von den leiblichen Bedingungen des Lebens lösen zu können. Dass Menschen nur aus einer begrenzten Zahl von Optionen wählen können, hängt damit zusammen, dass sie an Raum und Zeit gebundene Wesen sind. Jeder Mensch kann von seiner Freiheit nur im Rahmen eines begrenzten Freiheitsspielraums Gebrauch machen. Die persönlichen Fähigkeiten sind genauso beschränkt wie die Gelegenheiten und Mittel zum Gebrauch der eigenen Freiheit. Bestimmte Möglichkeiten zu ergreifen bedeutet stets, auf andere zu verzichten.

Dass die menschliche Freiheit begrenzt ist, hat nicht nur mit Ort und Zeit des individuellen Lebens oder mit persönlichen Begabungen und Chancen zu tun. Vor allem anderen ergibt sich diese Begrenzung aus der Endlichkeit des menschlichen Lebens und aus den Verkehrungen, in die sich Menschen durch ihr Handeln und Unterlassen immer wieder verstricken. Die Selbstursächlichkeit, die wir uns vom Gebrauch unserer Freiheit erhoffen, ist immer auch mit Selbstverfehlung verbunden. «Wirkliche Freiheit gibt es auf Erden nur zusammen mit Schuld.» (Theunissen 2002: 346) Indem wir handeln, also «an etwas schuld sind», müssen wir damit rechnen, dass wir durch dieses Handeln auch an Personen schuldig werden. In dieser Erfahrung tritt uns vor Augen, was grundlegend das Gottesverhältnis des Menschen prägt. Vor Gott kann sich kein Mensch der Bedingtheit seiner Freiheit entziehen. Gott gegenüber nimmt der Mensch sich als ein Empfangender wahr; zur inhaltlichen Bestimmung der Freiheit gehört die Dankbarkeit dafür, dass er Leben und Freiheit als Gaben Gottes empfängt. In dieser Dankbarkeit macht er sich ausdrücklich bewusst, dass sein Leben endlich ist und seine Freiheit bedingt. Diese Dankbarkeit bildet die Grundlage für den Gebrauch seiner Freiheit (vgl. Huber, Freiheit 2012: 96 ff.).

Wenn die Gabe der Freiheit den Ausgangspunkt bildet, liegt die entscheidende ethische Aufgabe darin, die geschenkte Freiheit zu bewahren und zu bewähren. Daraus ergibt sich eine klare Trennlinie zu einer egozentrischen Freiheit, die nur auf den eigenen Vorteil sieht. In einem solchen Freiheitsverständnis wird der andere als Beeinträchtigung, ja vielleicht sogar als Bedrohung der eigenen Freiheit angesehen. Freiheit wird als ein Recht betrachtet, das ich gegen die anderen verteidige. Demgegenüber wird das christliche Freiheitsverständnis durch das Liebesgebot ausgelegt: «Liebe deinen Nächsten wie dich selbst.» Das Achten auf das eigene Leben und die Verantwortung für das, was jeder für sich selbst braucht, hat in diesem Gebot durchaus seinen Platz. Aber was der andere braucht, ist genauso wichtig. Die Freiheit trennt Menschen nicht, sondern verbindet sie miteinander. Das christliche Verständnis zielt nicht auf eine egozentrische, sondern auf eine kommunikative Freiheit.

Freiheit wird in der Liebe konkret. Das ist die Grundidee der christlichen Ethik. Verantwortung für das eigene und für fremdes Leben gehören unlöslich zusammen. Selbstbestimmung und wechselseitiges Füreinander-Eintreten verbinden sich miteinander. Freiheit soll so gestaltet werden, dass sie das gemeinsame Leben nicht zerstört, sondern fördert. Aber die Formen des gemeinsamen Lebens dürfen die Freiheit nicht knebeln, sondern sollen sie zur Entfaltung kommen lassen. Der Ausgangspunkt der Ethik ist verantwortete Freiheit.

Die Frage nach der Freiheit des Menschen gehört zu den Grundthemen der Philosophie, ist aber ebenso eine Frage der Theologie. Gerade an diesem Thema lässt sich gut nachvollziehen, warum die Ethik in ihrer Geschichte zwei Grundformen, nämlich eine philosophische und eine theologische, ausgebildet hat. Man kann das Thema der menschlichen Freiheit so behandeln, dass man vom Gottesbezug des Menschen absieht. Man kann aber die Endlichkeit und Fehlbarkeit des Menschen auch zum Anlass nehmen, das Gottesverhältnis des Menschen ausdrücklich einzubeziehen. Die hier vorgelegte Ethik geht den zweiten Weg; das geschieht immer wieder im Dialog mit philosophischen Positionen.

Meine Überlegungen stützen sich auf die evangelische Gestalt christlicher Ethik. Der evangelischen Ethik geht es um verantwortete Freiheit als Lebensform. Im Gespräch mit der philosophischen Ethik bringt die evangelische Ethik den Gesichtspunkt ein, dass diese Freiheit nicht einfach vom Menschen selbst hervorgebracht wird, sondern ihm anvertraut ist; sie macht ferner geltend, dass wir Menschen im Gebrauch dieser Freiheit immer wieder scheitern und auf die Kraft zu einem neuen Anfang angewiesen bleiben. Von wichtigen Traditionen der katholischen Moraltheologie unterscheidet sich evangelische Ethik heute vor allem dadurch, dass sie nicht als Gesetzesethik, sondern als Verantwortungsethik konzipiert ist.

Religion und Ethik

Religiöse Überzeugungen oder säkulare Einstellungen beeinflussen, wie Menschen beurteilen, was individuell oder kollektiv richtig und gut ist. Sie wählen eine Lebensform, die nach ihrer Auffassung dem elementaren Vertrauen und den grundlegenden Wahrheiten entspricht, an denen sie ihr Leben ausrichten wollen. Die Entsprechung zwischen Wahrheit und Lebensform, zwischen grundlegenden Wertüberzeugungen und Lebensweise ist ein Thema aller Religionen, ja aller Weltsichten. Deshalb ist es sinnvoll, von «religiöser Ethik» zu sprechen und unter diesem Titel die ethischen Anschauungen verschiedener Religionen darzustellen und miteinander zu vergleichen (vgl. Schweiker 2008).

Jede religiöse Ethik bezieht sich auf eine Lebenspraxis, die auf die eine oder andere Weise die grundlegenden Haltungen einer Überzeugungsgemeinschaft widerspiegelt. Im Zusammenhang christlicher Theologie ergeben sie sich aus den Weisungen, die in den Traditionen des Judentums und des Christentums verankert sind. Beispiele dafür sind die Zehn Gebote (2. Mose 20,1 ff.), die Goldene Regel («Was ihr wollt, dass euch die Leute tun sollen, das tut ihnen auch» – Matthäus 7,12) oder das Gebot der dreifachen Liebe: zu Gott, zum Nächsten und zu sich selbst (Matthäus 22,37 ff.).

Wie können universalistische Normen für die Einzelnen verbindliche Bedeutung gewinnen? Deren schlüssige Begründung reicht dafür allein nicht aus. Verbindlichkeit entwickelt sich vor allem im gemeinsamen Leben von Familien, Peergroups oder religiösen Gemeinschaften. Für den moralischen Konsens in einer pluralistischen Gesellschaft ist es von zentraler Bedeutung, ob die universalistischen Prinzipien, die das moralische Verhalten bestimmen sollen, in den Überzeugungen, Glaubenshaltungen und religiösen Praktiken der verschiedenen Gruppen in der Gesellschaft verankert sind. Der amerikanische Rechtsphilosoph John Rawls hat in solchen Zusammenhängen von einem «übergreifenden Konsens» *(overlapping consensus)* zwischen diesen Gruppen gesprochen (Rawls 1992: 293 ff.). Ein solcher Konsens ist für moralisches Verhalten von erheblicher praktischer Bedeutung. Moralische Überzeugungen drohen ihre motivierende Kraft zu verlieren, wenn sie aus dem Zusammenhang mit ethisch gehaltvollen Lebensformen gelöst werden (Habermas, Zukunft 2001: 12 ff.).

In einer pluralistischen Gesellschaft stehen unterschiedliche Überzeugungsgemeinschaften nebeneinander. Ihre Differenzen betreffen auch grundlegende Wertüberzeugungen. Dennoch kann eine theologische Ethik sich nicht darauf beschränken, christliche Überzeugungen als Inhalt eines kirchlichen Gruppenethos zu entfalten. Vielmehr gehört es zu ihren Aufgaben, dieses Ethos zu anderen ethischen Haltungen ins

Verhältnis zu setzen. Darüber hinaus geht es im christlichen Ethos stets auch um die Ordnung der Gesellschaft im Ganzen. Es beschränkt sich nicht auf die Menschen, die zu einer christlichen Gemeinschaft gehören, sondern tritt auch für die Achtung der Würde aller und die Wahrung ihrer Rechte ein. Es ergreift Partei für die Schwächeren, in ihren Rechten Beeinträchtigten und in ihrem Leben Gefährdeten – und zwar unabhängig von ihrer Zugehörigkeit zu einer Glaubens- oder Überzeugungsgemeinschaft.

Deshalb bringt die theologische Ethik christliche Perspektiven auch im Blick auf das gesellschaftliche Zusammenleben zur Geltung. In der katholischen Tradition entfaltet sich dieser Aspekt in einer stärker gesetzesethischen Form als «Soziallehre». Sie beruft sich häufig auf die Übereinstimmung von Maßstäben, die der Glaube in der Offenbarung wahrnimmt, mit naturrechtlichen Prinzipien, die für die allgemeine Vernunft erkennbar sind. In der evangelischen Tradition nimmt eine solche gesellschaftsbezogene Reflexion den Charakter der «Sozialethik» an; deren Ziel besteht nicht in der Befolgung normativer Vorgaben, sondern in der Befähigung zum eigenen ethischen Urteil unter dem Gesichtspunkt verantworteter Freiheit. Während die katholische Soziallehre am Modell der lehramtlichen Äußerung orientiert ist, liegt der evangelischen Sozialethik das Modell der gemeinsamen Urteilsbildung zu Grunde.

Was ist richtiges, was gutes Handeln?

Heute werden die Worte Sittlichkeit, Moralität und Ethos nur noch selten verwendet. Sie beziehen sich auf praktizierte und anerkannte Lebensformen von Einzelnen oder Gemeinschaften. Als Moral werden in solchen Zusammenhängen die sittlichen Regeln und Normen bezeichnet, die von Einzelnen, Gruppen oder Gesellschaften anerkannt werden; unter dem Begriff der Ethik wird dann die theoretische Reflexion der sittlichen Regeln und Normen sowie der gelebten Sittlichkeit verstanden (Lienemann 2008: 18). Während die Begriffe der Sittlichkeit, der Moralität und des Ethos in den Hintergrund getreten sind, hat sich das Bedeutungsspektrum von Moral und Ethik ausgeweitet. Diese Worte können umgangssprachlich sowohl die Lebenspraxis und die für sie maßgeblichen Regeln als auch deren Reflexion bezeichnen.

Häufig werden die Worte Moral und Ethik in solchen Zusammenhängen in austauschbarer Weise verwendet. Von manchen werden sie aber auch den zwei grundlegenden Dimensionen zugeordnet, in denen sich die Frage nach verantwortbarem menschlichen Verhalten stellt: den Dimensionen des *Richtigen* und des *Guten*. Zum einen bezieht sich die Frage nach dem menschlichen Verhalten auf das Zusammenleben mit anderen; gesucht wird nach den moralischen Regeln, die für alle gelten und deren Befolgung um des gemeinsamen Lebens willen notwendig ist. Die Leitfrage besteht darin, was ich den anderen schulde, damit wir in aller Unterschiedlichkeit als Gleiche miteinander leben können; sie wird auch als die Frage nach dem «Richtigen» bezeichnet. Was sich als nicht richtig erweist, bezeichnen wir als «falsch». Zum andern bezieht sich die Frage nach dem menschlichen Verhalten auf die Suche nach einer persönlichen Identität, nach dem Gelingen des eigenen Lebens. Die Leitfrage besteht darin, was ich mir selbst schulde, um mein Leben als ein gutes Leben betrachten zu können; diese Frage wird auch als die Frage nach dem «Guten» bezeichnet. Was sich als nicht gut erweist, bezeichnen wir als «schlecht».

In der neueren philosophischen Debatte wurde vorgeschlagen, die Begriffe «Moral» und «Ethik» diesen beiden Fragen nach dem Richtigen und dem Guten zuzuordnen. So versteht beispielsweise Jürgen Habermas die Moral als die Reflexion des Richtigen, die Ethik dagegen als die Reflexion des Guten (Habermas 1992: 100 ff.). Besonders knapp formuliert Ronald Dworkin: «Moralische Maßstäbe schreiben vor, wie wir andere behandeln sollen; ethische Maßstäbe, wie wir selbst leben sollen: *Moral standards prescribe how we ought to treat others; ethical standards, how we ought to live ourselves.*» (Dworkin 2011: 41 f.; vgl. Dworkin 2012: 49 f.) Die Reihenfolge dieser beiden Definitionen enthält zugleich eine Rangfolge. Zwar kann man die Verantwortung für das Gelingen des eigenen Lebens als unsere wichtigste Aufgabe ansehen; aber diese Verantwortung können wir nur wahrnehmen, wenn wir zugleich mit der eigenen Würde auch die Würde der anderen achten. Die Maßstäbe dafür, wie wir uns wechselseitig behandeln sollen, haben insofern Vorrang vor den Maßstäben dafür, wie wir selbst leben wollen. Anders gesagt: Die Frage nach dem Richtigen beansprucht den Vorrang vor der Frage nach dem Guten; die Antworten auf die Frage, wie wir selbst leben wollen, müssen sich in dem Rahmen halten, der durch die Standards eines gemeinsamen Lebens gegeben ist. Das Moralische definiert die Bedingungen des Ethischen. Menschliche Selbstbestimmung ist nicht mit einem Anspruch auf unbegrenzte Durchsetzung verbunden, sondern sie muss sich, soll sie moralisch rechtfertigungsfähig sein, in den Grenzen des Richtigen halten.

Das Ethische (im engeren, von Habermas und Dworkin vorgeschlagenen Sinn) hat eine individuelle und eine kollektive Seite, denn die Frage nach dem guten Leben wird nicht nur von Einzelnen, sondern auch gemeinschaftlich gestellt. Sie ist nicht nur existentiell, sondern auch politisch.

Diese Art von Fragen wurde – insbesondere aufgrund eines klaren Einspruchs des Philosophen Immanuel Kant – über lange Zeit aus der Ethik ausgeschlossen; der Einwand hieß, es könne auf sie keine für alle gültigen Antworten geben. Doch Kant skizzierte bereits einen Lösungsweg, weigerte sich jedoch, ihn selbst zu beschreiten. Dieser Lösungsweg besteht darin, zwischen «Geboten» *(praecepta)* und «Anratungen» *(consilia)* der Vernunft zu unterscheiden (Kant 1785/1786: BA 47 f.). Dieser Weg wird heute so aufgenommen, dass zwischen normativen und evaluativen Aussagen in der Ethik unterschieden wird.

Die Differenzierung zwischen einem «moralischen» und einem «ethischen» Gebrauch der praktischen Vernunft leuchtet grundsätzlich ein, doch sie hat sich nicht durchgesetzt. Der umgangssprachliche Gebrauch von «Moral» und «Ethik» ist weiterhin vielfältig; in diesem wie in anderen Fällen gelingt es der Wissenschaft nicht, einen strikten Wortgebrauch allgemein verbindlich zu machen. In diesem Buch wird in aller Regel das Moralische mit dem Richtigen und das Ethische mit dem Guten gleichgesetzt. Ethik als Reflexion auf menschliches Handeln aber wird als Oberbegriff verwendet; denn die ethische Reflexion umfasst sowohl moralisch-normative als auch ethisch-evaluative Fragen.

Faktisch konzentriert sich die philosophische Ethik heute weitgehend auf moralisch-normative Fragen. In den Grenzen des «nachmetaphysischen Denkens», so erklärt Jürgen Habermas programmatisch, beschränkt sie sich «auf den Universalismus von Recht und Moral» und verzichtet «auf die Auszeichnung *eigener* Konzeptionen des Guten» (Habermas 2012: 205). Für das theologische Nachdenken dagegen sind Konzeptionen des Guten von grundlegender Bedeutung; das ergibt sich insbesondere aus den biblischen Schilderungen von Lebensformen, die durch den Geist der Liebe geprägt sind. Die Geschichte des christlichen Glaubens enthält beeindruckende Beispiele dafür, dass der Geist der Liebe sogar die Vorordnung des Richtigen vor das Gute in Frage stellt. Wenn das Mitleid mit den Leidenden zu eigenem Opfer führt oder die Missachtung elementarer Menschenrechte einen Widerstand auslöst, der mit dem bewussten Einsatz des eigenen Lebens verbunden ist, gerät um der Gerechtigkeit willen die Vorordnung des Richtigen vor das Gute ins Wanken.

Solche Beispiele ermutigen dazu, nicht nur danach zu fragen, was wir anderen schulden, sondern uns über das Geschuldete hinaus für das einzusetzen, was uns wichtig ist. Sie stärken Haltungen, die auch angesichts von Schwierigkeiten an dem moralisch als richtig Erkannten festhalten; sie unterstützen das Willensmoment der Moral (Habermas 2012: 131 f.). Sie prägen ein «ethisches Klima» (Blackburn 2009: 9 ff.), das der Anerkennung des Anderen und der Achtung vor dessen Rechten förderlich ist; sie schaffen eine Atmosphäre der Empathie, die dem schwachen und verletzlichen Nächsten besondere Aufmerksamkeit schenkt – aus der Erkenntnis heraus, dass Schwäche und Verletzlichkeit zu jedem menschlichen Leben gehören.

Der Geist der Liebe geht über den Universalismus von Recht und Moral hinaus. Er beschränkt sich nicht auf das, was wir anderen schulden; er weckt auch ein Bewusstsein für das, was wir anderen ungeschuldet zu Gute kommen lassen können. Gerade so motiviert dieser Geist zugleich zu dem, was für alle gilt und was jeder dem anderen schuldet – nämlich die Achtung als ebenbürtiges Glied der Menschheit. Theologische Ethik ist deshalb nicht nur für die Sphäre des Guten von Bedeutung, sondern auch für die des Richtigen. Die Reflexion menschlichen Verhaltens muss beides umfassen: das moralisch Richtige und das ethisch Gute.

Das Beispiel Sexualethik

Vernachlässigt man die Unterscheidung zwischen dem moralisch Richtigen und dem ethisch Guten, so kann das gravierende Folgen haben. Ein hoher moralischer Anspruch kann auf diese Weise in unmoralische Konsequenzen umschlagen.

Das Beispiel Sexualethik

Die Debatte über die Homosexualität ist ein Beispiel dafür. Häufig haben Menschen, für die heterosexuelle Beziehungen die einzige Form bildeten, in der sie Sexualität leben wollten, ihre evaluative Einstellung normativ gewendet und erklärt, Heterosexualität sei überhaupt die einzige Form, in der menschliche Sexualität, moralisch betrachtet, gelebt werden dürfe. Diese evaluative Einstellung fand Eingang in das staatliche Strafrecht, das im § 175 des Reichsstrafgesetzbuchs von 1872 die «widernatürliche Unzucht zwischen Personen männlichen Geschlechts oder von Menschen mit Tieren» unter Strafe stellte; die Nationalsozialisten strichen das Wort «widernatürlich», was im Sinn einer Ausweitung des Tatbestands gemeint und mit einer Strafverschärfung verbunden war. Es dauerte bis zum Jahr 1969, bis im Westen Deutschlands die Große Strafrechtsreform die Strafbarkeit auf den Sexualverkehr mit Minderjährigen beschränkte; erst 1994 wurden die letzten Sonderbestimmungen zur männlichen Homosexualität aus dem Strafgesetzbuch des vereinigten Deutschland (wie zuvor zum 1. Juli 1989 aus demjenigen der DDR) gestrichen.

Bis dahin wirkte sich die Diskriminierung homosexuell lebender Männer strafrechtlich aus. In einer solchen pauschalen Diskriminierung und Ausgrenzung wird jedoch der entscheidende moralische Gesichtspunkt eklatant verletzt. Denn er besteht nicht darin, allen Menschen dieselbe sexuelle Orientierung und Lebensform vorzuschreiben. Er ist vielmehr darin zu sehen, dass alle Menschen unabhängig von der sexuellen Orientierung in ihrer Würde zu achten sind. Eine moralische Sicht auf die menschliche Sexualität tritt für Beziehungen ein, die durch Verlässlichkeit und Verantwortung geprägt sind, in denen keiner die oder den anderen zum bloßen Mittel macht, in denen sich Vertrauen und Treue entwickeln können. Sie richtet sich dagegen nicht darauf, bestimmte sexuelle Orientierungen zu diskriminieren.

Vielleicht wäre eine solche Diskriminierung leichter und früher eingedämmt worden, wenn man sich die Unterscheidung zwischen dem Richtigen und dem Guten, zwischen Moral und Ethik, zwischen normativen und evaluativen Aussagen bewusst gemacht hätte. Heute jedenfalls ist es an der Zeit, diese Unterscheidung fruchtbar zu machen – keineswegs nur im Bereich der Sexualethik.

Grundfragen des Lebens als Grundfragen der Ethik

Die Frage nach der Ethik entsteht aus konkreten Konfliktsituationen, nicht aus abstraktem Begründungsinteresse. Gerade weil die ethischen Herausforderungen angesichts der wissenschaftlich-technischen Entwicklung, der ökonomischen Globalisierung und des gesellschaftlichen Pluralismus immer komplexer werden, darf man ihnen nicht ausweichen. Deshalb behandelt dieses Buch die Grundfragen unseres Lebens als die wichtigsten Grundfragen der Ethik überhaupt. Überlegungen zur Begründung der Ethik oder Klärungen ethischer Grundbegriffe werden deshalb den konkreten Erfahrungen zugeordnet, mit denen Menschen im Laufe ihrer Lebensgeschichte konfrontiert sind.

Auch wenn man das ethische Nachdenken am menschlichen Lebenslauf und seinen wichtigen Stationen zwischen Geburt und Tod orientiert, lässt sich nur eine Auswahl von Fragestellungen behandeln. Die Leserinnen und Leser sind dazu eingeladen, das, was hier an ausgewählten Lebenssituationen verdeutlicht wird, auf weitere Themen zu übertragen.

Die am menschlichen Lebenslauf orientierten Fragen verbinden personalethische, professionsethische und institutionsethische Aspekte miteinander. Das Verhalten jedes Einzelnen, die Aufgaben besonderer Berufsgruppen, Amtsträger oder Verantwortungspositionen und schließlich die Gestaltung der Institutionen des gemeinsamen Lebens bilden drei grundlegende Dimensionen der Ethik. Die Unterscheidung zwischen diesen drei Aspekten tritt in den folgenden Überlegungen an die Stelle der verbreiteten Unterscheidung zwischen Individualethik und Sozialethik.

2. Zusammenleben
Hat die Familie Zukunft?

Der Fotograf Thomas Struth hat einen wichtigen Teil seines künstlerischen Schaffens dem Thema «Familienleben» gewidmet. In verschiedenen Ländern fotografierte er Familien, mit denen er aus beruflichen oder privaten Gründen vertraut war. Seine Bilder sollen nicht das ganze Panorama möglicher Familienkonstellationen wiedergeben, aber sie lassen die Vielfalt erkennen, in der Familie gelebt wird – und sie machen die Intensität persönlicher Beziehungen anschaulich, die sich in Familien entfaltet. Thomas Struth erklärt seine anhaltende Beschäftigung mit diesem Thema aus dem Wunsch, «mich selbst zu analysieren und zu verstehen, meine eigene Familie, den Platz der Familie innerhalb meiner westlichen Kultur». Entscheidend ist für ihn, darüber nachzudenken, «warum wir sind, wer wir sind» (Struth 2010: 194).

Der Mensch – ein Beziehungswesen

Die intuitive Konzentration des Künstlers auf die Familie weist auf den elementaren Sachverhalt hin, dass der Mensch ein Beziehungswesen ist. Sein Leben vollzieht sich in der Beziehung zu sich selbst, zu anderen Menschen, zu der Welt, in der er lebt, und – soweit er sich als ein selbsttranszendentes Wesen begreift – zu Gott. Den Kern dieser Beziehungsnatur des Menschen hat Martin Walser in folgende Worte gefasst: «Das wichtigste Menschenverhältnis ist die Liebe, und die ist abhängig vom Glauben. Dass man geliebt wird, muss man glauben.» (Mangold 2011)

Im Verständnis des Menschen als Beziehungswesen klingt somit ein grundlegendes religiöses Motiv an. Die biblischen Schöpfungserzählungen kennzeichnen den Menschen als das Gott entsprechende Wesen: Er wird von Gott als sein Ebenbild angesprochen und kann ihm antworten (1. Mose 1,26). Zugleich wird das Miteinander von Mann und Frau als menschliche Grundsituation beschrieben, denn der Mensch ist nicht dazu geschaffen, allein zu sein. Mann und Frau werden füreinander als Gegenüber und wechselseitige Hilfe geschaffen (1. Mose 2,18 ff.). Diese gleichberechtigte Zusammengehörigkeit wird in der biblischen Schöpfungserzählung, wie in vielen Texten aus patriarchalisch geprägten Kulturen, mit Motiven verknüpft, die eine Dominanz des Mannes voraussetzen; sie gewinnt aber an Klarheit, wenn man ihre Intention mit der Überzeugung verbindet, dass Menschen einander gleichberechtigt zugeordnet sind und sich wechselseitig beistehen können.

Was ist «Familie» heute?

Familienbilder zeigen eine Grundsituation des menschlichen Lebens. So einleuchtend dieser Eindruck auch zu sein scheint, hat er doch seine Selbstverständlichkeit weithin verloren. Das hat vor allem drei Gründe:

1. Das relationale Bild vom Menschen konkurriert schon historisch und erst recht in unserer Gegenwart mit einem Menschenbild, das von der isolierten Einzelperson ausgeht. Das im 4. Jahrhundert v. Chr. von dem griechischen Philosophen Aristoteles formulierte Verständnis des Menschen als Gemeinschaftswesen (als «Lebewesen in der Polisgemeinschaft», griechisch *zoon politikon*) wird in der abendländischen Entwicklung überboten von der Auffassung vom Menschen als Vernunftwesen (als «Vernunft besitzendem Lebewesen», griechisch *zoon logon echon*). Bei Aristoteles ergänzen sich diese beiden Sichtweisen, doch in der Entwicklung des europäischen Menschenbildes treten sie immer stärker auseinander. Der Konflikt zwischen einer relationalen und einer auf die Einzelperson gerichteten Anthropologie setzt sich bis in die Gegenwart fort. Dabei waren die letzten Jahrzehnte des 20. Jahrhunderts durch die Vorherrschaft eines individualistischen Menschenbildes geprägt; deshalb galt es zumindest in der westlichen Welt eher als befremdlich, von den Beziehungen auszugehen, in denen Menschen leben.

2. Tiefgreifende Veränderungen in der Gestaltung sexueller Beziehungen und in der sozialen Funktion der Familie haben Zweifel an der grundlegenden Bedeutung von Ehe und Familie geweckt. Die neuen Möglichkeiten von Geburtenkontrolle und Familienplanung führten zu einer sexuellen Revolution; die auf Dauer angelegte Ehe zwischen Mann und Frau verlor ihre bestimmende Bedeutung. Die Formen des Zusammenlebens wurden vielgestaltiger. Ehen werden häufiger geschieden; nichteheliche Lebensgemeinschaften treten neben sie; es entwickeln sich Patchwork-Familien. Gleichgeschlechtliche Lebensgemeinschaften wurden anerkannt. Die Zahl der Geburten ging in den entwickelten Ländern zurück; für Deutschland gilt das in besonders starkem Maß. Der wachsende Umfang der weiblichen Berufstätigkeit beeinflusst die Rollenmuster von Frauen und Männern sowie ihre Aufgabenverteilung in der Familie. Mediale Darstellungen schwanken zwischen einer Romantisierung der Liebe – auch in der Darstellung prominenter Hochzeitspaare – und der selbstverständlichen Hinnahme häufiger Trennungen; sie setzen damit die Ehe mit einer Partnerschaft auf Zeit gleich und lassen die Familie oft wie eine Zweckgemeinschaft erscheinen. Wer von der Familie her zu verstehen versucht, wer wir sind und warum wir sind, wer wir sind, scheint einem rückständigen Menschenbild anzuhängen.

3. Schließlich verengte sich der Familienbegriff. In der soziologischen und der politischen Debatte geht es vor allem um die Kernfamilie, in der Eltern mit ihren nicht volljährigen Kindern zusammenleben und für sie Verantwortung übernehmen. Weitere Verwandte werden am ehesten dann der Familie zugerechnet, wenn sie mit Eltern und Kindern zusammen einen gemeinsamen Haushalt bilden. Wenn man Familie nur dort sieht, wo Kinder leben, trägt das auf der einen Seite der Vielfalt der Familienformen Rechnung: Nichteheliche Lebensgemeinschaften oder alleinerziehende Mütter (und auch Väter) mit ihren Kindern sind in dieses Familienverständnis einbezogen. Das Verhältnis zwischen Eltern und ihren erwachsenen Kindern oder die Verantwortung für alt gewordene oder pflegebedürftige Angehörige tritt demgegenüber in den Hintergrund. Wenn man von einem derart verengten Familienbegriff ausgeht, lässt sich nicht sagen, dass sich an der Zugehörigkeit zu einer Familie wesentliche Aspekte des Menschseins erkennen lassen. Denn für diejenigen, die nie für das Heranwachsen von Kindern verantwortlich waren, trifft es nicht zu.

Jeder hat Familie

Doch zu den Gesichtspunkten, unter denen die Familie problematisiert wird, lassen sich auch Gegenargumente geltend machen. Ich gehe deshalb die gerade erörterten Themen noch ein zweites Mal durch.

1. Jeder Mensch ist ein Individuum, eine unteilbare Einheit; doch jeder Mensch lebt zugleich in Beziehungen und ist auf sie angewiesen. Eine individuelle Person zu sein bedeutet gerade nicht, eine isolierte Person zu sein. Gewiss ist das Individuum dadurch bestimmt, dass es zu sich selbst in Beziehung treten kann, aber für niemanden ist dies die einzige konstitutive Beziehung seines Lebens. Individualität und Sozialität des Menschen lassen sich nicht gegeneinander ausspielen. Eine einseitige Orientierung am Individuum und seinen Entfaltungsmöglichkeiten kann sich leicht mit einer biologistischen Vorstellung von der Durchsetzung des Stärkeren verbinden; sie mündet unversehens in ein Menschenbild, das ganz vorrangig von der Selbstbezogenheit des Individuums geprägt ist. Eine Orientierung am Vorrang der Gemeinschaft aber ist in hohem Maß dafür anfällig, Eingriffe in die Freiheit und in die aus ihr abgeleiteten Freiheitsrechte des Einzelnen mit den vermeintlichen Interessen der Gemeinschaft zu legitimieren. Will man diese beiden Einseitigkeiten vermeiden, so muss man auf der einen Seite den Gemeinschaftsbezug des menschlichen Lebens so verstehen, dass er die unantastbare Würde des Einzelnen und die sich aus ihr ergebenden Rechte nicht relativiert; auf der anderen Seite darf die Anerkennung der menschlichen Individualität die menschliche Person nicht zu einem isolierten, ausschließlich auf sich selbst bezogenen Individuum verkürzen.

2. Es ist nicht zu leugnen, dass der Begriff der Familie häufig mit einem konservativen Bild von Mensch und Gesellschaft verbunden wurde. An das Leitbild der Familie knüpften sich über lange Zeit Rollenzuweisungen: der nach außen tätige und nach innen bestimmende Mann, die im Innern wirkende, zum Dienen bereite Frau und die auf Fürsorge angewiesenen und zum Gehorsam verpflichteten Kinder. Doch die Familie hat sich im Lauf der Geschichte als außerordentlich wandlungsfähig erwiesen. Ursprünglich war sie vor allem eine Wirtschaftsgemeinschaft;

schon Aristoteles entwickelt eine Ökonomie des «Hauses» *(oikos, oikia)*, in dem er die wichtigste wirtschaftliche Grundlage der *polis* sieht. Auch im Mittelalter gehören zur bäuerlichen Familie die Knechte und Mägde ebenso selbstverständlich wie die Lehrlinge und Gesellen zur Handwerkerfamilie. Zu einer wichtigen Aufwertung der intimen Liebesbeziehung innerhalb dieses Hauswesens kommt es mit der Reformation. Während die Kirche vorher eine Überordnung der ehelosen Lebensformen über Ehe und Familie vertrat, genießt der «geistliche» Stand nun keinen Vorrang mehr vor dem «weltlichen». Das evangelische Pfarrhaus fördert die neue Hochschätzung der Familie auf seine Weise, es stabilisiert freilich zugleich eine patriarchalische Familienstruktur. Gegen Ende des 18. Jahrhunderts treten andere wichtige Komponenten neben die wirtschaftliche Bedeutung der Familie. Die Differenzierung der Gesellschaft führt zwar zu deren Funktionswandel, aber keineswegs zu einem Funktionsverlust. Die innerfamiliären Beziehungen gewinnen an emotionaler Dichte. Zudem ist der demographische Wandel zu bedenken: Die Dauer der Ehe verlängert sich trotz der häufiger werdenden Scheidungen; die Gleichberechtigung von Männern und Frauen hält Einzug; freiheitliche Erziehungsstile verändern das Verhältnis zwischen den Generationen. Bedenkt man solche Veränderungen, so muss man von einer erstaunlichen Wandlungsfähigkeit der Familie sprechen. Die Behauptung, die Familie sei ein Auslaufmodell, lässt sich in einer historischen Perspektive nicht halten. In Frage gestellt werden bestimmte Familienformen, nicht die Familie als solche.

3. Schließlich reicht es für ein Verstehen der Familie nicht, nur Eltern oder Alleinerziehende mit ihren im selben Haushalt wohnenden heranwachsenden Kindern in den Blick zu nehmen. Eine derart einseitige Sichtweise täuscht. Sie bindet die Familie an die Nachkommenschaft und macht diejenigen familienlos, die keine Nachkommen haben. Jeder Mensch hat jedoch Vater und Mutter, auch dann, wenn er nur mit einem Elternteil oder sogar als Waise aufwächst. Die Herkunft des Menschen ist so wichtig, dass jeder einen Anspruch darauf hat, Vater und Mutter zu kennen. Dieser Anspruch gilt auch dann, wenn jemand mit Hilfe einer Samenspende gezeugt wurde; er ist zu bedenken, wenn die rechtliche Anerkennung der anonymen Geburt gefordert wird. Wer einem Menschen die Herkunft nimmt, raubt ihm einen Teil seiner Identität.

Mit seiner Herkunftsfamilie bleibt auch der verbunden, der keine eigene Familie gründet. Familiäre Zusammengehörigkeit zeigt sich nicht nur dort, wo Menschen im selben Haushalt leben. Vielmehr können enge Bindungen auch dann aufrechterhalten werden, wenn die Glieder einer Familie an unterschiedlichen Orten wohnen. Im demographischen Wandel gewinnen die Beziehungen zwischen erwachsenen Familienmitgliedern an Bedeutung. Die Familie bleibt der wichtigste Raum für die Begegnung zwischen den Generationen und für deren wechselseitige Unterstützung.

Aus diesen Beobachtungen ergeben sich drei Folgerungen. Zunächst bleibt festzuhalten, dass wir auch unter veränderten Bedingungen insbesondere an der Familie erkennen können, wer wir sind und warum wir sind, wer wir sind. Ferner ist der Funktionswandel der Familie keineswegs nur als Verlust- oder Verfallsgeschichte zu beschreiben, sondern er enthält auch neue, freiheitsadäquate Gestaltungsmöglichkeiten. Schließlich ist die Familie als Mehrgenerationengemeinschaft zu betrachten; sie lässt sich nicht auf das Verhältnis von Eltern zu ihren noch nicht volljährigen Kindern reduzieren.

Die ethische Bedeutung der Familie

Die ethische Bedeutung der Familie erschließt sich von ihren grundlegenden Funktionen her. Diese Funktionen lassen sich als Glück, Versorgung, Sozialisation und Fürsorge beschreiben.

1. Glück

Die Glücksforschung zeigt: Menschen, die in Familien leben, sind im Durchschnitt glücklicher als Menschen, die auf sich allein gestellt sind. Das bedeutet nicht zwangsläufig, dass sie glücklicher sind, weil sie in einer Familie leben; es ist auch möglich, dass sie sich deshalb zu einer Partnerschaft und zur Gründung einer Familie entschließen, weil sie von sich aus zum Glücklichsein neigen. Ethische Überlegungen mit einem Blick auf die Familie zu beginnen, bedeutet jedoch im einen wie im andern Fall, Glück und Freude, Nähe und Geborgenheit, erfüllte Partnerschaft und Dank für gelingende Beziehungen in ihrem hohen Wert für das menschliche Leben zu würdigen.

Nicht nur Konflikte bilden den Stoff der Ethik, sondern auch das Glück. Ethik richtet sich darauf, dass Leben gedeiht und gelingt. Für die meisten Menschen ist die Familie der erste Raum, in dem sie gelingendes Leben erfahren und das Vertrauen entwickeln, dass solches Gelingen immer wieder möglich ist. Für die meisten Menschen ist die Familie auch der erste Raum, in dem sie Streit und Zorn, Versagen und Verstimmung erleben; das schließt die gegensätzlichen Möglichkeiten ein, dass sie dem Scheitern von Beziehungen oder der erneuernden Kraft des Verzeihens begegnen. Diese Erfahrung ist ethisch elementar: Da wir als Menschen Fehler machen, sind wir auf dem Weg zum Glück auf Vergebung angewiesen.

Ehe und dauerhafte Partnerschaft sind nicht der einzige, aber doch der grundlegende und beispielhafte Ort der menschlichen Sexualität. Der dreifache Sinn der Sexualität zeigt sich an diesem Ort besonders deutlich: Ausdruck und Vertiefung der Liebe zwischen zwei Menschen, Spüren der eigenen Lebenslust und Fortpflanzung (Kohler-Weiß 2008: 63). In heterosexuellen Beziehungen können alle drei Sinndimensionen der Sexualität verwirklicht werden, doch das bedeutet keineswegs, dass sie immer gleichzeitig präsent sind. Während die katholische Sexualmoral für jeden Sexualakt die Offenheit für die Weitergabe des Lebens postuliert, betont die evangelische Sexualethik, dass menschliche Sexualität auch ohne Bezug auf die Fortpflanzung sinnerfüllt ist. Deshalb stellt in evangelischer Perspektive die Einführung der Anti-Baby-Pille im Jahr 1960 keine umfassende Revolution der menschlichen Sexualität dar. Sie hat zwar die Methoden der Empfängnisverhütung revolutioniert, aber sie hat nicht, wie gelegentlich übertreibend gesagt wird, Sexualität und Fortpflanzung voneinander «entkoppelt». Sie hat die Erfahrung verstärkt, dass die sexuelle Vereinigung auch dann sinnerfüllt ist und Liebe und Lebenslust vertieft, wenn sie nicht auf die Weitergabe des Lebens ausgerichtet ist; und sie hat Familienplanung stärker als zuvor zu einer bewussten Entscheidung gemacht. Der Durchbruch der Reproduktionsmedizin zur Herstellung menschlicher Embryonen in der Petrischale im Jahr 1978 hat den Embryonenschutz auf eine grundsätzlich neue Weise zum Thema gemacht, denn nun geht es nicht nur um den Schutz des Embryos im Mutterleib *(in vivo)*, sondern ebenso in der Petrischale *(in vitro)*.

All diese gravierenden Veränderungen sind kein Grund dafür, die enge Verbindung zwischen Familie und Lebensglück in Zweifel zu ziehen. Das gilt auch für die veränderte ethische Beurteilung gleichgeschlechtlicher sexueller Beziehungen. Die Verbindung zwischen Liebe und Lebenslust kann und soll auch gleichgeschlechtliche sexuelle Beziehungen prägen. Wo diese Verbindung fehlt oder aufgelöst wird, werden Menschen füreinander zu bloßen Mitteln des Lustempfindens; eine solche Instrumentalisierung des Menschen ist im Blick auf heterosexuelle wie auf homosexuelle Beziehungen gleichermaßen abzulehnen. Wer dem entgegentreten will, muss gerade den Zusammenhang zwischen Sexualität und Glück wichtig nehmen. Auch dies ist ein Grund, das Thema Glück wieder in seiner ethischen Bedeutung zu würdigen.

Neben einer erfüllten Partnerschaft begründet die Geburt und das Aufwachsen von Kindern die Erfahrung, dass das Glück menschlichen Lebens eng mit der Familie verbunden ist. Der Wunsch nach Kindern, die Schwangerschaft und die Geburt selbst zeigen vielen Menschen am intensivsten, was Glück überhaupt ist – nämlich die Erfahrung, beschenkt zu sein und darauf mit Staunen und Dankbarkeit antworten zu können. Zum Leben mit Kindern gehören zugleich Verantwortung, Entbehrungen und Mühe. Doch wer mit Kindern lebt, wird bei allen Schwierigkeiten des täglichen Lebens immer wieder angesteckt von der Unbeschwertheit, der Neugier, oft auch der heilsamen Infragestellung durch Kinder. Offenheit für die Zukunft entsteht am leichtesten durch das Miteinander der Generationen.

2. *Versorgung*

Die Familie ist eine Versorgungsgemeinschaft. Die menschlichen Grundbedürfnisse haben ihren Ort vor allem anderen in der Familie: Nahrung und Kleidung, Wohnen und Schlafen, aber auch Liebe und Geborgenheit, Verbundenheit und Anerkennung finden Menschen in der Familie. Nicht ohne Grund hat das neuere deutsche Sozialrecht den Begriff der «Bedarfsgemeinschaft» entwickelt. Sie ist dadurch geprägt, dass die Bedürfnisse des täglichen Lebens gemeinsam befriedigt werden und die Glieder dieser Gemeinschaft, soweit sie dazu im Stande sind, füreinander Verantwortung tragen. Die Familie ist der Ort, an dem Heranwachsende so versorgt werden, dass sie Bildung und Ausbildung durchlaufen können; die berufstätigen Mitglieder der Familie finden hier die Möglichkeit, ihre Arbeitskraft zu erhalten. Die Versorgungsfunktion der Familie ist deshalb von unmittelbarer gesellschaftlicher und somit auch institutionsethischer Bedeutung.

Dass Menschen füreinander sorgen, unterstreicht die lebenswichtige Bedeutung der Beziehungen, in denen sie leben. Entsprechend tief greift es in das menschliche Leben ein, wenn die Fähigkeit dazu fehlt oder sich verliert. Ein Mangel an elterlicher Fürsorge kann am Fehlen von Erfahrung, erlernter Kompetenz oder Verantwortungsbewusstsein liegen; da in solchen Fällen die Unterstützung durch Familie oder Nachbarschaft nicht mehr selbstverständlich ist, werden heute durch diakonische und andere Initiativen neue Netzwerke der Unterstützung geknüpft. Der Mangel an Fürsorge für Kinder kann seine Ursache aber auch in materieller Not haben; wenn Kinder unter armseligen Bedingungen aufwachsen, liegt darin ein besonders dringlicher Appell an die Solidargemeinschaft. Familie, Nachbarschaft, bürgerschaftliche Initiativen und christliche Gemeinden sind in solchen Fällen genauso gefordert wie die Institutionen des Sozialstaats.

3. Sozialisation

Die Familie ist ein wichtiger Ort der Sozialisation, also der Entwicklung der menschlichen Persönlichkeit in Auseinandersetzung mit ihrer sozialen Umwelt und ihrer Befähigung dazu, sich in dieser Umwelt zu orientieren.

Die Bedeutung der Familie für die Sozialisation lässt sich mit Hilfe von drei Unterscheidungen verdeutlichen. Zunächst stehen formelle und informelle Sozialisation einander gegenüber. Formell ist die geplante, absichtsgeleitete Persönlichkeitsbildung; informell ist das Lernen durch die Routinen des Alltagslebens. Zu den besonderen Stärken der Familie gehört der hohe Anteil informeller Sozialisation; vorausgesetzt ist dabei, dass es verlässliche Routinen des Alltagslebens gibt.

Zu unterscheiden ist ferner zwischen der Sozialisation von Eltern und Kindern. Die Familie ist auch für die Partner, die eine Familie gründen, eine Sozialisationsinstanz; in der Auseinandersetzung mit unterschiedlichen Familienkulturen entwickeln sie gemeinsame Lebensformen und Lebensauffassungen. Diese Sozialisationsaufgabe gewinnt in einer pluralistischen Gesellschaft an Bedeutung, denn in ihr entschließen sich häufig Menschen mit unterschiedlichem religiösem, kulturellem, ethnischem und sozialem Hintergrund zu einem gemeinsamen Leben. Partnerschaften können an dieser Sozialisationsaufgabe scheitern, doch ebenso kann Integration in Familien auf exemplarische Weise gelingen.

Die wechselseitige Sozialisation von Eltern bildet eine wichtige Voraussetzung für die Ausbildung eines gemeinsamen Erziehungsstils; nur dann lässt sich verhindern, dass Kinder von den unterschiedlichen Bezugspersonen widersprüchliche, verwirrende Botschaften empfangen.

Schließlich ist zwischen primärer und sekundärer Sozialisation zu unterscheiden. Die primäre Sozialisation vollzieht sich in den überschaubaren Gruppen des Nahbereichs, allen voran der Familie; die sekundäre Sozialisation bezieht sich auf die Einführung in die moralischen Regeln des öffentlichen Bereichs. Die Schule steht auf der Grenze zwischen diesen beiden Sozialisationsformen; sie trägt deshalb besonders an der Last, die sich aus der Verschiebung der Gewichte von der primären auf die sekundäre Sozialisation ergeben.

4. Fürsorge

Als Verantwortungs- und Einstehensgemeinschaft bewährt sich die Familie insbesondere dann, wenn alte, kranke oder behinderte Familienmitglieder betreut werden müssen. Im Alterswandel der Gesellschaft gewinnt diese Aufgabe an Bedeutung und wird zur Bewährungsprobe der familialen Generationengemeinschaft. Gewiss sind die Beziehungen zwischen den Generationen bisweilen von Konflikten geprägt; wächst die Notwendigkeit der Unterstützung, so muss die Grenze der Überforderung bedacht und das Verhältnis von Solidarität und Selbstbestimmung geklärt werden. Doch insgesamt zeigt sich gerade im Alterswandel der Gesellschaft ein Unterstützungspotential in Familien, das Würdigung und Stärkung verdient (vgl. Kapitel 19).

Familienpolitische Aufgaben

Am Beispiel der Familie zeigt sich ein wichtiger Grundzug der Ethik: Zu ihrem Kern stoßen wir nicht erst dann vor, wenn wir Maximen richtigen Handelns formulieren oder Forderungen gesellschaftlicher Gestaltung erheben, sondern die Wahrnehmung von Gegebenem ist genauso wichtig wie die normative Beschreibung von Aufgegebenem. Der Blick auf die Phänomene des menschlichen Lebens erschließt in vielen Fällen bereits den Zugang zu ihrem ethischen Gehalt. Das führt keineswegs zu einer reinen Situationsethik, denn wahrgenommen werden nicht nur einzelne Situationen, die eine ethische Antwort verlangen. Die Aufmerksamkeit richtet sich vielmehr auf Konstellationen menschlichen Zusammenlebens und deren ethische Qualität. Zur Familie gehört eine doppelte ethische Verpflichtung. Die Verpflichtung des Einzelnen richtet sich auf die Übernahme von Verantwortung in Ehe, Partnerschaft und Familie. Die Verpflichtung der Gesellschaft bezieht sich auf die Rahmenbedingungen dafür, dass Familien ihren Aufgaben gerecht werden können. Das soll abschließend in vier knappen Überlegungen erläutert werden.

1. Ja zur Familie
In der Multioptionsgesellschaft verlieren lebensprägende Entscheidungen ihre Selbstverständlichkeit. Sie müssen bewusst getroffen werden. Das gilt auch für die Entscheidung zur Familie. Mit einem Ja zur Familie ist nicht gewährleistet, dass die Partnerwahl gelingt, und über die Form dieser Familie ist noch nichts ausgesagt. Dass gesellschaftlich unterschiedliche Familienformen akzeptiert sind, ändert nichts daran, dass die Einzelnen für sich eine Entscheidung treffen müssen. Die auf der Ehe beruhende Familie genießt nicht nur einen rechtlichen, sondern auch einen ethischen Vorrang, weil sie in besonderer Weise dazu geeignet ist, Verlässlichkeit und Verantwortung zu stärken. Eine Gemeinschaft von Menschen, die füreinander einstehen, wird auch nach außen erkennbar.

Das Ja zu Ehe und Familie schließt die Bereitschaft ein, Kindern Raum zu geben und für ihr Aufwachsen verantwortlich zu sein. Auch das versteht sich nicht von selbst. Die durchschnittliche Geburtenrate ist in Deutschland auf 1,3 Kinder zurückgegangen. Hundert Erwachsene haben im Schnitt nur noch 63 Kinder und 39 Enkel. Das Verhältnis zur Familie wirkt sich nicht nur auf das private Glück, sondern zugleich auf die Zukunftsfähigkeit der Gesellschaft aus. Doch trotz des Zusammenhangs zwischen Familie und Gesellschaft greift der freiheitliche Staat in die persönlichen Entscheidungen seiner Bürgerinnen und Bürger nicht ein, sondern legt einen wichtigen Aspekt seiner eigenen Zukunft in deren Hand. Auch in dieser Hinsicht gilt, dass der Staat von Voraussetzungen abhängig ist, die er weder hervorzubringen noch zu garantieren vermag. Die Familienpolitik des Staates bezieht sich auf ein Familienethos, das sich nicht durch den Staat steuern lässt. Umso wichtiger sind

Verständigungsprozesse in der Gesellschaft, die das Ja zur Familie mit einem Ja zu Kindern verbinden. Auch wer für sich selbst ein Leben ohne Kinder wählt oder wider Willen auf eigene Kinder verzichten muss, kann zu einem ethischen Klima beitragen, in dem Kinder als das Glück ihrer Eltern und als das Unterpfand für eine Zukunft der Gesellschaft begrüßt und anerkannt werden. Die Beschwerde über Kinderlärm kann so der Einsicht weichen, dass Kinderschreien wie Kinderlachen die Musik der Zukunft sind.

Persönliche Ungewissheit steht oft der Bereitschaft im Weg, sich für Kinder zu entscheiden und Verantwortung für sie zu übernehmen. Je unsicherer die eigene Berufsperspektive ist und je stärker die Erwerbsgeneration für die Ruhestandsgeneration in Anspruch genommen wird, desto stärker werden die Vorbehalte dagegen, einer nachwachsenden Generation ins Leben zu helfen. Dabei kann man nur schwer der Einsicht aus dem Weg gehen: Die allererste Pflicht der jetzt Lebenden besteht darin, dass eine nächste Generation ins Leben treten kann.

Dass eine solche Einsicht alles andere als selbstverständlich ist, illustriert der inzwischen geläufige Streit zwischen Kollegen über die vermeintliche Bevorzugung derer, die Erziehungsaufgaben wahrzunehmen haben. Er könne, so ein kinderloser Kollege, für sein privates Hobby auch keine Rücksichtnahme des Arbeitgebers erwarten. Die Würdigung von Elternarbeit wird in der öffentlichen Debatte häufig als eine Diskriminierung derer gebrandmarkt, die – aus welchen Gründen auch immer – keine Kinder haben. Der Respekt vor der Vielfalt der Lebensformen wie vor den unterschiedlichen Gründen dafür, dass die einen Kinder haben und die anderen nicht, schließt jedoch nicht aus, die Leistung von Eltern zu respektieren und sich um einen fairen Familienleistungsausgleich zu bemühen. Für das Familienethos der Gesellschaft ist es von großer Bedeutung, Alleinerziehende oder Paare nicht dafür zu bestrafen, dass sie die Verantwortung für Kinder übernehmen.

2. Familien stärken, Pluralität achten

Das Familienethos geht über die individuelle Entscheidung der Einzelnen hinaus. Zu ihm gehört der Respekt vor den unterschiedlichen Lebensentwürfen, für die Menschen sich entscheiden oder zu denen ihr Lebensweg sie geführt hat, aber auch eine neue Aufmerksamkeit für die Lebenskreise, die über die Kernfamilie hinausreichen. Familien brauchen ein soziales Netzwerk, zu dem neben Großeltern und anderen Verwandten auch Nachbarn oder Freunde gehören. Die Nachbarschaftshilfe, die sich in früheren Zeiten aus der Stabilität überschaubarer Lebensverhältnisse ergab, muss heute bewusst geplant und gestaltet werden; sie bezieht sich im einen Fall auf die Unterstützung von Familien nach der Geburt eines Kindes, im anderen Fall auf die Betreuung alter, oft alleinstehender Menschen. Es entstehen vielfältige, über die Kernfamilie hinausreichende «kleine Lebenskreise» (Biedenkopf 2009). Wohngruppen, die aus mehreren Familien bestehen, oder Familien, mit denen alleinstehende Freunde oder Verwandte zusammenwohnen, Mehrgenerationenhäuser oder Altenhöfe sind Beispiele dafür. Sie erweitern die Spielräume gesellschaftlicher Solidarität und sind ein wichtiges Beispiel für den Gedanken der Subsidiarität.

Den Familien muss nicht nur in der individuellen Lebensplanung, sondern auch in den gesellschaftlichen Werthaltungen und im politischen Handeln ein angemessener Stellenwert zuerkannt werden. Ebenso verdienen Alleinlebende und Alleinerziehende, Partnerschaften ohne Trauschein und homosexuelle Lebensgemeinschaften, Verantwortungsgemeinschaften zwischen Angehörigen unterschiedlicher Generationen oder auf Freundschaft beruhende Formen des gemeinsamen Lebens Achtung und Förderung. In all diesen Fällen geht es darum, Rahmenbedingungen zu schaffen, die Verlässlichkeit und Verantwortung stärken und der Vereinsamung der Menschen entgegenwirken. Ethisch ist es deshalb zu bejahen, dass für gleichgeschlechtliche Lebensgemeinschaften ein eigener Rechtsrahmen geschaffen wurde; er unterstützt die Absicht, auf Dauer ein gemeinsames Leben in gegenseitiger Verantwortung zu führen. Wenn in «Regenbogenfamilien» ein Kind durch Geburt oder Adoption mit einer Partnerin oder einem Partner verbunden ist, ist es folgerichtig, auch der anderen Partnerin oder dem anderen Partner ein Adoptionsrecht zuzuerkennen. Damit strahlt der verfassungsrechtliche Schutz für Ehe und Familie (Art. 6, Abs. 1 des Grundgesetzes) auf die verschiedenen Lebensformen aus. Die herausgehobene Bedeutung von Ehe und Familie wird dadurch nicht gemindert. Doch nur das gelebte Ethos der Gesellschaft kann die Wertschätzung von Ehe und Familie mit Leben erfüllen; das staatliche Recht allein wäre damit überfordert.

3. Beruf und Familie

Familienformen und familiäre Arbeitsteilung folgen heute nicht einem einheitlichen Muster. Über die Aufgabenverteilung zwischen Männern und Frauen wird frei entschieden. In vielen Fällen bildet die Berufstätigkeit beider Partner dafür die Grundlage; die Vereinbarkeit von Familie und Beruf gewinnt dadurch an Dringlichkeit. Paare, die dazu finanziell in der Lage sind, entscheiden sich gegebenenfalls auch für einen lebensphasenorientierten Wechsel zwischen Familienarbeit und Berufsarbeit. Es gibt keinen Grund dafür, diese Entscheidung durch ein für alle verbindliches Leitbild des berufstätigen Erwachsenen, des *working adult*, einzuschränken. Der gleiche Zugang von Frauen und Männern zur Berufstätigkeit ist sehr wohl eine verpflichtende Norm; eine solche Norm sagt aber nicht, dass alle Frauen und Männer von dieser Möglichkeit den gleichen Gebrauch machen müssen. Die Gleichberechtigung von Männern und Frauen schreitet voran; das ist ethisch zu begrüßen. Zugleich ist zu konstatieren, dass sich nach wie vor weit mehr Frauen als Männer für den Verzicht auf eine Berufstätigkeit um der Kinder willen oder für eine zeitweilige Berufsunterbrechung entscheiden. Es steht zu erwarten, dass diese Proportionen sich weiter verschieben werden; das wird vor allem Männern eine Revision ihres Rollenverständnisses abverlangen.

Die Fürsorge für die eigenen Kinder ist keineswegs die einzige Situation, in der sich die Spannung zwischen Erwerbsarbeit und *care* zeigt. Vielmehr umfasst der Begriff *care*, der in diesem Zusammenhang auch im Deutschen verstärkt verwendet wird, sowohl Versorgungs- und Erziehungsleistungen in der Kernfamilie als auch Fürsorgeleistungen von Großeltern gegenüber ihren Enkeln oder Pflegeaufgaben zwischen Erwachsenengenerationen. In all diesen Fällen stellt sich die Aufgabe, Berufsbiographie und Familienbiographie miteinander zu verbinden. Dafür ist zum einen erforderlich, dass Arbeitgeber in verstärktem Maß eine lebenslagenorientierte Personalpolitik betreiben und die Übernahme von Familienaufgaben durch geeignete Arbeitszeit-, Entlohnungs- und Beurlaubungsmodelle unterstützen. Nötig sind zum anderen politische Weichenstellungen, die nicht nur familienpolitisch im engeren Sinn des Wortes, sondern generationenpolitisch orientiert sind. Sie liegen im unmittelbaren staatlichen Interesse, denn Erziehungs- und Pflegeaufgaben lassen sich nicht ausschließlich durch öffentliche Einrichtungen – von Kindergärten bis zu Pflegeheimen – sicherstellen. Finanzielle Beihilfen für die Wahrnehmung solcher Aufgaben in Familien, in neuen, die Familiengrenzen überschreitenden Wohnformen oder in Mehrgenerationenhäusern sind von ebenso großer Bedeutung wie die direkte Unterstützung derer, die ihre Berufstätigkeit aus familiären Gründen unterbrechen.

Insgesamt können solche Maßnahmen die Erosion der Solidarität zwischen den Generationen aufhalten und ein neues Familienethos fördern. Das Interesse an persönlicher Freiheit braucht die Verpflichtung gegenüber anderen Familienmitgliedern und anderen Generationen nicht auszuhöhlen. Die Familie kann vielmehr zu einem Ort werden, an dem sich Individualität und Sozialität, Selbstbestimmung und Fürsorge miteinander verbinden. Dass diese Verbindung gelingt, ist von großer Bedeutung – auch über die Familie hinaus.

4. Transparente Familienpolitik

Staatliche Familienpolitik kann nicht ein neues Familienethos erzeugen, sie kann aber Rahmenbedingungen für eine größere Wertschätzung der Familie schaffen und das Ja zu Partnerschaft und Kindern erleichtern. Dafür ist der *Abschied von der negativen Charakterisierung* bestimmter Lebenslagen wichtig. Eine öffentliche Diskussion, die eine wachsende Lebenserwartung vor allem als Belastung der Rentenkassen und als Erhöhung der Zahl von Demenzkranken thematisiert, vernachlässigt die Einsicht, dass mehr Menschen als je zuvor ein höheres Lebensalter bei guter Gesundheit und bleibender Einsatzbereitschaft erreichen. Eine Debatte, die Kinder vor allem als Armutsrisiko und nicht als Hoffnungsträger für eine gute Zukunft betrachtet, schadet der Gesellschaft.

Sodann bedarf es einer offenen Diskussion über die *Ziele einer aktiven Familienpolitik*. Die Erhöhung der Geburtenrate wird in Deutschland als mögliches Ziel der Familienpolitik schamhaft verschwiegen; die Bevölkerungspolitik der Vergangenheit dient als abschreckendes Beispiel. Doch ist es kein Eingriff in die Selbstbestimmung freiheitsberechtigter Bürgerinnen und Bürger, wenn man sich zum Ziel setzt, den Abstand zwischen dem formulierten und dem realisierten Kinderwunsch zu vermindern. Der Vergleich mit der höheren Geburtenrate in Frankreich zeigt, dass ein hoch entwickeltes europäisches Land seine Bevölkerungszahl nicht zwangsläufig im Generationenschritt um ein Drittel verringern muss.

Schließlich ist von staatlicher Familienpolitik *Transparenz der Instrumente* sowie Auskunft über deren Effizienz zu erwarten. Die vielfältigen Maßnahmen der Familienpolitik summieren sich zwar zu einem beachtlichen Gesamtbetrag, doch sie erzeugen erhebliche Zusatzkosten, ihre Wirkungen sind undurchschaubar, ihre Inanspruchnahme hängt von vielen Zufällen ab und ist deshalb sehr ungleichmäßig. Rechenschaftspflicht über die Ziele und damit die Überprüfung der Effizienz sowie Transparenz für die Betroffenen sind elementare Forderungen an staatliches Handeln – nicht nur in der Familienpolitik.

3. Menschliche Würde
Gibt es eine «Schwangerschaft auf Probe»?

Drei junge Physiotherapeuten fahren gemeinsam zu einer Fortbildung. Eine der jungen Frauen und der junge Mann verbringen die Nacht miteinander. Er lebt mit einer Partnerin zusammen, und sie haben ein kleines Kind. Nach einigen Wochen teilt ihm die Gefährtin dieser Nacht mit, sie sei schwanger und habe sich dazu entschlossen, das Kind auszutragen. Er fragt zurück, warum sie die Schwangerschaft nicht abbrechen wolle; das sei doch der einfachere Weg. Er fügt nicht hinzu, das sei auch für ihn einfacher, denn wenn der Seitensprung ohne Folgen bleibe, könne er vielleicht eine Belastung für die Beziehung zu seiner Partnerin vermeiden. Doch die junge Frau bleibt bei ihrer Haltung; sie empfindet eine Verantwortung gegenüber dem Leben, das in ihr entsteht. Der Vater des Kindes aber wartet ängstlich, was diese Entwicklung für seine eigene Beziehung und das Verhältnis zu seinem schon geborenen Kind bedeuten wird und ob er für das neue Kind, dessen Geburt erst noch bevorsteht, wird Vater sein können.

Schwangerschaftskonflikte

Im Jahr 2010 wurden in Deutschland 110 400 Schwangerschaftsabbrüche registriert. Verglichen mit circa 678 000 Geburten im selben Jahr ist das eine hohe Zahl. Trotz aller Möglichkeiten der Empfängnisverhütung kommt es nach wie vor zu einer großen Zahl ungewollter Schwangerschaften. In jedem derartigen Fall stellt sich die Frage, ob das Kind ausgetragen werden soll. Nach der deutschen Rechtslage kann in Konfliktfällen nach einem vorausgehenden Beratungsgespräch die

Schwangerschaft innerhalb der ersten zwölf Wochen abgebrochen werden. Die Möglichkeit der Abtreibung wird erst recht dann erörtert, wenn bei den inzwischen regelmäßig durchgeführten pränataldiagnostischen Untersuchungen eine gesundheitliche Beeinträchtigung des Kindes prognostiziert wird. Unter Berufung auf eine unzumutbare gesundheitliche Belastung für die Mutter kann eine Schwangerschaft in einem solchen Fall auch nach der Frist von zwölf Wochen beendet werden. Wird der Schwangerschaftsabbruch dadurch zu einem regulären Mittel der Familienplanung? Und ist die «Schwangerschaft auf Probe» eine selbstverständliche Konsequenz aus dem heute behaupteten «Recht auf reproduktive Selbstbestimmung» (vgl. Heun 2006: 209)?

Kaum eine ethische Frage ist so umstritten. *«Pro life»* oder *«Pro choice»* heißen die alternativen Positionen in der amerikanischen Debatte. Das Lebensrecht des Embryos von der Verschmelzung zwischen Ei- und Samenzelle an bildet den Ausgangspunkt der einen Position, das Selbstbestimmungsrecht der Mutter stellt den anderen Pol dar. Im einen Fall wird dem werdenden Menschen ein eigenständiges Lebensrecht von Anfang an zuerkannt, im andern Fall wird aus dem Recht auf reproduktive Selbstbestimmung das Recht zum Schwangerschaftsabbruch abgeleitet.

Die Vergegenständlichung des Embryos

Beiden Positionen – *Pro life* und *Pro choice* – ist gemeinsam, dass sie die Schwangerschaft jeweils nur von einer Seite aus betrachten und übersehen, dass es sich bei der Schwangerschaft um ein Lebensverhältnis handelt, in dem diese beiden Seiten stark miteinander verbunden sind (vgl. Kohler-Weiß 2003: 309 ff.).

Der werdende Mensch ist ein Teil des mütterlichen Leibes; über viele Monate verfügt er über keine eigenständige Lebensmöglichkeit und hat unabhängig von der Mutter keine Entwicklungschance. Neue bildgebende Verfahren machen den Körper des im Mutterleib entstehenden Kindes jedoch bereits in einem sehr frühen Stadium sichtbar; dadurch wird dieser tendenziell verselbständigt. Im Konfliktfall muss sein eigenständiges Lebensrecht nachgewiesen werden; sein Leben rechtfertigt sich nicht aus seiner Verbindung zu einer Mutter, sondern aus den Ergebnissen der Pränataldiagnostik. Aus der Dyade der Schwangeren und ihrer «Leibesfrucht» werden zwei Wesen mit ihren gegebenenfalls widerstreitenden Ansprüchen (vgl. Duden 1991).

Solange die Schwangerschaft als ein Lebensverhältnis betrachtet wird, ergibt sich der Schutz des werdenden Lebens aus der besonderen Verantwortung einer Mutter (und eines Vaters) für das werdende Leben. Wenn die Schwangere und das in ihr entstehende Lebewesen getrennt voneinander gesehen werden, wird die Verantwortung für den künftigen Menschen nicht aus der engen Verbindung zwischen Mutter und Kind, sondern aus dem moralischen Status des Embryos beziehungsweise aus der Selbstbestimmung der Mutter abgeleitet. Der Schwangerschaftskonflikt wird zu einem Konflikt konkurrierender Ansprüche von Mutter und Kind. Nicht mehr das Bemühen um Lebensumstände, unter denen die Schwangerschaft zu einem guten Ende kommen kann, sondern die Frage, ob der moralische Anspruch des Embryos mit dem Selbstbestimmungsrecht der Schwangeren vereinbar ist, rückt ins Zentrum.

Die Vergegenständlichung des Embryos wird nicht nur durch die Pränataldiagnostik vorangetrieben. In dieselbe Richtung wirken auch die Möglichkeiten der Reproduktionsmedizin, Embryonen in der Petrischale entstehen zu lassen. Auf diese Weise erzeugt, sind sie dem verfügenden Zugriff von Eltern und Ärzten ausgesetzt. Zwar schreibt das deutsche Embryonenschutzgesetz aus dem Jahr 1990 vor, dass Embryonen *in vitro* nur zu Zwecken der menschlichen Fortpflanzung hergestellt werden dürfen. Deshalb dürfen pro Zyklus auch nur so viele Embryonen erzeugt werden, wie zur Implantation vorgesehen sind, nämlich höchstens drei. Doch dieser klaren Zweckbestimmung der im Reagenzglas hergestellten Embryonen tritt immer stärker der Hinweis entgegen, dass kein Embryo gegen den Willen der Frau implantiert werden darf. Dass die reproduktionsmedizinische Maßnahme eingeleitet wurde, weil sich das Paar von ihr die Erfüllung seines Kinderwunsches erhofft, tritt in den Hintergrund. Die *in vitro* hergestellten Embryonen werden als Gegenstände gesehen, über die nun eine Entscheidung zu treffen ist.

Als Lebensverhältnis ist die Schwangerschaft durch Abhängigsein und Eigenständigsein gekennzeichnet. Eine Schwangere spürt in wachsender Intensität, dass ein anderes Leben in ihrem Körper Raum greift, das von ihr abhängig, aber zugleich nicht mit ihr identisch und in diesem Sinn eigenständig ist. Die Schwangerschaft ist der grundlegende Vorgang, an dem sich zeigt, dass menschliches Leben, so sehr es auf Eigenständigkeit, Selbstbestimmung oder Autonomie zielt, zuallererst dadurch konstituiert wird, dass der Mensch ein Beziehungswesen ist (vgl. oben S. 26).

Der moralische Status des Embryos

Die neuere ethische Diskussion geht jedoch überwiegend von der Frage nach der jeweils eigenständigen moralischen und rechtlichen Position der Mutter einerseits, des Embryos andererseits aus. Mit der Entwicklung der Reproduktionsmedizin hat diese Debatte dramatisch an Bedeutung gewonnen. Sie wird oft auf die Frage zugespitzt, ob es sich auf den frühen Stufen des menschlichen Lebens um einen «menschlichen Embryo» oder um einen «embryonalen Menschen» handelt. Wer vom «embryonalen Menschen» spricht und damit auf dem Menschsein von Anfang an beharrt, will schon für die ersten Entwicklungsstufen des menschlichen Lebens den ungeteilten Würdeschutz geltend machen, der menschlichen Personen zukommt; in der katholischen Morallehre wird deshalb der menschliche Embryo von der Verschmelzung von Ei- und Samenzelle an «als Person» angesehen und geachtet (Donum vitae I,1; vgl. Gründel 2004: 125). Wer dagegen vom «menschlichen Embryo» spricht, sieht in diesen frühen Phasen zwar menschliches Leben, aber nicht eine menschliche Person; er lässt infolgedessen für diese Phasen nur einen bedingten Lebensschutz gelten. Am moralischen Status des Embryos entscheidet sich nach dieser Betrachtungsweise das Ausmaß des ihm zukommenden Lebensschutzes.

Während die einen den offenen Anfang der menschlichen Lebensgeschichte betonen und in der Menschwerdung des Menschen einen kontinuierlichen Prozess sehen, verstehen andere ihn als ein durch Zäsuren markiertes Geschehen. Die einen lassen den Würdeschutz damit beginnen, dass ein Lebewesen entsteht, das der Gattung Mensch zugehört und das sich von dieser Entstehung an kontinuierlich entwickelt. Der später geborene Mensch ist mit diesem Lebewesen also von Anfang an identisch, denn es enthält schon die volle Potentialität zu dem später geborenen Menschen in sich. Die leitenden Gesichtspunkte dieser Argumentation sind demnach Spezies, Kontinuität, Identität und Potentialität (SKIP-

Argumente; vgl. Schockenhoff 2009: 506 ff.). Die anderen berufen sich auf eine Reihe möglicher Zäsuren. Unterschiedliche Einschätzungen biologischer Sachverhalte, aber auch unterschiedliche Interessen entscheiden dann darüber, welche dieser Zäsuren als Beginn eines menschlichen Lebens in dem Sinn angesehen wird, dass es am Würde- und Lebensschutz teilhat.

Sieben Stufen in der Frühentwicklung des menschlichen Lebens bilden Anknüpfungspunkte für konkurrierende Antworten auf die Frage, von wann an der Mensch ein Mensch ist: die Verschmelzung von Ei- und Samenzelle, die Einnistung in die Gebärmutter am fünften bis achten Tag, der Ausschluss der Mehrlingsbildung um den dreizehnten Tag, die Ausbildung des Gehirns im dritten Schwangerschaftsmonat, die eigenständige Lebensfähigkeit, die Geburt, schließlich der Zeitpunkt im Verlauf der ersten Lebensjahre, an dem sich die Fähigkeit zur Selbstbestimmung ausbildet (vgl. Huber 2002: 38 ff.).

Entwicklung als Mensch oder zum Menschen?

Diese sieben Stufen in der frühen Entwicklung des menschlichen Lebens haben eine je eigene Bedeutung. Aber die Zuerkennung der Menschenwürde und eines damit verbundenen uneingeschränkten Lebensschutzes exklusiv an eine der späteren Stufen zu binden, ist mit einem erheblichen Willkürrisiko verbunden. In der Tradition der Ethik ist für solche Fälle die Methode des Tutiorismus vorgeschlagen worden; sie besagt, dass man sich an der Entscheidung orientieren soll, mit der sich eine relativ höhere Sicherheit und damit ein relativ geringeres Risiko verbinden. Am geringsten scheint in diesem Fall das Willkürrisiko bei einer Position zu sein, die mit dem offenen Anfang des menschlichen Lebens und seiner organischen Entwicklung argumentiert. Für sie ist die Verschmelzung von Ei- und Samenzelle der sicherste Hinweis darauf, dass menschliches Leben beginnt. Schon von diesem Zeitpunkt an sollte sichergestellt werden, dass das sich entwickelnde menschliche Lebewesen nicht als Zellhaufen oder Biomasse, sondern als ein frühes Zeichen für das Wunder des menschlichen Lebens betrachtet wird.

Jürgen Habermas knüpfte an eine solche Überlegung an, als er forderte, den Embryo «in Antizipation seiner Bestimmung wie eine zweite

Person» (also wie einen Menschen, den wir mit «Du» anreden können) zu «behandeln, die sich, wenn sie geboren würde, zu dieser Behandlung verhalten könnte» (Habermas, Zukunft 2001: 120). Gewiss lassen sich Embryonen noch nicht in dem Sinn als «Du» ansprechen, dass man von ihnen eine korrespondierende Anrede erwarten kann; doch sie können schon daraufhin betrachtet werden, dass sie zum Personsein bestimmt sind. Von Personen gilt im Unterschied zu Sachen, dass sie nicht nur einen Wert haben, sondern eine Würde; deshalb dürfen sie niemals vollständig fremden Zwecken dienstbar gemacht werden, sondern stellen einen Zweck in sich selbst dar.

Jedoch ist mit dieser Überlegung nicht eindeutig entschieden, dass der Embryo sich von allem Anfang an «als Mensch» entwickelt. Man kann vielmehr auch die Position einnehmen, dass er sich in den frühen embryonalen Stufen «zum Menschen» entwickelt. Wer das eher für plausibel hält, übernimmt damit nicht automatisch die Verpflichtung, mit Eindeutigkeit einen Zeitpunkt in der Embryonalentwicklung angeben zu müssen, zu dem der Embryo sich nicht mehr zum Menschen, sondern als Mensch entwickelt. Auch wenn wir den Embryo noch nicht als menschliche Person ansehen und ihm deshalb nicht diejenige Menschenwürde zuerkennen, die mit dem moralischen und rechtlichen Status der Person verbunden ist, bleibt es richtig, ihn im Blick auf seine Bestimmung zur Person zu betrachten. Auch wo wir menschlichem Leben noch nicht einen Namen geben und es damit in seiner Personalität anerkennen, genießt dieses Leben «auch in seinen anonymen Formen ‹Würde› und gebietet ‹Ehrfurcht›» (Habermas, Zukunft 2001: 68).

Die von Jürgen Habermas angeregte Unterscheidung zwischen «Menschenwürde» und «Würde des menschlichen Lebens» trägt der Einsicht Rechnung, dass die Geburtlichkeit, die besonders von Hannah Arendt hervorgehobene «Natalität», zur Konstitution des Menschen als Person gehört (Arendt 1998: 15 f., 243). Zum Menschen als Person gehört, dass er geboren wird. So nachdrücklich man auch von der Teilhabe des vorgeburtlichen menschlichen Lebens an der Menschenwürde reden möchte, kann man doch nicht ignorieren, dass der Mensch durch seine Geburt ins Leben tritt; erst mit diesem Datum werden ihm eigenständige personale Rechte zuerkannt (vgl. Gerhardt 2001: 38 ff.). Das berücksichtigt die von Habermas vorgeschlagene Unterscheidung. Sie vermeidet die mit unseren moralischen Intuitionen unvereinbare Gleichsetzung von Embryonen, insbesondere auf den frühen Stufen ihrer Entwicklung, mit geborenen Menschen.

Doch diese Unterscheidung eröffnet zugleich den Zugang zu der Verpflichtung, den Umgang mit einem Embryo moralisch an seiner Bestimmung auszurichten, dass er zur menschlichen Person werden soll. Sie begründet, warum Embryonen nicht wie Sachen behandelt werden dürfen, und vermeidet eklatante Wertungswidersprüche, die sich andernfalls bei der Regelung von Schwangerschaftskonflikten, aber auch bei der Zulassung möglicherweise nidationshemmender Mittel der Empfängnisverhütung (wie dem Pessar oder der «Pille danach») ergeben.

Dagegen, den moralischen Status des Embryos mit dem des geborenen Menschen gleichzusetzen, wird insbesondere eingewandt, dass von den Embryonen, die sich im Mutterleib bilden, ein erheblicher Teil vor der Nidation unerkannt abgeht (Schröder 2012: 273). Gerade dieser Einwand legt nahe, die Statusfrage nicht zu isolieren, sondern sie in eine verantwortungsethische Perspektive einzuordnen. Im Mutterleib entstandene Embryonen gehen ab, ohne dass dies der Frau, in deren Körper sich der Embryo gebildet hatte, bekannt ist und ohne dass sie diesen Vorgang beeinflussen kann. Demgegenüber besteht bei einem in der Petrischale hergestellten Embryo eine ganz andere Möglichkeit zur Einflussnahme. Von einer Schutzverpflichtung kann man nur sprechen, wenn auch eine Schutzmöglichkeit besteht. Es kommt in diesen frühen Entwicklungsphasen eines Embryos deshalb nicht so sehr auf dessen moralischen Status als solchen, sondern auf die Möglichkeit an, für ihn Verantwortung zu übernehmen. Deshalb ist es kein Wertungswiderspruch, wenn der Embryo *in vitro* vor der Implantation (Einsetzung) mit einem anderen Schutz umgeben wird als der Embryo *in vivo* vor der Nidation (Einnistung). Daraus, dass natürlich gezeugte Embryonen vor der Einnistung in den Uterus unerkannt abgehen können, lässt sich nicht schließen, dass überzählige Embryonen reproduktionsmedizinisch erzeugt und für verbrauchende Forschung freigegeben oder verworfen werden dürfen. Zur Diskussion kann deshalb nur stehen, ob «verwaiste» Embryonen, die gegen die ursprüngliche Intention nicht implantiert werden konnten, für ein hochrangiges Forschungsziel eingesetzt werden dürfen.

Doch die Absicht, «verwaiste» Embryonen zu Forschungszwecken zu verwenden, kann leicht dazu führen, dass von vornherein überzählige Embryonen hergestellt werden. Deshalb wurde in Deutschland für die

Forschung mit embryonalen Stammzellen ein anderer Weg gewählt. Er berücksichtigt, dass Stammzellen *in vitro* über einige Zeit vermehrt werden können; auf diese Weise entstehen sogenannte «Stammzelllinien». Wenn man sicherstellen will, dass für Forschungsvorhaben keine Stammzellen von Embryonen verwendet werden, die zu anderen Zwecken als zur menschlichen Reproduktion hergestellt worden sind, kommt es darauf an, die Stammzelllinien auf ihren Ursprung zurückzuführen. Der Ausgangspunkt für die deutsche Regelung heißt: Nur embryonale Stammzelllinien, die vor einem in der Vergangenheit liegenden Stichtag im Ausland entstanden sind, können für ethisch geprüfte, hochrangige Forschungsvorhaben eingesetzt werden.

Die verantwortungsethische Betrachtung des Embryos

In den letzten Überlegungen habe ich einer verantwortungsethisch begründeten Schutzverpflichtung gegenüber einem in der Petrischale hergestellten Embryo den Vorrang vor einer Betrachtungsweise gegeben, die vom moralischen Status des menschlichen Embryos ausgeht. Unabhängig von der Antwort auf die Frage, ob ein Embryo sich «als Mensch» oder «zum Menschen» entwickelt, kommt dieser Schutzverpflichtung eine hohe Evidenz zu; eine verantwortungsethische Perspektive kann die Gründe und die Reichweite dieser Schutzverpflichtung klären (vgl. Deutscher Ethikrat, Präimplantationsdiagnostik 2011: 48 ff.).

Verantwortungsethik bezieht sich auf die Verpflichtungen, die sich aus den Beziehungen eines Menschen zu anderen Menschen, zu der ihn umgebenden Welt oder zu sich selbst ergeben. In der Perspektive des christlichen Glaubens ist dafür die Verantwortung vor Gott, also eine letzte Rechenschaftspflicht für die Führung des eigenen Lebens, grundlegend. In den Grundbeziehungen seines Lebens konkretisiert sich die Verantwortung des Menschen für seine Lebensführung. Als Prüfmaßstab für die Wahrnehmung dieser Verantwortung liegt der Kategorische Imperativ nahe, also die Pflicht, so zu handeln, «dass du die Menschheit, sowohl in deiner Person, als in der Person eines jeden andern, jederzeit zugleich als Zweck, niemals bloß als Mittel brauchest.» (Kant 1785/1786: BA66 f.) Keinen Menschen darf man so zum Mittel und damit zum Objekt machen, dass er nicht mehr ein Zweck in sich selbst bleibt. Doch Verantwortungsethik beschränkt sich nicht auf den Umgang mit anderen Menschen. Auch wer bestimmte Formen menschlichen Lebens nicht «als Menschen», sondern als «Entwicklung zum Menschen» bezeichnet, steht zu ihnen gegebenenfalls in einer Verantwortungsrelation. Vergleichbare Verantwortungsrelationen gibt es selbstverständlich auch zur nichtmenschlichen Natur und zu der von Menschen geschaffenen Kultur.

Ein anderer Aspekt tritt hinzu: Zu den Pflichten verantwortlicher Lebensführung gehört die Berücksichtigung wahrscheinlicher oder möglicher Folgen. Diese Folgen können den einzelnen Adressaten individueller Verantwortung betreffen. Es können sich aber auch allgemeine Folgen dadurch ergeben, dass eine von Einzelnen begonnene Handlungsweise Schule macht und dadurch zu einem «allgemeinen Gesetz» wird. Auch wenn man sagt, dass menschliche Embryonen sich nicht «als Menschen», sondern «zum Menschen» entwickeln, muss man die Überlegung anstellen, welche Folgen sich ergeben können, wenn man reproduktionsmedizinisch hergestellte Embryonen wie bloße Sachen behandelt.

Aus einer verantwortungsethischen Perspektive kann man unerkannt abgehende Embryonen und solche, die mit den Mitteln der Reproduktionsmedizin hergestellt wurden, nicht unmittelbar miteinander vergleichen. Es handelt sich in beiden Fällen vielmehr um unterschiedliche Verantwortungsrelationen. Im Fall der natürlichen Befruchtung besteht eine Verantwortung für den sexuellen Vorgang, aus dem sich eine Schwangerschaft ergeben kann; es gibt Möglichkeiten, die Einnistung eines so entstandenen Embryos zu verhindern oder geschehen zu lassen; aber es gibt keine Möglichkeit, auf das Schicksal eines unerkannt abgehenden Embryos Einfluss zu nehmen.

Werden Embryonen dagegen mit den Mitteln der Reproduktionsmedizin hergestellt, folgt daraus nicht nur eine besondere Verantwortung der Paare, deren Kinderwunsch sich auf diesem Weg erfüllen soll. Eine analoge Verantwortung tragen auch die Ärztinnen und Ärzte, die beratend und handelnd an diesem Prozess beteiligt sind. Zwischen ihrer reproduktionsmedizinischen Entstehung und ihrer Implantation in den Mutterleib sind diese Embryonen auf ärztliche Fürsorge angewiesen. Unabhängig von unterschiedlichen Aussagen über ihren moralischen Status tragen die Eltern und das beteiligte ärztliche Personal Verantwortung für die Zukunft von reproduktionsmedizinisch hergestellten Embryonen. Vor die Wahl gestellt, ob diese Embryonen biologisches Material sind, das für beliebige Zwecke benutzt werden kann, oder ob sie allein dem Zweck der menschlichen Reproduktion dienen, muss die verantwortungsethische Entscheidung sich der zweiten Alternative zuwenden.

Die Verantwortung für den Embryo vor der Implantation trägt deshalb einen eigenständigen Charakter, der mit der Verantwortung in Schwangerschaftskonflikten nicht gleichgesetzt werden kann.

Diese neuartige Verantwortung hat einen so hohen Rang, dass reproduktionsmedizinisch hergestellte Embryonen durch den Staat rechtlich geschützt werden. Dieser Schutz ist unumgänglich, wenn menschliche Embryonen zu keinem anderen Zweck als zur menschlichen Reproduktion hergestellt werden sollen. Damit ist eine Handlungsweise, die auf die Herstellung überzähliger Embryonen angelegt ist, unvereinbar. Sie leistet einer Haltung Vorschub, die Stufen des menschlichen Lebens mit einem bloßen Objektcharakter versieht. Sie geht davon aus, dass menschliches Leben reproduktionsmedizinisch mit der Maßgabe hergestellt werden darf, bloß Mittel zum Zweck und keineswegs Zweck in sich selbst zu sein.

Verantwortung in Schwangerschaftskonflikten

Die Frage nach einer Ethik des Schwangerschaftskonflikts hat uns tief in Probleme der Reproduktionsmedizin hineingeführt. Denn der Gedanke, es gebe eine «Schwangerschaft auf Probe», hätte sich gar nicht ausbreiten können, wenn die Reproduktionsmedizin ihn nicht nahegelegt hätte. Dennoch kann man den Verzicht darauf, einen reproduktionsmedizinisch hergestellten Embryo zu implantieren, mit dem Abbruch einer Schwangerschaft nicht gleichsetzen. Der Embryo befindet sich im Schutz des mütterlichen Leibes; die Verbindung zwischen Mutter und Kind muss getrennt werden, um die Schwangerschaft zu beenden. Ein Lebensverhältnis wird abgebrochen; deshalb führt die Vorstellung, dass die Entscheidung zum Schwangerschaftsabbruch leichthin getroffen wird, in den allermeisten Fällen in die Irre. Ein Schwangerschaftsabbruch ist vielmehr für die betroffenen Frauen sehr oft eine traumatische Erfahrung; wenn die beteiligten Männer diesen Abbruch fordern oder ihm gleichgültig gegenüberstehen, verstärkt das den Schmerz.

Kaum ein ethisches Thema ist so stark juristisch überformt wie der Schwangerschaftsabbruch. Er gilt als Tötungshandlung und ist deshalb mit strafrechtlichen Sanktionen belegt. Die ethische Debatte war deshalb lange Zeit von rechtlichen Fragen dominiert. Es ging darum, ob die Strafandrohung aufgehoben, gelockert oder mit Ausnahmen versehen werden solle. Die deutsche Rechtsentwicklung mündete in das Ergebnis, dass Abtreibungen in den ersten zwölf Wochen der Schwangerschaft «rechtswidrig, aber straffrei» sind, wenn eine Beratung stattgefunden hat und bescheinigt worden ist. Eine andere rechtliche Konstruktion wurde für den Fall einer medizinischen Indikation zugrunde gelegt. Wenn die Schwangerschaft beendet wird, weil dies um der körperlichen oder seelischen Gesundheit der Mutter willen notwendig ist, ist dies nicht rechtswidrig; die rechtliche Erlaubnis zu dieser Handlung ist auch nicht an die Frist von zwölf Wochen gebunden. Diese medizinische Indikation ist inzwischen zum Auffangtatbestand für alle Fälle geworden, in denen aufgrund pränataldiagnostischer Befunde eine gesundheitliche Beeinträchtigung des Kindes befürchtet wird; in verallgemeinernder Form wird daraus eine Gesundheitsgefährdung für die Mutter abgeleitet. In einem Teil dieser Fälle kommt es zu Spätabtreibungen, unter Umständen sogar zur Tötung eines bereits lebensfähigen Fötus.

Ohne Zweifel sind derartige rechtliche Regelungen von unmittelbarer ethischer Bedeutung, denn sie enthalten und vermitteln Auffassungen darüber, was in einer Gesellschaft als richtig gilt oder gelten soll. Sie regeln jedoch nur das rechtlich erforderliche moralische Minimum; ihre Geltung ist unabhängig davon, ob die Betroffenen den moralischen Gehalt des Rechts billigen oder nicht. Deshalb kann die Betrachtung der jeweiligen Rechtslage eine umfassendere ethische Erwägung nicht ersetzen.

Es hat sich schon gezeigt, dass sich eine verantwortungsethische Betrachtungsweise bei diesem Thema geradezu aufdrängt. Auch das Leitmotiv für eine solche Überlegung haben wir bereits gefunden. Das Entstehen und der Verlauf einer Schwangerschaft sind verantwortungsethisch unter der Perspektive zu betrachten, dass die Schwangerschaft als Lebensverhältnis gelingt. Dieses Lebensverhältnis verbindet in allererster Linie eine schwangere Frau und einen Embryo miteinander. Im Konfliktfall kann die Schwangerschaft deshalb nur mit der schwangeren

Frau und nicht gegen sie weitergeführt werden. Aus diesem Grund sind die Mittel des Strafrechts zur Konfliktregelung ungeeignet.

Dass eine Schwangerschaft nur mit der schwangeren Frau zu einem guten Ende kommt, bedeutet keineswegs, dass sie mit einem eventuell aufbrechenden Konflikt alleingelassen werden darf. Das zeigt sich schon an den besonders häufigen Konfliktkonstellationen, die zu Schwangerschaftsabbrüchen führen. Die nicht abgeschlossene Ausbildung oder die mangelnde materielle Sicherheit, die fragliche Verlässlichkeit einer Partnerschaft oder die Weigerung des potentiellen Vaters, Verantwortung für ein Kind zu übernehmen, die Furcht, der Fürsorge für ein Kind nicht gewachsen zu sein, oder der befürchtete Mangel an geeigneten Betreuungsmöglichkeiten sind Beispiele für soziale Notlagen, aus denen eine Entscheidung zum Schwangerschaftsabbruch entsteht (vgl. Kohler-Weiß 2003: 338 ff.). Ob eine solche Notlage gemildert oder gar gemeistert werden kann, hängt auch vom Umfeld einer Schwangeren ab. Für eine verantwortungsethische Betrachtungsweise rücken zuallererst die potentiellen Väter in den Blick. Moralisch betrachtet haben sie für von ihnen gezeugte Kinder genauso einzustehen wie die werdenden Mütter. Weder Frauen noch Männer sind dieser Aufgabe von Natur aus gewachsen. Junge Menschen müssen vielmehr lernen, Verantwortung zu übernehmen. Nötig ist nicht nur eine Erziehung von Jungen und Mädchen zu verantwortlichem Sexualverhalten im engeren und zu verantworteter Elternschaft im weiteren Sinn; erforderlich ist ebenso eine Erziehung von Jungen dazu, verlässliche Partner zu sein und Verantwortung als Väter zu übernehmen.

In den Blick tritt auch das weitere Umfeld. Die Zeit der Schwangerschaft, der Geburt und das Aufwachsen von Kindern sind ein Bewährungsfeld nicht nur für Eltern, sondern auch für familiäre Netzwerke und andere «kleine Lebenskreise» (vgl. oben S. 35). Zivilgesellschaftliche Initiativen stehen Familien, insbesondere Alleinerziehenden, in Zeiten der Unsicherheit bei; dadurch entstehen in der wachsenden Pluralität der Lebensformen neue soziale Netzwerke. Ebenso wichtig sind familienunterstützende Angebote, die Menschen rechtzeitig von einem Ja zum Leben überzeugen können.

Aus einem isolierten Anspruch auf Fortpflanzungsautonomie lässt sich keine zureichende Lösung der Konflikte ableiten, die im Umkreis von Schwangerschaft und Geburt entstehen können (vgl. Weilert 2013).

Das Recht auf reproduktive Selbstbestimmung muss vielmehr auf die Menschenwürde anderer bezogen werden. So ist der Anspruch, dass eine sexuelle Beziehung geheim bleibt, unvereinbar mit dem Recht eines aus dieser Beziehung hervorgegangenen Kindes, seine Herkunft zu kennen. Diese Beschränkung der Fortpflanzungsautonomie durch Würde und Rechte Dritter gilt auch im Blick auf die Möglichkeiten der Reproduktionsmedizin. Das Recht, die eigene Herkunft zu kennen, ist auch in Fällen der künstlichen Befruchtung zu beachten; auch bei einer Samenspende gibt es einen Anspruch darauf, den eigenen biologischen Vater zu kennen. In Fällen der anonymen Kindesabgabe – vor allem durch anonyme Geburt oder durch das Ablegen des Kindes in einer Babyklappe – wird dem Kind sogar die Kenntnis beider Elternteile verweigert. Diese Verletzung eines elementaren Rechts kann nicht durch die Annahme gerechtfertigt werden, dass auf diese Weise Kindstötungen vermieden werden, zumal über die Motive, aus denen ein Kind anonym abgegeben wird, in den allermeisten Fällen nichts bekannt ist. Die Feststellung, dass eine beträchtliche Zahl von werdenden Müttern durch die verfügbaren Hilfsmaßnahmen nicht erreicht wird, muss zu einer Verbesserung der legalen Angebote führen; sie kann dagegen nicht ein Anlass dafür sein, Kindern das elementare Recht auf Kenntnis ihrer Herkunft zu verweigern. Deshalb ist in Konfliktfällen die vertrauliche Geburt, bei der über den Namen der Mutter zeitlich befristet Stillschweigen gewahrt wird, der anonymen Kindesabgabe vorzuziehen (Deutscher Ethikrat 2009: 90 ff.). Die zugänglichen empirischen Daten zeigen bei den Betroffenen einen deutlichen Vorrang der anonymen Geburt vor der Inanspruchnahme einer Babyklappe; darüber hinaus zeigen sie eine Bereitschaft, nach einer Zeit der Anonymität die Verantwortung für das eigene Kind zu übernehmen und es selbst großzuziehen (Institut für Demoskopie Allensbach 2013: 75 ff.). Auch angesichts dieser Erfahrungen ist die vertrauliche Geburt einer auf Dauer anonym bleibenden Kindesabgabe vorzuziehen.

Eine professionsethische Überlegung soll am Ende stehen. Die rechtliche Regelung des Schwangerschaftskonflikts weist zwei Berufsgruppen eine herausgehobene Verantwortung zu: den Beraterinnen und Beratern, die für die rechtlich vorgeschriebene Beratung vor der Entscheidung über einen Schwangerschaftsabbruch zuständig sind, sowie dem ärztlichen und pflegenden Personal, das den Abbruch einer Schwangerschaft durchzuführen hat. Die Beratung in Schwangerschaftskonflikten hat die Bewahrung des Lebens als übergeordnetes Ziel, aber sie erfolgt ergebnisoffen, weil sie eine Entscheidung der Schwangeren ermöglichen soll. Gerade in dieser doppelten Ausrichtung kann die Beratung das Ja zum Leben und die Solidarität mit den Ratsuchenden überzeugend zum Ausdruck bringen.

Für das beteiligte ärztliche und pflegende Personal stellt sich mit jedem Schwangerschaftsabbruch eine Gewissensfrage; ihm wird eine Handlung abverlangt, die menschliches Leben beendet. Wer sich daran aus Gewissensgründen nicht beteiligen kann, verdient Respekt und darf zu einer Mitwirkung nicht genötigt werden. Wer den betroffenen Frauen mit Empathie und Achtung begegnet, kann ihnen vielleicht dabei helfen, eine schwere Entscheidung in das eigene Leben zu integrieren.

Konflikte um Schwangerschaft und Geburt zeigen eindringlich, wie eng individualethische, professionsethische und institutionsethische Aspekte miteinander verbunden sind. Kein Thema greift unmittelbarer in das persönliche, ja intime Leben eines Menschen ein; doch gerade dieses Thema verbindet sich mit einer Vielzahl sozialer und institutioneller Bezüge von großer ethischer Bedeutung.

4. Behinderung
Wollen wir den perfekten Menschen?

Rayna Rapp, die Autorin eines wichtigen Textes zur Pränataldiagnostik, zitiert den Bericht einer 37-jährigen weißen Möbelrestauratorin in den USA: «Ich hatte meine Abtreibung am 30. Juni, es ging mir danach sehr dreckig. Ich heulte die ganze Zeit. ... Wir betrachteten die Parade auf der Main Street in Harlem, bei der Wohnung meiner Schwiegereltern. Eine Familie mit einem Down-Kind stand uns direkt gegenüber. Unmittelbar während der Parade, ganz ehrlich, es war wie ein Zeichen, das direkt für mich bestimmt war. Und es war so: Ich schaute auf das Mädchen, wie es sich über und über mit Eiscreme vollschmierte, wie es unfähig war, das zu tun, was die anderen Kinder von ihm erwarteten. Ich schaute zu ihm hin und dachte: ‹Das Kind gehört nicht zu dieser Familie.› Es sah nicht aus wie sie, es sah wie jemand anderes aus. Wirklich ganz anders, wie von einer anderen Rasse, wenn du verstehst, was ich meine. Das gab mir das Gefühl, dass ich das Richtige getan hatte, dass dasjenige, das ich abgetrieben hatte, genauso wenig zu meiner Familie gehörte.» (Rapp 1999: 274)

Keine Kinder mehr mit Trisomie 21?

In den USA werden mehr als 90 Prozent der Föten, an denen vor der Geburt das Down-Syndrom diagnostiziert wird, abgetrieben. Diese Praxis hat sich auch in Deutschland weitgehend durchgesetzt. Die Diagnose einer Trisomie 21 vor der Geburt kann nach der geltenden Rechtslage nur dann einen Schwangerschaftsabbruch rechtfertigen, wenn die körperliche oder seelische Gesundheit der Mutter durch die Geburt des

Kindes in einer unzumutbaren Weise beeinträchtigt würde. Doch mit dem Down-Syndrom verbindet sich nicht in jedem Fall eine unzumutbare Situation für die Mutter. Vor allem Familien mit mehreren Kindern, von denen eines an einem Down-Syndrom leidet, berichten bei allen Belastungen zugleich von einer Atmosphäre der Rücksichtnahme und einem glücklichen Zusammenleben in ihrer Familie. Dennoch bildet inzwischen der Ausschluss von Down-Kindern vom Geborenwerden den häufigsten Anwendungsfall der «medizinischen Indikation»; sie wird faktisch wie eine «embryopathische Indikation» gehandhabt.

Diese Praxis wird noch weiter um sich greifen, wenn das Vorliegen einer Trisomie 21 nicht nur durch eine Fruchtwasseruntersuchung, die möglicherweise zu einer Fehlgeburt führen kann, sondern durch eine weit ungefährlichere Untersuchung des mütterlichen Bluts, den sogenannten Präna-Test, überprüft wird. Viele Beobachter rechnen damit, dass ein flächendeckendes Screening auf chromosomale Störungen die Folge sein wird. Kinder mit solchen Störungen werden dann nur noch in den seltensten Fällen auf die Welt kommen; von jedem dieser Fälle wird es dann heißen, er sei vermeidbar gewesen. Man wird aus dem Wunsch, ein gesundes Kind zur Welt zu bringen, den Rechtsanspruch ableiten, dass Embryonen mit genetischen oder chromosomalen Störungen daran gehindert werden, zur Welt zu kommen.

Folgerichtig wird schon jetzt eine umfassende pränatale Prüfung der genetischen und chromosomalen Ausstattung von Kindern und bei einem beunruhigenden Befund ein Recht auf die Beendigung der Schwangerschaft gefordert. Schon jetzt ist die Pränataldiagnostik als Regelfall etabliert. Begründungspflichtig ist nicht mehr die Frau, die den Einsatz dieser Diagnoseform wünscht, sondern diejenige, die auf ihn verzichtet.

Gehören Down-Kinder einer anderen «Rasse» an? Gehören sie nicht der Familie an, in die sie hineingeboren werden? Viele werden diese beiden Fragen verneinen. Auch Frauen, die sich nach der Diagnose einer Trisomie 21 unter Gewissensqualen zu einem Schwangerschaftsabbruch entschlossen haben, denken nicht so. Dennoch zeigt das von Rayna Rapp berichtete Beispiel, dass neue medizinische Möglichkeiten sich mit einer Abwertung von Menschen mit genetischen oder chromosomalen Beeinträchtigungen verbinden können – und zwar von geborenen ebenso wie von ungeborenen.

Leid vermindern – Perfektion anstreben?

Mit den modernen Lebenswissenschaften verbindet sich die Hoffnung, dass Leid vermindert und ein selbstbestimmtes Leben ermöglicht wird. Die Reproduktionsmedizin ist zu einem der Brennpunkte in dieser Entwicklung geworden. Paare, deren Kinderwunsch bisher unerfüllt blieb, hoffen darauf, dass ihnen gesunde Kinder geboren werden. Genetisch belastete Paare wünschen sich Kinder, die ohne die befürchteten Erkrankungen leben können. Solche Hoffnungen und Wünsche haben großes Gewicht. Ihretwegen wurde nicht nur die Erzeugung von Embryonen in der Petrischale, sondern auch deren genetische Untersuchung vor der Implantation (PID) zugelassen. Doch eine derartige Entscheidung hat eine Kehrseite. Mit der PID verbindet sich ein selektiver Blick, der darauf zielt, unter den *in vitro* hergestellten Embryonen die einen auszuwählen und die anderen zu verwerfen. Mit dem Wunsch, Leid zu vermeiden, verbindet sich die Entscheidung darüber, welcher Embryo vorzugswürdig ist. Deshalb werden mehr Embryonen hergestellt, als in einem Zyklus implantiert werden sollen.

Aller Wahrscheinlichkeit nach werden neue Diagnosetechniken zu einem breiteren Einsatz der PID führen. Chipgestützte Diagnosen werden das Indikationsspektrum erweitern; sie werden Resultate erbringen, nach denen gar nicht gefragt wurde. Diese «Überschussinformationen» werden eine Auswahl von Embryonen auch aus anderen Gründen als den eng begrenzten, auf genetische Belastungen der Eltern bezogenen zur Folge haben. Mit solchen Entwicklungen kann sich der Druck auf genetisch belastete Eltern erhöhen, sich einer PID zu unterziehen; Menschen mit genetisch bedingten Behinderungen können sich durch solche Entwicklungen tiefgreifend in Frage gestellt fühlen. Den Bemühungen um Integration und Inklusion von Behinderten liefe eine solche Entwicklung zuwider (Deutscher Ethikrat 2011: 116 ff.).

Ähnlich wie die Pränataldiagnostik (PND) wird beim Einsatz der In-Vitro-Fertilisation (IVF) auch die PID wahrscheinlich zum Regelfall werden; die einstweilen vorgesehene Einschränkung auf Fälle, in denen schwerwiegende Erkrankungen zu befürchten sind, wird sich kaum auf Dauer halten lassen. Geht es nur um Leidvermeidung oder auch um Vervollkommnung *(enhancement)*?

Spannungsvolles Menschenbild

Verletzlichkeit und Vervollkommnung, Vulnerabilität und Perfektibilität beschreiben nicht nur zwei Ausgangspunkte für heutiges Handeln in Medizin und Lebenswissenschaften. Diese beiden Eckpunkte sind im abendländischen Menschenbild miteinander verbunden. Sie lassen sich auf das griechische und auf das biblische Bild vom Menschen und damit auf die Grundgedanken des Selbstbewusstseins und der Nächstenliebe zurückführen.

Das griechische Bild eines Menschen, der durch *arete*, durch die Befähigung zum gelingenden Leben, ausgezeichnet ist, orientiert sich an der gesunden, ja makellosen Person, wie sie noch den heutigen Betrachter in den Statuen von Phidias oder Praxiteles unmittelbar beeindruckt. In der menschlichen Person verbinden sich Qualität der Leistung und Anmut des Körpers miteinander; das Gute und das Schöne gehören zusammen. Das zeigt sich auf exemplarische Weise an den Siegern in den Wettkämpfen von Olympia; man kann von einem olympischen Modell des Menschen sprechen. Diesem Modell entspricht die Hochschätzung der Autonomie und Selbstbestimmung des Menschen. Die griechische Philosophie erfasst dies in dem Motiv, dass der Mensch als vernunftbegabtes Wesen zur Selbstachtung bestimmt ist. Wenn er von dieser Selbstachtung Gebrauch macht, handelt er aus Freiheit.

Auch die biblische Tradition schätzt den Menschen hoch. Sie sagt von ihm, Gott habe ihn zu seinem Ebenbild geschaffen. Der Mensch ist deshalb nur «wenig niedriger gemacht» als Gott (Psalm 8,6). Doch mit dieser Hochschätzung verbindet sich eine ausdrückliche Hinwendung zum Leidenden, Kranken, der Hilfe Bedürftigen. Dass der Mensch ein verletzliches, auf die Hilfe anderer angewiesenes Wesen ist, tritt in der biblischen Tradition markant hervor. Der Bogen spannt sich vom leidenden Hiob bis zu Jesus, dem Schmerzensmann; wir können von einem jesuanischen Modell des Menschen sprechen. Ihm entspricht das Motiv der Fürsorge für den Mitmenschen. Neben die Liebe zu sich selbst tritt die Liebe zum Nächsten. Die Achtung vor der Integrität des andern, die Zuwendung zu ihm – selbst dann, wenn er mein Feind ist –, die Barmherzigkeit gegenüber dem, der auf Hilfe angewiesen ist: Das ist die

Grundhaltung, die dem abendländischen Paradigma dank des jüdischen und christlichen Ethos eignet.

Das biblische Urbild solcher Nächstenliebe findet sich in dem berühmten Gleichnis Jesu vom barmherzigen Samariter (Lukas 10,25 ff.; vgl. Huber 2011: 110 ff.). Dieses Gleichnis steht für die Bereitschaft, sich durch das Leiden anderer Menschen unterbrechen und aufhalten zu lassen. An Kranken und Behinderten nicht achtlos vorüberzugehen ist nicht nur eine individuelle Verpflichtung, bei deren Verletzung man der unterlassenen Hilfeleistung schuldig werden kann. Es handelt sich auch um eine Pflicht der Gesellschaft. An der Art, in der sie dieser Pflicht gerecht wird, entscheidet sich die gesellschaftliche Humanität, denn daran zeigt sich, ob die gleiche Würde aller Menschen praktische Konsequenzen hat.

Das Spannungsverhältnis zwischen den beiden geschilderten Menschenbildern ist tief in unserem kulturellen Bewusstsein verankert. Das olympische, leistungsorientierte Modell ist ein kräftiger Anstoß für die Bereitschaft, sein Bestes zu geben und seine Gaben zu entfalten. Das jesuanische Modell, das den leidenden Menschen würdigt, gibt dem Menschenbild und damit dem Wertesystem Tiefe und Humanität. Diese Haltungen in ihrer spannungsvollen Zusammengehörigkeit wahrzunehmen, ist eine zentrale Aufgabe persönlicher Lebensführung wie gesellschaftlicher Gestaltung. In beiden Bereichen geht es darum, dass Autonomie und Nächstenliebe, Selbstbestimmung und Fürsorge in der Balance gehalten werden. Diese Aufgabe ist umso wichtiger, je stärker der Sog wird, der vom Gedanken der Perfektibilität ausgeht.

Die Unterscheidung zwischen Gott und Mensch

Die Vorstellung von einer erreichbaren menschlichen Vollkommenheit geht inzwischen so weit, dass sogar die Unsterblichkeit als erstrebenswertes Ziel menschlichen Handelns angesehen wird. Ein solches Projekt hat sich beispielsweise Ray Kurzweil vorgenommen, der nicht nur ein Pionier der optischen Spracherkennung ist, sondern auch den Vorsatz entwickelt hat, *«to live long enough to live forever»*. Der 1948 geborene «Immortalitäts-Technosoph» möchte selbst noch erleben, wie dem menschlichen Leben mit technischen Mitteln unbeschränkte Dauer verliehen wird. Er will pharmazeutische und biotechnologische Mittel zur Verlängerung seines Lebens einsetzen, um bei guter Gesundheit den Zeitpunkt zu erreichen, zu dem die Nanotechnologie es möglich machen wird, ewig zu leben (Hülswitt 2008: Z 6).

Kühn an diesen Aussagen ist nicht nur das weitgehende Zutrauen zu Bio- und Nanotechnologie. Kühn ist auch, einen «unzeitigen» Tod gar nicht ins Auge zu fassen und anzunehmen, dass eine Selbstverewigung des Menschen sich mit seiner Individualität vereinbaren lässt. Ray Kurzweil bezeichnet den Zeitpunkt, zu dem die künstliche Intelligenz die menschliche überholen wird, zwar als «Singularität» (Kurzweil 2006); doch der Versuch, die eigene Sterblichkeit durch die Vernetzung des Gehirns mit künstlicher Intelligenz zu überlisten, würde, wenn er Erfolg hätte, von den geläufigen Vorstellungen über menschliche Individualität und Personalität nicht viel übrig lassen.

Bescheidener als solche Utopien und doch anspruchsvoll genug ist das Bemühen, vorzeitigen Tod und unnötiges Leiden zu vermeiden und Menschen dabei zu helfen, die ihnen zugemessene Lebenszeit in Würde verbringen zu können. Doch zu dieser Würde gehört es, die Endlichkeit des menschlichen Lebens anzuerkennen und sie von der Ewigkeit Gottes zu unterscheiden.

Hier zeigt sich, warum wir bei der Verständigung über grundlegende Fragen des Menschenbildes nicht auf die Erfahrungen und die Sprache der Religion verzichten sollten. Darauf hat mit besonderem Nachdruck Jürgen Habermas hingewiesen. Explizit knüpft er an die Rede von der Gottebenbildlichkeit des Menschen an. In diesem Gedanken, so erläutert Habermas, verbindet sich die Entsprechung zwischen göttlicher und menschlicher Freiheit mit der Differenz zwischen Schöpfer und Geschöpf. Insofern erschließt dieser religiöse Gedanke den Zugang zum Verständnis der endlichen Freiheit des Menschen. Bei Habermas heißt es in diesem Zusammenhang: «Dass der Gott, der die Liebe ist, in Adam und Eva freie Wesen schafft, die ihm gleichen, muss man nicht glauben, um zu verstehen, was mit Ebenbildlichkeit gemeint ist. Liebe kann es ohne Erkenntnis in einem anderen, Freiheit ohne gegenseitige Anerkennung nicht geben. Deshalb muss das Gegenüber in Menschengestalt seinerseits frei sein, um die Zuwendung Gottes erwidern zu können. ... Gott bleibt nur so lange ein ‹Gott freier Menschen›, wie wir die absolute Differenz zwischen Schöpfer und Geschöpf nicht einebnen.» (Habermas, Glauben 2001: 30)

Chancen und Herausforderungen der Lebenswissenschaften

Die Unterscheidung zwischen Gott und Mensch hilft dabei, die Freiheit des Menschen in ihrer Endlichkeit zu begreifen und diese Endlichkeit auch bei allen wissenschaftlichen Bemühungen um Erhaltung und Qualität des menschlichen Lebens im Blick zu behalten. Damit ist keine Geringschätzung der modernen Lebenswissenschaften verbunden. Schon immer hat der Mensch das eigene Leben zum Gegenstand technischer Manipulationen gemacht, den eigenen Körper verändert und nach funktionalen Äquivalenten für defekte Körperfunktionen gesucht. Doch er griff dabei nicht planmäßig in die eigene biologische Konstitution ein. Die modernen Lebenswissenschaften rekonstruieren den menschlichen Organismus. Sie entwickeln Prothesen, also ersatzweise bereitgestellte Körperteile, und verwenden Transplantate, also im Original übertragene Organe. Sie entziffern das Genom und entschlüsseln so den Bauplan des menschlichen Lebens. Die ungefähr 100 Billionen Zellen des menschlichen Körpers werden damit auf eine Informationsbasis zurückgeführt, die vollkommene Transparenz verspricht. Die Prognose von Krankheiten wird dann ebenso mit größerer Treffsicherheit möglich sein wie die Entwicklung einer passgenauen, «personalisierten» Therapie.

Auch wenn die DNS entschlüsselt ist, wird das menschliche Leben ein Geheimnis bleiben. Denn der Mensch lebt nicht nur, sondern verhält sich zu seinem Leben; er geht nicht mit seinem Leben um, sondern empfängt es als Gabe und Geschenk; beim Nachdenken über sich stößt er nicht nur auf sich selbst, sondern geht über sich hinaus und fragt nach Gott.

Je weiter menschliche Erkenntnis ausgreift und menschliche Verfügungsmacht reicht, desto wichtiger wird es sein, dass diese Erkenntnis nicht über das Leben herrscht, sondern dem Leben dient. Dafür wird der entscheidende Prüfstein sein, ob der Mensch in solchen Veränderungen als Person geachtet, in seiner Würde und Freiheit respektiert und ob sein Leben in seiner Endlichkeit angenommen wird.

4. Behinderung

Jeder Mensch hat seine eigene Würde

Der Einsicht, dass alles individuelle Leben begrenzt und alle individuelle Freiheit endlich ist, kommt für den Umgang mit Menschen mit Behinderungen eine große Bedeutung zu. Idealtypisch lassen sich ihnen gegenüber drei Einstellungen unterscheiden: Ihre Behinderung wird als ein unabänderlicher Irrtum der Natur angesehen; man betrachtet sie als einen grundsätzlich behebbaren Mangel; oder man geht davon aus, dass jedem Menschen unabhängig von seinen Beeinträchtigungen eine unbedingte Anerkennung zukommt. Die erste Position kann dahin führen, dass die Betroffenen nicht als Menschen geachtet und deshalb aus der Gemeinschaft Gleicher ausgeschlossen werden. Die zweite Position zielt darauf, Menschen mit Behinderungen so weit wie möglich an gesellschaftliche Normen heranzuführen, sie damit aber auch an einer vorgegebenen Vorstellung von Normalität zu messen. Das kann unter bestimmten Umständen Leistungsfähigkeit und Lebensqualität steigern, es kann aber auch zu qualvollen Überforderungen führen. Inklusion, die an solchen Normvorstellungen orientiert ist, kann sich insofern ambivalent auswirken. Die dritte Position schließlich zielt auf eine Anerkennung, die durch Verschiedenheit nicht eingeschränkt wird. Sie beruht auf der Achtung vor der gleichen Würde jedes Menschen, unabhängig von allen Unterschieden, die jeweiligen gesundheitlichen Gegebenheiten und Befähigungen eingeschlossen. Das Bemühen darum, Beeinträchtigungen zu vermindern und Partizipationschancen zu erhöhen, ist in einer solchen Betrachtungsweise nicht die Voraussetzung für gesellschaftliche Inklusion, sondern folgt aus dem Respekt vor der unantastbaren Würde eines jeden Menschen. Ihn zu fördern bedeutet gerade, die Bedingungen ernst zu nehmen, unter denen dieser besondere Mensch sein Leben zu führen hat.

Die Anerkennung der Würde jedes Menschen und die daraus folgende Gleichheit der Verschiedenen sind in der Neuzeit zu zentralen ethischen Prinzipien geworden. Sie haben sich nicht nur dank philosophischer oder theologischer Einsichten durchgesetzt, sondern die Anerkennung dieser Prinzipien ist das Ergebnis komplexer Wertbildungsprozesse. In ihnen spielt, wie der Soziologe Hans Joas gezeigt hat, die Erfahrung erlittener Entwürdigung eine ebenso wichtige Rolle wie die kognitive Einsicht in die gleiche Würde jedes Menschen (Joas 2011: 108 ff.). Nicht nur Sklaverei, Sexismus und Rassismus waren in der Neuzeit Demütigungen, gegen die sich das Bewusstsein der gleichen Würde jedes Menschen durchsetzen musste. Auch die Diskriminierung von Menschen mit Behinderungen gehört zu diesen Demütigungen. Ob die gleiche Würde der Verschiedenen ernst genommen wird, muss sich deshalb auch an der gesellschaftlichen Stellung von Menschen mit Behinderungen zeigen.

Diese Einsicht hat sich auch in der Gesetzgebung niedergeschlagen. Dass der Gleichheitsgrundsatz des Artikels 3 des deutschen Grundgesetzes sich auch in diesem Bereich auswirken muss, wird daran deutlich, dass das Allgemeine Gleichbehandlungsgesetz vom 14. August 2006 Menschen mit Behinderungen ausdrücklich einbezieht.* Ein ebenso deutliches Zeichen ist darin zu sehen, dass die jüngste Menschenrechtskonvention der Vereinten Nationen der Lage von Menschen mit Behinderungen gewidmet ist.**

Rechtstexte machen keine Aussagen über die gesellschaftliche Wirklichkeit; sie enthalten Normen, an denen diese Wirklichkeit zu messen ist. Doch auch in der gesellschaftlichen Wirklichkeit kommt der Wahrnehmung von Behinderten und ihrer Förderung inzwischen ein höherer Rang zu als früher. Umso zwiespältiger wirkt auf viele Betroffene eine gesellschaftliche Situation, in der das Geborenwerden von Behinderten nach Möglichkeit unterbunden wird, die Lebensbedingungen Behinderter aber nach Möglichkeit verbessert werden (vgl. van den Daele 2005).

Eine solche Betrachtungsweise greift indessen zu kurz. Sie lenkt die Aufmerksamkeit allein auf diejenigen Einschränkungen, die genetisch oder durch Chromosomenstörungen verursacht sind. Genetisch verursachte Erkrankungen wie die Chorea Huntington oder Chromosomenstörungen wie das Down-Syndrom bilden jedoch nur einen geringen Teil der Beeinträchtigungen, die sich lebenslang auswirken. Quer-

---

* Der §1 des Gesetzes lautet: «Ziel des Gesetzes ist, Benachteiligungen aus Gründen der Rasse oder wegen der ethnischen Herkunft, des Geschlechts, der Religion oder Weltanschauung, einer Behinderung, des Alters oder der sexuellen Identität zu verhindern oder zu beseitigen.»
** UN-Konvention über die Rechte von Menschen mit Behinderungen vom 13. Dezember 2006, in Kraft getreten am 3. Mai 2008.

schnittlähmungen auf Grund von Unfällen oder krankheitsbedingtes Erblinden haben für die Betroffenen vergleichbar existentielle Auswirkungen. Der übliche Blick auf Behinderungen ist auch deshalb verengt, weil er zumeist nur körperliche und geistige Beeinträchtigungen in den Blick nimmt; aber auch psychische Erkrankungen beeinflussen eine Lebensgeschichte dramatisch. Es wäre deshalb eine falsche Fixierung auf die genetische Ausstattung des Menschen, wenn man Behinderungen nur unter dem Gesichtspunkt ihrer vorgeburtlichen Entstehung betrachten würde. Ebenso kurzsichtig ist die Vorstellung, gendiagnostische Maßnahmen, gentechnologische Eingriffe und die Verhinderung der Geburt von Menschen mit genetischen Beeinträchtigungen würden etwas an der Aufgabe ändern, Menschen mit Behinderungen anzunehmen, sie in ihrer Würde zu achten, ihr Leiden zu mindern und ihnen so weit wie irgend möglich dabei zu helfen, ein erfülltes Leben zu führen.

5. Grundbedürfnisse
Gehört das Essen nicht zur Moral?

Das aus Lumpen zusammengestückelte Zelt in einem südsudanesischen Flüchtlingslager steht mir vor Augen, als hätte ich es erst gestern gesehen. Frauen kauerten sich mit ihren Kindern auf einer zerschlissenen Matte in den schmalen Schattenstreifen, den das Zelt gerade noch warf. Ein Säugling saugte an der schlaffen Brust seiner Mutter, obwohl aus ihr kaum noch Milch kommen konnte. Die anderen litten erst recht unter Hunger und Durst. Die Bäuche der Kinder waren aufgedunsen; an den Körpern der Erwachsenen ließen sich die Rippen zählen. Dass es ihnen allen an jeder ärztlichen Versorgung fehlte, war unübersehbar. Den Kleinen liefen die Nasen, die Münder der Älteren waren nahezu zahnlos. Aus eitrigen Augen sahen sie uns traurig an. Für das ganze Lager war mit ausländischer Hilfe ein einziger Brunnen gebohrt worden; er war umzäunt, da er sonst durch den Ansturm derer, die ihren Durst löschen und sich waschen wollten, schon bald unbrauchbar geworden wäre. Verständigen konnten wir uns nur mit Blicken und Gesten. Doch schon bei der ersten zarten Berührung eines kleinen Kindes warnte ein Begleiter vor der Gefahr einer Ansteckung.

Was sind Grundbedürfnisse?

Ein Zelt unter der Sonne des Sudan zeigt, worauf die menschlichen Grundbedürfnisse sich richten: auf das, was man als erstes braucht, wenn man nichts hat. Menschen müssen essen und trinken, sie brauchen Luft zum Atmen und einen Platz zum Schlafen. Sie sind auf Kleidung angewiesen, die sie vor Kälte und Hitze schützt. Sie brauchen ein Obdach und die Nähe anderer Menschen.

Die Grundbedürfnisse des Menschen hängen mit den natürlichen Lebensbedingungen zusammen: Der Mensch sucht Schutz vor Hunger und Durst, vor Hitze und Kälte, vor Krankheit und Kraftlosigkeit. Aber die Grundbedürfnisse sind nicht auf die Leiblichkeit des Menschen beschränkt; sie lassen sich nicht in einer hierarchischen Abfolge in leibliche, soziale und individuelle Bedürfnisse unterteilen, wie das von dem amerikanischen Psychologen Abraham H. Maslow erstmals 1943 vorgeschlagen wurde (Maslow 1981). Die emotionalen Bedürfnisse des Menschen sind vergleichbar elementar wie seine physischen Bedürfnisse. Seine Sozialität tritt nicht sekundär zu seiner Leiblichkeit hinzu; der Mensch ist vielmehr von seiner Natur her auf Sozialität angelegt. Er ist nicht dazu geschaffen, allein zu sein, er ist auf Kommunikation angewiesen. Sein Leben ist durch eine Bedürftigkeit geprägt, der er aus eigenen Kräften nicht entsprechen kann. Vom Tier unterscheidet er sich unter anderem dadurch, dass er ohne kulturelle Artefakte nur schwer überleben kann. Vor allem aber ist er darauf angewiesen, dass andere für ihn sorgen; dadurch lernt er, auch selbst die Sorge für andere als einen Teil seines Lebens zu verstehen.

Die These vom Menschen als «Mängelwesen» beschreibt die Bedürftigkeit des Menschen allerdings auf höchst problematische Weise (Gehlen 1940 unter Berufung auf Herder 1772). Denn die Naturausstattung des Menschen lässt sich gar nicht ohne seine Vernunftbegabung interpretieren; er ist gerade in seiner Fähigkeit, kulturell mit seiner Welt umzugehen, Teil der Natur. Wenn man den Menschen ein «Mängelwesen» nennt, muss man zugleich davon sprechen, dass er ein «Fähigkeitswesen» ist (vgl. Brede 1980).

Grundbedürfnisse und Moral

Nahrung, Kleidung, Wohnung, Gesundheitsschutz und Gemeinschaft zählt man zu den menschlichen Grundbedürfnissen, den *basic needs* (International Labour Organisation 1976). Absolute Armut liegt dann vor, wenn diese Grundbedürfnisse nicht erfüllt werden können, wenn es Menschen also an Nahrungsmitteln und Wasser, an Kleidung und Obdach, an Hygiene und ärztlicher Hilfe, an menschlicher Zuwendung und Fürsorge fehlt.

Diese Art von Armut ist in der gegenwärtigen Welt ein Massenphänomen. Die Weltbevölkerung wird derzeit auf sieben Milliarden Menschen geschätzt; sie wächst jedes Jahr um 79 Millionen Menschen. Nahezu eine Milliarde Menschen sind unterernährt; noch größer ist die Zahl derer, die keinen Zugang zu sauberem Wasser und hygienisch erträglichen Lebensbedingungen haben. Solche Verhältnisse gefährden menschliches Leben und Überleben unmittelbar.

Menschen nicht sich selbst zu überlassen, wenn ihnen das Elementarste zum Leben fehlt, ist deshalb eine Grundforderung der Mitmenschlichkeit. Bertolt Brechts Aussage in der «Dreigroschenoper», erst komme das Fressen, dann die Moral (Brecht 1967: 457), erscheint aus dieser Perspektive trotz ihrer Popularität als falsch. Das zeigt sich an der Begründung, mit der Brecht diesen Satz versieht: «Erst muss es möglich sein auch armen Leuten / Vom großen Brotlaib sich ihr Teil zu schneiden.» Denn es ist abwegig, den Anspruch der Armen auf Teilhabe als eine Erwartung jenseits der Moral anzusehen; dieser Anspruch gehört vielmehr in deren Kernbereich.

Präziser ist es, wenn in der Predigt Jesu über das Weltgericht die Grundbedürfnisse zum Maßstab für das Urteil genommen werden, dem jedes menschliche Leben ausgesetzt ist (Matthäus 25,31 ff.). Auffällig an diesem Grundtext des christlichen Ethos ist, dass sich von den dort genannten sechs Werken der Barmherzigkeit drei auf materielle Grundbedürfnisse richten, nämlich Essen, Trinken und Kleidung, während die drei anderen vom Grundbedürfnis auf Anerkennung und Kommunikation ausgehen und die Situationen des Fremdseins, der Krankheit und der Gefangenschaft thematisieren. Die christliche Tradition hat diesen sechs Werken der Barmherzigkeit als siebtes das Bestatten der Toten hinzugefügt; sie hat damit hervorgehoben, dass die liebevolle Achtung des anderen Menschen mit seinem Tod nicht zu Ende ist (Luz 1997: 522). Dietrich Bonhoeffer hat dieser Tradition folgend den «Rechten des natürlichen Lebens» einen hohen ethischen Rang zuerkannt; er gliedert sie in das Recht auf das leibliche Leben und in die Rechte des geistigen Lebens und wehrt damit die Vorstellung ab, das «natürliche Leben» lasse sich auf den Bereich der physiologischen Bedürfnisse beschränken (Bonhoeffer 1992: 179 ff.).

Die christliche Ethik nimmt die materiellen Grundbedürfnisse des menschlichen Lebens ernst, isoliert sie aber nicht. Die Evangelien warnen eindringlich davor, sich allein auf die elementaren Lebensbedürfnisse zu konzentrieren. Das geschieht beispielsweise durch die Aufnahme des alttestamentlichen Zitats: «Der Mensch lebt nicht vom Brot allein, sondern von einem jeden Wort, das aus dem Mund Gottes geht» (Matthäus 4,4; vgl. 5. Mose 8,3). Dieselbe Relativierung der Grundbedürfnisse begegnet in der bekannten Aussage Jesu in der Bergpredigt: «Sorgt nicht um euer Leben, was ihr essen und trinken werdet; auch nicht um euren Leib, was ihr anziehen werdet. Ist nicht das Leben mehr als die Nahrung und der Leib mehr als die Kleidung?» (Matthäus 6,25) Das Wohl des Menschen ist im Blick – doch mit seinem Heil ist es nicht identisch.

Erst das Fressen, dann die Moral?

In eine andere Richtung weist Bertolt Brechts schon zitierte Aussage, erst komme das Fressen, dann die Moral. Die in ihr liegende Entgegensetzung lässt sich am ehesten so erklären, dass mit dem «Fressen» die Stillung der eigenen Bedürfnisse, mit der Moral dagegen die Rücksichtnahme auf andere gemeint ist. Pointiert entlarvt Brecht den Egoismus derer, die konsequent am eigenen Vorteil orientiert sind, vom «braven Mann» aber Moral verlangen. Trotz ihrer moralischen Forderungen orientieren sie sich selbst an dem Sprichwort, dass jedem das Hemd näher sei als der Rock. Der Volksweisheit gilt auf der anderen Seite der brave Mann, von dem es heißt, er denke an sich selbst zuletzt, als ein weltfremder Idealist. Neuerdings werden Menschen mit einer solchen Haltung als «Gutmensch» oder «blauäugig» abgewertet.

In solchen Betrachtungsweisen werden die Sorge für sich selbst und die Sorge für andere auseinanderdividiert. Im einen Fall wird die Sorge für sich selbst so in den Vordergrund gerückt, dass die Verantwortung für andere bedeutungslos wird; im andern Fall wird unterstellt, jemand sei so ausschließlich am Wohl anderer orientiert, dass ihm jeder Sinn für einen «gesunden Egoismus» abgehe. Doch diese Trennung ist künstlich; sie versperrt den Zugang zum moralischen und ethischen Sinn der Frage nach den Grundbedürfnissen.

Moralisches Nachdenken gilt der Frage, was ich jedem anderen genauso schulde wie mir selbst; die moralische Frage hat es mit dem zu tun, was für alle gilt: Jeder Mensch ist in seinem Lebensrecht zu achten und muss deshalb Zugang zur Stillung seiner Grundbedürfnisse haben. Das schließt eine Verantwortung für die eigenen Grundbedürfnisse ebenso ein wie für diejenigen anderer.

Als ethisch (im engeren Sinn) bezeichnen wir demgegenüber die Frage nach dem jeweils eigenen Lebensentwurf; ethischen Charakter tragen die starken Antworten auf die Frage, worin Einzelne oder Gruppen ein gelingendes, gutes Leben sehen. Die einen messen das Gelingen des Lebens am eigenen Erfolg und Wohlstand, andere finden Erfüllung im Einsatz für andere Menschen. Beiden ethischen Haltungen kann man Respekt zollen. Der Respekt vor dem, der sich am eigenen Erfolg orientiert, endet freilich dort, wo dieser Erfolg dadurch erkauft wird, dass andere Menschen nur als Mittel zum Zweck angesehen und nicht als Personen mit eigener Würde geachtet werden. In den Worten Bertolt Brechts: «Denn wovon lebt der Mensch? Indem er stündlich / Den Menschen peinigt, auszieht, anfällt, abwürgt und frisst. / Nur dadurch lebt der Mensch, dass er so gründlich / Vergessen kann, dass er ein Mensch doch ist.» (Brecht 1967: 458) Wer den Menschen in sich selbst oder im anderen vergisst, vertritt eine fragwürdige Vorstellung vom guten Leben.

Neben denen, die vor allem die eigene Leistung und den eigenen Erfolg betonen, stehen die anderen, für die der Einsatz für andere von großer Bedeutung ist. Das Handeln dessen, der sich am Wohl anderer orientiert, wird auch dann noch Bewunderung wecken, wenn der Betreffende sich für diese Aufgabe aufopfert. Aber zu bedenken bleibt, dass der Einsatz für andere die Verantwortung für das eigene Leben nicht aufhebt; wer sich selbst aufopfert, hebt auch die Bedingung dafür auf, sich weiterhin für andere einsetzen zu können. Die Selbstaufopferung für andere kann deshalb nur ein äußerstes Mittel, eine *ultima ratio* sein; beispielhaft dafür ist Janusz Korczaks Weigerung, die Kinder seines Waisenhauses im Stich zu lassen, die in das Vernichtungslager nach Treblinka abtransportiert werden sollten. Auch als *ultima ratio* kann man das Selbstopfer nicht moralisch fordern, aber als ethische Lebenshaltung selbst wählen oder bei andern achten, ja bewundern.

Gewiss gehört es zu den Überlebensinstinkten jedes Einzelnen, Möglichkeiten zu suchen, um seine eigenen Grundbedürfnisse zu befriedigen. Daran ist nichts Unmoralisches; es entspricht vielmehr einem «für alle geltenden Gesetz». Doch die Sorge für sich selbst steht zu der Fürsorge für andere nicht im Widerspruch; vielmehr ist es ein ebenso elementarer moralischer Grundsatz, die eigene Nahrung nicht mit dem Hunger anderer zu erkaufen. Wenn die Mittel zur Stillung der Grundbedürfnisse knapp sind, ist deshalb für deren gerechte Verteilung zu sorgen. Hier kann es moralisch kein Recht des Stärkeren geben. Sind Nahrungsmittel, Wasser, Kleidung oder Wohnraum beschränkt, müssen alle den nötigen Anteil daran bekommen. Gerade in solchen Fällen gilt die Moral des Teilens, sei es durch spontane Hilfsbereitschaft oder durch staatliche Verwaltung des Mangels.

Diese moralische Grundregel kann nicht durch Beispiele außer Kraft gesetzt werden, in denen wegen extrem knapper Mittel das Überleben aller Beteiligten ausgeschlossen ist. Unter ihnen wird das Bild vom Rettungsboot, das nicht alle Schiffbrüchigen aufnehmen kann, besonders häufig verwendet. In dem Satz «Das Boot ist voll» konnte es sogar zum politischen Slogan werden, der vor allem in Fragen der Zuwanderungs- und Asylpolitik verwendet wurde. Extremsituationen dieser Art, die ethisch am ehesten durch die Opferbereitschaft Einzelner zu bewältigen sind, können jedoch kein Grund dafür sein, die Pflicht zum Teilen auch in allen anderen Fällen außer Kraft zu setzen.

Die Bitte um das tägliche Brot

Ob für alle Menschen Essen und Trinken in ausreichendem Maß zur Verfügung stehen, hängt nicht einfach von Naturereignissen ab – auch wenn der Zusammenhang von Mensch und Natur besonders deutlich wird, wo es um Grundbedürfnisse geht. Zwar sehen Menschen von alters her in den Nahrungsmitteln gute Schöpfungsgaben, um die sie bitten und für die sie danken, doch das schließt die Arbeit für das tägliche Brot nicht aus, von der es schon in der biblischen Schöpfungserzählung heißt: «Im Schweiße deines Angesichts sollst du dein Brot essen» (1. Mose 3,19).

Das Vaterunser, das wichtigste Gebet der Christenheit, fasst dieses Thema in die Gestalt einer schlichten Bitte: «Unser tägliches Brot gib uns heute.» (Matthäus 6,11) Sie ist die erste Bitte, die sich den Lebensverhältnissen der Menschen zuwendet. Nach den Bitten, die sich auf Gott richten – seinen Namen, sein Reich, seinen Willen –, beginnen mit ihr die Bitten, die sich mit der Bedürftigkeit des Menschen beschäftigen: seinem täglichen Brot, seiner Schuld und seinen Schuldigern, dem Bösen, mit dem er zu tun bekommt, und den Versuchungen, denen er sich ausgesetzt sieht. Am Beginn steht die tägliche Nahrung im umfassenden Sinn. Denn formuliert wird diese Bitte in einer Zeit, in der zu jeder Mahlzeit Brot gereicht wurde; deshalb ist mit dem Brot die Nahrung insgesamt gemeint, und mit dem «täglichen Brot» die Nahrung für den jeweils nächsten Tag. «Unser Brot für morgen gibt uns heute» – so lässt sich diese Bitte auch wiedergeben.

Auf die Bitte um das tägliche Brot folgt im Vaterunser die Bitte um die Vergebung der Schuld; diese Bitte wird strikt ökonomisch ausgedrückt. Dem Angewiesensein des Menschen auf Nahrung und der Befreiung aus der Schuld wird eine herausgehobene Bedeutung zuerkannt. Angesichts der Probleme der Welternährung wird uns neu bewusst: Für eine wachsende Weltbevölkerung sind Produktion und Verteilung des Lebensnotwendigen von existentieller Bedeutung; durch Handlungsweisen, die den Zugang zu Lebensmitteln verstellen oder erschweren, werden wir am Leben anderer Menschen schuldig. Die Manipulation von Lebensmittelpreisen aus Spekulationsinteresse verdeutlicht das auf dramatische Weise.

Ebenso öffnet die vierte Bitte des Vaterunsers einen Weg dazu, mit Lebensmitteln achtsam umzugehen. Der dankbare Respekt für das, was Menschen zum Leben brauchen, hat sich vor dem Hintergrund dieser Bitte besonders – aber eben nicht exklusiv – auf das Brot bezogen. Der fast vergessene Brauch, in ein Brot vor dem Anschneiden ein Kreuz zu ritzen, drückt diese Dankbarkeit aus. Der Grundsatz «Brot wirft man nicht weg», mit dem viele Generationen aufwuchsen, spiegelt diese Haltung auf seine Weise. Brot ist nicht nur eine «Backware», sondern ein elementares Lebensgut. Nicht nur um ihren Hunger zu stillen, sondern auch um Feste zu feiern, brauchen Menschen Lebensmittel. Nicht nur zur Reproduktion der Arbeitskraft, sondern auch zur Feier nach getaner Arbeit – dem «Feierabend» – gehören Essen und Trinken, denn beide halten, wie der Volksmund sagt, Leib und Seele zusammen.

Wasser ist Leben

Ohne Essen kann ein Mensch einige Zeit überstehen, ohne Trinken nicht. Noch größer als die Zahl der Hungernden auf dem Globus ist die Zahl der Menschen, die keinen verlässlichen Zugang zu gesundheitsverträglichem Trinkwasser haben: circa 1,4 Milliarden. Und 2,6 Milliarden Menschen haben keinen Zugang zu einer ausreichenden Sanitärversorgung. In diesem Mangel liegt eine der größten Gefahren für Leben und Überleben vieler Menschen. Wasserknappheit ist deshalb eines der großen globalen Probleme des 21. Jahrhunderts. Die Reinhaltung von Wasser, der gerechte Zugang zu ihm und die Bewahrung von Wasserressourcen für die kommenden Generationen gehören zu den wichtigsten Aufgaben nachhaltiger Entwicklung. Die Vereinten Nationen haben im Jahr 2010 das Recht auf Wasser und Sanitärversorgung als ein elementares Recht jedes Menschen anerkannt.

In Europa betrachten wir den Zugang zu sauberem Wasser als selbstverständlich und haben uns weithin sogar an einen verschwenderischen Umgang mit Trinkwasser gewöhnt. Es wird nicht nur als Getränk, zur Nahrungszubereitung und zur Reinigung verwendet. In der Industrie, in Gärtnereien und Privatgärten, zur Toilettenspülung und in anderen Zusammenhängen wird Trinkwasser gebraucht, obwohl Niederschlagswasser, das ungenutzt in die Kanalisation geht, denselben Zweck erfüllen würde. Zur Kulturgeschichte des Wassers leistet eine Zeit, in der das Wasser vorrangig als Konsumgut betrachtet wird, keinen positiven Beitrag. Aber dass die Industriegesellschaften mit sauberem Wasser so verschwenderisch umgehen, darf kein Grund dafür sein, die fehlende Verfügbarkeit von Wasser in anderen Regionen und die daraus entstehenden Konflikte und Katastrophen gering zu achten.

In den meisten kulturellen und religiösen Traditionen ist die lebensspendende Bedeutung des Wassers fest verankert. Eines der zentralen Symbole des christlichen Glaubens, die Taufe, knüpft an die reinigende Kraft des Wassers an. In einer Zeit, in der für viele Menschen auf dem Globus das Wasser knapp ist – und bei wachsender Weltbevölkerung noch knapper wird –, ist die Erinnerung an solche Traditionen hilfreich. Für jedes Nahrungsmittel gilt, dass es nicht bloß eine Ware *(commodity)* ist; für Wasser gilt das in besonderer Weise. Das Recht auf Wasser und Sanitärversorgung schließt die Pflicht des Gemeinwesens ein, die Erreichbarkeit von Wasser in der nötigen Menge und Qualität sowie seine Bezahlbarkeit unabhängig von der individuellen Wirtschaftskraft sicherzustellen.

Fleischkonsum und Tierhaltung

Im Zusammenhang mit den menschlichen Grundbedürfnissen ist in neuerer Zeit die Frage nach dem Verzehr von Fleisch wieder in den Vordergrund getreten. Dem prinzipiellen Verzicht auf Fleischverzehr aus der inneren Abwehr dagegen, zu diesem Zweck getötete Tiere zu essen (Foer 2010), treten inzwischen drei weitere Gesichtspunkte zur Seite, die zur Überprüfung von Ernährungsgewohnheiten Anlass geben.

Zunächst: Die Massentierhaltung, die für die Ankurbelung des Fleischkonsums eine große Rolle spielt, ist in ihren vorherrschenden Formen mit einer artgerechten Aufzucht und dem Respekt vor den Tieren unvereinbar. Einerseits Tierschutz in Verfassung und Gesetz zu verankern, andererseits Hähnchen, Puten oder Schweine in käfigartigen Stallungen zu halten und ihre Verwertbarkeit durch Antibiotika zu beschleunigen, ist ein Selbstwiderspruch (vgl. Schlatzer 2010).

Sodann: Durch den Einsatz von Getreide und Soja als Tierfutter werden Lebensmittel, die auch der Ernährung von Menschen dienen können, mit einem weit geringeren Nahrungsertrag für die Fleischproduktion verwendet; der Umfang des weltweiten Fleischkonsums verschärft deshalb das Hungerproblem. Selbst wenn man den Beitrag, den der Verzicht auf Fleisch oder dessen maßvollerer Konsum in den wohlhabenden Ländern zur Linderung des weltweiten Hungers leisten kann, nur auf 7 Prozent beziffert (Qaim u. a. 2013: 29), ist er nicht zu vernachlässigen.

Schließlich: Die Fleischproduktion in bestimmten Entwicklungs- und Schwellenländern, die zum großen Teil für den Export bestimmt ist, verschärft die Strukturprobleme dieser Länder; dadurch trägt der Fleischkonsum im Reichtumsgürtel der Erde indirekt zur weltweiten Verschärfung der Ungleichheit bei.

Welche Folgerungen sind aus diesen Argumenten zu ziehen? In vegetarischer oder veganer Lebensführung kommt eine beachtliche ethische Haltung zum Ausdruck, in den Bereich der moralischen Verpflichtungen dagegen gehören diese Lebensweisen nicht. Denn für alle Menschen wäre es nicht möglich, tierisches Eiweiß und andere tierische Nährstoffe durch pflanzliche Nahrungsmittel zu ersetzen. Eine Reduzierung des Fleischkonsums jedoch kann man für die stärksten Fleischkonsumenten der Welt – insbesondere die USA und die Mitgliedsstaaten der Europäischen

Union – mit gewichtigen Gründen zu einer moralischen Pflicht erklären. In Deutschland beispielsweise, wo pro Person im Jahr 89 Kilogramm Fleisch verzehrt werden, hat sich der Fleischkonsum seit der Mitte des 19. Jahrhunderts vervierfacht und innerhalb der letzten hundert Jahre verdoppelt (Heinrich-Böll-Stiftung 2013: 20). Dass eine solche Steigerung nicht zu den Indikatoren einer gesunden Ernährung gehört, ist unstrittig; aber auch die Auswirkungen dieses Fleischkonsums auf die Art der Tierhaltung, auf das Problem der Welternährung und auf die internationale Gerechtigkeit spricht für eine Korrektur der Ernährungsgewohnheiten.

Die notwendigen Konsequenzen einer solchen Überprüfung beschränken sich nicht auf das persönliche Verhalten. Zu ihnen gehören auch strengere Auflagen für eine artgerechte Tierhaltung sowie Maßnahmen, die den Einsatz von Lebensmitteln für die Erzeugung von Biosprit und das Verfüttern von Lebensmitteln zur Fleischproduktion eindämmen.

Vergeudung von Lebensmitteln

Nicht nur im Armutsgürtel der Erde oder in Schwellenländern, sondern auch in wohlhabenden Ländern wie Deutschland ist der Zugang zur Befriedigung der Grundbedürfnisse ungleich verteilt. In Deutschland werden immer mehr «Tafeln» gegründet, die gespendete Lebensmittel an Bedürftige abgeben; Kinder suchen in einer «Arche» Zuflucht, wo sie eine warme Mahlzeit bekommen: Szenen aus einem reichen Land.

Schärfer ist der Kontrast kaum vorstellbar. Das, was jeder Mensch so nötig braucht, wird sinnlos vernichtet. Das, was Leib und Seele zusammenhält, wird achtlos beseitigt. Im Durchschnitt wirft jeder Einwohner Deutschlands innerhalb eines Jahres 81,6 Kilogramm Lebensmittel in den Müll. Auch wenn man das auf den einzelnen Tag überträgt, ist es noch viel: ein halbes Pfund Lebensmittel an jedem Tag pro Person (Kranert 2012; Noleppa/von Witzke 2012). Insgesamt werden auf diese Weise jährlich knapp elf Millionen Tonnen Lebensmittel als Abfall entsorgt. 61 Prozent dieser Abfälle stammen aus Privathaushalten, jeweils rund 17 Prozent entfallen auf Großverbraucher wie Gaststätten oder Kantinen sowie den Handel. Zwei Drittel der Abfälle sind demnach durch individuelles Verhalten zu beeinflussen. Sie lassen sich durch bewusstes Einkaufen und vorausschauendes Planen einschränken. Vermeidbar sind sie auch dadurch, dass der Sinn des Mindesthaltbarkeitsdatums beherzigt wird, das nicht mit einem Verfallsdatum zu verwechseln ist. Aber auch bei Großverbrauchern lässt sich die Vernichtung von Lebensmitteln durch genauere Planung verringern.

Damit stoßen wir auf eine erstaunliche Spannung in den heutigen Einstellungen zu Lebensmitteln. Einerseits steht gesunde Ernährung bei wachsenden Bevölkerungskreisen hoch im Kurs; Kochbücher und andere einschlägige Ratgeber sind beliebt; ökologische Landwirtschaft und Bioläden finden wachsende Resonanz. Andererseits gefährden Überernährung, der Konsum von Süßigkeiten oder der Missbrauch von Alkohol die Gesundheit vieler Menschen. Es ist zu erwarten, dass die Konsumenten artgerechte Tierhaltung in wachsendem Maß honorieren. Sie werden einsehen, dass bestimmte Formen der Massentierhaltung mit der Würde der Kreatur unvereinbar sind. Vorbehalte gegenüber gentechnisch verändertem Saatgut sind so verbreitet, dass deutsche Firmen auf die Weiterführung von Projekten der grünen Gentechnik verzichten.

Gesundheitsbewusstes Verhalten darf jedoch nicht ein Privileg von Wohlhabenden sein. Es gibt eine gesellschaftliche Verantwortung dafür, dass ärmere Menschen sich gesund ernähren können. Ihr Lebensstandard darf nicht so weit absinken, dass ihnen eine gesunde Ernährung unmöglich wird. Sozialpolitische und ernährungspolitische Fragestellungen hängen eng miteinander zusammen.

Der achtsame Umgang mit Lebensmitteln kann nur gelernt werden, wenn man dafür Vorbilder hat. Er setzt gemeinsame Mahlzeiten in Familien, Kindertagesstätten und Schulen voraus. Der Gleichgültigkeit muss entgegengewirkt werden, damit die Bitte um das tägliche Brot im öffentlichen Bewusstsein einen Ort behält. Dazu gehört auch, das eigene Verhalten in den weiten Horizont zu stellen, in dem vielen Menschen das fehlt, womit andere allzu verschwenderisch umgehen.

Probleme der Welternährung

Das Ausmaß des Hungers in der Welt ist ein moralischer Skandal, denn das Recht auf Nahrung gehört zu den Menschenrechten. Die Welternährung ist zugleich ein Schlüsselproblem nachhaltiger Entwicklung. Sie ist von großer Bedeutung für den globalen Klimawandel; mehr als ein Drittel der Treibhausgase kommen aus der Landwirtschaft.

Im Jahr 1996 formulierte die Weltorganisation für Nahrung und Landwirtschaft (FAO) das Ziel, die Zahl der extrem Armen bis zum Jahr 2015 zu halbieren. In die Millenniumsentwicklungsziele, die von den Vereinten Nationen im Jahr 2000 verabschiedet wurden, fand diese Zielsetzung jedoch nur in einer reduzierten Form Eingang. Zuerst erklärte man es zum Ziel, den *Anteil* der extrem Armen an der *Weltbevölkerung* zu halbieren; dann korrigierte man dies in der endgültigen Formulierung des ersten Millenniumsentwicklungsziels dahingehend, den *Anteil* der extrem Armen an der Bevölkerung der *Entwicklungsländer* zu halbieren (vgl. Pogge 2011: 13 ff.). Im Ergebnis bedeutete dies, dass man die extreme Armut nicht mehr um die Hälfte, sondern lediglich um knapp ein Drittel verringern wollte.

Doch trotz dieser Absenkung der Erwartungen innerhalb weniger Jahre liegt auch dieses Ziel in weiter Ferne. Das wird durch die Entwicklung der Zahl der Hungernden auf der Erde deutlich: Während diese Zahl 1996 mit 788 Millionen Menschen angegeben wurde, waren es im Jahr 2011 nach offiziellen Angaben 925 Millionen; aufgrund einer veränderten Berechnungsmethode wurde die Zahl nachträglich auf 870 Millionen Menschen korrigiert (vgl. Ziegler 2012).

Die Diskrepanz zwischen den politischen Absichtserklärungen und der Realität kann zu Resignation führen, doch eine solche Reaktion lässt sich nicht rechtfertigen. Auf der Erde werden genug Nahrungsmittel hergestellt; pro Kopf der Weltbevölkerung entspricht die derzeitige landwirtschaftliche Produktion pro Tag 4600 Kalorien. Das könnte theoretisch sogar für 14,5 Milliarden Menschen reichen, wenn nicht ein großer Teil dieser Kalorien sich in Futtermitteln fände, wachsende Anteile für Biosprit verwendet würden, ein großer Anteil der Lebensmittel weggeworfen würde und die verfügbaren Nahrungsmittel ungerecht verteilt würden.

Lösungen müssen umfassend ansetzen. Es sind viele Dimensionen in den Blick zu nehmen; zu ihnen gehören angemessene Regierungsmethoden und die Beendigung von Korruption in den Entwicklungsländern ebenso wie eine nichtprotektionistische Landwirtschaftspolitik in den reichen Ländern. Machtzusammenballungen bei wenigen Agro-Konzernen schwächen die Handlungsfähigkeit der lokalen ländlichen Bevölkerung und erschweren deshalb die örtliche Versorgung. Die Landwirtschaft ist auf Rahmenbedingungen angewiesen, die Kleinbauern und kleineren Betrieben angemessene Chancen geben. Ein umfassender Ansatz muss ökonomische, ökologische, soziale und kulturelle Aspekte miteinander verbinden.

Etwa die Hälfte der Hungernden sind Kleinbauern, ein knappes Viertel sind Landlose. Nicht nur an der Nahrungsmittelproduktion, sondern auch am Hunger haben Frauen einen überproportionalen Anteil. Ein Schlüssel zur Überwindung des Hungers liegt infolgedessen in der Befähigung der ländlichen Bevölkerung und der Förderung von ländlichen Strukturen, damit über die reine Subsistenz hinaus auch wirtschaftliche Erträge erzielt werden. Ökologische und damit auch lokal angepasste Landwirtschaft ist dafür der vorzugswürdige Weg. Die Verbindung von Landwirtschaft und Bildung ist von großer Bedeutung.

Das Thema ist global und doch nah bei jeder und jedem Einzelnen. Über nichts entscheiden erwachsene Menschen häufiger als darüber, was sie essen. Die Demokratie des Einkaufskorbs ist keine abstrakte Idee. Deshalb stellt sich nicht die Alternative zwischen persönlicher Verantwortung und globalen Strukturen, denn diese werden durch das Verhalten vieler Einzelner mitgeprägt. Schulen, zivilgesellschaftliche Organisationen oder Kirchen können dazu beitragen, dass die Wertschätzung von Lebensmitteln nicht in Vergessenheit gerät und auch beim Umgang mit Lebensmitteln im eigenen Land die Lebenssituation im Armutsgürtel der Erde im Blick bleibt. Entwicklungshilfeorganisationen können ihre Mittel gezielt zur Selbsthilfe einsetzen. Staatliche Entwicklungspolitik kann das erste Millenniumsentwicklungsziel – die Halbierung des Hungers – zur vorrangigen Aufgabe machen. Doch dann muss das Nötige gegen entwicklungshemmende Monopolbildungen, für faire Handelsbedingungen und für angemessene Regierungsformen getan werden.

6. Armut
Wie lässt sich Ungerechtigkeit abbauen?

Vindana Shiva ist eine Physikerin, die sich seit Jahren mit den Problemen der Nahrungsmittelversorgung in ihrem Heimatland Indien beschäftigt. Ihre Konzentration auf dieses Thema entstand, weil jeder vierte Inder Hunger leidet und jede dritte indische Frau falsch ernährt ist. In einem Schwellenland, dessen Einfluss in der Welt wächst, ist Hunger ein Massenphänomen. Wie in anderen Regionen der Welt ist auch in Indien vor allem die ländliche Bevölkerung vom Hunger betroffen. Dort, wo eigentlich die Voraussetzungen für ausreichende Ernährung gegeben sein müssten, fehlt es am Nötigsten. Die Industrialisierung der Landwirtschaft hat dieses Problem keineswegs gelindert, sondern verschärft. Sie hat die Bauern von einer nachhaltigen Subsistenzwirtschaft entfremdet; mit dem Kapitalaufwand für eine industrialisierte Landwirtschaft aber sind sie hoffnungslos überfordert.

Vindana Shiva ist besonders dadurch beunruhigt, dass sich innerhalb von fünfzehn Jahren 250 000 indische Bauern das Leben genommen haben. Eine Ursache für diese tragische Entwicklung sieht sie in einer Überschuldung, der die Bauern nicht mehr gewachsen waren. Die Lösung, so argumentiert sie, könne nur in der Umstellung auf eine nachhaltige, an den Bedingungen bäuerlicher Subsistenz orientierte und ökologisch verantwortliche Landwirtschaft liegen. Die weibliche Landbevölkerung muss dazu befähigt werden, diese Umstellung voranzutreiben (Shiva 2012: 69).

Absolute und relative Armut

Der Hunger in Indien verdeutlicht die ethische Herausforderung durch weltweite massenhafte Armut. Armut ist in der gegenwärtigen Welt ein globales und zugleich ein lokales Phänomen. Die Bemühungen darum, allen Teilen der Menschheit ein auskömmliches Leben zu ermöglichen, halten mit dem globalen Wirtschaftswachstum nicht Schritt. Vielmehr wird die Kluft zwischen Reichtum und Armut immer tiefer. Dabei tragen Frauen die Hauptlast der Armut. Sechzig Prozent der unbezahlten Arbeit, die weltweit erbracht wird, werden von Frauen geleistet; siebzig Prozent der Menschen, die weltweit Hunger leiden, sind weiblich; achtzig Prozent der Grundnahrungsmittel in Entwicklungsländern werden von Frauen unentgeltlich erzeugt.

Als absolute Armut wurde in Kapitel 5 eine Lebenssituation bezeichnet, in der die Grundbedürfnisse der Menschen nicht befriedigt werden können. Absolute Armut meint eine ungenügende Ausstattung mit lebenswichtigen Gütern, so dass das Existenzminimum unterschritten wird. Nur wenige können dieser Armut durch eigene Kraft entkommen. Viele haben keinerlei Chance, ihrem Leben durch eigene Tüchtigkeit eine Wendung zum Besseren zu geben. Sie bleiben an die Bedingungen ihrer Herkunft gebunden, vor allem durch unzureichende Ernährung seit der frühen Kindheit oder durch Bildungsferne der Familie. Viele sterben schon als Kinder, haben keine Chance zum Schulbesuch oder können aus schierem Hunger nichts lernen. Armut ist ein Teufelskreis.

Wer unter Armut leidet, braucht sich über deren Definition keine Gedanken zu machen. Sie ist für ihn eine physische, seelische und soziale Wirklichkeit. Trotzdem bereitet die Definition des Begriffs Schwierigkeiten. Der absoluten Armut hat man die relative Armut gegenübergestellt. Dieser Begriff orientiert sich an dem Abstand der am schlechtesten Gestellten vom durchschnittlichen Wohlstand einer Gesellschaft. Bei schlichten Durchschnittsrechnungen würde das dazu führen, dass die Zahl der Armen zunimmt, wenn der Wohlstand der Reichsten wächst; umgekehrt könnte die Zahl der Armen rechnerisch sinken, wenn einige besonders Reiche das Land verlassen. Um solche Verzerrungen zu vermeiden, orientiert man sich am «Median», dem Einkommen, das in der Mitte der Gesellschaft liegt, also weniger oder gleich viel wie das Einkommen von 50 Prozent der Bevölkerung und mehr oder gleich viel wie das Einkommen der anderen 50 Prozent beträgt. Die Grenze zur relativen Armut wird unterschiedlich, nämlich zwischen 40 Prozent und 60 Prozent des Medians, angesetzt. Einzelne Veränderungen am oberen oder unteren Rand der Einkommenspyramide haben bei dieser Betrachtungsweise ebenso wenig Einfluss auf den Anteil relativer Armut an der Gesamtbevölkerung wie eine Einkommenssteigerung, die alle Gruppen in gleicher Weise betrifft. Doch erhöht sich bei einer allgemeinen gesellschaftlichen Wohlstandssteigerung auch die materielle Grenze, unterhalb derer von relativer Armut gesprochen wird. Das gehört zu den Schwierigkeiten eines relativen Armutsbegriffs; er hat dennoch einen Sinn, weil er auf das Maß an Ungleichheit hinweist, das durch eine allgemeine Wohlstandsmehrung keineswegs automatisch vermindert wird.

Die wachsenden Unterschiede in Lebensstandard und Lebensbedingungen betreffen nicht nur Länder im Armutsgürtel der Erde, sondern ebenso Schwellenländer und wohlhabende Industriestaaten. Mit der Begründung, dass diese Länder der Konkurrenz auf dem globalen Arbeitsmarkt ausgesetzt sind, entwickeln sich sogar in prosperierenden Ländern mit steigendem Bruttoinlandsprodukt die Arbeitseinkommen rückläufig oder stagnieren zumindest. Die Einkommen aus Managertätigkeit steigen zugleich dramatisch an; das gilt phasenweise auch für die Einkommen aus Aktienbesitz.

Absolute Armut, durch die Menschen das Nötigste zum Leben fehlt, und steigende soziale Disparitäten bilden die beiden größten Herausforderungen für eine Ethik, die sich am Maßstab sozialer Gerechtigkeit orientiert.

Was ist Gerechtigkeit?

Klassische Bedeutung hat die Definition des römischen Juristen Ulpian, wonach die Gerechtigkeit in dem festen und beständigen Willen besteht, jedem sein Recht zuzuerkennen *(ius suum cuique tribuere)*. Durch die geläufige Kurzfassung «Jedem das Seine» *(suum cuique)* wird das berühmte Zitat vergröbert; es lässt sich geradezu in diskriminierender Absicht einsetzen, wie seine Verwendung an den Eingangstoren zum Konzentrationslager Buchenwald oder zum Township Katutura bei Windhoek, der Hauptstadt Namibias, zeigt. Aber auch Ulpians sorgfältige Definition wirft viele Fragen auf.

Die Probleme mit der Gerechtigkeit hat der mit dem Nobelpreis ausgezeichnete Ökonom Amartya Sen in ein anschauliches Gleichnis gefasst. Es handelt von drei Kindern und einer selbst gebastelten Blockflöte. Der Streit geht um die Frage: Wem gehört diese Blockflöte? Anne meldet sich als erste und sagt: «Natürlich gehört die Blockflöte mir, denn ich bin die einzige, die auf dieser Flöte spielen kann.» «Nein, nein», wendet Carla ein, «selbstverständlich gehört sie mir, denn ich bin schließlich diejenige, die diese Blockflöte gemacht hat.» «Keine Rede davon», meldet sich schließlich Bob, «diese Blockflöte gehört klarerweise mir, denn ich bin schließlich der ärmste unter uns dreien.» (Sen 2010: 41 ff.)

Obwohl die Frage der Gerechtigkeit theoretisch wie praktisch so kompliziert ist, wie dieses Gleichnis zeigt, findet man in der Tradition des Nachdenkens darüber einige klare Orientierungspunkte. Zu ihnen gehört seit der griechischen Antike die Feststellung, dass die Befolgung des Rechts zugleich als Erfüllung der Gerechtigkeit anerkannt wird. Gerechtigkeit wird deshalb im formalen Sinn als *iustitia legalis* betrachtet. Wird dagegen das Recht verletzt, so tritt die Gerechtigkeit in ihrer wiederherstellenden und korrigierenden Funktion in den Blick. Sie wirkt als *iustitia correctiva*. So formal beide Begriffe sind, so kann man nicht bezweifeln, dass jedes menschliche Zusammenleben auf diesen doppelten Aspekt der formalen Gerechtigkeit angewiesen ist. Die Verlässlichkeit des Rechts und die Allgemeinheit der Rechtsbefolgung bilden unumgängliche Voraussetzungen des sozialen Zusammenhalts.

Einen wichtigen Schritt über den Begriff der formalen Gerechtigkeit hinaus hat Aristoteles mit seiner bahnbrechenden Unterscheidung zwischen austeilender und ausgleichender Gerechtigkeit getan. Er sieht darin die beiden entscheidenden Charakteristika der materialen Gerechtigkeit. Austeilend oder distributiv ist sie aus der Perspektive des Gemeinwesens, das jeder und jedem Einzelnen diejenigen Rechte zuweist, die ihr oder ihm kraft des Status oder der Verdienste der Person zukommen. Unterschiedliche Bürgerrechte, die unterschiedliche Rechtsstellung von Männern und Frauen eingeschlossen, hat Aristoteles mit diesem Begriff der Gerechtigkeit für vereinbar angesehen. Ausgleichend oder kommutativ ist die Gerechtigkeit aus der Perspektive von zwei oder mehr Rechtssubjekten, die miteinander einen Vertrag abschließen – beispielsweise einen Kauf- oder einen Arbeitsvertrag. Der gerechte Preis und der gerechte Lohn sind geläufige Beispiele für diese Sphäre der ausgleichenden Gerechtigkeit.

Die neuere Diskussion hat neben diese beiden auf Aristoteles zurückgehenden Elemente der materialen Gerechtigkeit als drittes die Beteiligungsgerechtigkeit gestellt (Bedford-Strohm 1993: 89 ff., 306 ff.). Neben die distributive und die kommutative tritt damit die kontributive Gerechtigkeit. Der Blick richtet sich auf die Einzelnen, die ihren Beitrag zum Gemeinwesen leisten, ihre Begabungen konstruktiv einsetzen und auch im Blick auf den eigenen Lebensunterhalt das ihnen Mögliche tun wollen. Es ist kein Zufall, dass die kontributive Gerechtigkeit in einer Zeit die Aufmerksamkeit auf sich gezogen hat, in der große Gruppen sich durch hohe Arbeitslosigkeit von der Möglichkeit aktiver Beteiligung ausgeschlossen sahen. Sie fanden in der organisierten Erwerbsarbeit keine zureichenden Chancen, ihre eigenen Begabungen einzubringen und ihren Lebensunterhalt durch eigene Leistung zu sichern.

Dieser Strang der Gerechtigkeitsdiskussion ist maßgeblich durch die antike Philosophie geprägt; Aristoteles gilt zu Recht als Stammvater dieser Betrachtungsweise. Gibt es zu diesem Thema auch einen Beitrag der anderen großen Überlieferungslinie, von der die europäische Kultur geprägt wurde, nämlich der jüdisch-christlichen Tradition? Schaut man auf die biblische Rede von Gerechtigkeit, so stößt man bei allen Unterschieden zwischen dem alttestamentlichen und dem neutestamentlichen Befund auf einen Grundzug, der sich mit einem glücklichen Ausdruck des Ägyptologen Jan Assmann als «konnektive Gerechtigkeit» bezeichnen lässt (Assmann 1990: 60 ff.; Huber, Gerechtigkeit 2006: 190 ff.). Gerechtigkeit ist ein Beziehungsbegriff; er hat es mit der Verknüpfung von Lebenssphären zu tun (vgl. Walzer 1992) und zielt auf Verhältnisse wechselseitiger Anerkennung. Gerechtigkeit bezieht sich zuallererst auf die Beziehung Gottes zum Menschen, auf Gottes zurechtbringende Gerechtigkeit, die im dankbaren Bekenntnis der Glaubenden und in ihrer Treue zu Gottes Weisung ihre Antwort findet. Von hier aus beschreibt Gerechtigkeit sodann eine Ordnung der Beziehungen zwischen den Menschen auf der Grundlage wechselseitiger Anerkennung.

Besondere Aufmerksamkeit verdient die Unterscheidung zwischen der Person und ihren Taten, die in dieser Tradition angelegt ist. Ihr zufolge wird das Sein des Menschen nicht von seinen Taten her, sondern die Taten des Menschen werden von seinem Sein her beurteilt. Der Mensch wird unter dem Gesichtspunkt angesehen, dass er mehr ist, als er selbst aus sich macht. Genau das ist gemeint, wenn von der Unantastbarkeit seiner Würde die Rede ist. Aus der Unterscheidung zwischen der Person und ihren Taten erklärt sich, warum im Rechtsstaat auch ein würdelos Handelnder in seiner Würde geachtet und ein Rechtsbrecher dem Recht gemäß behandelt wird.

Ein zusätzliches Moment kommt mit der Verbindung von Gerechtigkeit und Barmherzigkeit ins Spiel. Die Gerechtigkeit gilt ohne Ansehen der Person. Eben deshalb brauchen die Schwächeren, die Opfer von Ungerechtigkeit, besondere Aufmerksamkeit; denn ohne ein solches Korrektiv würde sich die Aufmerksamkeit, das «Ansehen», ohnehin den Stärkeren zuwenden. Zur biblischen Tradition des Gerechtigkeitsdenkens gehört deshalb eine Haltung, die heute auf den Begriff der «vorrangigen Option für die Armen» gebracht wird (Bedford-Strohm 1993: 150 ff.). In diesem Sinn enthält das biblische Rechtsdenken eine Tendenz zur sozialen Gerechtigkeit; es befragt Ungleichheiten daraufhin, ob sie vor dem Maßstab der Gerechtigkeit Bestand haben können. Die Zielrichtung der Gerechtigkeit ist eine Verbesserung für die schwächsten Glieder des Gemeinwesens.

Diese Zielrichtung wird zusätzlich durch den Aspekt der Hoffnung verstärkt: Zustände der Ungerechtigkeit werden in der Hoffnung auf zunehmende Gerechtigkeit verändert; jede gegebene menschliche Ordnung trägt deshalb einen vorläufigen und überbietbaren Charakter (Huber, Gerechtigkeit 2006: 200 ff.). Dieser Aspekt lässt sich im Begriff der transformativen Gerechtigkeit zusammenfassen.

Soziale Gerechtigkeit

Die beiden zuletzt genannten Motive im biblischen Gerechtigkeitsverständnis – die vorrangige Option für die Armen und der transformative Charakter der Gerechtigkeit – haben freilich immer wieder Einwände ausgelöst. Gegen eine aus dieser Tradition gespeiste Vorstellung von sozialer Gerechtigkeit wurde häufig der Vorwurf der «Sozialromantik» erhoben; es wurde ferner geltend gemacht, ein solches Verständnis lasse sich von einem einseitigen Vorrang der Gleichheit vor der Freiheit leiten.

Die Entgegensetzung von Freiheit und Gleichheit führt jedoch in die Irre. Das lässt sich beispielhaft an der Gerechtigkeitstheorie des amerikanischen Rechtsphilosophen John Rawls zeigen, die von der «gleichen Freiheit für alle» ausgeht (Rawls 1975: 223 ff.). Gerechtigkeit bedeutet, dass jeder einen Anspruch auf den gleichen Zugang zur Freiheit hat; insofern gehören Freiheit und Gleichheit zusammen. Der gleiche Zugang zur Freiheit führt jedoch zu Unterschieden in der Gesellschaft; deshalb muss geprüft werden, welche Art von Unterschieden mit dem Prinzip des gleichen Zugangs zur Freiheit vereinbar ist. Dafür entwickelt Rawls das «Unterschiedsprinzip». Es bezeichnet die Bedingungen, unter denen die höheren Freiheitsgrade und besseren Entfaltungsmöglichkeiten der Bessergestellten auch von den Schlechtergestellten akzeptiert werden können. Dafür ist ausschlaggebend, ob die höheren Freiheitsgrade derjenigen, die mehr Entfaltungsmöglichkeiten, mehr Glück, mehr Begabungen, mehr Leistungsbereitschaft ihr Eigen nennen, die Situation jener fördern, die sich am entgegengesetzten Ende der Skala befinden. Der Arbeitslose muss beispielsweise erkennen können, dass ein Unternehmer durch seinen herausgehobenen materiellen Status dazu motiviert wird, sein Unternehmen so erfolgreich zu führen, dass auch der Arbeitslose einen Arbeitsplatz finden kann.

Damit sind die beiden Prinzipien der Gerechtigkeitstheorie von John Rawls bereits erläutert; sie seien nun zusammenfassend im Wortlaut zitiert: «1. Jedermann soll gleiches Recht auf das umfangreichste System gleicher Grundfreiheiten haben, das mit dem gleichen System für alle anderen verträglich ist. 2. Soziale und wirtschaftliche Ungleichheiten sind so zu gestalten, dass (a) vernünftigerweise zu erwarten ist, dass sie zu jedermanns Vorteil dienen, und (b) sie mit Positionen und Ämtern verbunden sind, die jedem offen stehen.» (Rawls 1975: 81)

Für das Verhältnis von Freiheit und Gleichheit lässt sich daraus eine provozierende Folgerung ableiten: Eine an der Gerechtigkeit als einem System gleicher Freiheiten ausgerichtete Gesellschaft ist auch für diejenigen, die schlechter gestellt sind, besser als eine Gesellschaft unterschiedsloser Egalität. Das gilt allerdings nur, wenn das Unterschiedsprinzip beachtet wird; deshalb müssen Differenzen vermieden werden, die für die Schlechtergestellten nachteilig sind.

Diese Gerechtigkeitskonzeption überwindet den scheinbaren Gegensatz von Freiheit und Gleichheit durch ein Prinzip dafür, wann gesellschaftliche Unterschiede sich mit der Gerechtigkeit als «System gleicher Freiheiten» vertragen. Interessanterweise hat Rawls für diese Konzeption eine Kurzformel geprägt, die ein sportethisches Prinzip auf die Gesellschaft im Ganzen überträgt: «Gerechtigkeit als Fairness» (Rawls 2006).

Rawls formuliert in seinen beiden Gerechtigkeitsprinzipien die Bedingungen der Möglichkeit von Gerechtigkeit; deshalb kann es für ihn Gerechtigkeit nur ganz oder gar nicht geben. In der gesellschaftlichen Wirklichkeit geht es jedoch immer um mehr oder weniger Gerechtigkeit. Dieser Aspekt einer transformativen Gerechtigkeit tritt bei Rawls in den Hintergrund; denn sein Ansatz ist – durch die Frage nach den Bedingungen der Möglichkeit von Gerechtigkeit – «transzendental» angelegt.

Auf konkrete Möglichkeiten einer schrittweisen Veränderung zielt dagegen eine andere Gerechtigkeitstheorie, die einige Jahrzehnte nach Rawls durch die Philosophin Martha C. Nussbaum und den Ökonomen Amartya Sen entwickelt wurde. Während es bei Rawls um ein System gleicher Freiheiten geht, kommt es bei Nussbaum und Sen auf die Entwicklung der Fähigkeit an, von der eigenen Freiheit einen sinnvollen Gebrauch zu machen. Auch Nussbaum und Sen gehen von der Vereinbarkeit von Freiheit und Gleichheit aus. Dabei betrachten sie Gerechtigkeit als Bedingung für die Entfaltung von Lebensmöglichkeiten *(capabilities)*. Gesellschaftliche Entwicklungen sind daran zu messen, ob das Leben der Gesellschaftsglieder umfassend geschützt wird und ob sie Chancen dazu erhalten, ihr Leben unter gesundheitsförderlichen Bedingungen zu führen, aus ihren Begabungen etwas zu machen und ihren Platz in der Gesellschaft zu finden. Zu den dafür erforderlichen Bedingungen gehören vielfältige Befähigungen, die von Leben und körperlicher Integrität über die Freiheit des Denkens und der Religion, über Gemeinschaftsformen, in denen sich Emotionen und praktische Vernunft entwickeln können, bis zur Nichtdiskriminierung und zur Fähigkeit, für die eigene Lebenswelt Verantwortung zu übernehmen, reichen (Nussbaum 2010: 430 ff.). Jede Liste solcher *capabilities* ist für Erweiterungen offen, und nicht jeder Gerechtigkeitsfortschritt kommt allen Befähigungen in gleichem Maß zugute. Der *capabilities approach* ist nicht transzendental, sondern pragmatisch angelegt.

Für die Förderung der menschlichen Befähigungen sind besonders zwei Faktoren wichtig: *care* in dem an früherer Stelle definierten umfassenden Sinn (siehe oben S. 36 f.) und Bildung. Hier wenden wir uns vor allem dem zweiten Aspekt zu: Gerechtigkeit und damit auch die Überwindung von Armut hängen entscheidend von zureichenden Bildungsangeboten und gelingenden Bildungsprozessen ab.

Bildungsförderung: Potenziale oder Talente?

Der enge Zusammenhang von Gerechtigkeit und Bildung leuchtet unmittelbar ein, wenn Gerechtigkeit als Teilhabe an gesellschaftlichen Gestaltungsmöglichkeiten verstanden wird. Armut zeigt sich dann nicht nur in der mangelnden Befriedigung von Grundbedürfnissen, sondern ebenso am Fehlen der Möglichkeit zur Teilhabe. So wichtig die materielle Dimension von Armut ist, so unzureichend ist es doch, alle Überlegungen auf diese eine Dimension zu konzentrieren. Und so wichtig es ist, materiellen Notständen durch Maßnahmen der Verteilungsgerechtigkeit entgegenzuwirken, wäre die Annahme doch falsch, dass sich damit allein das Problem der Armut lösen ließe. Armut wird nicht allein durch Maßnahmen der Verteilungsgerechtigkeit überwunden; verweigerte Teilhabe lässt sich vielmehr nur durch Beteiligungsgerechtigkeit korrigieren. Diese wiederum setzt Befähigungsgerechtigkeit voraus. Sie bildet ein entscheidendes Kriterium für ein gerechtigkeitsorientiertes Bildungsverständnis, das auf die Entfaltung der in jedem Menschen liegenden Begabungen gerichtet ist und sich deshalb der gleichen Würde jedes Menschen verpflichtet weiß (vgl. Dabrock 2012: 164 ff.).

Statt von Befähigungen spricht die neuere bildungspolitische Debatte eher von «Potenzialen». So wie die Altersforschung dazu rät, die «Potenziale» des Alters zu erkennen, so fordert die Bildungsforschung dazu auf, die «Potenziale» der jungen Generation zu nutzen. Das ursprünglich in der Physik verwendete Wort Potenzial bezeichnet die Fähigkeit, eine Arbeit zu verrichten. In einem weiteren Sinn bezeichnet es die Gesamtstärke der für einen bestimmten Zweck einsetzbaren Mittel. Industriepotenzial und Kriegspotenzial nennen die Lexika als Beispiele dafür. Die Leistungsfähigkeit eines Wirtschaftszweigs wurde als «Potenzial» bezeichnet, bevor der Gedanke aufkam, die Leistungsfähigkeit eines Menschen so zu nennen. Wird der Begriff des Potenzials auf den Menschen angewandt, so richtet sich das Hauptinteresse auf dessen gesellschaftliche Nützlichkeit. Wird er in der Debatte über Bildung verwendet, so geht es vor allem um deren wirtschaftlichen Nutzen. Ein umfassendes Bildungsverständnis betont das Recht auf Bildung, das jedem Menschen kraft seiner Menschenwürde zukommt. Jeder Mensch ist mehr als nur ein Objekt von Bildungsbemühungen, die auf eine Steigerung gesellschaftlicher Nützlichkeit zielen. Er ist das Subjekt einer Bildungsgeschichte, die nicht nur einzelne Lebensphasen betrifft, sondern das ganze Leben umfasst. Bildung richtet sich deshalb nicht nur darauf, Potenziale zu heben, sondern Begabungen zur Entfaltung zu bringen. Sie befähigt zur gesellschaftlichen Teilhabe und wendet sich deshalb vorrangig denen zu, die auf dem Weg dorthin besonders hohe Hürden zu überwinden haben – sei es wegen gesundheitlicher Einschränkungen oder wegen mangelnder Förderung durch ihr familiäres Umfeld. Eine befähigungsorientierte Bildungspolitik zielt darauf, Menschen mit unterschiedlichen Ausgangsbedingungen gerecht zu werden; sie bildet einen Schlüssel zur erfolgreichen Integration gesellschaftlicher Minderheiten.

Was neuerdings als Potenzial bezeichnet wird, trug zu anderen Zeiten den Namen Talent. Wo jetzt Potenziale genutzt werden sollen, wollte man früher Talente entwickeln. Die Frage, über welche Talente jemand verfügt, zielt auf die Gaben und Begabungen, die in ihm stecken und sich in seiner Lebensgeschichte entfalten sollen.

Das Wort Talent hat sich in der deutschen Sprache durch eine biblische Geschichte eingebürgert. Ein Talent war in biblischer Zeit eine Maßeinheit für das Gewicht von Edelmetall. Ein Gleichnis Jesu handelt von einem Fürsten, der eine große Reise unternahm und zuvor seinen Mitarbeitern sein Vermögen zur Verwaltung anvertraute: dem einen fünf Talente, dem andern zwei, dem dritten eines. Die Reaktion der Mitarbeiter war höchst unterschiedlich. Der eine legte die Talente an und ließ sie arbeiten. So übergab er seinem Dienstherrn nach dessen Rückkehr statt fünf zehn Talente. Auch derjenige, der mit zwei Talenten angefangen hatte, brachte es bis zum Tag der Abrechnung auf vier. Der dritte reagierte ängstlich und vergrub das eine Talent, das er erhalten hatte, bis zur Rückkehr seines Fürsten. So konnte er auch am Ende nicht mehr vorweisen als dieses eine Talent. Während die beiden, die ihre Talente hatten arbeiten lassen, dafür belohnt wurden, traf den dritten das scharfe Urteil seines Herrn. Während die einen mit den ihnen anvertrauten Talenten weiter wirtschaften durften, verlor der andere auch noch das eine Talent, das er hatte. Das Ganze mündet in die erstaunliche Aussage:

«Denn wer da hat, dem wird gegeben werden, und er wird die Fülle haben; wer aber nicht hat, dem wird auch, was er hat, genommen werden.» (Matthäus 25,29)

Aus diesem Gleichnis Jesu ist die Rede von den anvertrauten Pfunden, mit denen man wuchern soll, und von den Talenten, aus denen man etwas machen soll, in unsere Sprache übergegangen. So weit heute noch jemand als talentiert bezeichnet wird, denkt man allerdings in der Regel nur an überdurchschnittliche Begabungen. Dem biblischen Gleichnis dagegen liegt die Überzeugung zugrunde, dass jedem Gaben anvertraut werden, die er entfalten kann. Daraus lässt sich folgern: Jemanden zu fördern bedeutet, ihm dabei zu helfen, dass seine Gaben ans Licht kommen. Bildung soll Menschen dazu befähigen, Subjekt ihrer eigenen Lebensgeschichte zu werden, indem sie ihre Begabungen entfalten. Daran erinnert das Wort Talente.

Wer nicht nur Potenziale nutzen, sondern auch Talente fördern will, braucht ein umfassendes Bildungsverständnis. Zu ihm gehört, dass Bildung nicht nur Verfügungswissen, sondern auch Orientierungswissen vermittelt. Der Philosoph Jürgen Mittelstraß unterscheidet diese beiden Arten des Wissens folgendermaßen: «Verfügungswissen ist ein Wissen um Ursachen, Wirkungen und Mittel; es ist das Wissen, das Wissenschaft und Technik unter gegebenen Zwecken zur Verfügung stellen. Orientierungswissen ist ein Wissen um gerechtfertigte Zwecke und Ziele; gemeint sind Einsichten, die im Leben orientieren (z. B. als Orientierung im Gelände, in einem Fach, in persönlichen Beziehungen), aber auch solche, die das Leben orientieren (und etwa den ‹Sinn› des eigenen Lebens ausmachen).» (Mittelstraß 2002: 164) Ist Bildung vor allem an Nützlichkeit orientiert, bleibt das Orientierungswissen hinter dem Verfügungswissen zurück. «Der wissenschaftlich-technische Verstand ist stark, die praktische Vernunft schwach.» (Mittelstraß 2001: 75) Es kommt jedoch darauf an, dass das Orientierungswissen mit dem Verfügungswissen Schritt hält.

Ein umfassender Bildungsbegriff zeigt sich nicht nur darin, dass Bildung auf die gesamte Lebensgeschichte eines Menschen bezogen wird. Er zeigt sich auch nicht nur darin, dass Körper, Seele und Geist in der Balance gehalten werden und Bildung deshalb nicht nur kognitive, sondern auch körperliche und emotionale Dimensionen hat. Zu ihm gehört auch, im Blick auf den menschlichen Geist nicht nur auf diejenigen Bildungsinhalte zu setzen, die jemand braucht, um auf gesellschaftliche Anforderungen von morgen vorbereitet zu sein. Vielmehr sind mit dem gleichen Gewicht diejenigen Bildungsinhalte zur Sprache zu bringen, die jemand braucht, um sich in seiner Welt orientieren und ethisch verantwortlich handeln zu können.

Bildung für alle!

Eine moderne Wirtschaftsgesellschaft ist auf ausreichend qualifizierte Menschen in allen Arbeits- und Lebensbereichen angewiesen. Es ist darum ein Gebot der ökonomischen Vernunft, kein Kind und keinen Jugendlichen verloren zu geben. Darüber hinaus eröffnet nur Bildung eine Zukunftsperspektive, die nicht an die soziale Ausgangslage des Einzelnen gekettet ist. Nur durch Bildung lassen sich schlechte Startbedingungen überwinden; nur auf diesem Weg lässt sich die für den Einzelnen mögliche Beteiligung am Arbeitsleben und am gesellschaftlichen Leben erreichen.

Das deutsche Bildungswesen genügt solchen Anforderungen nicht; in ihm bleiben zu viele Schülerinnen und Schüler auf der Strecke. Zwischen denen, die Bildungsangebote sinnvoll nutzen können, und denjenigen, bei denen sich Benachteiligungen häufen, besteht eine unvertretbar große Kluft (Arbeitsgruppe Bildungsberichterstattung 2010: 15. 197 ff.). Dazu tragen eine frühe Auslese für weiterführende Schulen und eine hohe Abbrecherquote bei. Ein zu hoher Anteil eines Jahrgangs verlässt die Schule ohne Schulabschluss. Ein noch höherer Anteil bleibt ohne Ausbildung. Unter Jugendlichen mit Migrationshintergrund, die einen beruflichen Ausbildungsplatz suchen, haben viele auch mehrere Jahre nach Verlassen der Schule noch keine Ausbildung begonnen (Beicht/Granato 2009: 18 ff.). Viel zu viele Jugendliche bleiben ohne abgeschlossene Berufsausbildung.

Eine an der Gerechtigkeit orientierte Bildungspolitik muss sich diesen Herausforderungen stellen. Alle Schülerinnen und Schüler müssen so gefördert werden, dass sie zumindest einen mittleren Leistungsstandard erreichen. Ebenso wie Begabte – das heißt in der Regel genauer: bereits zu Hause Geförderte – auch in der Schule gefördert werden sollen, verdienen auch diejenigen Förderung, die es von Hause aus schwerer haben. Sie auf ihre Startbedingungen festzulegen, ist moralisch nicht zu vertreten. Andere europäische Länder zeigen, dass es durchaus möglich ist, sich im Bildungswesen am Maßstab der Befähigungsgerechtigkeit zu orientieren. Für spätere Bildungschancen kommt der Elementarbildung in der frühen Kindheit entscheidende Bedeutung zu.

Dass Bildung das beste Mittel gegen Armut ist, gilt nicht nur für hoch entwickelte Gesellschaften. Am Problem des Hungers zeigt sich, dass vor allem die ländliche Bevölkerung in Entwicklungsländern von Mangelernährung betroffen ist. Dieser Zustand kann überwunden werden, wenn lokale Kompetenz gestärkt wird und Kleinbauern lernen, die Nahrungsmittelversorgung durch Anbaumethoden zu verbessern, die an die örtlichen Gegebenheiten angepasst sind. Partizipation und lokales Wissen bilden eine entscheidende Antwort auf das globale Hungerproblem, eine der größten Herausforderungen des 21. Jahrhunderts.

7. Kultur
Gibt es auch kulturelle Grundnahrungsmittel?

Die Deutsche Oper in Berlin plante für den November 2006 die Wiederaufnahme einer Inszenierung von Wolfgang Amadeus Mozarts Oper «Idomeneo», die drei Jahre vorher ihre Premiere erlebt hatte. Doch vor der erneuten Aufführung wurde eine Analyse der Berliner Sicherheitsbehörden bekannt, der zufolge Störungen des geplanten Opernabends nicht ausgeschlossen werden könnten. Als szenischer Abschluss waren nach den Anweisungen des Regisseurs Hans Neuenfels die abgeschlagenen Köpfe von Poseidon, Jesus, Mohammed und Buddha auf der Bühne zu sehen. Daraus folgerten die Sicherheitsbehörden: Da nach islamischer Auffassung bereits die Abbildung des Propheten Mohammed untersagt sei und da der abgeschlagene Kopf des Propheten als indirekte Aufforderung zur Vernichtung des Islam verstanden werden könne, ließe sich nicht ausschließen, dass Muslime in der Inszenierung einen Angriff auf ihre Religion sähen.

Diese äußerst nervöse Reaktion ließ sich am ehesten vor dem Hintergrund der gewaltsamen Proteste erklären, die ein Jahr zuvor durch Karikaturen des Propheten Mohammed in der dänischen Zeitung «Jyllands-Posten» ausgelöst worden waren. In verschiedenen muslimischen Ländern war es zu vehementen Massendemonstrationen und gewaltsamen Angriffen auf Einrichtungen westlicher Länder gekommen, denen kollektiv eine Übereinstimmung mit der unterstellten Schmähung des Islam vorgeworfen wurde.

Die Absicht, auf die Wiederaufführung des «Idomeneo» zu verzichten, erregte empörten Widerspruch. Der Gedanke, dass die Freiheit der Kunst einer diffusen Terrorfurcht weichen müsse, galt als inakzeptabel. Mit einer Verzögerung von einem Monat wurde die Oper im Dezember

2006 wieder aufgeführt. In der Zwischenzeit war es zu wechselseitigen Unterstellungen zwischen den politisch Verantwortlichen und dem Opernhaus gekommen; führende Akteure, aber auch die Sicherheitsbehörden waren für «verrückt» erklärt worden (Meyer 2011: 75 ff.).

Kunst, so zeigt das Beispiel, ist keine Nebensache. Ob sie in Freiheit ausgeübt werden kann, ist ein Indikator dafür, wie es um die Freiheit überhaupt steht. Kunst – als Teil der Kultur – ist mehr als ein Sahnehäubchen, auf das man in harten Zeiten verzichten kann. Kunst – wie Kultur überhaupt – gehört zu den Grundnahrungsmitteln. Dass die Kunst immer wieder versucht, sich von überkommenen moralischen Gepflogenheiten loszureißen, bestätigt auf seine Weise die große Bedeutung von Kunst und Kultur. Der Mensch bringt nicht nur Kultur hervor, er ist ein Kulturwesen.

Zwar bezieht man den Begriff der Grundnahrungsmittel in der Regel nur auf die Hauptbestandteile der Ernährung des Menschen. Doch man weiß zugleich, dass kein Mensch von Kohlenhydraten, Eiweiß und Fett allein leben kann. Er braucht genauso dringend Wasser zum Trinken und Luft zum Atmen. Er braucht Sprache, Bewegung, Kleidung, Obdach. Er bewegt sich in einer symbolischen Welt, für die er seit den frühesten Stufen seiner Entwicklung Zeichen hinterlässt, so dass sich von Generation zu Generation ein kulturelles Gedächtnis bilden kann. Das menschliche Leben hängt von kulturellen Voraussetzungen genauso ab wie von natürlichen Bedingungen.

Was ist Kultur?

Man kann eine Forstkultur anlegen oder landwirtschaftliche Kulturen bewerten; man kann sich aber auch an der Hochkultur freuen und auf eine Steigerung des städtischen Kuluretats hoffen. Der Begriff der Kultur hat, wie diese Beispiele zeigen, eine doppelte Bedeutung. Sprachlich geht er auf das lateinische Wort *cultura* zurück, das ursprünglich die Hege und Pflege des Ackerbodens bezeichnet. Doch schon der römische Rhetor Cicero verwandte das Wort auch in einem zweiten Sinn und sprach von der *cultura animi*, der Pflege des Geistes.

Über lange Zeit musste man deshalb, wenn man das Wort gebrauchte, angeben, worin jeweils das Objekt der Hege und Pflege bestand: Natur oder Geist. Man kann bisher unbebautes Land kultivieren oder ein kultiviertes Gespräch führen. Seit der Renaissance konzentrierte sich der Begriff der Kultur immer stärker auf die Pflege der geistigen Existenz. Dabei wird Kultur oft zu einem abgrenzenden Merkmal: Kulturvölker und Barbaren werden voneinander unterschieden.

Prägend bleibt für die Vorstellung von Kultur deren Entgegensetzung zur Natur. Das Urteil über die Kultur hängt dabei in hohem Maß davon ab, ob der ursprüngliche Naturzustand des Menschen als eine Situation der Vollkommenheit oder des Mangels beurteilt wird. Der alttestamentliche Mythos vom Paradies geht von einem anfänglichen Zustand der Vollkommenheit aus, den der Mensch im Sündenfall durch eigene Schuld einbüßt. Seitdem ist sein Leben zugleich von der Mühe bei der Bewältigung des täglichen Lebens und der Sehnsucht nach Erlösung bestimmt (1. Mose 3,1 ff.). In Platons Mythos von Prometheus dagegen wird der Anfang der Menschheit als ein Zustand des Mangels geschildert (Platon, Protagoras 320c–322d). Der Mensch ist mit natürlichen Gütern schlechter ausgestattet als die anderen Lebewesen. Deshalb stiehlt Prometheus das Feuer des Hephaistos und die Weisheit der Athene; so verschafft er den Menschen die Künste des Schmiedens und des Webens. Zeus ergänzt dies noch um die Gaben der Scham und der politischen Tugend. Was man später «Kultur» nennen wird, dient also dem Ausgleich für die Mängel, mit denen das menschliche Leben von seinem Ursprung her behaftet ist. Dieser Ausgleich bezieht sich nicht nur auf die materiellen Lebensbedingungen; vielmehr schließt er die Möglichkeit des friedlichen Zusammenlebens in einer politischen Gemeinschaft ein.

Seit der Renaissance interpretierte man deshalb den Mangel, durch den das menschliche Leben von Natur aus gekennzeichnet ist, als eine besondere Chance – nämlich als die Möglichkeit, dass die Menschen ihrem Leben aus Freiheit eine eigene Gestalt geben können (Pico della Mirandola 1486). Der sich aus der Renaissance entwickelnden positiven Bewertung der Kultur setzte jedoch Jean Jacques Rousseau mit seinem «Zurück zur Natur» einen scharfen Widerspruch entgegen. Der Mensch ist, so Rousseau, nicht von Natur aus ein Mängelwesen, sondern wird durch die Kultur seinem Ursprung entfremdet. Dieser Verfallsgeschichte der Kultur widersprach unter den Aufklärungsphilosophen mit besonderem Nachdruck Immanuel Kant (Recki, Kultur 2001: 1825).

So entwickelte sich der Begriff der Kultur, der zunächst die Pflege des geistigen Lebens bezeichnete, zur Bestimmung einer umfassenden Lebensform weiter; erkennbar wird dieser Schritt bereits in der frühen Neuzeit bei Samuel Pufendorf, der dem Naturzustand des Menschen den Status der Kultur gegenüberstellte (Hirsch 1960: 80).

Häufig bildete die These von der Überlegenheit der Kultur über die Natur eine wichtige Antriebskraft für konzentrierte Bemühungen um kulturelle Produktivität. Nun wurde dem Menschen insgesamt eine kulturelle Existenz zugeschrieben (Schwemmer 1997), und diese wurde zugleich kollektiv gedeutet. Die Vorstellung von unterschiedlichen Nationalkulturen entwickelte sich. In diesem Sinn bezeichnete das 19. Jahrhundert die innere Entwicklung eines Volkes als Kulturgeschichte, die äußere dagegen als politische Geschichte (Meyer 1877: 436).

Dabei liegt eine Besonderheit der deutschen Begriffsentwicklung in der Entgegensetzung von Kultur und Zivilisation. Sie prägte das nationale Bewusstsein bis in die Zeit des Ersten Weltkriegs hinein. Kultur wurde dabei dem Geistigen als Selbstzweck zugeordnet, während Zivilisation mit dem instrumentellen Charakter wissenschaftlich-technischen Fortschritts verbunden wurde. Diese Begrifflichkeit verband sich mit der Behauptung, der kulturbestimmte deutsche Geist sei dem Geist des Westens überlegen, der auf Zivilisation gerichtet sei, ja ein «Imperium der Zivilisation» repräsentiere (Mann 1918: 77; vgl. Winkler 2000: 340). Unterschwellig wirkt eine derartige sprachliche Entgegensetzung immer noch weiter – zum Beispiel, wenn Samuel Huntingtons Buch «The Clash of Civilizations» auf Deutsch unter dem Titel «Kampf der Kulturen» veröffentlicht wird (Huntington 2002).

In der allgemeinen internationalen Diskussion ist die Entgegensetzung von Kultur und Zivilisation in den Hintergrund getreten. Der Begriff der Kultur wird heute auch im angelsächsischen Sprachraum mit größerer Selbstverständlichkeit verwendet als noch vor wenigen Jahrzehnten. In den Geisteswissenschaften hat sich ein *cultural turn* vollzogen, der alle symbolischen Formen und Vollzüge als Gegenstände kulturwissenschaftlicher Interpretation betrachtet.

Für diese Wendung ist die Einsicht des Philosophen Ernst Cassirer grundlegend, dass der Mensch sich mit Hilfe von Symbolen in seiner Welt orientiert und deshalb in einem «symbolischen und nicht mehr in einem bloß natürlichen Universum» lebt. «Statt mit den Dingen selbst umzugehen, unterhält sich der Mensch in gewissem Sinne dauernd mit sich selbst. Er lebt so sehr in sprachlichen Formen, in Kunstwerken, in mythischen Symbolen oder religiösen Riten, dass er nichts erfahren oder erblicken kann, außer durch Zwischenschaltung dieser künstlichen Medien.» (Cassirer 1960: 39; vgl. Hübner 2012: 346 ff.) In der Vielfalt und dem Reichtum ihrer Symbolisierungen vermittelt Kultur das Material, das uns den Zugang zum Verstehen der Welt erschließt. Kultur ist das Symbol- und Deutungssystem, das unsere Wahrnehmungen steuert und zwischen individuellen Dispositionen und gesellschaftlicher Wirklichkeit vermittelt (Geertz 1987). Eben damit hängt es zusammen, dass an der Kultur einmal die individuelle Seite – jemand ist ein «kultivierter Mensch» – und ein andermal die kollektive Seite – die Frage nach der «Leitkultur» – hervortritt.

Die Unbestimmtheit, die das Wort Kultur kennzeichnet, lässt sich auch durch noch so angestrengte Definitionsbemühungen nicht überwinden. Jugendkultur oder Popkultur, Esskultur oder Begräbniskultur, Unternehmenskultur oder Diskussionskultur, Alltagskultur oder Hochkultur sind willkürlich herausgegriffene Beispiele für ein weit größeres Spektrum an Wortkombinationen. Aber von der Hege und Pflege des Geistes, die Cicero im Sinn hatte, bis zum symbolischen Universum, das Cassirer oder Geertz vor Augen steht, gibt es doch ein Kontinuum: Kultur gehört zum Menschsein, denn der Mensch ist ein kulturelles Wesen.

Kultur gibt es deshalb nur im Plural. Soweit Kultur sich mit dem einzelnen Menschen verbindet, ist diese Feststellung trivial: Kultur ist multi-individuell. Aber auch wenn man die kollektive Seite von Kultur betrachtet, ist die Mehrzahl von Kulturen eine Selbstverständlichkeit. Genau diese Mehrzahl hat immer wieder dazu verführt, Kultur aus der Abgrenzung heraus zu definieren. Am stärksten vollzog sich das in der Konkurrenz von Nationalkulturen und in der Gegenüberstellung von Volkskultur und Hochkultur. In der radikalen Pluralität, in der moderne Gesellschaften existieren, verstärkt sich die Notwendigkeit, das Nebeneinander verschiedener Kulturen nicht zu einem Kampf werden zu lassen, sondern den Frieden zwischen den Kulturen als Grundelement des politischen Friedens zu verstehen (vgl. Kapitel 16).

Die ethische Bedeutung der Kultur

Drei Verknüpfungen von Kultur und Ethik sind von besonderer Bedeutung. Die Kultur gehört zu den Quellen der Ethik; sie ist Gegenstand ethischer Verantwortung; Kulturkonflikte bedürfen der Befriedung.

Die Kultur gehört zu den Quellen der Ethik. Kultur bündelt in unterschiedlichen Formen die Erfahrungen von Generationen, sie bewahrt die Erinnerung an geschichtliche Schuld und neue Anfänge und sie verdichtet die Aporien und tragischen Verstrickungen des menschlichen Lebens. Auf vielfältige Weise schärft Kultur den Blick auf die Wirklichkeit; sie enthält ethische Orientierungen und kann zu ethischem Verhalten anregen.

Die Kultur ist Gegenstand ethischer Verantwortung. Sich als Person kulturell zu bilden, die kulturelle Gestalt der eigenen beruflichen und sozialen Umgebung zu pflegen und Bedingungen für die kulturelle Zukunft zu bewahren und zu entwickeln gehört zu den moralischen Pflichten, an denen jeder an seinem Ort und im Rahmen seiner Möglichkeiten Anteil hat. Jeder Staat hat eine Kulturaufgabe, jeder Staatsbürger ist zugleich Kulturbürger. Die ethische Verantwortung derer, die beruflich im Bereich der Kultur tätig sind, ist der klarste, aber nicht der einzige Fall von ethischer Verantwortung im Bereich der Kultur.

Kulturkonflikte bedürfen der Befriedung. Solche Konflikte entstehen häufig aus ästhetischen Kontroversen. Noch häufiger entstehen sie, weil die Interessen von Kultur und Macht aufeinander treffen. Die Instrumentalisierung der Kultur durch politische oder wirtschaftliche Macht und Proteste aus der Kultur gegen politische Irrwege und wirtschaftliche Missstände können harte Auseinandersetzungen auslösen. Die enge Zusammengehörigkeit von Kultur und Religion zeigt sich nicht zuletzt darin, dass religiöse Spannungen zu Kulturkonflikten führen oder zur Verschärfung politischer Auseinandersetzungen beitragen. Wenn Kultur im Spiel ist, reicht Machttechnik zur Befriedung allein nicht aus; wenn Religion Konflikte verschärft, muss auch über Religion gestritten werden. Die kulturelle Dimension von Konflikten nötigt zu Formen des Streits, in denen Kontroversen um die Wahrheit mit Respekt vor dem anderen und ohne Gewalt ausgetragen werden. Solche Formen des Streits lassen sich sogar als eine Kultur der Befriedung bezeichnen.

Die zentrale Stellung der Sprache

Dass Kultur ein Grundnahrungsmittel ist, kann man sich am leichtesten am Beispiel der Sprache und des Spracherwerbs klarmachen. Die Sprache unterscheidet den Menschen vom Tier; der Übergang zur Sprache ist zugleich die entscheidende Voraussetzung dafür, dass Menschen zu kooperativem und kommunikativem Handeln imstande sind und von dessen evolutionären Vorteilen Gebrauch machen können. Denn nur durch sprachliche Verständigung können Menschen sich auf Abwesendes beziehen und es in der Verständigung über gemeinsame Ziele berücksichtigen. Sprache ist die Voraussetzung dafür, dass Menschen Intentionen aufeinander abstimmen und Beziehungen untereinander eingehen können (vgl. Tomasello 2009; Habermas 2009).

Zwar ist die Behauptung des prominenten Linguisten Noam Chomsky, in jedem Menschen sei eine universale Grammatik angelegt, noch immer umstritten. Eindeutig ist aber, dass wichtige Voraussetzungen für den Spracherwerb in der Entwicklung des einzelnen Menschen sehr früh, nämlich bereits vor der Geburt, angelegt werden. Kinder können die Sprache ihrer Mutter früh erkennen und zwischen Muttersprache und Fremdsprache differenzieren. Darin aber liegt nicht nur eine entscheidende Voraussetzung für den Spracherwerb als solchen. Vielmehr entsteht auf diese Weise auch die Möglichkeit zur Mehrsprachigkeit, denn sie setzt die Fähigkeit voraus, verschiedene Sprachen voneinander zu unterscheiden.

Die wichtigsten Weichenstellungen für den Spracherwerb erfolgen in den ersten drei Lebensjahren; diese Jahre haben deshalb für die Bildungsbiographie eines Menschen und seine Möglichkeit zur kulturellen Teilhabe eine wesentliche Bedeutung. Familiäre Anregungen in dieser frühen Lebensphase haben starke Auswirkungen auf spätere Bildungsmöglichkeiten; ihr Fehlen lässt sich am ehesten durch die Elementarbildung in Kindertageseinrichtungen ausgleichen. Zwei ethische Folgerungen liegen auf der Hand: Eltern sollten ihren Kindern durch die Art ihrer Zuwendung den Weltzugang durch Sprache so leicht wie möglich machen. Die Bildungsinstitutionen aber haben die Aufgabe, die unterschiedlichen Ausgangsbedingungen der Kinder so weit wie möglich auszugleichen, Kinder aus bildungsfernen Familien besonders zu fördern und Befähigungsgerechtigkeit als Maßstab allen pädagogischen Handelns anzuerkennen.

Spiel als Kulturphänomen

Die Feststellung, dass der Mensch ein kulturelles Wesen ist, schließt die These vom *homo ludens*, vom spielenden Menschen, ein. Der niederländische Historiker Johan Huizinga hat diese These an reichem Material aus den verschiedensten Lebensbereichen entfaltet. Als Spiel versteht er dabei «eine freiwillige Handlung oder Beschäftigung, die innerhalb gewisser festgesetzter Grenzen von Zeit und Raum nach freiwillig angenommenen, aber unbedingt bindenden Regeln verrichtet wird, ihr Ziel in sich selber hat und begleitet wird von einem Gefühl der Spannung und Freude und einem Bewusstsein des ‹Andersseins› als das ‹gewöhnliche Leben›» (Huizinga 1939: 37). Gewiss sind beim Spielen des Kindes nicht alle von Huizinga genannten Bedingungen erfüllt: Die Unterscheidung vom «gewöhnlichen Leben» ist anfänglich nicht ausgeprägt; die «festgesetzten Grenzen von Zeit und Raum» sind ebenso wenig bewusst wie die «unbedingt bindenden Regeln». Entwickelte Formen des Spielens sind zwar in ihrem außeralltäglichen Charakter, ihrer Bindung an Zeit und Raum sowie in der Geltung fester Regeln näher an Huizingas Definition. Allerdings tritt nun unter Umständen die Selbstzwecklichkeit zurück. Das ist überall dort der Fall, wo das Spiel sich als Wettkampf gestaltet und das Ziel zu siegen sich über den zweckfreien Charakter des Spiels legt. Noch stärker wird der Bezug auf einen bestimmten Zweck, wenn der Wettkampf öffentlich stattfindet und bestimmten wirtschaftlichen Absichten dient. Dennoch gibt es ein Kontinuum zwischen dem Spiel des Kindes und dem Endspiel einer Fußballmeisterschaft (vgl. Rauff 2005; Bredekamp 2007). Spiel und Sport zählen gerade insofern zur Kultur, als diese es nicht nur mit der Sphäre des Geistes in einem abgesonderten Sinn zu tun hat, sondern die Leiblichkeit des Menschen einbezieht.

Sport: Kult oder Kultur?

Spiel und Sport als Teile der Kultur sind allerdings besonderen Gefährdungen ausgesetzt. Das zeitvergessene und fantasiegeleitete Spielen des Kindes droht durch die Allgegenwart der Medien überlagert zu werden (vgl. Kapitel 10). Sport als bewusstes und selbst gewähltes Bewegungshandeln wird kommerzialisiert. Teile des Spitzensports werden in die Unterhaltungsindustrie integriert, und deren Maßstäbe entscheiden dann auch über Wohl und Wehe einzelner Sportler, ihrer Trainer und der Funktionäre.

Der Sport ist auf eine umfassende Erfahrung menschlichen Lebens gerichtet. Das zeigt sich an seiner naturalen, personalen und sozialen Dimension. In naturaler Hinsicht ist er Bewegung in Raum und Zeit, bei der Menschen dem eigenen Körper begegnen; in Gesundheit und körperlicher Unversehrtheit hat er einen wichtigen Maßstab und ein wichtiges Ziel. In personaler Hinsicht ist der Sport ein Ausdruck menschlicher Kreativität und Gestaltungskraft: In ihm erfährt der Mensch sich selbst in der Einheit von Körper, Seele und Geist. Dadurch kommt im Sport die persönliche Würde des Menschen zum Ausdruck. In sozialer Hinsicht verschränken sich im Sport Zusammenspiel und Wettkampf, Kooperation und Konkurrenz.

Doch die kulturelle Gestalt des Sports, die sich in diesen drei Dimensionen zeigt, kann zum Kult im negativen Sinn des Wortes werden. So kann die naturale Dimension des Sports sich in einen *Kult des Körpers* steigern. Größtmögliche körperliche Leistungsfähigkeit gilt dann als oberstes Ziel. Wie sich am Beispiel des Doping und des gesundheitsgefährdenden Leistungssports vor allem in Kindheit und Jugend zeigt, kann das zur dauerhaften Schädigung des eigenen Körpers führen. Die personale Dimension des Sports kann sich in einen *Kult des Siegens* verwandeln; dann zählt nur noch die Überlegenheit über den andern, und es kommt zur Abwertung des Verlierers. Die soziale Dimension des Sports schließlich kann in einen *Kult der Gewalt* umschlagen. Sie zeigt sich nicht nur in Gewalt gegen den eigenen Körper, sondern auch in Angriffen auf die körperliche Integrität des Gegners oder in gewaltsamen Auseinandersetzungen zwischen Sportfans (Huber 1999).

Durch die immer weiter fortschreitende Kommerzialisierung verschärfen sich die ethischen Grundsatzfragen für den organisierten Sport. Fairness, Gewalt und gruppenbezogene Menschenfeindlichkeit sind die drei wichtigsten ethischen Herausforderungen.

Die ethische Bedeutung des Sports besteht vor allem in der Einübung und Befolgung des *Fairness-Prinzips*. Die Grundsätze des Fair Play sowie die geschriebenen und ungeschriebenen Regeln des Sports tragen dazu bei, dass Rivalen sich von Gleich zu Gleich begegnen und keiner einen unlauteren Vorteil erhält. In diesen Grundsätzen und Regeln drückt sich der Respekt vor der gleichen Freiheit jedes Beteiligten aus. Deshalb gehört es zum Sport, dass Diversität – der Herkunft, des Standes, der Religion, der sexuellen Orientierung und so fort – akzeptiert wird und für die Beurteilung der sportlichen Leistung ohne Bedeutung ist. Fairness in diesem Sinn ist für die Gesellschaft insgesamt wichtig (Rawls 2006; siehe oben S. 82 f.).

Fairness als Respekt vor jedem Beteiligten in seiner gleichen Freiheit setzt voraus, den Anderen wie sich selbst nicht nur unter dem Gesichtspunkt von Leistung und Erfolg zu sehen, sondern in seiner eigenen Würde zu achten. Dieser Respekt kann verhindern, dass die Integrität des Gegners auf dem Altar des Siegeswillens geopfert wird. Fouls, bei denen eine Verletzung des Gegners bewusst in Kauf genommen wird, oder die öffentliche Herabsetzung eines Gegners vertragen sich mit diesem Respekt nicht. Unlautere Mittel, die dazu dienen, sich einen sportlichen Vorteil zu erschleichen, sind mit diesem Fairnessprinzip unvereinbar. Doping verletzt nicht nur den Respekt vor sich selbst, weil es den Charakter einer Selbstschädigung trägt, sondern ebenso vor Anderen, weil es den Wettbewerb verzerrt. Bestechung, Wettbetrug und Korruption unterscheiden sich in ihrer moralischen Qualität nicht von Doping. Wenn die Vergabe von Wettkämpfen mit sachfremden Interessen verbunden oder mit unlauteren Mitteln beeinflusst wird, schadet dies dem Ansehen und der Vorbildwirkung des Sports genauso wie der Einsatz unfairer oder unlauterer Mittel im sportlichen Wettkampf selbst.

Der Respekt vor dem Anderen schließt den respektvollen Umgang mit sich selbst ein. Er kann verhindern, dass sportlicher Ehrgeiz in Selbstgefährdung umschlägt. Gesundheitsschädliche Trainingsformen oder das Auslaugen von Körper, Seele und Geist um des sportlichen Erfolgs willen stehen dazu im Widerspruch. Zu Recht wird in den Respekt als sportethischen Grundwert in neuerer Zeit verstärkt auch der Respekt vor der Umwelt einbezogen; Nachhaltigkeit in der Gestaltung von Sportstätten und in der Art der Sportausübung ist eine der wichtigsten Konsequenzen.

Für die Zukunftschancen der Fairness ist die sportethische Bildung von Trainern und Eltern besonders wichtig. Maßstäbe setzen aber vor allem diejenigen Spitzensportler, die Jugendliche sich zum Vorbild und vielleicht sogar zum Idol wählen. Das Erlebnis, dass Leistungssport auf höchster Ebene in sportlichem Geist und mit fairen Mitteln betrieben werden kann, ist durch nichts zu ersetzen.

Eine massive ethische Gefährdung des Sports ergibt sich aus der Entwicklung der *Fankultur*. Radikale Fans neigen dazu, die Identifikation mit ihrer Mannschaft nicht nur auf dem Sportplatz bis zum Äußersten auszuleben, sondern auch zu einem bestimmenden Moment ihres Alltags zu machen. Dass sie den Spiel-Charakter des sportlichen Wettkampfs ignorieren, zeigt sich gerade daran, dass die Grenze zwischen Sport und Alltag verschwimmt. Damit verbindet sich eine Gefahr, die der indische Nationalökonom und Nobelpreisträger Amartya Sen auf den Begriff der «Identitätsfalle» gebracht hat. Wenn Einzelne oder Gruppen ihre Identität auf ein einziges Identitätsmerkmal reduzieren oder von anderen in ihrer Identität auf dieses eine Merkmal reduziert werden, ist die Eskalation von Konflikten nahezu unvermeidlich (Sen 2007). Dem Sport nützt eine solche Totalidentifikation nicht, ganz im Gegenteil – sie gefährdet ihn insbesondere durch die damit verbundene Gewaltbereitschaft. Der Sport ist auf Menschen angewiesen, die sich noch für anderes interessieren als nur für den Sport. Auch Leistungssportler oder Schiedsrichter können nur dann Vorbilder sein, wenn ihr Horizont über den Sport hinausreicht.

In krassem Gegensatz zum Geist der Fairness stehen menschenfeindliche Abwertungen der gegnerischen Mannschaft und ihrer Fans. Gehässigkeit in Fußballstadien erschöpft sich schon längst nicht mehr in rassistischen und fremdenfeindlichen Parolen. Für den weiteren Zusammenhang, in dem diese Haltungen stehen, hat der Bielefelder Sozialwissenschaftler Wilhelm Heitmeyer den Begriff der «Gruppenbezogenen Menschenfeindlichkeit» geprägt. Im Sport wird diese Menschenfeindlichkeit in einer «Hierarchie der Diskriminierungen» praktiziert (Pilz 2011). Bestimmte Diskriminierungen – vor allem homophober und sexistischer Art – werden hingenommen, weil sie im Männlichkeitskult des Sports als unvermeidbar gelten; gegenüber Rassismus und Fremdenfeindlichkeit wird im Vergleich dazu nachdrücklicher Position bezogen. Der Versuch rechtsextremer Gruppierungen und Parteien, in die Szene von Sportfans einzudringen, knüpft aber keineswegs nur an rassistische und fremdenfeindliche Motive an, sondern ebenso an die weithin akzeptierten homophoben und sexistischen Parolen und Gesänge. Wichtiger noch als eine solche Überlegung ist die Einsicht, dass eine Unterscheidung von Diskriminierten erster und zweiter Klasse in sich selbst diskriminierend ist. Der Sport muss entschlossen für die Unteilbarkeit der Menschenwürde eintreten.

Kunst selbst machen

Als letztes Beispiel für die ethische Relevanz der Kultur soll die Kunst dienen – derjenige Bereich also, der oft unreflektiert mit der Kultur insgesamt gleichgesetzt wird. Literatur und bildende Kunst, Musik und Tanz, Film und Theater tragen in herausgehobener Weise zur Bildung symbolischer Welten bei. Dabei ist zunächst eine wichtige Parallele zum Sport zu bedenken: Ähnlich wie Breitensport und Leistungssport einander gegenüberstehen, sind auch die künstlerischen Aktivitäten von Laien und Experten voneinander zu unterscheiden. So sehr künstlerisches Wirken auf Begabung und Können angewiesen ist, so sehr gilt zugleich, dass es sich nicht auf den Beruf der Künstlerin und des Künstlers beschränken lässt. Begabungen können sich nur zeigen, wenn jeder und jedem die Möglichkeit zur künstlerischen Betätigung gegeben wird. Malen, Musizieren, Theaterspielen oder auch Dichten sind elementare künstlerische Ausdrucksformen, zu denen jeder Mensch einen mehr oder minder ausgeprägten Zugang hat.

Besonders deutlich lässt sich der Wandel des Verhältnisses zur Kunst am Beispiel des Musizierens zeigen. Über lange Zeit galt es als ausgemacht, dass nur Kinder ein Musikinstrument erlernen sollten, die über eine musikalische Begabung verfügten und deren Eltern das Instrument und den Unterricht finanzieren konnten. Die Gegenbewegung gegen eine solche Engführung lässt sich in dem pädagogischen Konzept «Jedem Kind ein Instrument» erkennen. Die in Nordrhein-Westfalen entwickelte Idee besteht darin, in der Grundschulzeit jedem Kind zunächst eine allgemein-musikalische Grundbildung zu vermitteln und ihm dann die Möglichkeit zu eröffnen, sich ein Musikinstrument zu wählen und es in den folgenden drei Grundschuljahren zu erlernen (Grunenberg 2012). Grundschulorchester bilden ein Kernstück dieses Konzepts. Was bislang eher durch die Bedeutung des Singens in Kindergarten und Grundschule vertraut war, wird auf den Umgang mit Musikinstrumenten übertragen. Dadurch wird der Zugang zu kultureller Bildung geebnet; der besondere

Bildungsbeitrag des Musizierens – die Verbindung von Freude und Präzision, das Vertrauen auf die eigenen Fähigkeiten und das Zusammenspiel mit Anderen, die Zusammengehörigkeit von Hören und Ausüben – kann sich so im Primarbereich entfalten. Die Vorstellung, musikalische Bildung sei einer bestimmten Schicht vorbehalten, wird durchbrochen. Am Beispiel der Musik wird erkennbar, dass jedes Kind einen Zugang zu kulturellem Selbstausdruck hat. Für manche wird die Tür dazu geöffnet, dass sie dauerhafte Freude und Durchhaltekraft zum Spielen eines Instruments entwickeln, für alle Kinder erschließt sich der Zugang zum bewussten Hören von Musik. Dies lässt sich auch in weiterführenden Schulen fortsetzen.

Schon der moralische Grundsatz, dass der Zugang zur Kunst grundsätzlich allen offen steht, nötigt dazu, den Unterschied zwischen Populärkultur und Hochkultur nicht zum Gegensatz zu stilisieren. Das ist schon deshalb nicht möglich, weil die Grenze zwischen beiden nicht einfach zu ziehen ist. Es gibt außerordentlich populäre Werke der Hochkultur – Filme oder Bilder, Musikstücke oder Bücher – und solche der Popkultur von großer künstlerischer Kraft und Raffinesse. Nur wenn man den Zusammenhang zwischen beiden aufrechterhält, kann man darauf hoffen, dass Populärkultur bei aller Bindung an den schönen Schein und die Inszenierung des Alltags nicht in Trivialitäten versinkt (vgl. EKD 2002: 38 ff.). Darin liegt eine wichtige Voraussetzung dafür, die Chancen von Populärkultur zu nutzen. Sie präsentiert in einfachen Formen und leicht nachvollziehbaren Inhalten Themen der eigenen Zeit und bietet Ausdrucksformen für ein gegenwärtiges Weltgefühl an. Sie eröffnet dadurch einen Kulturzugang, der von unterschiedlichen Bildungsvoraussetzungen weitgehend unabhängig ist. Sie enthält nicht nur breit gestreute Möglichkeiten der Rezeption, sondern auch der aktiven Beteiligung. Doch über der Würdigung der Populärkultur darf die Förderung anspruchsvollerer künstlerischer Formen nicht zurücktreten.

Vielmehr ist die Förderung von Kultur insgesamt als hochrangige Gemeinschaftsaufgabe anzuerkennen. Um den Eigenwert von Kultur zu erhalten, ist mehr nötig als ihre Betrachtung als Wirtschaftsgut. Zwar ist Kunst stets auch eine Ware; sie soll den Lebensunterhalt derjenigen sichern, die Kunst zu ihrem Beruf gemacht haben. Doch hohe Qualität und Vielfalt lassen sich nicht allein über den Markt sicherstellen. Experimentelle Kunstformen müssen sich entwickeln können, auch wenn es für sie (noch) keinen Markt gibt. Deshalb braucht der Markt, auf dem Kulturgüter und kulturelle Dienstleistungen angeboten werden, eine Ergänzung durch staatliche Kulturpolitik, durch das kulturelle Engagement von Bürgerinnen und Bürgern sowie durch die Kulturverantwortung von Unternehmen. Persönliche, berufliche und institutionelle Verantwortung müssen zusammenwirken, wenn auch in Zukunft kulturelle Vielfalt so gewahrt und weiterentwickelt werden soll, dass Anspruchsvolles und Leichtgängiges in gleicher Weise ihre Chance erhalten (Zimmermann/Schulz 2013).

8. Gewissen
Lässt sich Gewissensfreiheit lernen – und schützen?

Im März 2009 stand ich in Istanbul vor dem Verlagsgebäude der Zeitschrift Agos, die von dem armenischen Journalisten türkischer Staatsangehörigkeit Hrant Dink gegründet worden war. Ich befand mich genau an der Stelle auf dem Gehweg, an der Hrant Dink zwei Jahre zuvor, am 19. Januar 2007, umgebracht worden war.

Schon lange kannte ich das in der Türkei verordnete Schweigen über die Katastrophe, die in den Jahren 1915 bis 1917 durch die von den Jungtürken zu verantwortende Vertreibung und massenhafte Tötung über das armenische Volk hereingebrochen war. Umso mehr bewundere ich Menschen, die damals den Mut hatten und heute den Mut aufbringen, den Massenmord an den Armeniern und anderen christlich geprägten Völkerschaften in der Endzeit des Osmanischen Reiches beim Namen zu nennen. Hrant Dink gehörte zu ihnen.

Als ein von ihm gemeinsam mit seiner Frau Rahel geleitetes armenisches Ferienheim Mitte der achtziger Jahre des 20. Jahrhunderts beschlagnahmt wurde, erfuhr er am eigenen Leib, wie staatliche Repression die Lebensmöglichkeiten christlicher Armenier in der Türkei einschnürte. Ein Jahrzehnt später gründete er die Zeitung Agos, die heikle politische Themen auf Armenisch und Türkisch diskutiert. Dink selbst wurde mehrfach wegen «Verächtlichmachung des Türkentums» angeklagt; unter anderem hatte er seinen Schmerz darüber zum Ausdruck gebracht, dass durch den Völkermord an den Armeniern im Osmanischen Reich ein Volk, das viertausend Jahre auf diesem Boden gelebt hatte, vernichtet worden ist. Wegen der Gerichtsurteile, mit denen er im eigenen Land mundtot gemacht werden sollte, wandte er sich an den Europäischen Gerichtshof für Menschenrechte. Doch bevor dort eine Entscheidung fiel, wurde er vor dem eigenen Redaktionsgebäude ermordet (vgl. Dink 2008).

Gewissensfreiheit als Menschenrecht

Das Schicksal von Hrant Dink zeigt exemplarisch, wie eng Meinungsfreiheit und Glaubensfreiheit miteinander verbunden sind. Für die kleine Minderheit christlicher Armenier suchte er nach einer Lebensmöglichkeit in der Türkei. Seine tiefsten Überzeugungen veranlassten ihn dazu, ein öffentliches Forum für unbequeme Meinungen zu schaffen. Die Freiheit der gelebten Überzeugung und die Freiheit der öffentlich geäußerten Meinung gehören zusammen.

Wo die eine dieser beiden Freiheiten bedroht ist, ist auch die andere in Gefahr. Verbunden sind sie beide in der Freiheit des Gewissens. Wer seinem Gewissen folgt, nimmt die Freiheit des Glaubens in Anspruch. Wer seinem Gewissen folgt, steht für die gewonnene Überzeugung ein und äußert seine Meinung. In der einen wie in der anderen Hinsicht ist er an Gründen interessiert, stellt sich dem Argument, ist offen für bessere Einsicht. Aber er lässt seine Gewissensüberzeugung nicht mit Zwang oder Gewalt brechen.

Die Überzeugung, dass die Freiheit des Gewissens eine unübersteigbare Schranke für die Ausübung politischer Macht darstellt, wurde in der Konfrontation Martin Luthers mit der kaiserlichen Macht auf dem Reichstag in Worms 1521 exemplarisch dokumentiert. Auf die Aufforderung, seine Schriften zu widerrufen, antwortete Luther am zweiten Tag seiner Anhörung vor Kaiser und Reich mit der Unterscheidung zwischen drei Arten von Äußerungen: Seine Predigten und Auslegungen der Bibel für die christliche Gemeinde nannte er als erste Gruppe; sie würden auch von seinen Gegnern nicht beanstandet und seien schriftgemäß. In einer zweiten Gruppe von Schriften nehme er Klagen über die Missstände des römischen Kirchenwesens auf, die in der deutschen Nation weit verbreitet seien. So könne allein die dritte Gruppe von Schriften strittig sein, in denen er die Lehre Christi erörtere. Er sei bereit, diese Schriften zu widerrufen, wenn ihm dafür Gründe der Heiligen Schrift oder der Vernunft aufgezeigt würden. Abschließend stellte Luther wörtlich fest, er sei «uberwunden durch die schriften, so von mir gefurt (das heißt: durch die von ihm zitierten Bibelstellen) und gefangen im gewissen an dem wort gottes, derhalben ich nicht mag noch will widerrufen, weil wider das gewissen zu handeln beschwerlich, unheilsam und ferlich (das heißt: gefährlich) ist. Gott helf mir! Amen.» Luthers Verlagslektoren in Wittenberg, denen die Wormser Rede alsbald zugesandt wurde, spitzten deren Wortlaut sofort in gekonnter Weise zu und gaben dem Schluss die Fassung: «Ich kann nicht anders / hier stehe ich / Gott helfe mir / Amen.» Der protestantische Volksmund veränderte die Reihenfolge dieser knappen Sätze und ließ sie mit dem «Hier stehe ich» beginnen – jenen Worten, die inzwischen sogar auf einer «Luthersocke» zu lesen sind (Schilling 2012: 222 f.).

Luthers Reaktion auf die Aufforderung Kaiser Karls V. enthielt bereits Hinweise darauf, dass mit ihr auch das Verständnis des Gewissens eine entscheidende Wendung nahm. Das zeigt sich auch schon in einer kurz vor der Reise nach Worms gehaltenen Predigt, in der Luther drei Dimensionen des Gewissens voneinander unterscheidet (Luther 1521; vgl. Kittsteiner 1995: 195 ff.). Den äußersten Kreis bilden die Pflichten, die aus sozialem Zwang befolgt werden und auf ihre Weise entlastend, aber auch belastend wirken können; den mittleren Kreis bilden die ethischen Haltungen wie Friedfertigkeit, Geduld und Treue, in denen sich die «rechte Straße» menschlichen Lebens und Handelns zeigt. Doch jeder Mensch weiß, dass er mit der Erwartung, dass er all das aus innerem Antrieb tut, überfordert ist; er spürt, dass er diese «rechte Straße» nicht aus eigener Kraft gehen kann, sondern ganz und gar auf die erneuernde Kraft der göttlichen Gnade angewiesen ist. Diese Erfahrung des Neubeginns aus Gottes Gnade ist der innerste Kreis des Gewissens; in ihm zeigt sich nach dem rituellen und dem ethischen dessen theologischer Sinn.

Diesen dreifachen Sinn des Gewissens muss man vor Augen haben, wenn man den Nachdruck verstehen will, mit dem Luther sich vor Kaiser und Reich auf sein Gewissen beruft. Luther rückt den theologischen Sinn des Gewissens in den Vordergrund und spricht pointiert von einem «in Gottes Wort gebundenen Gewissen». Er versteht das Gewissen nicht als Substanz, sondern als Beziehung. Das Gewissen hat in diesem Verständnis also sowohl einen personalen als auch einen relationalen Charakter (Ebeling/Koch 1984: 3 f.).

In Luthers Auseinandersetzung mit den politischen Autoritäten seiner Zeit und in deren weltgeschichtlichen Folgen gründet der neuzeitliche

Kampf um die Anerkennung der Gewissensfreiheit und mit ihr um die Gewährleistung der Meinungs- wie der Glaubensfreiheit. Weil hier ein besonderer Kern des neuzeitlichen Menschenrechtsgedankens liegt, entwickeln sich die Menschenrechte in der Neuzeit vor allem als Grenzziehungen für die Ausübung legitimer staatlicher Gewalt. Meinungsfreiheit und Glaubensfreiheit sind besonders markante und zugleich besonders sensible Maßstäbe dafür, ob die Gewalt, über die der Staat ein Monopol hat, der Herrschaft des Rechts unterworfen ist. Die Menschenrechte bilden das entscheidende Instrument dafür, die Vorordnung des Rechts vor die Gewalt zu sichern. Doch die Verletzung der Menschenrechte ist nach wie vor allgegenwärtig. Einschränkungen der Glaubens- und Meinungsfreiheit sind globale Erscheinungen. Global wird aber auch die Anerkennung der Menschenrechte gefordert. Für sie werden freilich in den verschiedenen religiösen, kulturellen und politischen Traditionen unterschiedliche Begründungen gegeben.

Die Gewissensfreiheit gehört in den Kernbereich des neuzeitlichen Menschenrechtsdenkens. Das Gewissen gilt in der philosophischen und theologischen Tradition zugleich als die entscheidende Instanz des moralischen Urteils. Doch was bedeutet es, ein Gewissen zu haben?

Was ist mit dem Gewissen gemeint?

Das deutsche Wort «Gewissen» ist aus der Übersetzung eines griechischen beziehungsweise lateinischen Worts *(syneidesis, conscientia)* entstanden, das «Mitwissen» bedeutet. Beim frühesten Aufkommen dieses Wortes ist zunächst das Mitwissen mit dem Handeln anderer, dann aber schon bald das «Mitwissen mit sich selbst» im Blick. Dieses begleitet den Menschen in seiner Lebensführung; sie trägt dadurch einen reflexiven Charakter. Das Gewissen wird als die Instanz verstanden, in der die Rechenschaftspflicht des Menschen für sein Leben verankert ist. Eine letzte Rechenschaft des Menschen ist aber nur schwer allein sich selbst gegenüber denkbar. Auf die eine oder andere Weise ist dafür vielmehr eine dem Menschen gegenüberstehende und zugleich unbedingte Autorität vorausgesetzt. Im Gewissen meldet sich die menschliche Verantwortung vor Gott; es wird als «subjektives Prinzip einer vor Gott seiner Taten wegen zu leistenden Verantwortung» gedacht (Kant 1797/1798: A101 f.).

Von «größtem geistesgeschichtlichem Einfluss» ist die Aufnahme des Gewissensbegriffs durch den Apostel Paulus (Reiner 1974: 579). Er geht davon aus, dass jeder Mensch einen Sinn für die sittliche Bedeutung seines Handelns hat; auch den Heiden ist der Inhalt des göttlichen Gebots «ins Herz geschrieben» (Römer 2,14 f.). Diese Äußerung wurde zu einem der wichtigsten Bezugspunkte für die Vorstellung, dass dem Gewissen ein naturrechtlicher Inhalt eignet, ein Inhalt also, der dem Menschen kraft seiner Natur mitgegeben ist. Das führt in der späteren Entwicklung des Begriffs zur Vorstellung eines «moralischen Urwissens», das durch die menschliche Sünde nicht zerstört ist; dieses Urwissen wird von dem konkreten, auf den Einzelfall bezogenen Gewissensurteil unterschieden (Reuter, Gewissen 2012: 292). Das praktische Gewissensurteil ist irrtumsanfällig. Sein Verhältnis zu allgemein verbindlichen Maßstäben muss immer wieder neu ausbalanciert werden. Das individuelle Gewissen verdient zwar auch dann Respekt und Schutz, wenn andere es als fehlgeleitet betrachten, doch zur Bindung an das Urteil des eigenen Gewissens gehört die Bereitschaft zur kritischen Selbstprüfung.

Paulus, auf den der entscheidende Anstoß zur Verankerung der Gewissensthematik im christlichen Denken zurückgeht, thematisiert bereits Situationen, in denen die Beteiligten aus Gewissensgründen zu einander widerstreitenden Entscheidungen kommen. Bei der Frage, ob Christen Fleisch essen dürfen, zu dem sie durch den heidnischen Opferkult Zugang haben, sollen die «Starken», die meinen, dem Reinen sei alles rein, auf die «Schwachen» Rücksicht nehmen, die darin eine indirekte Beteiligung an der Verehrung heidnischer Gottheiten sehen (1. Korinther 8). Auch wenn man in einem solchen Konflikt das Gewissen des Andern als «schwach» oder gar irrend beurteilt, hat man dessen Gewissensbindung ernst zu nehmen und nach einer gewissensschonenden Lösung zu suchen. Paulus orientiert sich dabei an dem Leitgedanken des befreiten und dadurch zur Liebe befähigten Gewissens: «Alles ist erlaubt, aber nicht alles dient zum Guten. Alles ist erlaubt, aber nicht alles baut auf. Niemand suche das Seine, sondern was dem andern dient.» (1. Korinther 10,23 f.)

Die Vorstellung von einem befreiten Gewissen wurde allerdings in der späterer Entwicklung nicht durchweg beibehalten. Vielmehr trat ein autoritärer Typus des Gewissens auf, der an der Befolgung kirchlicher Vorschriften orientiert war; der Gehorsam gegenüber Gott wurde mit dem Gehorsam gegenüber den kirchlichen Autoritäten gleichgesetzt. Man hat diesen Typus des Gewissens als «folgsames Gewissen» bezeichnet (vgl. Reiner 1974: 580; Kittsteiner 1995: 22). Die Gewissenskritik späterer Jahrhunderte orientiert sich weithin an diesem Gewissenstypus; auch noch Friedrich Nietzsches Kritik an dem schlechten Gewissen, in dem sich ein menschlicher Grausamkeitsinstinkt gegen sich selbst wendet, oder Sigmund Freuds Kritik am Gewissen als internalisiertem Über-Ich ist durch dieses Muster der Autoritätskritik geprägt.

Davon unterscheidet sich eine Linie in der Entwicklung des Gewissensverständnisses, in der das «Mitwissen mit sich selbst» im Sinne des aus eigenen Gründen als richtig Erkannten verstanden wird. Der Gedanke einer letzten Rechenschaftspflicht vor Gott unterstreicht den Verpflichtungscharakter und hebt die Freiheit nicht auf, in der das erkannt wird, was den Einzelnen im Gewissen bindet. Solche Erkenntnis setzt Freiheit von der Schuld voraus. Für Martin Luther ist die Bitte um Vergebung der Schuld deshalb für das Verständnis des Gewissens von entscheidender Bedeutung. In dieser Bitte holt sich das von Unfrieden geplagte Gewissen Trost; es wird «wieder aufgerichtet». Aus einem geknechteten wird ein freies und fröhliches Gewissen (Luther 1529: 106 f.). Der Begriff des «befreiten Gewissens» wird in diesem Zusammenhang von Luther neu erschlossen. Man kann den Gewissenstypus, der sich aus diesen Anstößen entwickelt, als «mündiges Gewissen» bezeichnen.

Die Bereitschaft, Gewissensfragen zu reflektieren, zu ihnen verantwortliche Entscheidungen zu treffen und zu diesen Entscheidungen zu stehen, zeichnet das «mündige Gewissen» aus. In ihm prägt sich ein «Mitwissen mit sich selbst» aus, das von Freiheit bestimmt ist und zur Verantwortung befähigt. Es ist nicht von der Vorstellung beherrscht, auf alle Fragen eigene Antworten finden zu müssen, denn die Frage nach dem, was für alle gilt, erfordert nicht originelle, sondern richtige Antworten. Auch wenn es um die Gestaltung des persönlichen Lebens geht, muss jeder berücksichtigen, welche Auswirkungen die selbst gewählte Lebensform für andere haben kann. Aus solchen Gründen ist der Begriff des «mündigen Gewissens» für unseren Zusammenhang aussagekräftiger als derjenige des «autonomen Gewissens».

Elemente des Gewissens: Urteilsfähigkeit und Verbindlichkeit

Man kann zwei Seiten des Gewissens unterscheiden: Zum einen handelt es sich um die *Fähigkeit*, Handlungsziele und Handlungsweisen unter sittlichen Gesichtspunkten als richtig oder falsch beziehungsweise als gut oder schlecht zu beurteilen und demgemäß ein «gutes» oder ein «schlechtes Gewissen» zu haben. Zum andern äußert sich das Gewissen als die *Erfahrung* einer inneren Verbindlichkeit, etwas zu tun oder zu unterlassen (vgl. Hilpert 2006: 621).

Die Fähigkeit zum Gewissensurteil wird unterschiedlich gedeutet: als die Präsenz einer göttlichen Instanz im Menschen, als eine mit der Natur des Menschen gegebene Fähigkeit, Richtiges und Falsches beziehungsweise Gutes und Schlechtes voneinander zu unterscheiden, als ein mit der Sozialisation des Menschen sich ausbildender Kanon von Urteilsschemata, als ein verinnerlichtes Über-Ich, das sich in der Reaktion auf die erzieherischen Autoritäten der Umwelt gebildet hat. Diese vier vorrangigen Deutungen des Gewissens schließen einander nicht zwingend aus. Mit dem Gedanken, dass sich im Gewissen die Gottoffenheit des Menschen manifestiert, lässt sich die Einsicht durchaus verbinden, dass das Gewissen sich im Lauf der menschlichen Lebensgeschichte bildet. Auch das Vertrauen darauf, dass der Mensch in seinem Gewissen «richtig» und «falsch» sowie «gut» und «schlecht» voneinander unterscheiden kann, hängt nicht an der Voraussetzung, dass damit zeitlose Werturteile von naturrechtlicher Qualität gemeint sind. Dass sich im Gewissen unbewusste, heteronome Bindungen auswirken können, schließt nicht aus, dass auch solche Bindungen bearbeitet und auf diese Weise in bewusste Lebenshaltungen überführt werden können.

Die Berufung auf das Gewissen enthält keine Garantie für die Angemessenheit der Entscheidung, für die man das Gewissen in Anspruch nimmt. Deshalb müssen Gewissensentscheidungen überprüft werden und sie können sich auch ändern. Aber zum Gewissen gehört die Erfahrung einer inneren Verbindlichkeit; sie verleiht Gewissenskonflikten ihre besondere Dramatik. Das gilt nicht nur bei Konflikten zwischen den Gewissensüberzeugungen verschiedener Menschen, sondern auch beim inneren Zwiespalt zwischen zwei Entscheidungsrichtungen, für die jeweils starke Emotionen oder Vernunftgründe sprechen. Oft werden diese

Konflikte als Zwiespalt zwischen Pflicht und Neigung beschrieben, aber das ist nur eine ihrer Formen. Oft zeigen sie sich auch in der Spannung zwischen Eigennutz und Empathie, zwischen persönlichem Vorteil und Gemeinwohl. Das ist das Material der Alltagskonflikte, in denen die Fähigkeit zu gewissenhaften Entscheidungen besonders wichtig ist. Häufiger als in «Gewissensentscheidungen» zeigt sich die Bedeutung des Gewissens darin, ob Menschen zu «gewissenhaften Entscheidungen» imstande sind (Löwe, in: Ebeling/Koch 1984: 1).

Gewissenhaftigkeit sowie die Fähigkeit zur Lösung von Gewissenskonflikten entstehen durch Gewissenserziehung und Gewissensbildung. Dafür sind die Prägungen in Kindheit und Jugend von großer Bedeutung. Aber die Frage nach dem Gewissen begleitet uns ein Leben lang.

Wie entsteht Gewissen?

Gewissensbindung setzt Gewissensbildung voraus. Von der Freiheit des Gewissens kann nur Gebrauch machen, wer sich seines Gewissens bewusst ist. Verbreitet ist die Vorstellung, wer sich auf das Gewissen berufe, brauche keine weiteren Gründe mehr geltend zu machen. Doch das Gewissen umfasst, wie wir sahen, zwei Komponenten: Neben der Erfahrung der Verbindlichkeit steht die Fähigkeit, etwas als richtig oder falsch beziehungsweise als gut oder schlecht zu erkennen und dafür Gründe zu haben. Das Gewissen ist zwar persönlich, aber es ist zugleich offen für den Diskurs.

Der Zugang zur Frage der Gewissensbildung war über lange Zeit dadurch verstellt, dass das Gewissen als eine naturgegebene Anlage im Menschen angesehen wurde. Davon war die Gewissenspraxis in den christlichen Kirchen geprägt, die um Beichte und Buße konzentriert war. Sie ging davon aus, dass der Mensch gegen das Gebot Gottes verstieß und deshalb ein «schlechtes» Gewissen hatte. Der Verstoß musste aufgedeckt, Reue geweckt, Absolution zugesprochen werden. Eine andere Frage stellte sich im Blick auf Abweichungen von der kirchlichen Lehre. An ihnen zeigte sich, dass das Gewissen sich im Irrtum befinden kann. Mittelalterliche Kirchenlehrer wie Thomas von Aquin waren davon überzeugt, dass auch das schuldlos irrende Gewissen zu respektieren sei (vgl. Pfürtner 1988: 161 ff.). Doch das änderte nichts daran, dass

Häretiker und ihre Bücher auf Scheiterhaufen enden konnten (Fuld 2012).

Erst im 20. Jahrhundert setzte sich der Gedanke weithin durch, dass das Gewissen sich im Lauf der menschlichen Entwicklung formt. Die entsprechenden Theorien (insbesondere von Erik Erikson, Jean Piaget und Lawrence Kohlberg) waren an der Autonomie des Gewissens, der Ich-Identität und der Verpflichtung auf universalistische Prinzipien orientiert (vgl. Flammer 2009: 93 ff., 129 ff., 171 ff.). Weil dies als Kennzeichen eines erwachsenen Moralbewusstseins galt, ergab sich der Umkehrschluss, dass beim Kind ein solches Moralbewusstsein noch fehle. Daraus leitete beispielsweise Lawrence Kohlberg ab, das frühkindliche Moralverständnis sei rein instrumentell: Regeln würden befolgt, um Strafen zu vermeiden. Doch genauere Beobachtung zeigt, dass schon kleine Kinder helfen, teilen oder trösten. Ihre Zuwendung zu anderen ist keineswegs von der Angst vor Strafe bestimmt. Sie lernen durch die Kommunikation mit ihren Bezugspersonen auch schon früh den Unterschied zwischen moralischen Regeln, bei denen Erwachsene auf strikter Einhaltung beharren, sozialen Regeln, die von einem bestimmten Kontext abhängen, und bloßen Konventionen, die für Veränderungen offen sind (Nunner-Winkler 1998: 120). Solche Beobachtungen haben dazu Anlass gegeben, die Idee einer ursprünglichen Gewissensanlage mit dem Gedanken der Gewissensbildung zu verbinden (Mokrosch 1998). Kinder entwickeln früh ein sensibles Gewissen, aber sie lernen erst im Lauf der Zeit, dieses Gewissen als verpflichtende Motivation für eigenes Verhalten anzuerkennen und dabei moralische Prinzipien und ethische Überzeugungen auf komplexe Sachverhalte anzuwenden. Auf diese Weise zeigen sich im Prozess der Gewissensbildung die beiden Grundelemente, auf die wir schon aufmerksam wurden: die Verbindlichkeit des Gewissens und die Fähigkeit zum gewissenhaften Urteilen und Handeln. Neben die Urteilsfähigkeit in Fragen des Richtigen und des Guten sowie die Bereitschaft, moralische und ethische Verbindlichkeiten im eigenen Verhalten anzuerkennen, tritt als drittes Element der Gewissensbildung schließlich der Respekt für die Gewissensbindung und die handlungsleitenden Prinzipien anderer.

Zur Gewissensbildung gehört die Befähigung zum selbständigen Urteil in moralischen und ethischen Fragen. Moralische Fragen, so sahen wir, haben es mit dem zu tun, was alle angeht; sie werden danach entschieden, ob etwas «richtig» oder «falsch» ist. Ethische Fragen haben es mit dem zu tun, wie der Einzelne sein Leben führen will; sie werden danach entschieden, ob etwas «gut» oder «schlecht» ist.

Nicht alle Fragen sind von moralischer Natur; neben richtigen und falschen Handlungen gibt es solche, die moralisch indifferent sind. Nicht bei allen Fragen ist abzusehen, welche Bedeutung ihnen für die persönliche Lebensführung zukommt. In vielen Fällen wird es nicht möglich sein, eindeutig zwischen «gut» und «schlecht» zu unterscheiden. Oft kommt man über vorrangige Optionen nicht hinaus; man hat dann zwischen Besserem und weniger Gutem, manchmal sogar zwischen Schlechtem und weniger Schlechtem zu wählen. Zur Gewissensbildung gehört deshalb nicht nur die Fähigkeit, in klaren Situationen klar entscheiden zu können; sie schließt auch die Bereitschaft dazu ein, in moralisch indifferenten Fragen Freiheit zu gewähren und gerade bei ethisch unklaren Fragen auf den Rat anderer zu achten. Aber auch gefestigte Gewissensüberzeugungen sind der Überprüfung zugänglich. Einem andern im Blick auf solche Überzeugungen Gegenargumente zu bedenken zu geben, zeugt nicht von einer Geringschätzung seiner Gewissensentscheidung, sondern ist ein Angebot zu deren Überprüfung (Härle 2000: 905).

Gewissensbildung vollzieht sich sowohl im Bereich der primären Sozialisation in der Familie oder in kleinen Netzwerken als auch im Bereich der sekundären Sozialisation, vor allem in Kindertageseinrichtungen und Schulen. Wer im einen oder anderen Bereich an Erziehung beteiligt ist, muss wissen, von welchem Bild der menschlichen Person und ihres Gewissens er sich leiten lässt, denn in den unterschiedlichen Erziehungsstilen spiegeln sich unterschiedliche Vorstellungen davon, was das Gewissen ist und wie Gewissensbildung zu erfolgen hat.

Ein autoritärer Erziehungsstil orientiert sich bewusst oder unbewusst am «folgsamen Gewissen»; er bahnt damit gerade nicht einem reflexiven «Mitwissen mit sich selbst» die Bahn. Ein dialogischer Erziehungsstil orientiert sich am «mündigen Gewissen»; er bezieht die Achtung vor der sich entwickelnden Eigenständigkeit der Person schon auf frühen Stufen der Entwicklung in sein Erziehungsverhalten ein. Wer das versucht, hat zugleich rechtzeitig und klar Grenzen zu setzen; denn wer aus Gründen eines «antiautoritären» Erziehungsstils auf klare Regeln für Tun oder Unterlassen verzichtet, entzieht einem wichtigen Element in der Ausbildung des Gewissens den Boden, nämlich der Erfahrung von Verbindlichkeit. Sie aber ist neben der Ausbildung von Urteilsfähigkeit das zweite, gleich wichtige Element im Gewissen.

Schließlich gehört der Respekt vor der Gewissensbindung anderer zur Gewissensbildung. Schon Kinder und Jugendliche sind unter pluralistischen Bedingungen mit der Verschiedenheit von Verhaltensweisen, Lebensformen und Überzeugungen konfrontiert. Auf ihre Weise müssen sie bereits aushandeln, in welchen Fragen gleiche Verhaltensstandards gelten sollen und in welchen Bereichen Verschiedenheiten akzeptiert werden können. Die Unterscheidung zwischen Mein und Dein, das Befolgen von Spielregeln oder die Achtung vor religiösen Überzeugungen und Riten sind frühe Beispiele für die Notwendigkeit wechselseitigen Respekts. Je früher Achtung füreinander geweckt und Toleranz eingeübt wird, desto größer sind die Chancen dafür, dass solche Haltungen sich in der Gesellschaft ausbreiten.

Wie weit reicht die Gewissensfreiheit?

Die Freiheit des Gewissens muss gelernt werden, damit es etwas gibt, was geschützt werden kann. Freilich bildet sich das Gewissen auch unter dem Zwang massiven Unrechts. Zumindest bei Einzelnen meldet es sich, wenn elementare Moralprinzipien verletzt werden. In solchen Situationen besteht die Gewissensfreiheit nicht nur darin, den eigenen Überzeugungen gemäß zu leben, sondern zu ihr gehört auch die Bereitschaft zur Resistenz. Deshalb fragen wir zum Schluss dieses Kapitels, wie weit die Gewissensfreiheit reicht.

Der Schutz dieser Freiheit ist in der deutschen Verfassungsordnung ausdrücklich anerkannt. Damit wird einer ethischen Kategorie grundlegende Bedeutung für das Verfassungsrecht zugesprochen. Im Artikel 4 des Grundgesetzes der Bundesrepublik Deutschland wird die «Freiheit des Gewissens» zusammen mit der «Freiheit des Glaubens» und der «Freiheit des religiösen und weltanschaulichen Bekenntnisses» für «unverletzlich» erklärt. Sie gehören zu den Grundrechten, die insgesamt mit einer «Ewigkeitsgarantie» ausgestattet sind; im Unterschied zu anderen Grundrechten gibt es im Artikel 4 des Grundgesetzes keinen Gesetzesvorbehalt. Die im christlichen Glauben verankerte Hochschätzung der Gewissensfreiheit wird im weltlichen Bereich zur Geltung gebracht. Die

Zusammengehörigkeit von Glaubens- und Gewissensfreiheit wird beachtet, aber die Gewissensfreiheit wird zugleich in ihrer Eigenständigkeit anerkannt (Bethge 2009: 671). Einen eigenständigen Gehalt im Verhältnis zu anderen Grundrechten entfaltet die Gewissensfreiheit am ehesten, wenn es um den Schutz einer konkreten Gewissensentscheidung geht. Eine Gewissensentscheidung ist dadurch geprägt, dass sie die Person eines Menschen insgesamt betrifft. Mit ihr steht deshalb die Identität des Menschen auf dem Spiel.

Vor einer Gewissensentscheidung stehen wir aber nicht nur dann, wenn ein Prinzip übermächtig nach Beachtung verlangt. Vielmehr können widerstreitende Prinzipien miteinander in Konflikt geraten und ein Dilemma hervorrufen, das eine Ausnahme in der einen oder anderen Richtung unvermeidlich macht. Die Ethik kennt dafür berühmte Beispiele: den Ehemann, der ein für seine Frau lebensrettendes Medikament nicht bezahlen kann und vor der Frage steht, es zu stehlen, da der Apotheker es nicht zu einem niedrigeren Preis herausgeben will (Lawrence Kohlberg), oder den Mann, der einem von einem Mörder bedrohten Freund Zuflucht gewährt und entscheiden muss, ob er dem Verfolger auf dessen Frage die wahrheitsgemäße Auskunft gibt (Immanuel Kant). Auch der Konflikt des Kriegsdienstverweigerers entsteht daraus, dass zwei Prinzipien gegeneinander stehen: eine allgemeine Rechtspflicht und eine persönliche Gewissenspflicht. In diesem Fall eröffnet die Rechtsordnung einen gewissensschonenden Ausweg, nämlich die individuelle Befreiung von einer für alle geltenden Pflicht (Art. 4, 3 GG: «Niemand darf gegen sein Gewissen zum Kriegsdienst mit der Waffe gezwungen werden.»).

Um vergleichbare Konflikte kann es aber auch in der Wahrnehmung eines politischen Mandats gehen. Ausdrücklich hebt das Grundgesetz deshalb hervor, dass Abgeordnete des Deutschen Bundestags «Vertreter des ganzen Volkes, an Aufträge und Weisungen nicht gebunden und nur ihrem Gewissen unterworfen» sind (Art. 38, 1 GG). Erst recht steht beim Widerstandsrecht die Gewissensfreiheit auf dem Spiel. Die deutsche Verfassung erkennt ein Recht auf Widerstand gegen jeden an, der die verfassungsmäßige Ordnung beseitigen will (Art. 20, 4 GG). Doch neben diesen «großen» Widerstand, in dem um der verfassungsmäßigen Ordnung willen und zur Rettung von Menschenleben eine illegitime Herrschaft beendet werden soll, tritt der «kleine» Widerstand des bürgerlichen Ungehorsams. Bei ihm werden aus gewissensbestimmter Überzeugung gezielt und öffentlich symbolische Regelverletzungen unternommen, um auf eine Änderung konkreter politischer Entscheidungen zu drängen (Reuter 2013: 274 f.). Dabei darf es sich nur um solche Regelverstöße handeln, durch die niemand zu Schaden kommt. Das hebt die Rechtswidrigkeit eines solchen Regelverstoßes nicht auf. Ethisch kommt er deshalb nur für den Ausnahmefall in Frage. Es muss sich um ein Thema von großem Gewicht handeln, auf das zuvor schon auf andere Weise aufmerksam gemacht wurde. Die Gewissensgründe, deretwegen diese Protestform gewählt wird, müssen für viele Menschen einleuchtend sein. Das alles vorausgesetzt, ist im bürgerlichen Ungehorsam eine legitime Inanspruchnahme der Gewissensfreiheit zu sehen. Die Bereitschaft, ihn anzuerkennen, kann als eines der Merkmale einer reifen Demokratie gelten (Huber, Gerechtigkeit 2006: 490 ff.).

Neben der Glaubens- und Religionsfreiheit wird auch die Meinungsfreiheit in den unmittelbaren Zusammenhang der Gewissensfreiheit gerückt (Art. 5 GG). In dem starken Schutz, mit dem sie umgeben ist, spiegeln sich Erfahrungen in der dunkelsten Periode der deutschen Geschichte, in der das freie Wort immer mehr auf kleine Minderheiten beschränkt wurde und auch von ihnen nur noch im Verborgenen geäußert werden konnte. «Wir haben die Künste der Verstellung und der mehrdeutigen Rede gelernt», sagte Dietrich Bonhoeffer, der Theologe und Märtyrer im deutschen Widerstand, über sich und seine Freunde schon Ende 1942 und schloss die Frage an: «Sind wir noch brauchbar?» (Bonhoeffer 1998: 38)

Wer in einem demokratischen Rechtsstaat lebt, muss sich nicht mehr in den «Künsten der Verstellung» üben. Aber auch er steht vor der Frage: «Sind wir noch brauchbar?» In einer Mediengesellschaft sind es neue Gründe, die ein mutiges Wort bisweilen als waghalsig erscheinen lassen. Wer unbequeme Meinungen vertritt, muss zwar nicht politische Verfolgung, aber unter Umständen berufliche Nachteile oder öffentlichen Druck befürchten. Die Freiheit des Gewissens ist unter der Herrschaft der Ökonomie, der Definitionsmacht der Medien und der Allgegenwart digitaler Netze auf neuartige Weise gefährdet. Sie muss deshalb auch mit neuem Nachdruck verteidigt werden. Das gilt erst recht, wenn man über die Grenzen des eigenen Landes hinausschaut und wahrnimmt, welchen Pressionen die Freiheit des Gewissens in anderen Regionen der Erde ausgesetzt ist.

Die Meinungsfreiheit setzt eine funktionierende Öffentlichkeit voraus. Das hatte schon Immanuel Kant vor Augen, als er darauf hinwies, «daß diejenige äußere Gewalt, welche die Freiheit, seine Gedanken öffentlich mitzuteilen, den Menschen entreißt, ihnen auch die Freiheit zu denken» nimmt. Denn die Möglichkeit, einander seine Gedanken mitzuteilen, ist eine unerlässliche Bedingung dafür, dass man die Richtigkeit dieser Gedanken kritisch prüfen kann (Kant 1786: A326; vgl. Arendt 1987: 52 f.).

9. Verantwortung
Wie wird man ein Weltbürger?

Einer meiner Patensöhne hat seine Schulzeit nach vielen Jahren in Deutschland mit dem Abitur in Singapur abgeschlossen. Inzwischen ist er mit einer Spanierin verheiratet, hat einige Jahre in den USA gelebt und ist dann mit ihr und den beiden Töchtern nach Singapur zurückgekehrt. Die Familie ist dreisprachig und fühlt sich in drei Kontinenten zu Hause.

Ein anderer Patensohn stammt aus einer deutsch-amerikanischen Familie. Sein sehnlicher Wunsch, ein Schuljahr in den USA zu verbringen, wurde ihm erfüllt; da die Familie sich aber intensiv mit den wachsenden Gegensätzen in der Einen Welt beschäftigt, interessiert er sich auch für Afrika. Er hat mit seinen Eltern einige Monate in Südafrika gelebt; die ganze Familie engagiert sich in einem Hilfsprojekt für Schülerinnen und Schüler in Ruanda.

Aufwachsen in einer vernetzten Welt

Auch wenn diese Beispiele ungewöhnlich sind, zeigen sie Chancen für Heranwachsende, ihr Blickfeld zu weiten. Die Zahl zweisprachiger Kindergärten und Schulen nimmt zu. Die Begegnung mit anderen Kulturen und Religionen beginnt für viele auf den Treppen der Wohnhäuser und Geschäfte, auf Hinterhöfen, Spielplätzen und in Kindertagesstätten. Dass die Menschheit durch ein weltweites Netz – ein *worldwide web* – miteinander verbunden ist, erfahren sie bereits bei den ersten Versuchen, mit dem Computer umzugehen.

Auch mit den großen globalen Herausforderungen sehen sich Kinder und Jugendliche heute konfrontiert. Sie werden in einen globalen Horizont hineingeboren. Die Weltbevölkerung und die Welternährung, die Weltwirtschaft und das Internet, der Klimawandel und der internationale Terrorismus sind ihnen als Themen vertraut. Dass ihre eigene Lebensperspektive durch die Entwicklung der Einen Welt beeinflusst wird, ist für die meisten klar.

Die 16. Shell-Jugendstudie hat nach der Einstellung von Jugendlichen und jungen Erwachsenen im Alter zwischen 12 und 25 Jahren zum Klimawandel gefragt (Albert u. a. 2010: 177 ff.). Der größte Teil der Befragten vertritt eine ökologisch motivierte, kritische Haltung. Die meisten Jugendlichen halten ein bewusstes Umsteuern für notwendig und erklären sich zu Konsequenzen im Energiekonsum und im Mobilitätsverhalten bereit. Doch selbstverständlich und unangefochten sind solche Auffassungen nicht. Technologisch und medial der einen Welt anzugehören, bedeutet nicht zwangsläufig, sich ethisch als Weltbürger zu verstehen. In neuen Formen von Nationalismus und Rassismus zeigt sich vielmehr die Weigerung, den Horizont der eigenen Verantwortung über den unmittelbaren Lebensbereich oder die eigene Nation hinaus auszudehnen.

Ein weltbürgerliches Ethos ist keineswegs selbstverständlich; das Verhältnis zwischen «Nächstenethik» und «Fernstenethik» ist ein kontroverses Thema der Ethik. Es schließt drei vorrangige Teilfragen ein: Zunächst ist zu klären, was wir unter Verantwortung verstehen; sodann ist zu prüfen, ob es einen verbindlichen ethischen Maßstab gibt, durch den die Menschheit im Ganzen zum Bezugsrahmen persönlicher Verantwortung wird. Wird dies bejaht, ist schließlich zu erörtern, ob und wie man solche Verantwortung lernen kann.

Was heißt Verantwortung?

In der neuzeitlichen Moralphilosophie wurde der Begriff der Verantwortung über lange Zeit mit dem Problem des freien Willens verbunden. Im Zentrum steht die Frage, welche Handlungen einer Person zugerechnet werden können, denn nur für diese kann sie zur Verantwortung gezogen werden. Der ethische Begriff der Verantwortung wurde in Analogie zum rechtlichen – genauer: zum strafrechtlichen – Verantwortungsbegriff konstruiert (vgl. Huber, Freiheit 2012: 73 ff.).

Doch es reicht nicht aus, nach der Verantwortung zu fragen, die jemand hat, weil ihm Handlungen zugerechnet werden. Man muss auch nach der Verantwortung fragen, die jemandem zukommt, weil ihm eine bestimmte Zuständigkeit übertragen ist. Bei herausgehobenen Aufgaben wird diese Verantwortung durch einen Amtseid ausdrücklich unterstrichen. Doch in besonderen Konstellationen entsteht eine Verantwortung, die über die jeweilige Zuständigkeit hinausweist.

In der Regel bezieht eine solche Verantwortung ihre Evidenz aus der Begegnung mit anderen Menschen. Der französische Philosoph Emmanuel Levinas erläutert das am Antlitz des Anderen (vgl. Levinas 1992; Levinas 1995; Dabrock u. a. 2004: 133 ff.). Indem ich das Antlitz eines anderen Menschen sehe und mich seinem Blick aussetze, scheint in mir die Verantwortung auf, die mit der Existenz des Anderen gegeben ist. Die Verantwortungsbeziehung zu ihm ist an die Leiblichkeit gebunden, in der Menschen einander begegnen. Zum Anderssein des Anderen gehört seine Einmaligkeit und damit seine Freiheit gegenüber jedem Versuch, ihn in Kategorien einzuordnen.

So faszinierend der Ansatz bei dem Ruf, der von der Existenz des anderen ausgeht, auch ist, so lässt sich Verantwortung doch nicht auf unmittelbare personale Beziehungen beschränken. Der aus Deutschland stammende und nach seiner Emigration in den USA lehrende Philosoph Hans Jonas hat die notwendige Ausweitung des Konzepts der Verantwortung mit den Fortschritten der modernen Technik begründet. Sie hat die Menschen mit einem Zuwachs an Macht versehen, der hinsichtlich seiner möglichen Folgen zutiefst doppelgesichtig ist. Aus ihm ergeben sich neue Möglichkeiten zur Erhaltung und Entfaltung menschlichen Lebens, aber auch zu dessen Vernichtung. Die moderne Technik umfasst die Fähigkeit zur kollektiven nuklearen Selbstzerstörung wie auch zur technologischen Selbstmanipulation der menschlichen Spezies. In der Kernspaltung und der Entschlüsselung des genetischen Codes hat die Menschheit sich zuvor unbekannte Verfügungsmöglichkeiten über ihre eigene Zukunft angeeignet. Deshalb bildet die Verantwortung für die Zukunft des menschlichen Lebens auf der Erde für jeden Menschen einen grundlegenden moralischen Imperativ (Jonas 1979: 36).

Doch wer vermag Subjekt einer solchen Zukunftsverantwortung zu sein (Picht 1969: 318 ff.)? Die Dringlichkeit dieser Frage lässt sich am Beispiel des Klimawandels verdeutlichen. Wenn Maßnahmen zur Begrenzung des globalen Temperaturanstiegs wirksam sein sollen, genügt es nicht, dass Individuen, Gruppen oder Nationalstaaten solche Maßnahmen ergreifen; nötig ist vielmehr, dass die Staatengemeinschaft sich auf eine schnelle Reduzierung der weltweiten Kohlendioxid-Emissionen verständigt. Doch Erwartungen an die politischen Akteure allein reichen nicht aus; vielmehr müssen Gruppen der Zivilgesellschaft sich zu Anwälten einer nachhaltigen Entwicklung machen und dabei selbst mit gutem Beispiel vorangehen. Globale Verantwortung erfordert eine wirksame Kooperation der Staaten und starke zivilgesellschaftliche Vernetzungen über die Grenzen von Nationen und Kontinenten hinweg. Auch die internationale und ökumenische Zusammenarbeit der christlichen Kirchen hat hierin eine wichtige Aufgabe; zu wünschen ist darüber hinaus, dass die Weltreligionen in Fragen, die für die Zukunft der Menschheit von zentraler Bedeutung sind, verstärkt zusammenwirken.

Verantwortung im Sinn von Rechenschaftspflicht bildet von Anfang an ein Thema der christlichen Theologie, denn sie versteht den Menschen – der als Gottes Ebenbild geschaffen ist (vgl. 1. Mose 1,27) – als antwortendes Wesen. Er ist der Gott entsprechende, aber zugleich auch widersprechende Mensch. Zu seiner Freiheit gehört, dass er über sein Leben Rechenschaft abzulegen hat. Dafür steht das göttliche Gericht am Ende der Zeit (vgl. Matthäus 25,31 ff.). Es ist nicht nur eine Zukunftsvision, sondern ragt schon in die jeweilige Gegenwart hinein. Jeder Mensch kann wissen, dass er über sein Leben rechenschaftspflichtig ist und auf die Kraft zum Neuanfang angewiesen bleibt, die in der Sprache des christlichen Glaubens Vergebung und Gnade heißt.

Lange Zeit wurde für diesen Zusammenhang nicht der Begriff der Verantwortung verwendet. Er wurde erst aufgegriffen, nachdem der Soziologe Max Weber Ende des Ersten Weltkriegs Gesinnungsethik und Verantwortungsethik gegenübergestellt hatte (Weber 1994: 79). In der Theologie sprach Dietrich Bonhoeffer als erster programmatisch von einer Ethik der Verantwortung; das geschah in der Zeit seiner Beteiligung an der politischen Verschwörung gegen die NS-Diktatur. Verantwortung verstand er als eine durch den Vollzug des eigenen Lebens gegebene Antwort auf die Anrede des Menschen durch Gott (Bonhoeffer 1992: 253 ff.). Die Struktur des verantwortlichen Lebens sah er durch den Zusammenklang von Freiheit und Bindung, von Selbsttranszendenz und Lebensvollzug geprägt.

In vergleichbarer Weise rückte der amerikanische Theologe H. Richard Niebuhr das «große moderne Symbol» der Verantwortung ins Zentrum seiner ethischen Überlegungen. Er orientierte sich dafür konsequent an dem relationalen Menschenbild der Reformation. Nicht der Mensch als Macher oder als Bürger, sondern der Mensch als Antwortender steht im Zentrum seiner Überlegungen (Niebuhr 1978: 56). Auf dieser Grundlage werden zwei Dimensionen der Verantwortung voneinander unterschieden, die sich als «Verantwortung vor ...» und als «Verantwortung für ...» bezeichnen lassen.

Dabei meint «Verantwortung für ...» nicht nur die Bereitschaft zur Fürsorge für andere, sondern ebenso die Bereitschaft zur Vorsorge für die Zukunft des gemeinsamen Lebens, denn es gehört zu den besonderen Fähigkeiten des Menschen, künftige Entwicklungen in Betracht zu ziehen und unter ihnen zu wählen. Auch im Blick auf die Zukunft handelt der Einzelne im Verhältnis zu sich selbst, zu anderen Menschen und zur ihn umgebenden Welt. Verantwortung zeigt sich als Individualverantwortung, Sozialverantwortung und Umweltverantwortung.

Die «Verantwortung vor ...» verweist auf einen Horizont letzter Rechenschaftspflicht, durch den menschliches Leben überhaupt erst als ein verantwortliches verstanden wird. Als Instanz für diese Rechenschaftspflicht wird entweder ein *forum internum*, nämlich das Gewissen des Einzelnen, oder ein *forum externum*, nämlich Gott, angesehen. Erneut geht es darum, ob ein Mensch die Relationalität seines Lebens im Entscheidenden als Selbstbezüglichkeit oder als Bezogenheit auf ein Anderes seiner selbst versteht.

Die Menschenrechte als Orientierungsrahmen

Die Entwicklung ethischer Weltbilder in der Neuzeit lässt sich als ein Prozess zunehmender Inklusion verstehen. Mit der Eroberung des amerikanischen Kontinents stellte sich die Frage, ob die nach Sprache und Religion völlig unvertrauten Bewohner von ihren neuen Herren als Menschen anzuerkennen seien. Die anthropologische Wende der Renaissance, das relationale Menschenbild der Reformation und die universalistische Völkerrechtslehre katholischer Gelehrter konvergierten in einem Menschenbild, nach dem jeder, der ein Menschenantlitz trägt, auch am

Menschsein teilhat. Geraume Zeit später fand dieser Gedanke in den amerikanischen und französischen Menschenrechtskodifikationen des späten 18. Jahrhunderts einen verbindlichen Ausdruck. Doch noch immer blieb ein langer Weg zu gehen. Thomas Jefferson beispielsweise, ein Vorkämpfer des Menschenrechtsgedankens, vertrat zwar die Ansicht, dass «alle Menschen gleich erschaffen wurden, dass sie von ihrem Schöpfer mit gewissen unveräußerlichen Rechten ausgestattet wurden, worunter sind Leben, Freiheit und das Streben nach Glück» (Lerg 2010: 49 f.); dennoch nahm er für seine persönliche Lebensführung den Dienst von Sklaven in Anspruch.

Sklaverei, Rassismus und Sexismus bildeten die drei epochalen Herausforderungen für die universale Durchsetzung der Vorstellung von der gleichen Würde jedes Menschen. Die Überwindung der Leibeigenschaft, der Abbau von Diskriminierung aus Gründen der Gruppenzugehörigkeit und die Gleichberechtigung von Männern und Frauen waren die großen Weichenstellungen zu einem universalen Verständnis menschlicher Würde. Die Gewaltverbrechen von Hitler-Deutschland gegen das europäische Judentum und andere Gruppen, die stalinistische Vernichtung politischer Gegner, die Apartheid-Politik in Südafrika und die «ethnischen Säuberungen» im zerfallenden Jugoslawien offenbarten auf grauenvolle Weise, dass es trotz der grundsätzlichen Einsicht in den universalen Charakter der Menschenwürde immer wieder zu barbarischen Rückfällen kommen kann. Das Menschenrechtsbewusstsein ist kein sicherer Besitz; um die Anerkennung der gleichen Würde jedes Menschen wird in jeder Generation neu gerungen.

Die tyrannischen Herrschaftsformen des 20. Jahrhunderts, vor allem im Nationalsozialismus und im Stalinismus, gaben den Anstoß zur Anerkennung der Menschenrechte auf der Ebene der Völkergemeinschaft. Auf die Allgemeine Erklärung der Menschenrechte vom 10. Dezember 1948 folgte ein Prozess der rechtlichen Kodifizierung, insbesondere in den beiden Menschenrechtspakten von 1966 sowie in einer Reihe spezieller Menschenrechtskonventionen, beispielsweise zu den Rechten von Frauen, von Kindern oder von Menschen mit Behinderungen. Auf europäischer Ebene traten ihnen die Europäische Menschenrechtskonvention von 1950 sowie die Charta der Grundrechte der Europäischen Union aus dem Jahr 2000 zur Seite. Der Grundrechtskatalog des deutschen Grundgesetzes vom 23. Mai 1949 beginnt mit der Anerkennung der unantastbaren Menschenwürde und nimmt alle in ihm verbürgten Menschen- und Bürgerrechte in ihrem Wesensgehalt ausdrücklich von Verfassungsänderungen aus (sog. «Ewigkeitsgarantie» des Art. 19,2 des Grundgesetzes).

Die Menschenrechte binden in allererster Linie die staatliche Gewalt; sie haben aber auch für das Verhalten der Bürgerinnen und Bürger orientierende Bedeutung. Das wird besonders klar in der Präambel der schweizerischen Verfassung von 1999 ausgedrückt, in der es heißt: «... im Bewusstsein der gemeinsamen Errungenschaften und der Verantwortung gegenüber den künftigen Generationen, gewiss, dass frei nur ist, wer seine Freiheit gebraucht, und dass die Stärke des Volkes sich misst am Wohl der Schwachen ...». Der Respekt vor der gleichen Würde jedes Menschen verpflichtet, wie diese Präambel zeigt, zur besonderen Aufmerksamkeit für Benachteiligte und an den Rand Gedrängte.

Der Ost-West-Konflikt nach dem Zweiten Weltkrieg trug zu einem Nebeneinander von zwei Menschenrechtspakten bei, von denen der eine die bürgerlichen und politischen Rechte umfasst, während der andere soziale, wirtschaftliche und kulturelle Rechte zum Inhalt hat. Diese beiden Menschenrechtskataloge wurden häufig mit einer Unterscheidung zwischen «individuellen» und «kollektiven» Rechten gleichgesetzt. Diese Charakterisierung führt jedoch in die Irre, denn auch im Fall sozialer oder kultureller Rechte ist die individuelle Person als Trägerin dieser Rechte anzusehen. Die beiden Gruppen der bürgerlichen und politischen Rechte einerseits, der sozialen, wirtschaftlichen und kulturellen Rechte andererseits sind durch eine Grundfigur der Menschenrechte miteinander verbunden, die durch die Zusammengehörigkeit von Freiheit, Gleichheit und Teilhabe geprägt ist (vgl. Huber/Tödt 1988: 80 ff.; Huber, Gerechtigkeit 2006: 308 ff.).

Die Unterscheidung zwischen verschiedenen Gruppen von Menschenrechten lässt sich am ehesten dadurch begründen, dass für sie unterschiedliche Formen des Rechtsschutzes zur Verfügung stehen. Grundrechte sind dann am ehesten einklagbar, wenn sie ungerechtfertigte staatliche Eingriffe in die individuelle Freiheit abwehren; Grundrechte, aus denen Ansprüche auf gesellschaftliche Teilhabe und Gleichheit abgeleitet werden, bedürfen dagegen der politischen Umsetzung, ohne in gleicher Weise gerichtlich durchsetzbar zu sein.

Die Verbindlichkeit der Menschenrechte wird auf den Gedanken der Menschenwürde zurückgeführt. Er besagt nach einer berühmten Formulierung Immanuel Kants, dass der Mensch niemals bloß als Mittel zu fremden Zwecken angesehen werden darf, sondern stets als Zweck in sich selbst zu betrachten ist (Kant 1785/1786: BA64 ff.). In der deutschen verfassungsrechtlichen Tradition ist daraus die «Objektformel» abgeleitet worden, nach der es mit der Menschenwürde unvereinbar ist, wenn ein Mensch zum Objekt der Verfügungsansprüche anderer Menschen wird. Hans Joas hat die Anerkennung einer solchen unantastbaren Würde des Menschen aus der Anerkennung der «Sakralität» der Person erklärt, die in den amerikanischen und französischen Rechteerklärungen des späten 18. Jahrhunderts zum ersten Mal einen markanten Ausdruck finde (Joas 2011). Die politische Anerkennung einer unantastbaren Würde jedes Menschen entsteht aus der geschichtlichen Erfahrung verweigerter Rechte. Doch sie stützt sich zugleich auf vernunftgeleitete Begründungen für die gleiche Freiheit jedes Einzelnen. Die Konfrontation mit Taten eines «Naturunrechts» verbindet sich in der Entstehung der Menschenrechte mit dem Nachdenken über den Menschen als das Wesen, das seinen Zweck in sich selbst trägt.

Aus der Verankerung in konkret erlittener Rechtsverweigerung gewinnt der Begriff der Menschenwürde ebenso seine Plausibilität wie aus philosophischem und theologischem Nachdenken. Bei diesem Nachdenken werden unterschiedliche Traditionen fruchtbar gemacht – so die jüdische und christliche Tradition mit ihrer Herleitung der Menschenwürde aus der antwortenden Entsprechung des Menschen zu Gott (der «Gottebenbildlichkeit» des Menschen) oder die Aufklärungstradition mit ihrem Verweis auf die mit der Vernunftnatur des Menschen gegebene Autonomie. Die Pluralität dieser Argumentationen ist von erheblicher Bedeutung, denn der Konsens über die Unantastbarkeit der Menschenwürde setzt den Respekt vor unterschiedlichen Begründungen voraus. Die am Menschenrechtsdiskurs Beteiligten bringen die ihnen selbst wichtigen Begründungen ein, um sie mit anderen Begründungen zu vergleichen.

Die Haltung des Weltbürgertums

Allen Begründungen, die für die Menschenrechte vorgebracht werden, ist gemeinsam, dass die Unantastbarkeit der Menschenwürde sich mit dem Gleichheitsgrundsatz verbindet. Doch so plausibel das auch erscheint, so sehr ist eine Überforderung zu befürchten, wenn man die universale Menschenwürde zum Maßstab individueller Verantwortung macht. Der Einzelne kann zwar die gleiche Würde aller Menschen – auch der Glieder künftiger Generationen – im Grundsatz anerkennen, er kann sich aber nur schwer im persönlichen Verhalten daran orientieren. Die «Fernstenethik», so heißt der Einwand, taugt nicht für die ethische Orientierung des Einzelnen. Eine solche Ethik verleitet eher zu resignativer Zurückhaltung. Aktives Handeln dagegen hat es, um nochmals an Emmanuel Levinas zu erinnern, mit dem Antlitz des Anderen, also mit konkreten menschlichen Schicksalen zu tun.

Doch das Angesicht des Anderen nötigt zugleich zu der Einsicht, die Kwame Anthony Appiah in den schlichten Satz gefasst hat: «Everybody matters.» (Appiah 2007: 174) Auch angesichts des konkreten Nächsten ist es unmöglich, Menschen, auf die es ankommt, von Anderen zu unterscheiden, auf die es nicht ankommt. In einer Haltung des Weltbürgertums ist nicht vorausgesetzt, dass der Einzelne jedem Glied der Menschheit dieselben Gefühle entgegenbringt wie seinen Nächsten oder seinen Nachbarn. Vorausgesetzt ist jedoch die Einsicht, dass kein Mensch gleichgültig ist. Gerade in seiner Verschiedenheit wird der andere als gleich geachtet. Universalität und Differenz sind deshalb die beiden entscheidenden Kennzeichen für eine Haltung des Weltbürgertums (Appiah 2007: 182).

Schon die griechischen Philosophen entwickelten ein klares Bewusstsein dafür, dass der Einzelne nicht nur Bürger seines jeweiligen politischen Gemeinwesens, also seiner *polis*, ist, sondern dass alle Menschen die Erde gemeinsam bewohnen. Die stoische Philosophie stellte deshalb der Beheimatung des Einzelnen in seiner Polis seine Zugehörigkeit zur gesamten Menschheit zur Seite (vgl. Coulmas 1990). Aus diesem philosophischen Ansatz des Kosmopolitismus entsteht die Vorstellung einer weltbürgerlichen Haltung als Teil des individuellen Ethos. In der neuzeitlichen Entwicklung findet eine solche Haltung vor allem in einem über die eigene Nation hinausgehenden Bildungsinteresse seinen Ausdruck. Sie wirkt sich aber auch in der Bereitschaft aus, bisher ausgeschlossene Personengruppen gleichberechtigt in die Gesellschaft zu integrieren.

Jeden einzelnen Menschen wichtig zu nehmen, kann nicht bedeuten, sich von allen Menschheitsproblemen gleichzeitig anrühren zu lassen.

Nicht nur Einzelpersonen, sondern auch menschliche Gemeinschaften – seien es zivilgesellschaftliche Organisationen oder Staaten – können nicht auf alle Herausforderungen einer Zeit zugleich reagieren. Im individuellen wie im kollektiven Handeln müssen vielmehr Prioritäten gesetzt werden. Doch wenn man sich an den Menschenrechten orientiert, darf die vorrangige Aufmerksamkeit, die man bestimmten Personengruppen oder Problemkonstellationen schenkt, nicht durch bloßes Eigeninteresse oder durch gruppenbezogene Vorurteile bestimmt sein. Die besondere Verantwortung für konkrete Einzelpersonen und für bestimmte Gruppen muss sich vielmehr mit dem Respekt vor den gleichen Rechten aller verbinden. Soziale Verantwortung im Nahbereich der eigenen Familie oder des jeweiligen Berufsfelds sollte deshalb auf die eine oder andere Weise für ein weltbürgerliches Engagement offen sein. Der Einsatz in kirchlichen Partnerschaften über Grenzen hinweg, das Eintreten für die Menschenrechte politischer Gefangener bei Amnesty International oder die Beteiligung an politischen Initiativen für eine nachhaltige Entwicklung sind Beispiele dafür. Weltoffenheit ist ein grundlegendes Kennzeichen von Verantwortung (Gerhardt 2012: 515 ff.).

Die Auswirkungen unseres Handelns reichen weiter, als wir uns in der Regel bewusst machen. Der Kauf von Lebensmitteln und Kleidungsstücken verbindet Konsumenten in Europa mit Produzenten in Ländern der Dritten Welt; in den Preisen für diese Waren schlagen sich auch die Lebens- und Arbeitsbedingungen in ihren Herkunftsländern nieder. Heutige Entscheidungen über die Nutzung nicht erneuerbarer Energien oder CO_2-intensiver Verkehrsmittel beeinflussen die Lebensbedingungen künftiger Generationen. Auch die Fernwirkungen des eigenen Handelns sind bei der Abwägung möglicher Alternativen zu berücksichtigen. Deshalb ist es nicht nur grundsätzlich angemessen, sondern auch von erheblicher praktischer Bedeutung, Menschenwürde und Menschenrechte als Bezugsrahmen persönlicher Verantwortung anzuerkennen.

Doch die persönliche Haltung des Weltbürgertums stellt nur eine Form der Verwirklichung des Kosmopolitismus dar. Neben sie tritt die Idee eines organisatorischen Kosmopolitismus, wie sie vor allem in den Entwürfen einer Weltfriedensordnung Gestalt angenommen hat. Die Anerkennung eines Weltbürgerrechts, die republikanische Verfassung der Einzelstaaten sowie eine föderale Organisation der Staatengemeinschaft hat Immanuel Kant als die Grundelemente eines solchen organisatorischen Kosmopolitismus hervorgehoben (Kant 1795). Der Völkerbund nach dem Ersten Weltkrieg sowie die während des Zweiten Weltkriegs vorbereitete Organisation der Vereinten Nationen (UNO) waren zwei groß angelegte Versuche, einem solchen organisatorischen Kosmopolitismus Gestalt zu verleihen.

Neben den individuellen und den politischen Kosmopolitismus tritt die Idee eines zivilgesellschaftlichen Kosmopolitismus (vgl. Conradi 2011). Denn nicht nur Individuen und Staaten können eine weltbürgerliche Haltung repräsentieren. Sie gewinnt vielmehr vor allem in der Praxis gesellschaftlicher Akteure Gestalt. Globale Initiativen, die sich aus der ökumenischen Verbundenheit christlicher Kirchen ergeben, oder zivilgesellschaftliche Initiativen wurden als Beispiele dafür bereits erwähnt.

Die einflussreichsten globalen Akteure sind aber Wirtschaftsunternehmen; deshalb muss ausdrücklich auch über einen wirtschaftlichen Kosmopolitismus gesprochen werden. Dass die wirtschaftlichen Akteure ihr Handeln nicht am größtmöglichen Profit orientieren, sondern sich auf die Anerkennung gleicher Menschenrechte in allen Kontinenten verpflichten und ihr Profitinteresse daran überprüfen, gehört zu den vorrangigen Postulaten einer weltbürgerlichen Ethik. Solche Überlegungen haben inzwischen in die internationale Normungsdebatte Eingang gefunden (vgl. Deutsches Institut für Normung 2011). Weitere öffentliche Debatten und praktische Anstrengungen sind jedoch notwendig, um dies in der praktischen Gestaltung der globalisierten Wirtschaft durchzusetzen.

Verantwortung lernen

Die Entstehung von Werten verdankt sich nicht ausschließlich intellektuellen Klärungen, sondern hat oft mit erlittenem Unrecht und der Hoffnung auf dessen Überwindung zu tun. Auch die Fähigkeit zur Verantwortung entsteht nicht allein durch kognitive Lernprozesse, sondern ist auf Erfahrungen angewiesen. Familien, Jugendgruppen oder Sportvereine sind wichtige Orte, um Verantwortung zu lernen. Ihr Einfluss geht in der Mediengesellschaft zurück. Dadurch gewinnen Kindertageseinrichtungen und Schulen als Orte des Lernens von Verantwortung an Bedeutung; aber auch in der Aus- und Fortbildung für die Vorbereitung auf berufliche Führungsaufgaben kann die Vermittlung der Fähigkeit, Verantwortung zu übernehmen, nicht hoch genug eingeschätzt werden.

«Verantwortung lernen» ist inzwischen ein wichtiger Teil schulischer Curricula. Die Idee geht auf ein pädagogisches Projekt in den USA zurück, das «Service Learning». Eine Phase praktischen sozialen Engagements wird mit angemessener Vorbereitung und sorgfältiger Nacharbeit verbunden. Die unmittelbare Begegnung mit Menschen, die solidarischer Zuwendung bedürfen, wird durch Überlegungen vertieft, die auf dauerhaftes zivilgesellschaftliches Engagement und die Bereitschaft zu politischer Partizipation zielen. Das hat große Bedeutung für eine schulische Bildung, die sich an der Balance von Leistungs- und Lebensorientierung, von nachprüfbarem Wissen und Identitätsbildung, von Kulturtechniken und kultureller Verwurzelung ausrichtet. So können Schulen zur demokratischen Atmosphäre eines Landes beitragen und auf eine Lebensführung vorbereiten, die von der Verantwortung für andere Menschen und das Gelingen des gemeinsamen Lebens geprägt ist.

Verantwortung im Beruf knüpft an die Einübung verantwortlichen Handelns in früheren Lebensphasen an. Für jede berufliche Praxis ist nicht nur Fachkompetenz, sondern auch soziale Kompetenz notwendig. Deshalb ist ethische Bildung im beruflichen Bereich, insbesondere für Führungskräfte, unerlässlich. Auch hier müssen sich kognitive Klärung und unmittelbare Erfahrung miteinander verbinden. Das Projekt «Seitenwechsel» ermöglicht es beispielsweise Führungskräften, für eine begrenzte Zeit in einem sozialen Brennpunkt zu arbeiten und die gesammelten Erfahrungen auszuwerten. Dabei weitet sich der Blick und die Vielfalt menschlicher Lebenssituationen wird erfahrbar.

Obwohl solche Projekte im unmittelbaren sozialen Umfeld ansetzen, stärken sie auch die Fähigkeit zu weltbürgerlichem Engagement. Ihm kommen erst recht Projekte zugute, in denen Menschen sich für kurze oder längere Zeit auf die soziale Wirklichkeit in anderen Regionen oder Kontinenten einstellen. Sie arbeiten dort freiwillig in sozialen Initiativen, sind für kirchliche oder andere Entwicklungsdienste tätig oder stellen ihre berufliche Kompetenz in den Dienst der Ärmsten. «Weltwärts» ist ein sprechender Name für entwicklungspolitische Freiwilligendienste. Weltbürger zu sein, setzt Erfahrung und Verstehen voraus. Denn man kann kein Kosmopolit sein, wenn man die Welt nur verändern will; man muss sie auch verstehen (Appiah 2005: 222).

10. Informationszeitalter
Beherrschen uns die Medien?

Zwei Jahre lang war ich bei Facebook angemeldet, dann schloss ich mein Konto wieder. Zunächst hatte ich mich bei der gelegentlichen Nutzung dieses «sozialen Netzwerks» gefreut, wenn junge Freunde ihren «Beziehungsstatus» mitteilten. Die Freude verging mir, denn seit der Einführung von «Timeline» wird jede derartige Mitteilung auf Dauer festgehalten. Diese «Timeline» wird zu einem unerbittlichen Wächter über die Lebensgeschichte der Einzelnen. Mögliche Folgen sind absehbar: Gespräche über frühere Freundschaften und Beziehungen werden noch in derselben Nacht in der Chronik von Facebook nachgeprüft. Rückwirkende Korrekturen an dem, was aus der eigenen Biographie gespeichert wird, sind ausgeschlossen. Die Verfügungsgewalt über die einmal eingestellten Daten liegt auf Dauer bei dem Internetkonzern. Menschenrechte sind nicht nur ein Bollwerk gegen Eingriffe von Staaten in die Freiheit, sondern auch von mächtigen Konzernen, Facebook eingeschlossen. Jedenfalls sollten sie es sein.

Ich halte eine solche zwangsweise verordnete Beteiligungspflicht nicht für vertretbar, sie ist ein ethisch nicht verantwortbarer Eingriff in das Persönlichkeitsrecht der Beteiligten. Viele akzeptieren ihn, weil ihr Interesse, sich mit anderen zu vernetzen, stärker ist als ihre Bereitschaft zum Protest. Dennoch muss man das Verhalten von Facebook mit einem für das persönliche Miteinander gängigen Ausdruck als «übergriffig» bezeichnen. Sogar wer sich abmeldet, erhält die Verfügungsgewalt über die gespeicherten Daten nicht zurück.

Entspricht das Ausscheiden aus Facebook den Standards einer Internet-Ethik? Es liegt nahe, die Antwort im Internet selbst zu suchen. Der Wikipedia-Artikel über Medienethik enthielt zum Zeitpunkt meiner

Recherche keine Auskunft zu dieser Frage. Er reproduzierte den Problemstand einer Zeit, in der man Medienethik noch ausschließlich als Presseethik verstand und sich dabei auf die Informationspflichten der Journalisten konzentrierte. In diesem Artikel fand ich zwar einen Hinweis auf das Stichwort «Internetethik», doch der entsprechende Eintrag beschränkte sich auf die Aufforderung, einen neuen Wikipedia-Artikel zu verfassen; dazu wurde auf die Anfänger-Anleitung: «Wikipedia: Dein erster Artikel» verwiesen.

Skurriler lässt sich die Situation eines Internet ohne Internet-Ethik kaum illustrieren. Dabei zeigt sich die Notwendigkeit ethischer Orientierung an den neuen Medien besonders deutlich. Diese Medien sind heute prägende Begleiter von frühester Jugend an. Positiv erweisen sie sich als eine wichtige Bildungsquelle; doch sie setzen Kinder und Jugendliche zugleich einer Fülle ethisch und pädagogisch problematischer Einflüsse aus. Medienkunde und Medienethik werden deshalb zu zentralen Themen.

Medienethik als Professionsethik

Medienethik wurde um die Mitte des 20. Jahrhunderts zunächst als Ethik des Journalismus, also als Professionsethik, konzipiert. Sie konzentrierte sich auf berufsethische Normen für Journalisten. Man beschränkte sich nicht auf Forderungen an das staatliche Recht, sondern es wurden eigene berufsständische Beschwerdeinstanzen – beispielsweise der Deutsche Presserat – geschaffen. Deren Durchsetzungsmöglichkeiten sind begrenzt, doch das macht solche Bemühungen nicht wertlos.

Die berufsethischen Standards für Journalisten bewegen sich zwischen der Meinungsfreiheit (Artikel 5 des Grundgesetzes), der Wahrheitspflicht und den Persönlichkeitsrechten derer, über die berichtet wird. Die Folgerungen aus diesen drei Eckpunkten lassen sich folgendermaßen zusammenfassen: (1) Journalisten nehmen eine öffentliche Aufgabe wahr und sind deshalb in besonderer Weise auf das Gemeinwohl verpflichtet. (2) Nach innen wie nach außen haben sie ihre Unabhängigkeit zu wahren und sind dafür auf entsprechende Arbeitsbedingungen angewiesen. (3) Die Annahme und die Gewährung von Geschenken und anderen Vorteilen sind mit der journalistischen Unabhängigkeit unvereinbar. (4) Aus der Wahrheitspflicht ergibt sich insbesondere die Pflicht zur korrekten Beschaffung und sorgfältigen Wiedergabe von Informationen sowie zur Richtigstellung unzutreffender Mitteilungen. (5) Die Vertraulichkeit, das Berufsgeheimnis und das Zeugnisverweigerungsrecht sind zu wahren und zu achten. (6) Das Privatleben und die Intimsphäre sind zu respektieren. (7) Journalisten sind auf die Menschenrechte und die Wahrung des Friedens verpflichtet; das schließt die Verherrlichung von Gewalt, Brutalität und Unmoral aus. (8) Bei Veröffentlichungen in Wort und Bild ist das sittliche und religiöse Empfinden anderer zu achten. (9) Bei laufenden Ermittlungen und in schwebenden Gerichtsverfahren verbieten sich Vorverurteilungen (vgl. Teichert 2005: 817).

Diese Regeln einer journalistischen Ethik folgen den moralischen Maßstäben des Richtigen, das wir einander schulden. Doch journalistische Arbeit hat es darüber hinaus mit einer Ethik des Guten zu tun; sie geht von der Frage aus, warum jemand sich diesen Beruf zur Lebensaufgabe wählt und wofür er sich in diesem Beruf einsetzt. Aus einer solchen Perspektive ist nicht nur die Vereinbarkeit mit den Menschenrechten, sondern deren Förderung ein wichtiger Maßstab für die journalistische Arbeit. Journalisten, die aus Situationen materieller Not berichten und diese mit erkennbarer Empathie für die Notleidenden schildern, handeln oft aus einem Impuls der Nächstenliebe heraus. Die Aufmerksamkeit für demokratische Erneuerungsbewegungen oder die Suche nach Ansatzpunkten für friedliche Veränderungen können ebenso Schwerpunkte verantwortlicher journalistischer Recherche sein wie das Aufdecken von Machtkonzentration oder Machtmissbrauch in den Bereichen von Staat, Wirtschaft oder den Medien selbst.

Solche Maßstäbe für das Richtige und das Gute im journalistischen Handeln tragen eine große Evidenz in sich; sie müssen sich jedoch im Wandel der medialen Landschaft bewähren. In den rasanten Veränderungen, die unsere Zeit charakterisieren, kommt den Medien eine Schlüsselrolle zu. Medienethische Grundsätze stoßen deshalb heute auf starke Gegenkräfte. Diese hängen unter anderem mit dem wachsenden Interesse an bewegten Bildern zusammen. Die Funktion der Printmedien wurde im letzten halben Jahrhundert durch eine dreifache technologische Revolution relativiert. Zunächst breitete sich das Radio als Quelle von Information und Unterhaltung aus; hinzu traten andere Tonträger, die immer kleiner und damit im Einsatz flexibler wurden. Darauf folgte der weltweite Durchbruch des Fernsehens. Mit der Digitalisierung verband sich eine explosionsartige Vermehrung der Rundfunk- und Fernsehangebote; daraus ergab sich eine erhebliche Individualisierung des Radio- und Fernsehkonsums. Noch darüber hinaus reicht die Veränderung durch das Internet, das in vorher unbekannter Weise individuelle Kommunikation und Massenkommunikation miteinander verbindet. (Grethlein 2003: 22 ff.).

Der Begriff der kognitiven Gesellschaft vereinfacht diesen gesellschaftlichen Wandel ungebührlich (Europäische Kommission 1995), denn mit der Fülle der verfügbaren Daten und der Flut der zu verarbeitenden Eindrücke wachsen nicht nur die kognitiven Anforderungen an die Einzelnen. In vergleichbarem Maß wächst der Orientierungsbedarf. Die zwischenmenschliche Kommunikation tritt als Quelle der Wirklichkeitserfahrung hinter der Bedeutung der Massenmedien zurück. Die gesellschaftliche Wirklichkeit wird medial konstruiert. «Was wir über unsere Gesellschaft, ja über die Welt, in der wir leben, wissen, wissen wir durch die Massenmedien.» (Luhmann 2009: 9) Die in der Erziehung vermittelten Lebenshaltungen verlieren unter dem Einfluss der Medien an Prägekraft. Nicht mehr Kinderbücher, sondern die Medien wirken als heimliche Erzieher (vgl. Richter/Vogt 1974). Gewalt und Intimität werden in einer Weise präsentiert, die eher abstumpft als sensibilisiert und eher Angst auslöst als Empathie. Provokativ wurde die Medienentwicklung deshalb als «Body Horror» gekennzeichnet (Taylor 1998). Der nötige Widerstand gegen die Verführungskraft der Medien setzt überzeugende Vorbilder, gute Medien und einen selektiven Mediengebrauch voraus.

Medien sind immer für Manipulation und Agitation anfällig, doch inzwischen wird die Verbindung von Information und Unterhaltung zum Programm. Informationen durch Infotainment zu vermitteln, erscheint deshalb als unausweichlich, weil die Medien auf einem umkämpften Markt agieren; sie brauchen angemessene Marktanteile, um wirtschaftlich zu überleben, ihre Werbeeinnahmen zu steigern und ihre Arbeitsplätze zu erhalten. Journalisten geraten dadurch in ein Dilemma, das die klassische journalistische Ethik nicht auflösen kann. So weit sie im Qualitätsjournalismus tätig sind, hoffen sie auf Verleger oder Anteilseigner, denen Qualitätsstandards auch in Zukunft wichtig sind; aber sie brauchen auf Dauer ein ausreichend großes Publikum, das derartige Produkte schätzt und deren Preis bezahlt. Im Bereich von Infotainment oder Boulevard lassen Journalisten sich auf eine tägliche Gratwanderung zwischen professionellen Standards und – häufig durch die Medien selbst geweckten oder gesteigerten – Publikumsansprüchen ein. Auch die moralische Empörung wird zum Mittel der Unterhaltung. Medien, die um des Publikumserfolgs willen die Grenzen des Anstands überschreiten, brandmarken zugleich öffentliche Akteure wegen moralisch fragwürdigen Verhaltens.

Die Professionsethik für Journalisten lässt sich nicht isoliert betrachten; man muss sie vielmehr zu den institutionellen Rahmenbedingungen sowie zu den ethischen Fragen ins Verhältnis setzen, die mit der Mediennutzung verbunden sind.

Medienethik als Mediennutzungsethik

Die elektronische Medienrevolution hat kühne Interpretationen erfahren. Berühmt ist vor allem Marshall McLuhans Formel geworden, das Medium sei die Botschaft (McLuhan 1970). Nicht der in einem Medium vermittelte Inhalt, sondern die mediale Kommunikation als solche macht deren Sinn aus. Die Medien sind damit tendenziell selbstbezüglich. Nicht die Vermittlung von Sinn, sondern der sinnliche Eindruck bestimmt das Wesen der medialen Kommunikation (Hörisch 2001). Viele Menschen verbringen einen großen Teil des Tages am Fernseher, im Internet oder beim Absetzen von Kurznachrichten; dabei geht es ihnen nicht um Inhalte, sondern um die Kommunikation als solche. Insbesondere jüngere Menschen geben Kurzmitteilungen, E-Mails oder Einträgen in sozialen Medien den Vorrang vor sonstigen Beschäftigungen.

Solche Entwicklungen rufen apokalyptische Deutungen der Medienentwicklung hervor. Das Ende menschlicher Selbstbestimmung zeigt sich am Horizont. Die Medien gelten inzwischen als Paradebeispiel dafür, dass die Menschen technische Mittel hervorbringen, die sie ethisch nicht mehr beherrschen können. Seinen eigenen Hervorbringungen gegenüber erweist sich der Mensch als hoffnungslos unterlegen und antiquiert (Anders 1988). Er wird zu einem Opfer der allgegenwärtigen Unterhaltungsindustrie und «amüsiert sich zu Tode» (Postman 1993).

Doch maßlose Formen des Nutzerverhaltens und hemmungslose Formen der Kommerzialisierung von Medien ändern nichts daran, dass die digitalen Medien Informationen bereitstellen oder Unterhaltungsangebote machen. Unabhängig von der These, das Medium sei die Botschaft, vermitteln Medien Nachrichten und stellen Informationen bereit. Eben deshalb bezeichnet man eine von modernen Medien geprägte Gesellschaft als Informationsgesellschaft oder eine durch elektronische Kommunikation geprägte Zeit als kognitives Zeitalter. Moderne Medien können bei den einen die Urteilsfähigkeit stärken, während bei anderen das eigene Urteil in einem allgemeinen Rauschen untergeht. Starke sinnliche Eindrücke durch die Medien verhindern jedoch nicht, dass die Medien auch heute Sinn vermitteln. Die Komplexität des Medienzeitalters lässt sich nicht auf einfache Formeln bringen. Es geht nicht um eine simple Alternative von der Art: «Bücher räsonnieren, neue Medien resonieren.» (Hörisch 1999: 117) Ein solches Wortspiel täuscht, denn es gibt Bücher, in denen wenig Vernünftiges steht, und es gibt neue Medien, die mehr als nur Geräusche hervorbringen. Nutzer müssen deshalb unter den medialen Angeboten auswählen, die Sinnangebote der Medien durchschauen und zu ihnen eigenständig Stellung nehmen. Die Medienethik muss aus ihrer produzentenorientierten Verengung heraustreten und die Nutzer stärker ins Zentrum stellen.

Bereits im Jahr 1994 schlug der Philosoph Hermann Lübbe einen solchen Perspektivenwechsel in der Medienethik vor. Er nahm in erster Linie nicht die Medienproduzenten, sondern die Mediennutzer in den Blick. Dafür prägte er den Begriff der «Mediennutzungsethik» (Lübbe 1994). Manche verwenden dafür inzwischen den Begriff der «Publikumsethik» (vgl. Holderegger 2004; Funiok 2007). Dieser Begriff umfasst nicht nur die Nutzung der Medien, sondern auch die kritische Diskussion über sie.

Eine Mediennutzungsethik oder Publikumsethik versteht sich nicht von selbst, denn als Leitbild der Informationsgesellschaft gilt der flexible Mensch. Oft erscheint er im Zerrbild eines elektronischen Nomaden. Zur Bildung eigener Überzeugungen hat er keine Zeit. Seine Mediennutzung ergibt sich aus beruflichen oder privaten Notwendigkeiten, aus Informationserfordernissen oder dem Wunsch nach Zerstreuung wie von selbst. Begrenzt wird diese Nutzung durch die verfügbare Zeit. Ebenso wenig Zeit wie für das Nachdenken über die eigene Mediennutzung hat der elektronische Nomade für die Erziehung der nächsten Generation. Falls er Kinder hat, überlässt er deren Umgang mit den Medien der Technik selbst. Die Verantwortung für das Wohl der Kinder wird an «Cybersitter» und «Net Nanny» übergeben. Sie werden als Software eingesetzt und filtern diejenigen Fernseh- oder Internetangebote heraus, die im Blick auf «Sex and Crime» für die kleinen Kinder schädlich sein können. Was übrig bleibt, ist eine vermeintlich ungefährliche elektronische Rundumversorgung. Sich persönlich für den Fernseh- oder Internetkonsum seiner Kinder zu interessieren erscheint dadurch als überflüssig. Dass ein solcher Umgang mit den Medien vertretbar ist, lässt sich mit guten Gründen bezweifeln.

Im Medienzeitalter stellt sich die Frage nach den Tugenden neu. Es geht um Tugenden, die dabei helfen, inmitten der Fülle kommunikativer Angebote ein selbständiger Mensch zu bleiben, der aus der Vielfalt der Angebote auszuwählen vermag. Angesichts der Vervielfältigung von Optionen wird neu nach den Bindekräften gefragt, mit deren Hilfe in einer weithin virtuellen Welt menschliche Beziehungen entstehen und Bestand gewinnen können. Es geht darum, wie menschliche Freiheit auf Dauer möglich ist und wie Menschen füreinander Verantwortung übernehmen können.

Sich in kulturpessimistischem Abscheu von der Entwicklung der Informationsgesellschaft abzuwenden, führt nicht weiter. Niemand kann den Übergang zu den neuen Medien ungeschehen machen, und von ihren Vorteilen machen auch Kulturpessimisten oft reichlich Gebrauch. Ein eigenständiges Verhältnis zu den modernen Medien entsteht weder aus deren gedankenloser Nutzung noch aus kulturpessimistischer Verweigerung.

Bei aller Vielfalt der Lebensformen kommt es vor allem auf verlässliche Beziehungen für das Aufwachsen von Kindern und Jugendlichen an. Unter solchen Bedingungen erschließen sich ihnen am ehesten die drei vorrangigen Dimensionen von Verantwortung: für sich selbst, für andere Menschen und für die natürlichen Bedingungen des Lebens. Individualverantwortung, Sozialverantwortung und Umweltverantwortung werden zu Horizonten, innerhalb deren sich die Orientierung des eigenen Lebens aufbaut.

Der eigenständige Umgang mit den Angeboten der Medien ist auf Haltungen angewiesen, die man als Tugenden bezeichnet. Gerechtigkeit, Tapferkeit, Klugheit und Maß werden nach einer auf den griechischen Philosophen Platon zurückgehenden Tradition als «Kardinaltugenden» bezeichnet. Unter ihnen findet das Maßhalten nur selten Aufmerksamkeit. Im Blick auf die Mediennutzung ist aber genau diese Tugend entscheidend. Denn unmäßiger Medienkonsum, konstatiert Hermann Lübbe, wirkt destruktiv, ja er macht freiheitsunfähig. Gemeint ist damit nicht nur der unmäßige Konsum von Unterhaltung, sondern ebenso die uferlose Aufnahme von Nachrichten und Kommentaren über das Weltgeschehen.

Die Tugend des Maßhaltens ist auf Vorbilder angewiesen. Während in manchen Familien durch pausenlosen Medienkonsum kaum eine Chance besteht, das Auswählen zu lernen, setzen sich in anderen Familien die Eltern selbst Grenzen, um die Richtlinien für den Medienkonsum ihrer Kinder glaubwürdig vertreten zu können.

Genauso wichtig wie die Tugend des Maßhaltens ist es, auf Qualität zu achten. Dabei geht es nicht um absolute, unverrückbare Maßstäbe für alle; subjektive Vorlieben haben in solchen Fragen ihr eigenes Recht. Doch wer Erziehungsverantwortung trägt, kann der Frage nach der Qualität dessen, was Kinder und Jugendliche in sich aufnehmen, nicht ausweichen. Darüber hinaus behält jeder ein Leben lang Verantwortung für die Qualität der Medien, mit denen er sich beschäftigt und die er anderen empfiehlt. Die Maßstäbe dafür entwickeln sich am ehesten durch Kommunikation. Im Austausch mit anderen betrachtet man auch neue Informationen nicht nur unter dem Gesichtspunkt, ob sie die eigenen (Vor-)Urteile stabilisieren, sondern entwickelt die Bereitschaft, bisherige Einschätzungen zu überprüfen. Cass R. Sunstein warnt vor der Gefahr, sich in einem Informations-Cocon einzuspinnen, und rät dazu, sich neues Wissen in kollektiv-arbeitsteiliger statt in individuell-überlastender Weise anzueignen. Wenn man die eigenen Prioritäten mit denen anderer vergleicht, fällt es leichter, Wichtiges von Unwichtigem zu unterscheiden (Sunstein 2009). Dieser Rat läuft auf eine diskursive Prüfung von Informationen und Urteilen hinaus. Das leuchtet ein; nur fehlt es manchmal an der dafür nötigen Zeit.

Zur Verantwortung für die Qualität der Medien gehört nicht nur die Verständigung in einem überschaubaren Kreis, sondern auch der öffentliche Protest. Gewaltdarstellungen zu den – auch für Kinder – «besten» Sendezeiten dürfen nicht unwidersprochen bleiben. Über das Ausmaß an «Body Horror» in Fernsehen und Internet muss öffentlich gestritten werden.

In der Regel treten nur Minderheiten für Qualitätsstandards in den Medien ein, doch auch sie können zu einer allgemeinen Veränderung beitragen. Die Digitalisierung bietet durch die größere Programmvielfalt Chancen dafür. Oft allerdings führt die Konkurrenz um das Publikumsinteresse zu einer weitgehenden Uniformität der Programme. Es wäre jedoch illusorisch, einfach eine generelle Steigerung des Niveaus zu fordern; realistischer ist es, auf eine Differenzierung der Angebote zu setzen.

Medienethik als Institutionsethik

Zum Schluss wendet sich die ethische Überlegung noch einmal der Anbieterseite zu – doch nun nicht unter dem Gesichtspunkt der individuellen Verantwortung der Journalisten, sondern der institutionellen Vorkehrungen für eine ausreichende Angebotsvielfalt. Eine Wiederbelebung der journalistischen Ethik allein würde auch deshalb ins Leere laufen, weil die Grenzen des journalistischen Berufs verschwimmen; weit unbestimmter spricht man heute von «Medienmachern». Sie sind in vielen Fällen nicht mehr als Personen zu identifizieren, sondern verbergen sich hinter der Anonymität von «Providern».

In der institutionellen Struktur des Medienangebots sind erhebliche Spannungen enthalten, die nur im Zusammenwirken von Medienwirtschaft und Politik angegangen werden können. Klare rechtliche Rahmenbedingungen sind dafür unerlässlich; das lässt sich am Internet exemplarisch verdeutlichen (vgl. Hausmanninger/Capurro 2002: 13 ff., v. a. 35).

- Grundlegend ist die Spannung zwischen der Freiheit der Kommunikation und dem Schutz der Privatsphäre. Gerade weil das Internet Individual- und Massenkommunikation miteinander verbindet, ist die Gefahr besonders groß, dass Informationen über die Privatsphäre öffentlich zugänglich gemacht werden. Auch im Internet muss das Recht auf informationelle Selbstbestimmung anerkannt werden.
- Ein ähnlicher Konflikt entsteht zwischen dem Warencharakter von Medieninhalten und dem Recht auf geistiges Eigentum. Bei der weltweiten Verbreitung von Medienprodukten verschwimmen Urheberrechte. Dem Schutz des geistigen Eigentums muss mit geeigneten Mitteln Anerkennung verschafft werden.

– Die weltweite soziale Zerklüftung mit ihrem wachsenden Abstand zwischen Reichen und Armen zeigt sich auch im Zugang zu den Medien. Trotz deren zunehmender Verbreitung besteht nach wie vor ein Gegensatz zwischen Informationsreichen und Informationsarmen. Die «digitale Kluft» *(digital divide)* bezieht sich zunächst auf den Zugang zum Internet. Er ist ein besonders deutlicher Indikator für die weltweiten sozialen Gegensätze: Auf dem afrikanischen Kontinent hat nur eine kleine Minderheit der Menschen einen Internetzugang, während es in Europa die überwältigende Mehrheit ist. Doch bei der digitalen Kluft geht es nicht nur um den Zugang zum Internet, sondern auch um die Fähigkeit, es zu nutzen. Den Abstand in beiden Hinsichten zu verringern und zugleich zur verantwortlichen Nutzung der Medien anzuleiten, wird zu einem zentralen Bestandteil von Sozial- und Bildungspolitik. Eine flächendeckende Breitbandversorgung und der Internetzugang für alle sind hochrangige Infrastrukturprojekte. Informationsgerechtigkeit wird zu einem wichtigen Aspekt der sozialen Gerechtigkeit.
– Eine Spannung zeigt sich ferner zwischen dem wirtschaftlichen Interesse an der Maximierung des Gewinns und dem Recht auf ungehinderten Informationszugang. Es muss kritisch geprüft werden, ob gewinnorientierte Medienunternehmen dem Recht auf informationelle Grundversorgung Genüge tun. Gefährdet ist dieses Recht auch dort, wo sich Medienunternehmen unter politischer Kontrolle befinden und die Weitergabe von Informationen dem jeweiligen politischen Interesse unterworfen wird. Als mögliches, wenn auch nur provisorisches Gegengewicht hat sich in solchen Fällen die individuelle Nutzung des Internet erwiesen, durch das politisch unterdrückte Informationen zugänglich gemacht werden. Gesichert wird das Recht auf informationelle Grundversorgung allerdings nur dort, wo die politische Unabhängigkeit der Medien gewährleistet und die Informationspflicht der Medienunternehmen gesichert ist.
– Schließlich ist die Diskrepanz zwischen den neuen Medien und der kulturellen Vielfalt zu nennen. Bereits im Jahr 2003 wies der damalige Generalsekretär der Vereinten Nationen Kofi Annan darauf hin, dass das Internet regionalen Stimmen und Sichtweisen nicht genügend Raum biete; die meisten Inhalte seien auf Englisch abgefasst. Die Verdrängung lokaler und regionaler Kulturen durch eine globale

Cyberkultur ist mit der kulturellen Verantwortung der neuen Medien unvereinbar. Wenn Menschenwürde sich heute vorrangig als Würde der Verschiedenen konkretisiert (vgl. oben S. 125 sowie Kapitel 16), muss sich dies auch in den Inhalten des Internet zeigen. Das Netz muss sich als ein Ort kultureller Vielfalt erweisen, wenn es der Pluralität der Lebenswelten gerecht werden soll.

11. Arbeit
Leben wir, um zu arbeiten?

Im November 2011 veröffentlichte die Nationale Planungskommission Südafrikas ein Konzept dafür, wie das Land sich bis zum Jahr 2030 entwickeln solle. Die Kommission konstatierte, dass schwarze Kinder und Jugendliche im südafrikanischen Bildungssystem unzureichend gefördert werden. Damit der Kommissionsbericht möglichst viele Menschen erreichte, wurden dessen Aussagen in einer einfachen Internet-Darstellung anhand der Lebensgeschichte einer jungen Frau namens Thandi veranschaulicht.

Thandi gehört zu den lediglich 25 Prozent eines Jahrgangs von schwarzen Schülerinnen und Schülern, deren Schulabschluss ihnen den Zugang zu einer College- oder Universitätsausbildung eröffnet. Da sie aus einer armen Familie stammt und ein Mädchen ist, bleibt ihr dieser Weg versperrt. Sie muss direkt nach dem Schulabschluss eine Arbeit suchen, um ihren Lebensunterhalt zu verdienen. Wenn sie wie viele ihrer Altersgenossinnen in einem Haushalt oder in der Gastronomie arbeitet, werden allein die Kosten für den täglichen Weg zur Arbeit einen großen Teil ihres Lohns aufzehren; der verbleibende Rest kann leicht unterhalb der Armutsgrenze liegen. Thandi wird es sehr schwer haben, aus diesem Teufelskreis herauszukommen.

Youth at Risk

Thandis Beispiel ist nicht nur für die Situation in Südafrika charakteristisch, sondern gilt international. Bildung ist ein Schlüssel zur Teilhabe an der Gesellschaft, aber nur wenn ein zureichendes Maß an Gerechtigkeit herrscht, wird Bildung fruchtbar. Die soziale Herkunft wirkt sich auf die Bildungsabschlüsse aus, doch die Chancen am Arbeitsmarkt hängen von zusätzlichen Faktoren ab. Der Übergang von der Schule zur Ausbildung und dann noch einmal von der Ausbildung in den Beruf ist für Jugendliche oft problematisch und riskant; man spricht von *youth at risk*. Für viele von ihnen ist es ungewiss, ob der Schulabschluss gelingt und den Zugang zu einer aussichtsreichen Ausbildung ermöglicht, ob die richtige Ausbildung gewählt und dadurch der Weg zu einer beruflichen Tätigkeit eröffnet wird. In dieser Lebensphase resignieren viele Jugendliche und steigen aus; manche liefern sich rechtsextremen Ideologien aus oder entwickeln eine Haltung gruppenbezogener Menschenfeindlichkeit (vgl. Heitmeyer 2002–2011).

Auch in wohlhabenden Ländern ist es nicht mehr selbstverständlich, dass über Berufsausbildung oder Studium ein Normalarbeitsverhältnis auf Dauer erreicht wird. Ausbildungen und Studiengänge sind unsicher geworden; für die Generation Praktikum werden die Beschäftigungsverhältnisse labil. Phasen der Arbeitslosigkeit gelten vielen als unvermeidbar; sie werden von manchen deshalb in die Berufsbiographie eingeplant. Arbeit wird in einer neuen Weise zu einer ethischen Herausforderung – für diejenigen, die Arbeit suchen oder haben, für diejenigen, die über die Schaffung oder Streichung von Arbeitsplätzen entscheiden, für die Gesellschaft im Ganzen. Wie jedes andere in diesem Buch behandelte ethische Thema hat auch das Thema Arbeit personalethische, professionsethische und institutionsethische Aspekte.

Vom Normalarbeitsverhältnis zur Pluralisierung der Arbeitsformen

In den Industriestaaten des 20. Jahrhunderts hatte sich ein normatives Leitbild des Arbeitsverhältnisses herausgebildet. Es wurde als Normalbeitsverhältnis bezeichnet und bildete die Grundlage für die Hochschätzung der Erwerbsarbeit. Unter einem Normalarbeitsverhältnis versteht man in der Regel eine Vollzeiterwerbstätigkeit, in der ein Arbeitnehmer unbefristet für ein und denselben Arbeitgeber tätig ist. Er erhält dafür ein Arbeitseinkommen, mit dem er seinen Lebensunterhalt oder doch dessen größten Teil bestreitet. Arbeitsplatz und Wohnung sind voneinander getrennt. Soziale Risiken, vor allem Krankheit, Arbeitslosigkeit und Alterserwerbslosigkeit, sind durch das Sozialversicherungssystem abgedeckt.

Doch diese Form der Erwerbsarbeit ist nicht mehr selbstverständlich. Die erste Ölkrise von 1973 und die mit ihr verbundene Beendigung des währungspolitischen Systems von Bretton Woods zogen weltwirtschaftliche Veränderungen nach sich, die weit über den Austausch von Devisen und die Regeln des Welthandels hinausreichten (vgl. Meireis 2008: 5 ff.). Auch in den reichen Industrienationen wurde das Normalarbeitsverhältnis fraglich. Wegen der steigenden Produktivität ging die Anzahl industrieller Arbeitsplätze zurück; der Anteil der Arbeitsplätze im Dienstleistungsbereich wuchs. Die stärkere Beteiligung von Frauen an der Erwerbsarbeit erhöhte die Nachfrage nach Arbeitsplätzen. Die Konkurrenz auf dem weltweiten Arbeitsmarkt führte zur Verlagerung von Produktionen in Billiglohnländer und löste einen starken Druck auf das Lohnniveau in wohlhabenden Ländern aus. Der Umfang der Teilzeiterwerbsarbeit nahm ebenso zu wie der Anteil befristeter Arbeitsverhältnisse und die Beschäftigung von Leiharbeitern. Die Digitalisierung von Arbeitsabläufen ermöglichte Telearbeit und damit eine neue Verbindung von Wohnen und Arbeiten. Das scheint für die Vereinbarkeit von Familie und Beruf förderlich zu sein, führt jedoch häufig, vor allem für Frauen, zu Problemen bei der Abgrenzung zwischen beruflichen Pflichten und familiären Aufgaben.

Die Vorstellung, dass ein Normalarbeitsverhältnis für jeden Arbeitssuchenden erreichbar sei, gehört der Vergangenheit an. Phasen der Arbeitslosigkeit sind in vielen Erwerbsbiographien enthalten; je schlechter die Ausbildungsvoraussetzungen sind und je höher das Alter ist, desto größer ist die Wahrscheinlichkeit lang andauernder Arbeitslosigkeit; sie bewirkt für die Betroffenen die Abhängigkeit von Sozialhilfesätzen, für die in Deutschland der Name «Hartz IV» steht.

Im Anschluss an eine Aussage von Hannah Arendt wurde diese Entwicklung auf die Formel gebracht, der Arbeitsgesellschaft gehe die Arbeit aus (Arendt 1998: 13). Diese Formel führt jedoch in die Irre. Das Leben der meisten Menschen im arbeitsfähigen Alter bleibt durch Erwerbsarbeit bestimmt. Doch die elementaren Lebensgewissheiten, mit denen das Modell industrieller Arbeitsteilung verbunden war, zerbröseln. Biographische Ungewissheit wirkt sich auf viele Lebensentscheidungen aus; oftmals verzögert oder verhindert sie, dass junge Menschen eine Familie gründen und Kinder bekommen.

Erwerbsarbeit ist nicht alles

Der Wandel der Arbeitsgesellschaft ist dramatisch, doch lässt sich daraus nicht schließen, dass die Arbeitsgesellschaft an ihr Ende kommt. Nicht nur die Formen der Erwerbsarbeit werden vielgestaltiger, sondern neben der Erwerbsarbeit finden andere, gleichberechtigte Formen der Arbeit verstärkte Aufmerksamkeit. Der vertraute, vom Vorrang der Erwerbsarbeit geprägte Arbeitsbegriff wird überprüft.

Seit Beginn der siebziger Jahre des 20. Jahrhunderts ist das zeitliche Volumen der Erwerbsarbeit in vielen Bereichen zurückgegangen. Längere Ausbildungszeiten und früherer Ruhestand, Erziehungszeiten und Sabbatregelungen, die Ausdehnung des Urlaubsanspruchs und die Verkürzung der Wochenarbeitszeit haben zu einer Verschiebung zwischen der Erwerbsarbeit und anderen Tätigkeitsformen geführt. Inzwischen wird die Lebensarbeitszeit angesichts des demographischen Wandels in moderaten Schritten verlängert; auch eine Verlängerung der Jahres- oder der Wochenarbeitszeit tritt in den Blick. Dennoch wächst der Anteil der Lebenszeit, der nicht der Erwerbsarbeit gewidmet ist.

Damit stellt sich die Frage nach dem Verhältnis zwischen den verschiedenen menschlichen Tätigkeitsformen. Vor allem das bürgerschaftliche Engagement ist zu würdigen, das ich im Folgenden als Freiwilligenarbeit bezeichne (vgl. Gensicke/Geiss 2010; Vieregge 2011). Die Übernahme von Verantwortung in Politik und Zivilgesellschaft, ehrenamtliche Tätigkeit in Kirchen, Sport und Kultur, Freiwilligendienste im Sozialwesen, im Umweltschutz oder im Entwicklungsdienst haben in vielen Ländern eine große Bedeutung. In Deutschland ist Freiwilligenarbeit für ein Drittel der Bevölkerung nachgewiesen; bei einem weiteren Drittel gibt es durch die Mitgliedschaft in Vereinen und Verbänden Anknüpfungspunkte für eine aktive Beteiligung. Für einen beachtlichen Bevölkerungsanteil ist Freiwilligenarbeit also relevant, und es wäre vollkommen illusorisch, alle diese Aufgaben in Erwerbstätigkeit zu überführen (vgl. Gensicke/Geiss 2010).

Auch Hausarbeit, Familienarbeit und Eigenarbeit sind als eigenständige Form menschlichen Tätigseins anzuerkennen (vgl. Peuckert 2008). Über lange Zeit wurde dieser Bereich als Schattenarbeit angesehen; immer wieder wurde er als Reproduktionsarbeit bezeichnet. In scheinbar arglosem Anschluss an den von Karl Marx verwendeten Begriff der «Reproduktion der Arbeitskraft» wurden darin alle Arbeiten zusammengefasst, die «dem Erhalt der individuellen Arbeitsfähigkeit und zur Sicherung der Erhaltung der Arbeitsbevölkerung dienen» (Wirtschaftslexikon24.net s. v. Reproduktionsarbeit). Die arbeitsfreie Zeit wurde damit auf ihren Charakter als Reproduktionszeit reduziert und Familienarbeit nur unter dem Gesichtspunkt betrachtet, dass dadurch die künftig notwendige Arbeitsbevölkerung reproduziert wird. Das wird weder einer ethisch reflektierten Verhältnisbestimmung von Arbeit und Muße noch dem Eigenwert derjenigen Arbeit gerecht, die der Erziehung von Kindern und Jugendlichen, der Pflege von Partnerschaft und Freundschaft oder der Fürsorge für kranke und alte Familienmitglieder gewidmet ist. Zu berücksichtigen sind dabei auch die Alleinlebenden, die vor allem in der Form der Eigenarbeit für sich selbst sorgen. Für all das ist der Begriff der «Reproduktionsarbeit» vollkommen ungeeignet. Ich schlage deshalb vor, diesen Bereich unter dem Begriff der «Familien- und Eigenarbeit» zusammenzufassen. In ihm sind die Hausarbeit in Familien und Ein-Personen-Haushalten ebenso enthalten wie die vielfältigen Tätigkeiten von Erziehung, *care* und Beziehungsarbeit (vgl. Kapitel 2).

Wenn neben der Erwerbsarbeit auch die Freiwilligenarbeit sowie die Familien- und Eigenarbeit als gleich wichtige Formen menschlichen Tätigseins anerkannt werden, kann dies nicht ohne Folgen für den Begriff der Arbeit und für die Arbeitsethik bleiben. Finden sich in den ethischen Traditionen Ansatzpunkte für eine solche Revision?

Stationen der Arbeitsethik

Der Weg bis zur vorbehaltlosen Anerkennung der menschlichen Arbeit war lang (vgl. Huber 2007). Ihr haftet der Charakter der Entsagung und des Mühevollen an. Die griechische Antike ordnet das herstellende Handeln der Sphäre der Notwendigkeit zu, während die Freiheit sich im sozialen Handeln, in der Praxis entfaltet. Das herstellende Handeln – vom

Landbau bis zum künstlerischen Schaffen – bildet deshalb die niedrigste Stufe menschlicher Tätigkeiten. Freiheit kann sich nur dort entfalten, wo Menschen von Zwängen frei sind: im Genuss, im Dienst der Polis und in der Hingabe an die Philosophie. Diese Einschätzung der Arbeit wird auch in das römische Denken übernommen; es unterscheidet zwischen den *artes sordidi*, den niedrigen Tätigkeiten, und den *artes liberales*, den freien und edlen Künsten.

Das jüdisch-christliche Arbeitsverständnis betrachtet menschliche Arbeit als Teilhabe an Gottes Schöpferwerk. Die von Gott geschaffene Erde «zu bebauen und zu bewahren» (1. Mose 2,15) ist der Sinn menschlicher Tätigkeit. Die Erschaffung des Menschen zum Ebenbild Gottes verbindet sich mit einem Auftrag zur verantwortlichen Herrschaft über die Mitgeschöpfe: «Macht euch die Erde untertan.» (1. Mose 1,27 f.) Der durch den Sündenfall verursachte Fluch liegt auf den Bedingungen, unter denen die Arbeit ausgeübt werden muss: «Im Schweiße deines Angesichts sollst du dein Brot essen.» (1. Mose 3,19) Auf der Arbeit selbst ruht weiterhin Segen; sie zeichnet einen Menschen aus, von dem die biblische Überlieferung sagt: «Du hast ihn wenig niedriger gemacht als Gott.» (Psalm 8,5 ff.)

Die frühen christlichen Gemeinden schlossen aus der Verschiedenartigkeit menschlicher Tätigkeiten nicht, wie die vorchristliche Antike, auf eine unterschiedliche Stellung der Menschen. Vielmehr gingen sie von einer grundsätzlichen Gleichheit der Menschen aus. Diese Egalität in die gesellschaftliche Wirklichkeit umzusetzen überstieg freilich die Möglichkeiten einer christlichen Minderheit in heidnischer Umwelt. Deshalb konnte sich die Vorstellung von radikaler Egalität durchaus mit der Aufforderung verbinden, man solle in dem Stand bleiben, in den man berufen sei (1. Korinther 7,20).

Zum biblischen Grundverständnis von Arbeit gehört schließlich das komplementäre Verhältnis von Arbeit und Ruhe, von Arbeit und Gebet. Nach alttestamentlicher Vorstellung mündet die Schöpfungsarbeit Gottes in die Ruhe des siebten Tages; dem entsprechend hat auch die menschliche Arbeit in der Sabbatruhe ihr Ziel. Das Sabbatgebot schafft den Spielraum für gemeinsame Tätigkeiten jenseits der Sorge um das tägliche Brot. Die Heiligung des Sonntags als des Tages der Auferstehung Christi tritt im christlichen Denken hinzu. Menschliche Arbeit rückt dadurch unter das Vorzeichen, dass das Gottesverhältnis der Menschen in Christus erneuert ist und die Welt ihrer Neuschöpfung in der Herrlichkeit Gottes entgegengeht.

Daraus erklärt sich das Arbeitsideal, das vor allem in der mönchischen Bewegung entwickelt, in der Regel Benedikts formuliert und in den mittelalterlichen Reformbewegungen wieder aufgegriffen wird. Dieses Ideal lässt die Arbeit aus dem Gebet hervorgehen – so wie die Arbeitswoche auf den Tag des Gottesdienstes folgt. Zugleich gewinnt die Unterscheidung zwischen dem tätigen und dem betrachtenden Leben, der *vita activa* und der *vita contemplativa*, eine neue Bedeutung. «Die *vita contemplativa* ist einfach besser als die *vita activa*» liest man beispielsweise bei Thomas von Aquin (Summa Theologiae II–II, q.182, art.1.2.). Das so begründete hierarchische Gefüge der Gesellschaft schließt jedoch nicht aus, dass im späten Mittelalter vor allem in den Städten die handwerkliche Arbeit und die Tätigkeit des Kaufmanns hoch bewertet werden. Darin bereitet die spätmittelalterliche Stadtkultur den Boden für die reformatorische Neubewertung menschlicher Arbeit.

Die Geschichte des Wortes «Beruf»

Diese Neubewertung verbindet sich mit dem Begriff des Berufs. Martin Luther entwickelte sein Berufsverständnis aus der Kritik der Mönchsgelübde (*De votis monasticis*, 1521). Die Vorstellung, einem bestimmten Stand sei ein sicherer Weg zur Seligkeit verheißen, vertrug sich nicht mit den Grundeinsichten der reformatorischen Rechtfertigungslehre (Wolf 1965: II. 14), denn die unterschiedlichen menschlichen Tätigkeiten begründen keine Verdienste im Blick auf das Heil des Menschen. Vielmehr ist jede menschliche Arbeit Gottesdienst als Dienst am Nächsten. Alle weltliche Tätigkeit kann so ausgeübt werden, dass sie der Berufung durch Gott zum guten Werk am Mitmenschen entspricht.

Schon das Mittelalter hatte zwischen geistlicher und äußerer Berufung unterschieden. Eine geistliche Berufung *(vocatio interna* oder *spiritualis)* hatte es nur den Geistlichen zugesprochen und dem weltlichen Stand nur eine äußere Berufung *(vocatio externa)* zuerkannt. Luther dagegen band die äußere Berufung jedes Menschen an die Berufung zum Glauben und damit an das Priestertum aller Glaubenden. Jeder Christenmensch hat deshalb einen doppelten Beruf, den Beruf zum Glauben und den Beruf zum Dienst am Nächsten: «Wenn du eine geringe Hausmagd fragst, warum sie die Schüssel wasche oder die Kühe melke, so kann sie sagen: Ich weiß, dass, was ich tue, Gott gefällt, sintemal ich Gottes Wort und Befehl habe.» (Luther, Weimarer Ausgabe 12: 337) In allen Ständen und Tätigkeiten erreicht derselbe göttliche Ruf zur Liebe die Menschen.

Der Begriff des Berufs bezeichnet also das alle Tätigkeiten Verbindende, die Einheit von Gottesdienst und Dienst am Nächsten. Dass mit dem Begriff des Berufs die auf ein begrenztes Feld bezogene, in aller Regel als Erwerbsarbeit ausgeübte Spezialistentätigkeit gemeint ist, tritt dagegen noch nicht in den Blick. Erst seit dem Übergang vom 18. zum 19. Jahrhundert bezeichnet das Wort Beruf die unterschiedlichen Erwerbstätigkeiten, die verschiedenartige Qualifikationen voraussetzen und in der Regel mit einem entsprechenden Erwerbseinkommen verbunden sind. Nun erst werden diese Tätigkeiten in Berufsstatistiken ausgewiesen. Als Berufe werden seitdem die unterschiedlichen Erwerbstätigkeiten bezeichnet.

Aber auch in dieser Verwendungsweise verbindet das Wort Beruf die unterschiedlichen Tätigkeiten mit einem spezifischen Sinn. Vor allem wird die Identifikation mit einer Aufgabe vorausgesetzt, wie die Unterscheidung zwischen «Beruf» und «Job» zeigt. In ihrer Vielfalt sind die Berufe durch die Hingabe an die Sache und den Sinn der jeweiligen Tätigkeit miteinander verbunden.

In seinem ursprünglichen Verständnis ist der Begriff des Berufs nicht auf entlohnte Tätigkeiten beschränkt; nicht nur die Erwerbsarbeit, sondern auch Freiwilligenarbeit und demokratisches Engagement oder der Einsatz in Familie und Nachbarschaft können als Beruf bezeichnet werden. Gerade aus der Geschichte des Worts Beruf lässt sich die Gleichberechtigung dieser unterschiedlichen Tätigkeiten verständlich machen. Vom Beruf in diesem weiten Sinn ist dort zu sprechen, wo Menschen für einen bestimmten Bereich nicht nur eine äußere Zuständigkeit, sondern auch eine innere Verantwortung wahrnehmen. Zum Beruf gehört, dass die Erfüllung spezialisierter Aufgaben sich mit der Berücksichtigung eines größeren Lebenszusammenhangs verbindet. Von den großen, für den Zusammenhalt einer Gesellschaft zentralen Themen gilt insgesamt, dass sie nicht allein in die Verantwortung derjenigen fallen, die durch ihre Erwerbstätigkeit dafür zuständig sind. Das protestantische Arbeitsethos weckt von seinem Ursprung her Verständnis für den Beruf zur Politik, der Regierende und Regierte miteinander verbindet (vgl. EKD 1985), oder für den Beruf zum Recht, an dem die Rechtsbürger genauso Anteil haben wie die Berufe der Rechtspflege (vgl. Huber 2000).

Erfolgreiche Arbeit als Zeichen der Erwählung durch Gott

Die Schweizer Reformation steht in der Hochschätzung der Arbeit Luther sehr nahe. Huldrych Zwingli berief sich für diese Hochschätzung auf Grundmotive der christlichen Tradition: Arbeit ist notwendig, wehrt der Faulheit, entspricht der schöpferischen Aktivität Gottes und beruht auf Gottes Segen. Johannes Calvin ordnete auch die Arbeit dem Leitsatz unter, der seine ganze Theologie bestimmt: *Soli deo gloria* – allein Gott die Ehre. Mit seinem ganzen Leben antwortet der Christ auf die göttliche Erwählung. Damit bereitete Calvin die Frage vor, ob der Erfolg in der Arbeit als Zeichen für diese Erwählung zu verstehen ist. Er selbst rang sich zu einer solchen Aussage noch nicht durch. Erst bei Calvins Nachfolgern wurde der Erfolg der Arbeit als zuverlässiges Zeichen gewertet, von Gott persönlich erwählt zu sein. Im englischen Puritanismus entwickelte sich daraus eine wichtige Begründung für die Hochschätzung der Arbeit. Einer berühmten These des Soziologen Max Weber zufolge wurde dadurch das neuzeitliche Arbeitsethos, die Entwicklung zur Leistungsgesellschaft, ja der kapitalistische Geist insgesamt beeinflusst (Weber 2010).

Mit der Hoffnung, dass der Erfolg im irdischen Leben über die Stellung vor Gott Auskunft gibt, ist nicht gemeint, dass die persönlichen Leistungen die Anerkennung durch Gott zur Folge haben; es handelt sich nicht um eine Rückkehr zur Werkgerechtigkeit. Aber die quälende Ungewissheit soll überwunden werden, die sich aus der calvinistischen Lehre von der doppelten Prädestination – zum Heil oder zum Unheil – ergibt. «Nur wer durch die Art seiner Lebensführung Ergebnisse zutage fördert, die zur Verherrlichung Gottes beitragen, kann erkennen, ob er erwählt ist.» (Drehsen 2009: 79)

Deshalb wird das innerweltliche Handeln so angelegt, dass dessen Früchte kalkulierbar werden; doch diese Früchte kommen nicht dem persönlichen Genuss zugute, sondern werden erneut produktiv eingesetzt. Rationale Kontrolle der Welt, innerweltliche Askese und Bewährung im Beruf werden zu wichtigen Kennzeichen des puritanischen Arbeitsverständnisses. Die Hinwendung zur wissenschaftlichen Bemächtigung der Welt, die Verbindung von rational geplantem Gewinnstreben und bewusstem Konsumverzicht sowie eine individualistische Vorstellung von beruflichem Erfolg finden auf diese Weise Eingang in die moderne Wirtschaftsethik.

Gegen Webers These wurde eingewandt, der entscheidende Einfluss der Reformation liege nicht in der innerweltlichen Askese, sondern in der starken Förderung des Bildungswesens. Das muss sich nicht ausschließen, vielmehr spricht manches dafür, dass beide Aspekte zusammengehören: «Die allgemeine Alphabetisierung, die Luther und nach ihm die protestantische Kirche vorantrieben, waren von Anfang an ein Instrument, durch das die Askese aus dem Kloster in die Außenwelt getragen wurde.» (Braun 2012: 147)

Neues Arbeitsethos und Beteiligungsgerechtigkeit

Ist damit der Frieden zwischen dem protestantischen Arbeitsethos und der modernen, kapitalistischen Wirtschaftsentwicklung ein für allemal gesichert? Das ist keineswegs der Fall. Die Wahlverwandtschaft zwischen Zügen des reformatorischen Berufsverständnisses und der kapitalistischen Wirtschaftsweise bedeutet keineswegs eine friedliche Harmonie zwischen beiden. Auch die innerweltliche Askese im calvinistisch-puritanischen Sinn rechtfertigt es nicht, dass die Akkumulation von Gütern zum Selbstzweck wird. Werner Conze beschreibt die bleibende Differenz mit klaren Worten: «In der modernen Erwerbswelt ... darf es reine Zufriedenheit nicht mehr geben, weil sie prinzipiell Stillstand oder Rückschritt bedingt. So führt keine Brücke von christlicher Arbeit zum modernen ‹Kapitalismus›. Die moderne Arbeitswelt ist achristlich, im Kern antichristlich, mochte das auch in ihrem Aufkommen verschleiert werden; denn in der politisch-sozialen Praxis gab es genug fließende Übergänge vom Arbeitsethos des Protestantismus zur modernen Wertung der Arbeit.» (Conze, Arbeit 1972: 166)

Vom protestantischen Arbeitsethos her ergibt sich also zum einen ein klarer Vorbehalt gegenüber der Kapitalakkumulation als Selbstzweck.

Daneben tritt ein ebenso klarer Widerspruch zur Sinnentleerung der Arbeit, beispielsweise in Formen der Fließbandarbeit, in denen die Arbeit des Einzelnen sich auf sinnlose Handgriffe reduziert. Gustav Wingren hat diesen Widerspruch so formuliert: «Die protestantische Arbeitsmoral kann im Licht des christlichen Glaubens nur solche Berufsarbeit interpretieren, die noch ein elementares Maß an persönlichen Beziehungen und individueller Entscheidungsfreiheit enthält. ... Seine eigene mechanisierte Tätigkeit kann kein Fabrikarbeiter mehr als seinen ‹Beruf› auslegen.» Deswegen, so folgert er, nötigt die Tradition des protestantischen Arbeitsethos auch zum Einspruch gegen Arbeitsbedingungen, die keinerlei individuelle Entfaltungs- und Entscheidungsmöglichkeit enthalten, alle personale Kommunikation ausschalten und rein fremdbestimmt sind (Wingren 1980: 667).

Es gibt vom protestantischen Arbeitsethos weder eine gerade Linie zur Kapitalakkumulation um ihrer selbst willen noch zu einer in kleine Teile zerlegten, sinnentleerten Arbeit. Das führt zu dem überraschenden Ergebnis, dass manche Traditionen der protestantischen Arbeitsethik eher in den Haltungen ein Echo finden, die man heute als neues Arbeitsethos bezeichnet. Ein kommunikativer und konsultativer Arbeitsstil, die Entfaltung von Kreativität und Dialogfähigkeit, die konstruktive Verbindung von individueller Selbstbestimmung und sozialer Einordnung, die Weiterentwicklung der eigenen Fähigkeiten, aktive Mitbestimmung und Partizipation an der Gestaltung der eigenen Arbeitsbedingungen und der betrieblichen Abläufe entsprechen durchaus Grundzügen eines christlich geprägten Arbeitsethos. In offenkundiger Spannung zu ihm stehen dagegen die vermeintlichen Kennzeichen eines alten Arbeitsethos wie Fleiß und Beharrlichkeit bei sinnlosen Tätigkeiten, gehorsame Einordnung, auch wenn man deren Zweck nicht begreift, oder die Unterwerfung unter starre Kontrollmechanismen.

Dass kreative Arbeitsmöglichkeiten sich mit einem neuen Arbeitsethos verbinden können, bedeutet jedoch keineswegs, dass alle einen fairen Zugang zu solchen Arbeitsmöglichkeiten haben und einen gerechten Lohn erhalten. Vielmehr schließen diese Prozesse die Gefahr einer Teilung der Beschäftigten in Gewinner und Verlierer ein. Solchen Entwicklungen wurde in der neueren sozialethischen Diskussion der Grundsatz der Beteiligungsgerechtigkeit entgegengesetzt, den die katholischen Bischöfe in den USA schon im Jahr 1986 so formulierten: «Zur Bedeutung der sozialen Gerechtigkeit gehört auch die Pflicht, wirtschaftliche und soziale Institutionen so einzurichten, dass die Menschen einen Beitrag zur Gesellschaft leisten können, auf eine Art, die ihre Freiheit und die Würde ihrer Arbeit respektiert.» Daran schloss sich damals die Feststellung an: «Wirtschaftliche Verhältnisse, die viele arbeitsfähige Menschen arbeitslos oder unterbeschäftigt lassen oder ihnen nur unter entwürdigenden Bedingungen Arbeit geben, erfüllen die Anforderungen ... der Gerechtigkeit nicht.» (Katholische Bischöfe in den USA 1986: TZ 72 f.) Dieser Ansatz bei der Beteiligungsgerechtigkeit bestimmt inzwischen auch das sozialethische Denken im Bereich der Evangelischen Kirche in Deutschland (vgl. EKD, Teilhabe 2006).

Die Aufgabe, Armut zu bekämpfen und Reichtum in die Pflicht zu nehmen, ergibt sich ebenso aus dem Ansatz bei der Beteiligungsgerechtigkeit wie der Gedanke, jedem den Zugang zu den Befähigungen zu geben, die er braucht, um sein Leben selbstverantwortlich gestalten zu können. Beteiligungsgerechtigkeit und Befähigungsgerechtigkeit gehören zusammen; Bildungspolitik ist also ein zentrales Element von Sozialpolitik. Jedoch kann man makroökonomische Defizite nicht einfach den Einzelnen anlasten. Durch die Verbesserung der Zugangschancen für Junge mildert man nicht die Armutsgefährdung für Ältere. Beteiligungsgerechtigkeit und Befähigungsgerechtigkeit müssen deshalb in Maßnahmen der Verteilungsgerechtigkeit sowie einer aktiven Sozial- und Wirtschaftspolitik eingebunden sein (vgl. Reuter 2009; Reuter, Teilhabegerechtigkeit 2012).

Auch für die Gestaltung der Arbeitswelt gelten die Grundsätze, die uns schon in anderen Zusammenhängen beschäftigt haben: Jeder Mensch hat um seiner Würde willen das Recht, seine Gaben zu entfalten, mit ihrer Hilfe sein Leben zu gestalten und seinen Beitrag zum gemeinsamen Besten zu leisten. Die Freiheit des Einzelnen meint deshalb mehr als nur individuelle Selbstbestimmung, denn jeder Mensch ist für die Wahrnehmung seiner Freiheit auf die Hilfe anderer angewiesen. Im Maß des Möglichen ist jeder dazu verpflichtet, nicht nur für sich selbst, sondern auch für andere Verantwortung zu übernehmen. Nicht selbstbezogene, sondern solidarische Individualität bestimmt das Leben des Menschen, auch in der Arbeitswelt (Höhn 1998). Zwar ist jedem Menschen die Fähigkeit angeboren, um des eigenen Überlebens willen an seinen Eigennutz zu denken. Doch gemeinsames Leben entsteht erst, wenn sich dieser Eigennutz mit der Bereitschaft zur Solidarität verbindet. Exemplarisch zeigt sich das an den drei Grundformen menschlicher Arbeit: Erwerbsarbeit, Freiwilligenarbeit sowie Familien- und Eigenarbeit. In allen drei Bereichen kommt es darauf an, dass nicht das Leben der Arbeit, sondern die Arbeit dem Leben dient.

12. Profit
Was ist der Zweck der Wirtschaft?

Im Jahr 2010 wurde dem Maler Neo Rauch in Leipzig und München eine Doppelausstellung aus Anlass seines 50. Geburtstags gewidmet. Der Schriftsteller Uwe Tellkamp, bekannt durch den Roman «Der Turm», charakterisierte aus diesem Anlass Neo Rauch mit folgenden Worten: Der Maler operiert «an einer Naht, er tastet sich in den Moment vor der Explosion, die, noch gestillt, schon zu ahnen ist, eine Choreographie sich gegenseitig häutender, ineinandergelegter Energien, das Schachbrett als Zündfläche, die Figuren mit Phosphorrändern. Implosion vor der schon sichtbaren Schubumkehr, der Eruption der Energie nach außen; eine Fensterscheibe, mit einer Hochgeschwindigkeitskamera aufgenommen, wenn der Stein eines mutwilligen Werfers eben das Glas splittern und die Bruchstücke schießen lässt, dieser Moment aus gestoppter Nova, Gefahr und faszinierender Asymmetrie ...» (Tellkamp 2010: I).

Das Gefühl, wir befänden uns in dem Augenblick, bevor die Fensterscheibe zersplittert, in dem Moment vor einer schon zu ahnenden Explosion, ist verbreitet. Innerhalb nur eines Jahrzehnts lassen sich dafür Ereignisse unterschiedlicher Reichweite anführen: der Terroranschlag auf die Twin Towers des World Trade Center in New York am 11. September 2001, der Zusammenbruch der Lehman Brothers Bank am 15. September 2008, mit dem die seit Frühjahr 2007 schwelende Finanzkrise zum offenen Ausbruch kam, die europäische Staatsschuldenkrise seit dem griechischen Offenbarungseid im Oktober 2009 oder die Kernschmelze im Kernkraftwerk in Fukushima, die am 11. März 2011 begann. In der dichten Abfolge dieser Ereignisse kommt wirtschaftlichen Vorgängen eine bemerkenswerte Bedeutung zu. Seit dem Beginn der Finanzkrise im Jahr 2007 wird immer wieder der Vergleich mit der großen Weltwirtschaftskrise des Jahres 1929 herangezogen, in deren Folge die Welt durch die Machtübertragung auf die Nationalsozialisten in Deutschland einer politischen Erschütterung ohnegleichen ausgesetzt war.

Die Erfahrung, dass wirtschaftliche Verwerfungen schwere politische Katastrophen zur Folge haben können, verleiht der Frage nach der ethischen Verantwortung für wirtschaftliche Entwicklungen besonderen Nachdruck. Angesichts solcher möglichen Folgen sind wirtschaftliche Entscheidungen nicht nur an ihren kurzfristigen, sondern auch an ihren langfristigen Auswirkungen zu messen. Vor diesem Hintergrund soll zunächst die Entstehung des neuen Interesses an wirtschaftsethischen Fragen beleuchtet werden.

Ein wirtschaftsethischer Neuansatz

Weltweit hat die Erschütterung darüber, welche politischen Auswirkungen sich aus einer Wirtschaftskrise ergeben konnten, in der Zeit des Zweiten Weltkriegs und danach zu einem neuen wirtschaftsethischen Nachdenken geführt. In Deutschland bündelten sich die entsprechenden Überlegungen im Konzept der Sozialen Marktwirtschaft. Dieses Konzept speiste sich vor allem aus drei Quellen: der nationalökonomischen Schule des Ordoliberalismus, der katholischen Soziallehre und der evangelischen Sozialethik.

Der Ordoliberalismus, wie er sich in der Freiburger Schule um Walter Eucken ausprägte, beruht auf der Verbindung zwischen marktwirtschaftlicher Ordnung und staatlicher Rahmensetzung. Eucken sah den Staat in der Verantwortung für eine funktionierende Wettbewerbsordnung, die das Entstehen wirtschaftlicher Machtkartelle verhindert. Unter dem Einfluss von Alfred Müller-Armack, der den Begriff der «Sozialen Marktwirtschaft» prägte, trat die sozialpolitische Rolle des Staates in der Absicherung der Sozialpartnerschaft zwischen Arbeitgebern und Arbeitnehmern sowie in der Verantwortung für die sozialen Sicherungssysteme hinzu. In der Ordnung der Sozialen Marktwirtschaft verbinden sich nach dieser Konzeption wirtschaftliche Gestaltungsfreiheit, funktionierender Wettbewerb und soziale Sicherheit miteinander. Für Freiheit als Grundlage dieser Ordnung sprachen die Ordoliberalen sich nicht nur deshalb aus, weil sie den Marktmechanismus für das überlegene wirtschaftliche Steuerungsinstrument hielten; sie erkannten vielmehr dem Prinzip der Freiheit den ethischen Vorrang vor anderen Prinzipien zu. Müller-Armack wies in diesem Zusammenhang ausdrücklich darauf hin, «dass das letzte Kriterium für eine Wirtschaftsordnung auch im Geistigen ruht und nicht im Wirtschaftlichen allein» (Müller-Armack 1990: 71). Das Konzept der Sozialen Marktwirtschaft sieht die Wirtschaft daher nicht als Selbstzweck, sondern als ein Mittel an, das der Erfüllung ethisch definierter Aufgaben dient.

Die katholische Soziallehre antwortete auf die neuen Herausforderungen des Industriezeitalters aus der Perspektive des christlichen Menschenbilds und einer naturrechtlich geprägten Vorstellung von der gesellschaftlichen Ordnung. Für sie ist die zum Bild Gottes geschaffene Person in soziale Ordnungsstrukturen eingebunden und damit dem Gemeinwohl verpflichtet. Im Gefüge der Gesellschaft erkennt das Prinzip der Subsidiarität den kleineren Gemeinschaften einen Vorrang vor den größeren zu; die Prinzipien der Gerechtigkeit und der Solidarität verpflichten dazu, Lasten sozial zu verteilen und die großen Existenzrisiken gemeinsam zu tragen. Auf dieser Grundlage würdigt die katholische Soziallehre die relative Autonomie der einzelnen Lebensbereiche und deshalb auch die spezielle Zuständigkeit der auf sie bezogenen Wissenschaften bei der Suche nach angemessenen Problemlösungen. Doch sie beharrt im Blick auf solche Lösungen auf dem Vorrang von Menschlichkeit, Gerechtigkeit und Solidarität (Marx/Küppers 2008).

Die evangelische Sozialethik brachte in die Debatte über die richtige Wirtschaftsordnung neben der (lutherisch geprägten) Option für einen starken Staat insbesondere das Prinzip der verantworteten Freiheit ein. Das lässt sich exemplarisch an einem Dokument des evangelisch geprägten Widerstands, nämlich der sogenannten «Freiburger Denkschrift» von 1942, verdeutlichen, die auf Anregung Dietrich Bonhoeffers von einem Kreis um die Nationalökonomen Eucken, von Dietze und Lampe verfasst wurde. Sie formulierte entscheidende Bausteine des Konzepts, dem Adolf Müller-Armack später den Namen Soziale Marktwirtschaft gab. Unzweideutig sprach sie aus, dass der Gebrauch individueller Freiheit vor Gott und den Menschen zu verantworten ist. Verantwortete Freiheit hat die persönliche Lebensführung und damit auch das persönliche Verhalten in der Wirtschaft zu bestimmen, das sich im christlichen Verständnis an der Liebe zu Gott orientiert. Sie hat aber auch die institutionelle Ordnung der Wirtschaft zu prägen. Ausdrücklich wird vor einer Vergötzung irdischer Güter und Mächte gewarnt. Es geht darum, die einzelnen Menschen in ihrer moralischen wie gesundheitlichen Integrität zu achten sowie die menschlichen Gemeinschaften auch dadurch zu fördern, dass Einzelne über wirtschaftliche Güter verantwortlich verfügen können.

An diese protestantischen Wurzeln der Sozialen Marktwirtschaft schließt sich die Denkschrift an, in der die Evangelische Kirche in Deutschland 2008 «Unternehmerisches Handeln in evangelischer Perspektive» beschreibt. Die ethische Bedeutung unternehmerischen Handelns wird darin gesehen, dass Menschen ihre Begabungen, ihre Kreativität und ihre Einsatzbereitschaft in den Dienst des Gemeinwohls stellen; die dadurch ausgelöste wirtschaftliche Dynamik ist ethisch wertvoll, weil und sofern sie den gesellschaftlichen Wohlstand insgesamt fördert. Freiheit in Verantwortung ist der Leitgedanke, unter dem die Zusammengehörigkeit von Unternehmertum und Sozialer Marktwirtschaft dargestellt wird.

Die innere Verbindung zwischen den Gehalten der katholischen Soziallehre und der evangelischen Sozialethik haben die beiden Kirchen in Deutschland nach sorgfältiger Vorbereitung durch einen gemeinsamen Konsultationsprozess im Jahr 1997 mit einem gemeinsamen Wort zur wirtschaftlichen und sozialen Lage unterstrichen. Programmatisch stellten sie diese Äußerung unter die Überschrift: «Für eine Zukunft in Solidarität und Gerechtigkeit» (Deutsche Bischofskonferenz/EKD 1997). Seitdem haben sich krisenhafte Entwicklungen so verschärft, dass weiterführende ethische Überlegungen nötig sind.

Der Zweck der Wirtschaft

Die deutsche Nachkriegsdebatte ging vom Vorrang des Menschen aus, dessen Bedürfnisse durch wirtschaftliche Tätigkeit befriedigt werden sollen. Der Zweck der Wirtschaft wurde nicht im Erzielen von Gewinnen als solchen gesehen. Er lag nach dieser Auffassung vielmehr in der Herstellung von lebensdienlichen Produkten und Dienstleistungen. Ein weiterer Zweck der Wirtschaft betraf die Schaffung von sinnerfüllten und auskömmlichen Arbeitsplätzen; Betriebsverfassung, Mitbestimmung und Tarifautonomie sollten für angemessene Arbeitsbedingungen und zufriedenstellende Arbeitseinkommen sorgen. Der soziale Friede galt als wichtige Antriebskraft für wirtschaftlichen Fortschritt und gesellschaftlichen Wohlstand. Die Ertragskraft des einzelnen Unternehmens und der wirtschaftliche Profit für Eigentümer oder Anteilseigner waren diesen Wirtschaftszwecken zugeordnet.

Seit der Freigabe der Devisenwechselkurse zu Beginn der Siebzigerjahre des 20. Jahrhunderts veränderten sich die Vorstellungen über den Sinn wirtschaftlichen Handelns. Diese Entwicklung mündete in die Behauptung, wirtschaftliches Handeln habe seinen Zweck allein darin, die Erwartungen der Anteilseigner zu befriedigen. Der Wert eines Unternehmens wurde infolgedessen nur noch am *shareholder value* gemessen (Rappaport 1999). Die Interessen der anderen *stakeholder* traten in den Hintergrund. Die Selbstbezüglichkeit des Wirtschaftsprozesses wurde programmatisch in der Aussage zusammengefasst, die soziale Verantwortung der Wirtschaftstätigkeit bestehe in der Steigerung der Profite (Friedman 1970). In dieser Aussage liegt der Kern des neoliberalen Projekts. Es erklärt die ausschließliche Orientierung am Profit zur entscheidenden und unerlässlichen Grundlage einer freien Gesellschaft; jeder weiter gefassten Vorstellung von sozialer Verantwortung wird dagegen Kollektivismus unterstellt. Zu erfolgreicher Unternehmensführung gehört es dieser Konzeption zufolge, sich von Unternehmensteilen zu trennen, die den *shareholder value* senken. Neue Unternehmensteile sollen nicht in erster Linie zur Produktpalette des Unternehmens passen und dessen Markenkern stärken, sondern den Ertrag für die Anteilseigner erhöhen. Oft setzten Unternehmen dadurch ihre gewachsene Identität aufs Spiel – bisweilen mit zerstörerischen Auswirkungen auf den Unternehmenswert.

Eine solche Entwicklung lässt sich nicht mit der «schöpferischen Zerstörung» gleichsetzen, die nach Josef Schumpeters Auffassung den Kapitalismus charakterisiert (vgl. Schumpeter 1972: 134). Wenn mit der Verbreitung des Autos die Absatzchancen für Pferdekarren zum Erliegen kommen, handelt es sich um eine andere Art «schöpferischer Zerstörung», als wenn ein Unternehmen durch die ausschließliche Orientierung am *shareholder value* seine Identität einbüßt.

Deshalb führten die Krisenentwicklungen an der Schwelle des 21. Jahrhunderts zu einer wachsenden Kritik an einer einseitigen Profitorientierung. Die Interessen aller Anspruchsberechtigten traten wieder stärker in den Blick, und die soziale Verantwortung wurde wieder gewürdigt. Nach wie vor darf der Profit nicht den einzigen Zweck wirtschaftlichen Handelns bilden; er ist vielmehr Mittel und Indikator erfolgreicher wirtschaftlicher Tätigkeit. Diese muss auf die Bereitstellung lebensdienlicher Produkte und Dienstleistungen gerichtet sein; es bleibt zugleich eine zentrale Aufgabe der Wirtschaft, Arbeitsplätze zu schaffen oder zu erhalten, durch die Menschen Zugang zu einer befriedigenden und auskömmlichen Arbeit haben (vgl. Kapitel 11).

Ebenen der Verantwortung

Ein Einverständnis über die wichtigsten Zwecke wirtschaftlichen Handelns ist jedoch alles andere als selbstverständlich. In wirtschaftsethischen Fragen prallen vielmehr konträre Auffassungen aufeinander. Wer in einer globalisierten Wirtschaftswelt erreichen will, dass das Gemeinwohl eine wichtige Richtschnur des Handelns bleibt, muss in den wirtschaftsethischen Kontroversen Position beziehen. Ist es aber überhaupt möglich, die Ethik zur Richtschnur wirtschaftlichen Handelns zu machen?

Ein verbreiteter Einwand besagt, dass eine Orientierung an ethischen Maßstäben nur vom Einzelnen erwartet werden könne. Um sein Handeln gehe es jedoch in der Wirtschaft nicht, denn sie bilde ein nach eigenen Gesetzen funktionierendes System. Wenn für das Funktionieren des Systems Veränderungen erforderlich seien, könnten sie nicht von den Einzelnen erwartet werden, sondern die Rahmenbedingungen des Systems müssten sich ändern (Homann 2007: 10 ff.). Die mit der gesellschaftlichen Differenzierung verbundene Logik zeigt sich nach dieser Betrachtungsweise nirgendwo so deutlich wie in der Wirtschaft (vgl. Luhmann 1988; Suchanek 2007). Moralische Appelle an das individuelle Verhalten sind in solchen Zusammenhängen kontraproduktiv, denn sie bringen Nachteile für das betreffende Unternehmen mit sich, ändern aber nichts an der Gesamtlage. Wer sich solchen moralischen Anforderungen entzieht, gerät in die Situation des *moral hazard*. Gemeint ist die Versuchung, den Vorteil zu nutzen, der sich aus der Bindung anderer an moralische Maßstäbe ergibt.

Die Idee des *moral hazard* stammt ursprünglich aus der Versicherungswirtschaft. Der Abschluss einer Versicherung kann den Versicherten dazu veranlassen, leichtfertiger mit Gefahren umzugehen. Gleichgültiger Umgang mit Gesundheitsrisiken kann durch die Erwartung gefördert werden, dass die Kosten von der Versicherung getragen werden. Auch wirtschaftliche Krisen und politische Interventionen sind durch das Dilemma des *moral hazard* geprägt. Finanzmarktakteure werden risikofreudiger, wenn sie damit rechnen können, dass ein anderer das Risiko trägt (vgl. Krugman 2008). Wenn der Zusammenbruch von Unternehmen oder Staaten ihrer Größe wegen nicht hingenommen werden kann *(too big to fail)*, kalkulieren die Verantwortlichen damit, dass sie im Krisenfall die nötige Unterstützung finden. Eine andere Form des *moral hazard* liegt schließlich vor, wenn einzelne Akteure durch die Verletzung rechtlicher oder moralischer Regeln einen Wettbewerbsvorteil erlangen, etwa durch das Ausbeuten von Arbeitskräften in Billiglohnländern oder das Einwerben von Aufträgen durch Bestechung.

Das Argument des *moral hazard* veranlasst manche Wirtschaftsethiker dazu, die Anwendung moralischer Maßstäbe auf die einzelnen Wirtschaftssubjekte für einen Kategorienfehler zu halten (Pies 2009). Die Probleme der politischen Rahmenregelung, so sagen sie, haben mit der ethischen Orientierung des Einzelnen nichts zu tun. Doch hier liegt eine abstrakte Entgegensetzung zwischen dem Einzelnen und dem System zugrunde. Die strukturellen Bedingungen eines Wirtschaftssystems ändern nichts daran, dass Menschen in ihm handeln. Sie berücksichtigen die strukturellen Gegebenheiten, orientieren sich aber zugleich an Regeln, die sich nicht aus dem Wirtschaftssystem als solchem ergeben. Zu ihnen gehören rechtliche Vorgaben des politischen Systems, Unternehmensziele und Unternehmenskultur, Vereinbarungen der betreffenden Branche, kulturelle Traditionen und gesellschaftliche Konventionen sowie schließlich persönliche Haltungen und Überzeugungen.

Dieses Geflecht lässt sich nicht auf Systemimperative reduzieren. Vielmehr müssen sich wirtschaftsethische Überlegungen auf vier Ebenen zugleich beziehen: die politische Ebene, die Ebene der Unternehmen oder anderer Organisationen, die Ebene gesellschaftlicher Mentalitäten und soziokultureller Orientierungen sowie schließlich die Ebene des Einzelnen (vgl. Huber 2010 sowie – mit der Unterscheidung zwischen Makro-, Meso- und Mikro-Ebene – Ulrich 2008). Reines Systemdenken wäre nicht dagegen gefeit, die Beteiligung an groben Verstößen gegen geltende Gesetze und Richtlinien – sogenannte *compliance*-Verstöße –

mit dem Argument des wirtschaftlichen Vorteils zu rechtfertigen; das Problem des *moral hazard* wäre dadurch gerade nicht gelöst. Auch noch so ausgefeilte politische Rahmenbedingungen entbinden den Einzelnen nicht von der Frage, wann für ihn die Grenze verantwortbaren Handelns überschritten ist. Die Forderung nach politischen Maßnahmen und nach Konsequenzen in den Unternehmen darf gerade nicht gegen die Verantwortung der Einzelnen und eine Klärung des gesellschaftlichen Paradigmas ausgespielt werden. Der Zusammenhang zwischen diesen vier Ebenen ist geradezu der Schlüssel für eine wirtschaftsethische Neuorientierung.

Ein solches Umdenken ist nur dann vorstellbar, wenn man auch in der Komplexität der modernen Welt mit Entscheidungsspielräumen rechnet, für die normative oder evaluative Orientierungen bedeutsam sein können. Auch innerhalb von langfristig wirksamen, unumkehrbar erscheinenden Trends wie der Globalisierung oder der demographischen Entwicklung in Wohlstandsländern lassen sich Korridore persönlicher wie institutioneller Entscheidungen offen halten. Wer innerhalb solcher Korridore bestimmte Handlungsweisen wählen und dafür Gründe namhaft machen will, braucht dafür Maßstäbe des Gerechten und des Guten, also normative und evaluative Orientierungen.

Eine Wertordnung wirtschaftlichen Handelns

In der globalisierten Wirtschaft zeigt sich die Pluralität der Wertorientierungen besonders intensiv. Wer in ihr bestehen will, braucht Klarheit über die eigene Wertebasis. Auf der Grundlage eigener Überzeugungen kann er mit anderen einen übergreifenden Konsens entwickeln, der gemeinsames Handeln ermöglicht (vgl. Rawls 1992: 293 ff.; siehe oben S. 16).

Der indische Nationalökonom Amartya Sen sieht einen möglichen wirtschaftsethischen Konsens in einer «Ökonomie für den Menschen» (Sen 2000). Eine freiheitliche Wirtschaftsordnung dient nach seiner Auffassung der Überwindung von Armut und fördert faire Entwicklungschancen. Wenn man wie Amartya Sen Armut als einen Mangel an Teilhabe- und Verwirklichungschancen versteht, ist es folgerichtig, die Behebung der Armut nicht von einer Entwicklungsdiktatur zu erhoffen, sondern auf eine Verbreiterung der Verwirklichungschancen durch Bildung, Beteiligungsgerechtigkeit und eine aktive Wirtschafts- und Sozialpolitik zu setzen (vgl. Kapitel 6 und 11).

Was kann christliche Ethik zu einem solchen übergreifenden Konsens beitragen? Auf dem Hintergrund der jüdisch-christlichen Überlieferung bringt sie in eine «Ökonomie für den Menschen» vor allem vier kulturelle Grundüberzeugungen ein: die Verpflichtung auf die gleiche Würde jedes Menschen, die Verantwortung für die Lebensbedingungen künftiger Generationen, die Haltung des «Habens, als hätte man nicht» und schließlich die Bewahrung und Erneuerung von Vertrauen.

1. Gleiche Würde

Die Überzeugung von der gleichen Würde jedes Menschen verpflichtet zu einem wirtschaftlichen Handeln, das die Menschenrechte der beteiligten Personen anerkennt. Die Überwindung von Armut und die Förderung des gesellschaftlichen Wohlstands sind dabei vorrangige Ziele; das gilt gerade dann, wenn Firmen aus reichen Ländern im Armutsgürtel der Erde tätig sind. Der Einsatz für die wirtschaftliche Entwicklung dieser Länder verträgt sich nicht mit menschenrechtswidrigen Arbeitsbedingungen, Kinderarbeit oder der Anpassung an rassistische Strukturen.

Die Orientierung an der gleichen Würde aller Menschen verpflichtet zum Einsatz für diejenigen, denen Gleichheit verweigert wird, insbesondere für die Gleichberechtigung von Frauen und Männern. Die Ausbeutung von Frauen durch unbezahlte Arbeit, ihre geringere Entlohnung und ihr Ausschluss von wirtschaftlicher Verantwortung lassen sich nicht mit kulturellen Gegebenheiten im jeweiligen Land rechtfertigen.

2. Nachhaltigkeit

Zum Respekt vor der gleichen Würde jedes Menschen gehört die Verantwortung für die Lebensbedingungen künftiger Generationen. Die Gerechtigkeit zwischen den Generationen schließt die Verpflichtung zur Nachhaltigkeit wirtschaftlichen Handelns ein. Das Prinzip der Nachhaltigkeit wurde ursprünglich für die Forst- und Landwirtschaft entwickelt. In der Wirtschaft geben insbesondere Familienunternehmen gute Beispiele für ein Denken in der Abfolge der Generationen. Angesichts der ökologischen Krise wurde das Prinzip der Nachhaltigkeit wiederentdeckt. Die Bearbeitung der Natur und der Respekt vor ihrer Würde lassen sich nur dann miteinander vereinbaren, wenn Menschen auf den ökologischen Fußabdruck ihres Handelns achten und die Natur nicht bloß als Gegenstand menschlicher Beherrschung, sondern als Raum menschlicher Verantwortung ansehen. Nachhaltigkeit meint jedoch mehr als nur ökologische Verantwortung. Inzwischen spricht man in der Regel von einem Dreieck der Nachhaltigkeit, in dem ökologische Verantwortung, wirtschaftliche Stabilität und soziale Gerechtigkeit miteinander verbunden sind. Die Lebenswelt der Menschen ist allerdings nicht nur durch die natürliche Umwelt sowie durch wirtschaftliche und soziale Faktoren geprägt, sondern der Mensch lebt auch als kulturelles Wesen in einer kulturellen Umwelt, die zu bewahren und weiterzuentwickeln zu den Grundpflichten jeder Generation gehört (vgl. Kapitel 7 und 18).

3. Haben, als hätte man nicht

Der Apostel Paulus hat die christliche Gemeinde in Korinth angesichts der für die nahe Zukunft erwarteten Wiederkunft Christi dazu aufgefordert, zu «haben, als hätten sie nicht»: Nicht nur auf den Gebrauch der Welt und das Anhäufen von Besitz bezog er diese Aufforderung, sondern auch auf das Weinen und die Freude, ja sogar auf die Ehe (1. Korinther 7, 29 ff.; vgl. Weinrich 2012: 102 ff.). Er konnte dieses Bild auch umkehren und den Christen, die unter Verfolgung litten und das Nötigste entbehrten, versichern, dass sie «nichts haben und doch alles haben» (2. Korinther 6,10). Auch über die Zeit einer unmittelbaren Naherwartung hinaus hat sich diese doppelte Aufforderung für das christliche Ethos bewährt. Es hat dazu beigetragen, von dem, was man hat, dankbar Gebrauch zu machen, aber die eigene Identität nicht an das Haben zu hängen. Bis in die moderne Literatur hinein hat sich dieses «Besitzen, als besäße man nicht» (Fülleborn 1995) als ein tragfähiges Motiv dafür erwiesen, mit dem eigenen Hab und Gut «nicht-possessiv» umzugehen, also nicht sein Glück davon abhängig zu machen. Das umgekehrte Motiv des «nichts Habens und doch alles Habens» will nicht Armut bagatellisieren und über die Bedürftigkeit des Mitmenschen gleichgültig hinweggehen. Diese Betrachtungsweise betont, dass Menschen, denen das Notwendigste fehlt, die gleiche Würde zukommt wie denen, die alles haben. Die Distanz gegenüber dem Haben ist also eine Voraussetzung für die Nähe zu den Menschen.

Das geschilderte Doppelmotiv lässt sich für ethische Überlegungen zum Umgang mit dem Geld fruchtbar machen. Geld soll Wirtschaft möglich machen und Menschen zu ihrem Lebensunterhalt verhelfen. Unter den Bedingungen des modernen Finanzmarktkapitalismus hat sich das Geld jedoch von dieser Funktion weit entfernt. Es ist in vielen Zusammenhängen zum Selbstzweck geworden und steht nicht mehr im Dienst der Wirtschaft, sondern hat die Herrschaft über sie angetreten. Die ständige Versuchung, dem Geld eine selbstzweckliche, ja eine religiöse Bedeutung zu geben, kann man an der Dollarnote ablesen. Sie nimmt durch die Aufschrift *In God we trust* nicht nur das Gottvertrauen als Unterpfand des Währungsvertrauens in Anspruch, sondern das Dollarzeichen ($) elementarisiert zugleich die Buchstabenfolge IHS: *In Hoc Signo*. Sie geht auf den römischen Kaiser Konstantin zurück, der vor seinem Sieg über Maxentius an der Milvischen Brücke im Jahr 312 eine Kreuzesvision hatte, die mit der Zusage verbunden war: «In diesem Zeichen wirst du siegen.» Die darin begründete Verbindung von Religion und politischer Macht transformierte sich im Zeichen für den Dollar in die Verbindung von Religion und wirtschaftlicher Macht (vgl. Braun 2012: 123. 148 f.).

Die notwendige Korrektur zielt darauf, Geld wieder als Mittel zu verstehen, und hat eine religionskritische Komponente. Sie beruht auf der Einsicht, dass Geld nicht Gott ist. Der Säkularisierung des Staates muss eine Säkularisierung des Geldes folgen. Sie ist vorgezeichnet in der biblischen Unterscheidung zwischen Gott und Geld, die der Unterscheidung zwischen Gott und politischer Herrschaft genau nachgebildet ist. Ebenso wie in Jesu Wort zur Steuermünze hervorgehoben wird, man solle dem Kaiser geben, was des Kaisers ist, und Gott, was Gottes ist (Matthäus 22, 21), so heißt es über das Geld: «Niemand kann zwei Herren dienen: Entweder er wird den einen hassen und den andern lieben, oder er wird an dem einen hängen und den andern verachten. Ihr könnt nicht Gott dienen und dem Mammon.» (Matthäus 6,24)

4. Vertrauen

Zu einer «Ökonomie für den Menschen» gehört Vertrauen. Als Grundregel für die Wahrung von Vertrauen gilt in der christlichen Tradition die Goldene Regel: «Was ihr wollt, dass euch die Leute tun sollen, das tut ihnen auch.» (Matthäus 7,12) Zu dieser Regel finden sich Parallelen in unterschiedlichen religiösen und kulturellen Traditionen. Sie beruht auf dem Grundsatz wechselseitiger Achtung, aus dem ein Verhalten der Gegenseitigkeit abgeleitet wird.

Die Verdrängung ethischer Gesichtspunkte kann man exemplarisch daran ablesen, dass der Begriff der Goldenen Regel in der Ökonomie eine ganz andere Bedeutung angenommen hat. Er bezeichnet entweder die Sparquote einer Volkswirtschaft, die im Idealfall der Kapitaleinkommensquote entspricht, oder den empfehlenswerten Anteil von Aktien an einem Wertpapierdepot. Die Goldene Regel ist damit aus einer ethischen Grundorientierung zu einer ökonomischen Handlungsmaxime geworden.

Ursprünglich bezeichnete sie die Vertrauenswürdigkeit im menschlichen Miteinander, von der kein Mensch ausgenommen ist; sie bezieht sich, um einen inzwischen geläufigen Ausdruck aufzunehmen, auf alle Anspruchsgruppen, auf alle *stakeholder*: Anteilseigner und Mitarbeitende, Kunden und Lieferanten, die allgemeine Öffentlichkeit. Sie muss sich in einem Verhalten zeigen, das anderen gegenüber Respekt ausdrückt und seinerseits Respekt verdient. Bestechung, Betrug und Korruption lassen sich deshalb nicht damit rechtfertigen, entsprechende Verhaltensweisen seien in einem bestimmten Umfeld gang und gäbe. Selbst dort, wo man eine solche Situation vorfindet, geht es, ethisch betrachtet, darum, solche Verhaltensweisen zu ächten, nicht sie zu übernehmen.

Manche Vorgänge erschüttern nicht nur das Vertrauen in einzelne wirtschaftliche Akteure, sondern in die Wirtschaft als Ganze. Zu diesem Vertrauensverlust tragen maßlose Managergehälter und Abfindungen, rücksichtslose Massenentlassungen sowie ebenso rücksichtslos wirkende Verkäufe und Käufe von Unternehmen oder Unternehmensteilen bei. Die einseitige Bevorzugung der *shareholder*-Perspektive hat eine systemische Vertrauenskrise zur Folge.

Auf die Frage, was Einzelne tun können, heißt die Antwort: Einzelne sind es, die Vertrauen verspielen; Einzelne müssen auch das Entscheidende dafür tun, dass es wiedergewonnen wird. Menschen mit klarer ethischer Haltung und sozialer Kompetenz sind deshalb die wichtigste Voraussetzung dafür, dass sich Vertrauen erneuert und das Konzept einer sozialen Verantwortung wirtschaftlicher Institutionen wieder Bedeutung gewinnt.

Wirtschaftsethische Klärungsprozesse

Die neuen Herausforderungen der globalisierten Wirtschaft erfordern eine Weiterentwicklung der Sozialen Marktwirtschaft hin zu einer sozialen, nachhaltigen und global verpflichteten Marktwirtschaft (EKD, Riss 2009; Huber 2010). Mit einer solchen Weiterentwicklung ist nicht eine leichtfertige Preisgabe tragender Prinzipien der Sozialen Marktwirtschaft gemeint. Ihre Erfolge werden aufs Spiel gesetzt, wenn die Aufgaben staatlicher Regulierung und Aufsicht aus Nachgiebigkeit gegenüber einem ungeregelten Kapitalismus vernachlässigt werden. Es muss auch in Erinnerung gerufen werden, dass im Konzept der Sozialen Marktwirtschaft alle Einkommensschichten vom Wirtschaftswachstum profitieren. Schließlich gehört zur Sozialen Marktwirtschaft die Bereitschaft, auf neue Wettbewerbssituationen mit neuen Initiativen zu reagieren. Von asiatischen Wirtschaftsführern werden die Europäer inzwischen gefragt, ob sie diese Grundsätze vergessen haben (Mahbubani 2012).

Initiativen, an die Stärken der Sozialen Marktwirtschaft anzuknüpfen und sie weiterzuentwickeln, sind in Gang gekommen. Dabei wird auch das Verhältnis zwischen Markt und Moral wieder zum Thema. *Corporate social responsibility* wird sogar zu einem Thema der internationalen Normungsdebatte (Deutsches Institut für Normung 2011). Als Grundsätze der gesellschaftlichen Verantwortung von Organisationen werden hervorgehoben: Rechenschaftspflicht, Transparenz, ethisches Verhalten, Berücksichtigung der Interessen verschiedener Anspruchsgruppen, Achtung der Rechtsstaatlichkeit, der internationalen Verhaltensstandards sowie der Menschenrechte. Vergleichbare Initiativen entwickeln sich in einzelnen Branchen. Solche Klärungsprozesse thematisieren insbesondere die Nachhaltigkeit wirtschaftlichen Handelns, die Integrität von Führungskräften, die Einbeziehung aller *stakeholder*, die Fairness und Transparenz von Geschäftspraktiken und schließlich die Berücksichtigung gesellschaftlicher Anliegen und Verpflichtungen.

Vertrauen wird nicht durch Reden gewonnen, das um Vertrauen wirbt, sondern durch Handeln, das Vertrauen verdient. Aber öffentlich wahrnehmbare Selbstverpflichtungen haben dafür eine erhebliche Bedeutung. Ein Beispiel für eine derartige Selbstverpflichtung bildet das «Leitbild für verantwortliches Handeln in der Wirtschaft», das 2010 auf

Initiative des Wittenberg-Zentrums für globale Ethik formuliert und von einer erheblichen Zahl von Wirtschaftsführern unterzeichnet wurde (Wittenberg-Zentrum für globale Ethik 2010).

Ethische Maßstäbe und die Dynamik des Finanzkapitalismus

Allgemeinen Maximen der Wirtschaftsethik wird der Einwand entgegengehalten, dass wohlmeinende ethische Vorschläge von der Dynamik des Finanzkapitalismus niedergewalzt werden. Mikroelektronik und Digitalisierung haben die Welt dramatisch verändert. Ungeahnte Kapazitäten zur Verarbeitung und Weiterleitung von Daten traten in den Dienst einer globalen Ökonomie. Sie orientierte sich stärker an den finanzmathematischen Risikomodellen von Rating-Agenturen als an der von Erfahrung geleiteten menschlichen Urteilsfähigkeit. Die Möglichkeiten, durch Risikobereitschaft hohe Gewinne zu erzielen, haben sich auf diesem Wege vervielfacht. In der Zukunft erwartete Preisveränderungen von Rohstoffen oder Devisen werden in Gewinnmargen umgesetzt, Schulden werden in Wertpapiere umgewandelt und meistbietend verkauft. Man kann auch auf Kursverluste von Aktien spekulieren oder an der drohenden Insolvenz von Staaten verdienen.

Innerhalb weniger Jahrzehnte ist der Handel mit derartigen Finanzderivaten zum weltweit größten Markt überhaupt angewachsen. Er umfasst heute ein Vielfaches des Handels mit Verbrauchsgütern auf dem Globus. Preise beziehen sich nicht mehr auf Waren und Dienstleistungen, sondern wieder auf Preise: «Hier werden gegenwärtige Preise für Nichtvorhandenes nach der Erwartung künftiger Preise für Nichtvorhandenes bemessen. Hier werden Preise mit Preisen bezahlt. Die Preise sind ... von der Bindung an materielle Lasten und Beschwernisse befreit und rechtfertigen den Titel eines selbstreferentiellen Marktgeschehens.» (Vogl 2010: 94)

Von den Finanzmärkten gehen riesige Chancen für eine wohlhabende Minderheit aus; vor allem aber erzeugen sie gewaltige Gefahren für alle. Das hat sich in der Finanzmarktkrise der Jahre 2007 bis 2009 ebenso gezeigt wie in der an sie anschließenden Staatsschuldenkrise.

Die Glücksverheißungen des virtuellen Geldes kollidieren mit der gegenläufigen Realität von Hunger, Armut und Ungleichheit. Ein globalisierter Reichtum kontrastiert mit der Tatsache, dass fast vierzig Prozent der Menschheit noch immer mit weniger als zwei Dollar am Tag auskommen müssen und dass nahezu eine Milliarde Menschen hungern. Diese Entwicklung zeigt: «Der individuelle Eigennutz ... kann isoliert zum zerstörerischen Egoismus verkommen. Über die politische und wirtschaftliche Rahmensetzung hinaus ist es eine kulturelle Aufgabe, dem Eigennutz eine gemeinwohlverträgliche Gestalt zu geben. Die Balance zwischen persönlichem Wohlergehen und sozialer und ökologischer Verantwortung geht jeden an.» (EKD, Riss 2009: 8)

Zerstört wurde die Verbindung des Eigennutzes mit dem Gemeinwohl vor allem durch die Entkoppelung von Risiko und Haftung; damit wurde ein Grundprinzip jeder Freiheitsordnung außer Kraft gesetzt, nämlich das Prinzip individueller Verantwortung. Banken, die sich aus der Verantwortung gegenüber ihren Kunden wie gegenüber der Gesellschaft gelöst hatten, wurden als systemrelevant eingestuft und deshalb mit Hilfe von Steuergeldern gerettet.

Die Eigendynamik, die ein verselbständigter Turbokapitalismus angenommen hat, ist kein Gegenargument gegen das Beharren auf ethischen Maßstäben wirtschaftlichen Handelns. Sie unterstreicht vielmehr die Notwendigkeit solcher Maßstäbe. Vor allem zeigt sie die Dringlichkeit, darüber einen möglichst weitgehenden Konsens zu erreichen.

Regulierungen der Finanzmärkte sind aus der hier vertretenen ethischen Perspektive nicht als Einschränkungen der Freiheit, sondern als Bewahrung der Freiheit anzulegen und zu verstehen, denn zur Freiheit gehört die Zusammengehörigkeit von Risiko und Haftung. Deshalb müssen die Finanzmärkte so geordnet sein, dass Einzelne nicht Risiken auslösen dürfen, für deren Folgen sie nicht selbst einstehen können. Eine ausreichende Eigenkapitaldeckung ist dafür ebenso notwendig wie das Verbot von Finanzmarktprodukten mit undurchschaubaren Risiken. Soweit die Staaten in Notsituationen mit Zwischenfinanzierungen aushelfen müssen, ist die dafür erforderliche Summe aus einer Besteuerung der Finanzmärkte selbst aufzubringen; eine Transaktionssteuer ist dafür ein naheliegender Weg. Für solche Regulierungen ist ein möglichst weitgehender internationaler Konsens anzustreben, denn sonst erweisen sie sich leicht als stumpfes Instrument, das diejenigen begünstigt, die in Ländern ohne solche Regulierungen tätig sind oder in diese Länder ausweichen.

Zudem kommt es in diesem wie in vergleichbaren Fällen nicht nur darauf an, *dass* reguliert wird; entscheidend ist, *wie* reguliert wird. Deshalb ist eine möglichst breite und sachkundige Debatte über diese Regulierungen wünschenswert; wenn sich Finanzmarktakteure und Wissenschaftler dieser Debatte entziehen, verspielen sie, ethisch betrachtet, auch das Recht, an der Qualität der schließlich gefundenen Regeln Kritik zu üben. Doch unabhängig von einer solchen interessenpolitischen Verweigerung bleibt festzuhalten, dass nicht Regelungen als solche, sondern nur problemadäquate und wirksame Regelungen ethisch zu bejahen sind. Solche Regelungen aber sind von hoher Dringlichkeit.

13. Wissenschaft
Dürfen wir alles, was wir können?

1957 erklärte eine Gruppe deutscher Atomphysiker, unter ihnen Otto Hahn, Werner Heisenberg und Carl Friedrich von Weizsäcker, sie würden sich an der Entwicklung und Herstellung von Atomwaffen in Deutschland nicht beteiligen, und sie warnten vor den Gefahren eines Kriegs mit atomaren Massenvernichtungswaffen. Sie hatten als Wissenschaftler erfahren, wie ein Problem sich dramatisch verschärfte, auf das schon der schwedische Chemiker Alfred Nobel gestoßen war. Nobel hatte nicht nur das Dynamit entwickelt, sondern mit dem rauchschwachen Pulver Ballistit auch die militärische Schusstechnik revolutioniert; in bestem Glauben hatte er das mit der Annahme verbunden, starke Vernichtungswaffen würden die Menschen am wirkungsvollsten vom Krieg abhalten. Später allerdings, nachdem sein Pulver viele Menschen das Leben gekostet, ihm aber ein großes Vermögen eingetragen hatte, wurde er zum Kriegskritiker und stiftete mit seinem Reichtum die nach ihm benannten Preise, unter anderem den Friedensnobelpreis.

Vor einem ähnlichen Problem, nun aber von noch gesteigerten Dimensionen, standen die Atomphysiker, die zum einen Teil an der Entdeckung der Uranspaltung, zum anderen an der ergebnislos abgebrochenen Entwicklung einer deutschen Vernichtungswaffe beteiligt waren. Sie hatten den ersten Einsatz von Atomwaffen in Hiroshima und Nagasaki erlebt und wussten deshalb, dass es sich um Massenvernichtungswaffen handelte. Vor deren Weiterentwicklung sowie vor ihrem drohenden Einsatz wollten sie warnen. Deshalb erklärten sie, dass sie sich an einem solchen Weg nicht beteiligen würden (Weizsäcker 1981: 29 ff.).

Diese Erklärung bildet in Deutschland den Ursprung der Rede von der Verantwortung der Wissenschaft in einem modernen Sinn. Sie gab den Anstoß zur Gründung der Vereinigung Deutscher Wissenschaftler, die sich diesem Thema widmete. Die Wissenschaft, so hieß die tragende Überzeugung, ist nicht nur verantwortlich für die Objektivität ihrer Methoden und die Nachprüfbarkeit ihrer Ergebnisse; sie trägt vielmehr auch Verantwortung für die Folgen ihrer Forschungen. Die Folgenabschätzung wissenschaftlicher Aktivitäten und die Mitverantwortung für die Konsequenzen aus wissenschaftlichen Erkenntnissen bilden damit zentrale Elemente des wissenschaftlichen Ethos.

Diese Denkweise hat seit der Göttinger Erklärung erheblich an Bedeutung gewonnen. Neben die Kernspaltung trat insbesondere der Fortschritt in den Biowissenschaften. Die Entwicklung der künstlichen Befruchtung und des Embryotransfers, der zum ersten Mal 1987 gelang, war ebenso grundlegend wie die Gentechnologie, die gentechnische Veränderungen am Menschen möglich machte. Hatte Walter Benjamin noch vom «Kunstwerk im Zeitalter seiner technischen Reproduzierbarkeit» gesprochen (Benjamin 1963: 7 ff.), so musste nun vom «Menschen im Zeitalter seiner technischen Reproduzierbarkeit» die Rede sein. Mit der Herstellung menschlicher Embryonen in der Petrischale stellte sich auch die Frage, ob mit menschlichen Embryonen experimentiert und an ihnen geforscht werden darf.

Folgenabschätzung und Würdeschutz

Mit dem Streit um die Forschung mit embryonalen Stammzellen nahm die Debatte um die Verantwortung der Wissenschaft eine neue Dimension an. Nicht nur die Folgenabschätzung bildet nun eine wichtige Dimension der Forschungsethik, sondern ebenso die Abschätzung der Bedeutung bestimmter Forschungsaktivitäten für den Schutz der Menschenwürde. Nun muss gefragt werden, ob der Mensch auch bei solchen Aktivitäten als Person geachtet oder als bloße Sache behandelt wird. Das schließt die Frage ein, ab wann der Mensch Person ist und wie weit der Schutz der menschlichen Würde reicht. Damit zeigt sich, dass es sich hierbei keineswegs nur um naturwissenschaftliche und technische Fragen handelt. Vielmehr sind mit den neuen wissenschaftlichen Herausforderungen Grundfragen des kulturellen Selbstverständnisses sowie komplexe ethische und rechtliche Fragen verbunden.

Beispielhaft zeigt sich das an der Entwicklung zur synthetischen Biologie. Mit der Entwicklung synthetischer Zellen verbinden sich kühne Hoffnungen: treffgenaue Grippeimpfstoffe, synthetisch erzeugte Nahrungsmittel und neuartige Treibstoffe. Der schnell erhobene Vorwurf, die damit befassten Wissenschaftler wollten «Gott spielen», trägt wenig zur Klärung bei. Ein solcher Vorwurf zeugt, wie Jens Reich bemerkt hat, von einer sehr «armseligen Vorstellung von Gott» (Reich 2010). Doch ob die fortschreitenden Möglichkeiten, Leben synthetisch herzustellen, verheißungsvoll oder bedrohlich sind, ist beim gegenwärtigen Wissensstand schwer einzuschätzen; fatalerweise müssen, folgt man dem Rat von Jens Reich, auch die Skeptiker die sich abzeichnenden wissenschaftlichen Wege mitgehen, denn nur dann verfügen sie über die Voraussetzungen dafür, sich gegen eventuell auftretende Gefährdungen abzuschirmen.

Die ethische Reflexion über solche Entwicklungen ist ebenso auf Offenheit angewiesen wie auf klare Maßstäbe. Unbedachte Fortschrittsfeindlichkeit ist ebenso unangebracht wie blinder Fortschrittsoptimismus. Die Diskussion über die Maßstäbe zur Beurteilung neuer Forschungsergebnisse ist ebenso notwendig wie eine sorgfältige Abwägung ihrer möglichen Konsequenzen. Viele Urteile, mit apodiktischer Eindeutigkeit vorgebracht, tragen allerdings nur hypothetischen Charakter. In manchen Fällen gingen die problematischen Resultate von Forschungsergebnissen über das ursprünglich Befürchtete weit hinaus, wie die Massenvernichtungswaffen zeigen. In anderen Fällen macht man inzwischen von Forschungsresultaten, die man ursprünglich eher für Teufelszeug hielt, selbstverständlichen Gebrauch, etwa von künstlich hergestelltem Insulin. Die Katastrophenstimmung, mit der Zivilisationskritiker der ersten Eisenbahn entgegentraten, kann zur Vorsicht vor übertriebener Skepsis mahnen; die Tatsache, dass in Europa menschliche Embryonen nicht zur Reproduktion menschlichen Lebens, sondern zu Forschungszwecken hergestellt werden, ist dagegen nach wie vor Grund zu größter Wachsamkeit.

Es ist deshalb notwendig, ohne falsche Dramatisierung ethische Sensibilität zu wecken und die persönliche wie die gemeinsame Urteilsbildung zu fördern. Es geht darum, sich über die notwendigen rechtlichen Rahmenregelungen zu verständigen, ohne die persönliche Verantwortung der einzelnen Forscher wie die gemeinsame Verantwortung der Forschung unwirksam zu machen.

Die Frage nach der Verantwortung der Forschung kam zuallererst aus der Wissenschaft selbst. Die Auswirkungen ihres Tuns auf die Gesellschaft im Blick zu behalten bleibt auch in Zukunft eine ihrer wichtigsten Aufgaben.

Forschung und Freiheit

Schon in der Renaissance etablierte sich die Reflexion auf das Ethos des Forschens als Diskurs in der Gelehrtenrepublik. Die Wissenschaftsethik ist insofern ein integraler Bestandteil jeder Wissenschaftstheorie. Dies bedeutet nicht, dass andere Teile der Öffentlichkeit sich aus dieser Frage heraushalten müssten. Aber die Wissenschaft hat sich mit dieser Frage auch dann zu befassen, wenn sie nicht von außen an sie herangetragen wird. Aus diesem Selbstverständnis heraus hat sich im 20. Jahrhundert eine Theorie der Wissenschaft entwickelt, die an der Wahrheitserkenntnis um ihrer selbst willen ausgerichtet ist. In diese Tradition stellte sich noch Max Weber, als er im Jahr 1917 «Wissenschaft als Beruf» beschrieb. Intellektuelle Rechtschaffenheit war die einzige Tugend, die er im Hörsaal gelten lassen wollte (Weber 1994: 23). Eine möglichst weitgehende Zurückhaltung in allen Werturteilen und der Verzicht auf alle politische Parteinahme waren die für ihn unausweichlichen Konsequenzen. Die Professionalität des Wissenschaftlers verband er mit einer spezifischen, jeder Profession mitgegebenen Selbstbegrenzung. Wer in der Wissenschaft seine Bestimmung sieht, so seine Überzeugung, ist auch verpflichtet, sich innerhalb der Wissenschaft zu bewegen.

Die Wahrheitsbindung der Wissenschaft lässt sich auch durch den Hinweis auf die Vielfalt der Wahrheitstheorien nicht außer Kraft setzen, denn auch Versuche, den Wahrheitsbezug der Wissenschaft zu bestreiten, sind nur dann «ernst zu nehmen, wenn sie selbst den Anspruch auf Wahrheit erheben, also das stillschweigend voraussetzen, wogegen sie sich richten, nämlich die Idee der Wahrheit» (Küppers 2012: 49). Angesichts der offenkundig vielfältigen Zugänge zur Wahrheit mutet es freilich geradezu naiv an, wenn pauschal erklärt wird, dass nur «wissenschaftliches Wissen» eine Grundlage für wissenschaftsethische Normen bieten kann (Küppers 2012: 50). Vielmehr ist auch für die Wissenschaftsethik die «Unabhängigkeit der Moral» zu berücksichtigen, die nicht auf vermeintlich neutrale Maßstäbe der Wissenschaft oder auf empirische Befunde zurückgeführt werden kann (Dworkin 2012: 140). Deshalb haben philosophische und theologische Interpretation und Reflexion für die Wissenschaftsethik eine eigenständige Bedeutung.

Das Ethos einer Wissenschaft, die sich der Wahrheit verpflichtet weiß, ist an die Bedingung menschlicher Freiheit gebunden. Das Ideal wissenschaftlicher Objektivität lässt sich nur aufrechterhalten, wenn der Prozess des Forschens von fremder Bestimmungsmacht freibleibt. Doch die Zusammengehörigkeit von Forschung und Freiheit wurde in der Neuzeit auch darin gesehen, dass die Fortschritte der Forschung der Entfaltung menschlicher Freiheit zugute kommen. In der Sattelzeit der Moderne, also zwischen der Mitte des 18. und des 19. Jahrhunderts (Koselleck 1972: XV), wurden Forschung und Freiheit durch den Begriff des Fortschritts miteinander verbunden. Die Freiheit des Menschen wurde als Unabhängigkeit von den Zwängen der Natur definiert; der entscheidende Maßstab für den Fortschritt der Erkenntnis wurde darin gesehen, ob er die Menschen von den «Mühseligkeiten der menschlichen Existenz befreie», wie Bertolt Brecht es in seinem «Leben des Galilei» ausdrückte (Brecht 1967: 1340).

In dem Maß, in dem die naturwissenschaftlich fundierte Technik alle Lebensbereiche veränderte, verstärkte sich aber auch deren Eigenbedeutung. Das «naturwissenschaftliche Zeitalter», von dem der Industrielle Werner von Siemens und der Mediziner Rudolf Virchow im späten 19. Jahrhundert programmatisch sprachen (Siemens 1886; Virchow 1893), machte seine Deutungsmacht auch gegenüber der Kultur geltend: Naturerkenntnis wurde als Kulturfortschritt verstanden. Deren Förderung machte neue Formen der Forschungsorganisation nötig. Während langfristig angelegte geisteswissenschaftliche Forschungsvorhaben vor allem in wissenschaftlichen Akademien angesiedelt wurden, entstanden für die nach vorn drängenden Naturwissenschaften staatlich geförderte Forschungsinstitute sowie industrielle Forschungs- und Entwicklungsabteilungen. Das Kriterium der wirtschaftlichen Verwertbarkeit war dabei nicht nur für die industriell finanzierte, sondern auch für die staatlich unterstützte Forschung von ständig wachsender Bedeutung.

Von der programmatischen Verknüpfung zwischen Forschung und Freiheit blieb auf diesem Weg vor allem das Postulat der Forschungsfreiheit übrig. Die innere und äußere Freiheit des Forschers in der Definition seines Untersuchungsgegenstandes und in der Wahl des Forschungsweges wie auch im Recht zur Veröffentlichung seiner Untersuchungsergebnisse ist im Grundsatz als forschungsethisches Prinzip weithin anerkannt. In der Bundesrepublik Deutschland ist es aus guten Gründen seit 1949 mit Verfassungsrang ausgestattet. Nach dem Missbrauch von Forschung während des nationalsozialistischen Regimes war dies eine Weichenstellung von großer Tragweite.

Mit den beiden Wertentscheidungen der Objektivität und der Forschungsfreiheit ist jedoch die Suche nach Kriterien der Wissenschaftsethik keineswegs abgeschlossen, denn als selbstverständlich gelten diese beiden forschungsethischen Prinzipien nur für prozesshaft verfahrende Forschungen, bei denen sich das Ergebnis im Forschungsvollzug herausstellt und nicht im voraus geplant wird. Heute dagegen erweitert sich gerade derjenige Bereich der Forschung, der nicht prozesshaft, sondern resultathaft ausgerichtet ist (vgl. Huber, Wissenschaft 2006: 172 ff.).

Am Resultat orientierte Forschung

In dieser Art von Forschung soll für ein vorweg definiertes Resultat durch Entdeckung und Experiment der günstigste Weg gefunden werden. Wissenschaft ist nicht mehr generell dem Ziel der Wahrheitserkenntnis verpflichtet, sondern an bestimmten Zwecken orientiert. Forschungen dieser Art sind in aller Regel in einen dichten internationalen Wettbewerb eingebunden. Die Resultat- und Konkurrenzorientierung der Forschung droht in solchen Fällen die Maßstäbe zweckfreier Objektivität sowie der inneren und äußeren Forschungsfreiheit zu überlagern.

Der Siegeszug dieser resultathaft verfahrenden Forschung ist beeindruckend. Die Informationstechnologien und die Lebenswissenschaften sind dafür kennzeichnend. Die Nanotechnologie tritt ihnen selbstbewusst zur Seite. In das subjektive Lebensgefühl wie in die Struktur der Gesellschaft greifen besonders die Entwicklungen in den Lebenswissenschaften und speziell in der Medizin tief ein, wie die rasche Erhöhung der durchschnittlichen Lebenserwartung und der Alterswandel der Gesellschaft zeigen. Der wissenschaftliche Fortschritt hat die Lebensverhältnisse in einem Umfang und in einem Tempo verändert, die niemand vorausgesagt hat. Dieser Wandel wird sich auch in Zukunft fortsetzen.

Unbewältigt ist die Ambivalenz dieser Veränderungen. Daraus erklärt sich der neue Ruf nach einer Ethik der Forschung, insbesondere nach einer ethischen Bewertung der Entwicklungen in den Lebenswissenschaften. Deren Fortschritte werden von massiver Wissenschaftsskepsis begleitet. Sie richtet sich auf die Folgen, die mit solchen Resultaten verbunden sind oder sein können. Eindeutigkeit über diese Folgen gewinnt man oft erst dann, wenn sie gar nicht mehr beeinflusst werden können.

Bei solchen Überlegungen bildet der philosophische Vorstoß von Hans Jonas aus dem Jahr 1979 einen wichtigen Bezugspunkt. Jonas hat die Verantwortung, die er als leitendes Prinzip nicht nur der Wissenschaft selbst, sondern allen Handelns im wissenschaftlich-technischen Zeitalter betrachtete, konsequent als Folgenverantwortung konzipiert. «Handle so, dass die Folgen deines Handelns vereinbar sind mit der Permanenz echten menschlichen Lebens auf Erden», so hieß sein Kategorischer Imperativ, sein moralisches Credo (Jonas 1979: 36). Die weitreichenden Wirkungen wissenschaftlicher Entdeckungen und der von ihnen bestimmten technischen Innovationen lassen dieses Credo sehr plausibel erscheinen. Für eine Wissenschaft, die ihrer Verantwortung gerecht werden will, stellt sich die Aufgabe, künftige Folgen abzuschätzen und das Ergebnis in gegenwärtige Entscheidungen einzubeziehen. Nachhaltigkeit wird zu einem Prüfmaßstab nicht nur für politische Entscheidungen, sondern auch für wissenschaftlich-technische Innovationen.

Vor einer einseitigen Betonung des von Jonas formulierten Imperativs muss man aber zugleich warnen. Da die künftigen Folgen gegenwärtiger Handlungen immer nur mit einem erheblichen Maß an Unsicherheit vorausgesagt werden können, verwandelt dieses Kriterium, wenn es absolut gesetzt wird, die wissenschaftsethische Diskussion weithin in einen Streit über die Folgenabschätzung, in dem man sich wechselseitig Alarmismus beziehungsweise Verharmlosung vorwirft. Es kann durchaus auch problematisch sein, wenn man Hypothesen über die Zukunft zum maßgeblichen Kriterium für die Rechtfertigung oder Verwerfung von Handlungen macht. Es ist deshalb unumgänglich, auch die Frage zu stellen, ob Handlungen in sich selbst rechtfertigungsfähig sind, denn darin liegt ein nicht zu vernachlässigender Maßstab dafür, ob sie in ihren Folgen gerechtfertigt werden können.

Handlungen, die im Blick auf ihre Folgen problematisch sind, bieten häufig in sich selbst Anlass zu ethischen Zweifeln. Maßnahmen beispielsweise, die durch hohen Ressourcenverbrauch gekennzeichnet sind, verdienen Kritik nicht nur, weil sie auf künftige Generationen negative Auswirkungen haben, sondern auch, weil sie die Ungleichheit der Ressourcenbeanspruchung unter den gleichzeitig Lebenden verstärken.

Die Wissenschaftsskepsis, von der die Forschungsfortschritte unserer Zeit begleitet sind, richtet sich aber nicht nur auf die Auswirkungen dieser Forschung auf die Umwelt des Menschen, sondern auch auf die Veränderungen im Verständnis des Menschen selbst als einer freien, verantwortungsfähigen, auf wechselseitige Anerkennung angelegten Person. Die Debatte handelt im Kern davon, wann die Grenze überschritten ist, jenseits derer der Mensch als Sache, nicht als Person betrachtet wird. Die Frage, wie Forschung im Augenblick ihrer größten Erfolge zugleich die Fähigkeit zur Selbstbegrenzung bewahren kann, stellt sich auf neue Weise.

Wissenschaft als Wahrheitssuche

Trotz der Verlagerung des Interesses auf resultathaft verfahrende Wissenschaften bleibt die Einsicht bestehen, dass Wissenschaft in ihrem Kern eine «methodisch kontrollierte Suche nach Wahrheit» ist (Schockenhoff 2000: 207 ff.). Deshalb führt eine Einschränkung der wissenschaftsethischen Reflexion auf die Naturwissenschaften in die Irre. Vielmehr behalten die Geisteswissenschaften dadurch eine hohe Bedeutung, dass sie Dimensionen des Wahrheitsbewusstseins repräsentieren, die über den Bereich des Messbaren hinausweisen. Auf dem Weg der Interpretation erschließen sie den Zugang zu normativen Traditionen, die für das Nachdenken über verbindliche Wertorientierungen unentbehrlich sind. Für die Geistes- wie für die Sozialwissenschaften ist die kritische Reflexion ihrer eigenen Vorverständnisse und des sie leitenden Gesellschaftsbildes unentbehrlich. Die Bereitschaft zur Selbstkritik verbindet geradezu das Wissenschaftsethos empirisch verfahrender und interpretierender Wissenschaften. Auch für die Naturwissenschaften hat sich trotz allen Fortschritts der Gedanke als irrig erwiesen, dass die Wissenschaft sich der Wahrheit immer mehr annähert; vielmehr ist die Wahrheit für die Wissenschaft kritischer Maßstab, nicht erreichbares Ziel. Gerade weil sie auf die Idee der Wahrheit bezogen ist, erweist sich Wissenschaft als ein unabschließbarer Prozess. Mit ihrem Wahrheitsbezug weist sie über den Bereich des empirisch Feststellbaren hinaus; schon der methodische Zugriff auf den jeweiligen Erkenntnisgegenstand ist durch erkenntnisleitende Fragestellungen bestimmt, die mit einer vorausgesetzten Idee der Wahrheit verbunden sind. In der Wissenschaft bleiben die Dimensionen des Erklärens und des Deutens miteinander verbunden. Nicht nur die Nützlichkeit von Resultaten, sondern auch die Erschließung von Sinn ist der wissenschaftlichen Anstrengung wert.

Ohne die Orientierung an der Idee der Wahrheit hingen die Grundforderungen der Wissenschaftsethik in der Luft. Sie würden dann zu bloßen «Funktionsnormen» (Bayertz 1988: 16 f.), hätten also lediglich eine pragmatische, aber gerade keine moralische Bedeutung. Es handelte sich um instrumentelle Regeln, die aus Zweckmäßigkeitsgründen zu befolgen sind, nicht um moralische Regeln von universaler Geltung. Folgerichtig könnten sie dann außer Kraft gesetzt werden, wenn sie sich als «unpraktisch» erwiesen. Ohne den Zusammenhang von Wahrheit und Wahrhaftigkeit lassen sich die zentralen wissenschaftsethischen Gebote und Verbote nicht verstehen. Sie konzentrieren sich nämlich auf die allgemeine Zugänglichkeit und Nachprüfbarkeit wissenschaftlicher Erkenntnisse einerseits und das Verbot von geistigem Diebstahl und Täuschung andererseits (Schockenhoff 2000: 228 ff.).

Wissenschaft im Dienst des Lebens

Nirgendwo werden die Begriffe «Wissenschaft» und «Leben» enger miteinander verknüpft als im Begriff der «Lebenswissenschaft», der «life science». Im Deutschen wurde der Begriff der Lebenswissenschaft zuerst auf die Ethik angewandt (Markschies 2005: 5). Der Göttinger Popularphilosoph Christoph Meiners erläuterte im Jahr 1801 sein Verständnis der Ethik dadurch, dass er sie als «Lebenswissenschaft» bezeichnete. Für die Naturwissenschaften dagegen wurde das Wort erst mehr als einhundert Jahre später gebraucht: 1930 bezeichnete der Wiener Biologe Ludwig von Bertalanffy die Biologie als «Lebenswissenschaft»; davon ausgehend entwickelte er eine Systemtheorie, die darauf zielte, die Trennung von Natur- und Geisteswissenschaften zu überwinden (Markschies 2005: 6 f.). Hier beginnt bereits eine Tendenz, den Begriff der Lebenswissenschaften zu entgrenzen, und es gibt in der Wissenschaft eigentlich nichts mehr, was nicht auch als Lebenswissenschaft bezeichnet werden könnte: nicht nur Biologie und Medizin, sondern auch Agrar- und Forstwissenschaften, aber auch Literaturwissenschaft, Geschichte, Theologie und andere mehr.

Es geht hierbei nicht um einen Vorteil in der Hierarchie der Wissenschaften und damit ihrer finanziellen Förderung. Wichtiger ist die wissenschaftstheoretische Aussage, die in der Bezeichnung als Lebenswissenschaft enthalten ist, denn sie beruht auf der Voraussetzung, dass das Verhältnis menschlichen Handelns und deshalb auch wissenschaftlicher Erkenntnis zum Leben und zum Tod nicht symmetrisch ist.

Zwar kann man gegenwärtig auf Deutungen der menschlichen Selbstbestimmung stoßen, nach denen diese in gleicher Weise auf den Tod wie auf das Leben gerichtet ist (vgl. Kapitel 20). Doch die Aufgabe, mit dem Tod als der Grenze des Lebens umzugehen, steht selbst im Dienst des Lebens. Dass die Medizin sich der Aufgabe stellt, unnötiges Leiden und Sterben zu vermeiden und die Todesgrenze hinauszuschieben, lässt sich nur aus einem Vorrang des Lebens vor dem Tod erklären. Auch in der religiösen Vorstellung einer Auferstehung der Toten kommt dieser Grundzug zur Geltung. Der Vorrang des Lebens vor dem Tod begründet eine Lebensgewissheit, die durch Zuversicht und Hoffnung bestimmt ist.

Auch für die Wissenschaft ist eine solche elementare Lebensgewissheit von großer Bedeutung. Zwar werden Wissenschaftler methodisch zur Skepsis angehalten, doch der Antrieb all ihres Tuns ist die Zuversicht, Wahrheit zu erkennen, bisher Unerklärtes zu erklären und bisher Unverstandenes zu verstehen. Wissenschaft ist darauf ausgerichtet, Grenzen zu überschreiten, die der Erkenntnis bisher gesetzt sind; doch sie steht im Dienst des Lebens, dessen Grenzen hinausgeschoben, jedoch nicht aufgehoben werden können.

Unter ethischer Perspektive hat deshalb nicht nur der Wahrheitsbezug, sondern auch die Nützlichkeit von Forschungsresultaten eine positive Bedeutung. Diese ergibt sich aus der Orientierung menschlichen Handelns am Mitmenschen und an der Frage, was ihm zugute kommt. So wird die Chance, neue Heilungsmöglichkeiten für bisher unheilbare Krankheiten wie Alzheimer, Parkinson, Herzinfarkt oder Multiple Sklerose zu finden, als Begründung für neuartige Forschungsmethoden herangezogen. Dies geschieht grundsätzlich zu Recht. Doch der Verweis auf Möglichkeiten des Heilens und Helfens darf nicht zur Rechtfertigung von Handlungen dienen, durch die der Mensch nicht mehr als Person geachtet, sondern verdinglicht wird. Deshalb ist ethisch zu fordern, dass zu solchen wissenschaftlichen Vorgehensweisen, die wegen der Gefahr der Verdinglichung des Menschen problematisch sind, Alternativen gesucht werden, die dieser Gefahr nicht oder weniger ausgesetzt sind. Die Forschung mit adulten statt mit embryonalen Stammzellen oder der Zugang zu Stammzellen mit vergleichbaren Eigenschaften ohne den Weg über die Herstellung menschlicher Embryonen sind Beispiele hierfür.

Wissenschaft und die Verführbarkeit des Menschen

Die Fortschritte der Wissenschaft sind zugleich eindrucksvoll und verführerisch. Sie können Menschen dazu verleiten, die Herrschaft über das Leben oder gar über das Universum für sich in Anspruch zu nehmen. Wenn Wissenschaft angesichts ihrer ausgreifenden Möglichkeiten menschliches Maß bewahren soll, muss der Mensch zwischen sich und Gott unterscheiden können. Moderne Wissenschaft macht für diese Unterscheidung keineswegs blind; sie kann für sie sogar die Augen öffnen – unter der Voraussetzung, dass auch in moderner Wissenschaft die Bereitschaft zu epistemischer Demut (also zur Demut im Blick auf das eigene Wissen) gewahrt bleibt. Auch wenn wir die Grenzen des Wissens in erstaunlicher Weise hinausschieben, werden wir niemals alles wissen. Epistemische Demut meint die Erkenntnis, dass unser Wissen immer Stückwerk bleibt. In der Sprache des Glaubens ist es Gott vorbehalten, dem fragmentarischen Charakter menschlichen Wissens ein Ende zu machen: «Wir sehen jetzt durch einen Spiegel ein dunkles Bild; dann aber von Angesicht zu Angesicht. Jetzt erkenne ich stückweise; dann aber werde ich erkennen, wie ich erkannt bin.» (1. Korinther 13,12)

So endlich wie die Freiheit des Menschen ist auch seine Vernunft, die zwar in den Dienst der Erkenntnis gestellt werden kann, aber niemals aus eigener Kraft zu vollkommener, unbegrenzter Erkenntnis durchzudringen vermag. Die Einsicht in die Endlichkeit und Geschichtlichkeit der Vernunft hat zum Siegeszug der neuzeitlichen Wissenschaft entscheidend beigetragen. Dass Wissenschaft dem Leben dient und nicht über das Leben herrscht, ist eine der Bewährungsproben für diese kulturelle Errungenschaft. Zwischen dem zeitlichen und dem ewigen Leben zu unterscheiden und deshalb auch die Unterscheidung zwischen dem Menschen und Gott im Sinn zu behalten ist deshalb für die Wissenschaftskultur wie für die Kultur insgesamt von größter Bedeutung.

Zu den Perspektiven, die der christliche Glaube zum Nachdenken über die Ethik der Wissenschaft beisteuern kann, gehört die Einsicht, dass die guten Absichten des Menschen sich in ihr Gegenteil verkehren können. Die Verführbarkeit des Menschen kann zur Verkehrung der Wahrheit, zur Stillung persönlichen Ehrgeizes oder zur Instrumentalisierung anderer Menschen führen. Ein sensationslüsterner Umgang mit den Möglichkeiten der Reproduktionsmedizin bildet dafür ebenso ein Beispiel wie der Versuch, menschliche embryonale Stammzellen zu klonen. Wenn die Abhängigkeit von Mitarbeiterinnen im Labor ausgenutzt oder Frauen Eizellen für Geld abgekauft werden, ist die Grenze ethisch verantwortbarer Forschung weit überschritten.

Die Verführbarkeit von Wissenschaftlern ist historisch deutlich belegt. So fand eine ideologische Rassenlehre in der Zeit des nationalsozialistischen Regimes auch in die Wissenschaften Eingang. Die Diskriminierung von Juden löste in der Wissenschaft ein beklagenswertes Echo, ja eine höchst wirksame Unterstützung aus. Menschenversuche wurden unternommen, die sich an keinerlei ethische Grenzen hielten, und Vorstellungen von einem «lebensunwerten» Leben wurden auch in der Wissenschaft heimisch. Weil nicht nur durch politisches Handeln die Menschenwürde mit Füßen getreten wurde, sondern auch die Wissenschaft die Würde der Menschen missachtet hat, gehört die Erinnerung daran zu jedem Nachdenken über die Verantwortung der Wissenschaft.

Die Verführbarkeit des Menschen bildet einen elementaren Teil der *conditio humana.* Auch die Wissenschaft ist nicht vor ethischen Anfechtungen gefeit; sie muss vor ihnen durch institutionelle Vorkehrungen, durch die Pflicht zu Transparenz und Publizität und damit durch die Gewährleistung öffentlicher Kritik, schließlich aber vor allem durch die persönliche Verantwortungsbereitschaft und die Gewissensbindung jeder Forscherin und jedes Forschers bewahrt werden. Die Wissenschaft braucht einen klaren rechtlichen Rahmen, eine institutionalisierte Selbstkontrolle sowie die Bereitschaft zur ständigen ethischen Selbstprüfung.

Sich im Leben orientieren

Die Verantwortung der Wissenschaften wird vorrangig im Blick auf die Naturwissenschaften, insbesondere die Lebenswissenschaften, diskutiert. Diese Sichtweise ist zu eng, denn sie verkennt, dass auch die Geistes- und Kulturwissenschaften Lebenswissenschaften in einem präzisen Sinn sind. Sie verhelfen nicht nur dazu, das Leben zu verstehen und zu beeinflussen, sondern auch dazu, sich im Leben zu orientieren. Die Geisteswissenschaften stellen den resultathaft arbeitenden Wissenschaften, aber auch der Gesellschaft, unverzichtbare Reflexionsformen zur Verfügung. Diese sind in einer pluralistischen Gesellschaft, die um eine gemeinsame Orientierung und einen elementaren Konsens in der Vielfalt der Werte ringt, unentbehrlich. Folgerichtig wird deshalb in Deutschland versucht, die Präsenz der Theologien an der Universität um islamwissenschaftliche Kompetenz zu erweitern. Dies ist ein Beitrag neben anderen. Insgesamt muss es darum gehen, dass die Exzellenz von Wissenschaft nicht nur an ihren wirtschaftlich verwertbaren Resultaten gemessen wird, sondern ebenso an ihrer Kraft zur Deutung der Wirklichkeit, in der wir leben und leben werden.

14. Medizin
Gibt es ein Menschenrecht auf Gesundheit?

Im August 2010 spendete der Vorsitzende der SPD-Fraktion im Deutschen Bundestag, Frank-Walter Steinmeier, seiner Frau eine seiner Nieren. Für sie war diese Organspende lebenswichtig; für ihn handelte es sich um einen Akt der Nächstenliebe. Durch die Lebendspende einer öffentlich bekannten Person wurde die Diskussion über die Organspende neu belebt.

Seit der ersten längerfristig erfolgreichen Nierentransplantation durch den amerikanischen Mediziner Joseph Murray im Jahr 1954 und der ersten Herztransplantation durch den südafrikanischen Herzchirurgen Christiaan Barnard im Jahr 1967 entwickelte sich die Organtransplantation zu einer wichtigen Möglichkeit, Leben zu retten. Viele Kranke warten jedoch vergeblich auf ein Spenderorgan. In Deutschland werden pro Jahr auf eine Million Einwohner nur knapp fünfzehn Organspender gezählt; diese Zahl liegt unter dem Durchschnitt vergleichbarer europäischer Länder.

Frank-Walter Steinmeier konnte seiner Frau durch die Spende einer Niere helfen, weil bei diesem Organ eine Lebendspende möglich ist, da man auch mit einer Niere leben kann. Der allergrößte Teil der Menschen, die auf ein Spenderorgan warten, in Deutschland etwa 8000 Menschen und damit mehr als zwei Drittel, sind auf die Spende einer Niere angewiesen. Doch die Frage, ob durch erweiterte Möglichkeiten der Lebendspende über den Bereich unmittelbarer Angehöriger hinaus der Mangel an Spenderorganen gemildert werden könnte, tritt in der öffentlichen Diskussion weitgehend zurück. Es geht fast ausschließlich darum, wie die Bereitschaft zur postmortalen Spende gestärkt werden kann. Auch in dieser Hinsicht besteht Klärungsbedarf, denn von den

11 570 Menschen, die in Deutschland im Jahr 2011 auf ein Organ warteten, erfuhren nur 4054 Menschen Hilfe; die Organe, die ihnen transplantiert wurden, stammten von 1200 Spendern.

In Deutschland gilt für die Organspende neben der Voraussetzung, dass der Spender tot ist *(dead-donor-rule)*, eine erweiterte Zustimmungslösung. In Fällen, in denen der Hirntod – also das Ende aller Hirnfunktionen – festgestellt ist, der Kreislauf aber intensivmedizinisch aufrechterhalten wird, können Organe unter der Voraussetzung entnommen werden, dass die Zustimmung des Hirntoten vorliegt oder die Angehörigen diese Zustimmung in Übereinstimmung mit dessen mutmaßlichem Willen erklären. Für die Organentnahme kommen also nur Hirntote bei aufrechterhaltenem Kreislauf in Frage. Deren Zahl wird in Deutschland pro Jahr mit 4000 angegeben; nur die Hälfte von ihnen wird an Transplantationszentren weitergemeldet. Man muss also annehmen, dass höchstens bei 2000 Personen pro Jahr die Frage nach möglichen Organspenden überhaupt gestellt wird.

Seit Jahren ist die Zahl derer, die sich auf Befragen zur Organspende bereit erklären, höher als die Zahl derer, die dies verbindlich dokumentieren. In neun von zehn Fällen wird darum die Entscheidung von den Angehörigen getroffen. Es ist sinnvoll, wenn durch zusätzliche Initiativen möglichst viele Menschen dazu veranlasst werden, für sich selbst eine Entscheidung zu treffen und diese auch zu dokumentieren. Deshalb wurde die Zustimmungslösung im Jahr 2012 durch eine Entscheidungslösung ergänzt; deren Sinn besteht darin, jeden Volljährigen regelmäßig mit der Frage nach seiner Haltung zur Organspende zu konfrontieren.

Solche Bemühungen können jedoch leicht durch unverantwortliche Vorgänge in der Transplantationspraxis durchkreuzt werden. Wenn, wie es in verschiedenen deutschen Universitätskliniken geschah, die Regeln für die Zuteilung von Organen durch Manipulationen an den Wartelisten verletzt werden, offenbart sich darin ein Wettbewerb, der vor unlauteren Mitteln nicht zurückscheut. Wenn der Eindruck sich verstärkt, dass bei der Beratung von Angehörigen auf die Bereitschaft zur Organspende gedrängt wird, statt dass für deren eigene Entscheidung Raum entsteht, so erweckt auch das Misstrauen. Auf die Bereitschaft zur Organspende haben solche Vorgänge verheerende Auswirkungen.

Neue Herausforderungen der Medizinethik

Die Organtransplantation ist ein Beispiel für neue Herausforderungen der Medizinethik. Doch worin besteht das Neue?

Im fünften vorchristlichen Jahrhundert verpflichtete der griechische Arzt Hippokrates die Ärzte darauf, das Wohl der Leidenden ins Zentrum zu rücken und die eigenen Interessen dahinter zurücktreten zu lassen. Im Einflussbereich des Christentums brach sich, dem Beispiel des barmherzigen Samariters folgend, der Grundsatz Bahn, dem Kranken Gastrecht zu gewähren und für ihn zu sorgen wie für einen Gast *(hospes)*. Neben die Hospize traten die Hospitäler, Orte, an denen Kranke Aufnahme und Beistand fanden.

Im Jahr 1948 bekräftige die «Genfer Erklärung», der Hippokratische Eid der Moderne, dass die Gesundheit des Patienten das erste Anliegen des Arztes sei. Die heutige Fassung fügt hinzu, dass jeder, unabhängig von Alter, Krankheit oder Behinderung, von Bekenntnis, ethnischer Herkunft, Geschlecht, Nationalität, politischer Zugehörigkeit, Rasse, sexueller Orientierung oder sozialem Status gleiche Achtung verdient, so dass solche Unterschiede nicht zwischen die ärztliche Pflicht und den Patienten treten dürfen. Das ärztliche Ethos orientiert sich damit nicht nur an der Hilfsbedürftigkeit des Patienten, sondern auch an dem Gleichheitsgedanken der Menschenrechte. Die Orientierung am Wohl des Hilfsbedürftigen verbindet sich mit der Verpflichtung auf Gerechtigkeit, die nicht nur durch das Gesundheitssystem im Ganzen, sondern auch durch den einzelnen Arzt zu achten ist.

Gibt es neue Herausforderungen in der Medizin, die auch neue ethische Überlegungen nötig machen? Ein medizinischer und ein politisch-kultureller Vorgang haben die Situation grundlegend verändert.

Der Epochenwechsel in der Medizin ist offenkundig. An heutigen Maßstäben gemessen, musste die Medizin früherer Zeiten vielen gesundheitlichen Veränderungen einfach ihren Lauf lassen. Geburt und Tod, Kindbettfieber und Epidemien, Organversagen und Infektionen – das meiste an diesen Vorgängen war dem ärztlichen Handeln entzogen. In einer rasanten, Staunen erregenden Weise hat sich dies verändert: Verbesserung der hygienischen Verhältnisse, Impfstoffe und Antibiotika, Organtransplantation und Intensivmedizin, In-Vitro-Fertilisation und

Palliativmedizin – vom Anfang bis zum Ende des menschlichen Lebens erstreckt sich ein ärztliches Handlungskonzept, das unter anderem die Frage aufwirft: Schuldet der Arzt dem Menschen alles, was er medizinisch kann? Ist der Einzelne verpflichtet, alle Möglichkeiten der Medizin in Anspruch zu nehmen?

Auch das politisch-kulturelle Paradigma hat sich verändert. Mit der Anerkennung unantastbarer Menschenrechte setzt sich der Grundsatz individueller Selbstbestimmung durch. Ärztliches Handeln kann sich deshalb nicht mehr allein am Gedanken der Fürsorge für den Patienten orientieren, sondern ist zugleich an die freie Selbstbestimmung des Patienten gebunden. Selbstbestimmung, Schadensvermeidung, Fürsorge und Gerechtigkeit gelten in der herrschenden Medizinethik als die obersten medizinethischen Prinzipien (Beauchamp/Childress 2001; vgl. Schöne-Seifert 2007: 32). Gerade das erste dieser Prinzipien ist auf zureichende Rahmenbedingungen angewiesen. Der Patient kann den Informationsvorsprung des Arztes in aller Regel nicht ausgleichen und ist bei seinen Entscheidungen weithin von den ärztlichen Vorgaben abhängig. Das nach ärztlicher Einsicht Notwendige und das vom Patienten in einer «informierten Zustimmung» Akzeptierte müssen zusammengebracht werden. Die Freiheit des Patienten schließt das Recht ein, auf medizinisch mögliche Interventionen zu verzichten; an Krebserkrankungen in einem fortgeschrittenen Stadium wird das beispielhaft deutlich. Die Gesundheitsverantwortung des Patienten ist in all diesen Zusammenhängen genauso wichtig wie die Informationspflicht des Arztes. Gesundheitskommunikation wird zu einem entscheidenden Thema – besonders in einer kulturell pluralen Gesellschaft.

Knappe Ressourcen im Gesundheitswesen

Eine weitere Herausforderung tritt hinzu: Die erweiterten medizinischen Möglichkeiten geraten in Konflikt mit der Begrenztheit der Ressourcen. Das gilt nicht nur für den Mangel an Spenderorganen für die Organtransplantation, sondern für das Gesundheitswesen insgesamt. Dafür ist in hoch entwickelten Gesellschaften der demographische Wandel ausschlaggebend. Er ist durch einen doppelten Alterungsprozess *(double aging)* geprägt. Zum einen muss angesichts niedriger Geburtenzahlen eine geringer werdende Zahl von Menschen im aktiven Arbeitsleben für die Sozialversicherungskosten einer wachsenden Zahl Älterer aufkommen. Zum andern steigt dank der Fortschritte von Medizin, Hygiene und Arbeitsschutz die durchschnittliche Lebenserwartung (vgl. Deutscher Ethikrat, Gesundheitswesen, 2011: 16). Eine längere Lebensdauer lässt nicht nur eine größere Zahl von Erkrankungen erwarten, sondern diese Zahl steigt im höheren Lebensalter exponentiell an.

Der medizinische Fortschritt selbst erzeugt Knappheit – nämlich dadurch, dass er zusätzliche Kosten hervorruft. Zwar können sich die Kosten für die einzelne medizinische Leistung verringern, indem der therapeutische Aufwand oder die nach einer Operation nötige Dauer einer Krankenhausbehandlung zurückgehen. Insgesamt jedoch steigen die Kosten, wie sich exemplarisch am Einsatz intensivmedizinischer Behandlungen, komplexer Operationstechniken oder kostspieliger Arzneimittel zeigt.

Trotz des Selbstbestimmungsrechts der Patienten sind die Entscheidungen über diagnostische oder therapeutische Maßnahmen weitgehend anbieterbestimmt. Der Umgang mit den knappen Ressourcen des Gesundheitswesens regelt sich nicht nach einem Gleichgewicht zwischen Angebot und Nachfrage. Der Patient ist zwar Kunde, bezahlt aber die Kosten nicht direkt über Preise, sondern über Versicherungsbeiträge. Die knappen Ressourcen des Gesundheitswesens werden nicht individuell, sondern kollektiv zugewiesen: durch Verhandlungen über Gebührenordnungen, Pflegesätze, Arzneimittelpreise, Versicherungsbeiträge und schließlich den Anteil des Gesundheitsbereichs am Bruttoinlandsprodukt. Gegenwärtig beträgt dieser Anteil in Deutschland etwa 11 Prozent (Deutscher Ethikrat 2011: 14).* Doch die Debatte über den Anteil der Gesundheitskosten setzt eine Antwort auf die Frage voraus, was Gesundheit ist und wer für sie Verantwortung trägt.

---

* Zum Vergleich: In Südafrika wurde die Quote für 2005 mit 8,7 Prozent, in den USA für 2006 mit 16 Prozent angegeben. In den USA erwartet man bis 2017 eine Steigerung auf 19,5 Prozent des BIP.

Hauptsache gesund

Immer wieder wird die Gesundheitsdefinition der Weltgesundheitsorganisation (WHO) in der Präambel ihrer Verfassung aus dem Jahr 1946 zitiert, der zufolge Gesundheit «ein Zustand vollständigen körperlichen, geistigen und sozialen Wohlbefindens und nicht nur des Freiseins von Krankheit und Gebrechen» ist. Der Theologe und Mediziner Dietrich Rössler hat dem entgegengehalten, dass Gesundheit «nicht die Abwesenheit von Störungen» ist, sondern «die Kraft, mit ihnen zu leben» (Rössler 1977: 73). In der Definition der WHO kommt ein unrealistischer Idealbegriff von Gesundheit zum Ausdruck, dem zufolge zwischen Heil und Heilung kaum zu unterscheiden ist. Der Medizin wird die Kraft zugetraut, eine vollständige, von allen Beeinträchtigungen freie Integrität des Menschen herzustellen. Die Definition von Dietrich Rössler klingt dem gegenüber resignativ; sie erweckt den Anschein, als ließen sich gesundheitliche Störungen, wenn sie einmal aufgetreten sind, ohnehin nicht beheben – die Hilfe beim Leben mit Störungen ist alles, was sich erreichen lässt (vgl. Härle 2011: 267 ff.). Doch weder eine Überhöhung der Möglichkeiten des Heilens *(cure)* noch ein resignativer Rückzug auf die Aufgabe des Helfens *(care)* weisen den richtigen Weg. Ihn findet man erst, wenn man die Frage nach Gesundheit und Krankheit auf das leitende Bild vom Menschen bezieht. Dann zeigt sich nämlich, dass *cure* und *care* im ärztlichen Handeln zusammengehören (vgl. zu *care* auch oben S. 36).

Der Medizinethiker Giovanni Maio hebt am Menschenbild der heutigen Medizin vier Züge besonders hervor: Der Mensch als Körper-Maschine, der Mensch als souveräner Kunde, der Mensch als atomistisches Einzelwesen und der Mensch als das Machbare (Maio 2012: 376 ff.). Alle vier hängen mit dem Siegeszug der modernen Naturwissenschaft in der Medizin zusammen. Die naturwissenschaftlich orientierte Medizin will die Grenzen des Machbaren hinausschieben und Menschen dabei helfen, immer größere Teile ihrer Lebensspanne bei guter Gesundheit auszuschöpfen. Die Aufgabe der Medizin wird nicht nur darin gesehen, Leben zu erhalten, sondern es zu vervollkommnen. Dieses Handlungskonzept lässt den Gesundheitsmarkt zu einem starken wirtschaftlichen Faktor anwachsen. Der Patient nimmt als souveräner Kunde Gesundheitsleistungen in Anspruch, die vom Solidarsystem finanziert werden. Er ist auf sich selbst bezogen und möchte das Machbare nutzen.

Eine solche Sichtweise beschreibt natürlich nur Teile des ärztlichen und pflegerischen Handelns und spiegelt nur einzelne Aspekte in der Erfahrung von Patienten. Ärztliches Handeln hat in Wahrheit einen weiteren Horizont, denn es hat mit dem vulnerablen, beziehungsbedürftigen, auf Stellvertretung angewiesenen Menschen zu tun. Nicht die perfekte Maschine, der souveräne Kunde, der isolierte Egoist oder der das Machbare nutzende *homo faber* tritt vor Augen. Der Mensch begegnet vielmehr in seiner Endlichkeit und Verletzlichkeit, in seiner Hilfsbedürftigkeit, in der er nur leben kann, wenn andere für ihn eintreten.

So zeigen sich in der Praxis der heutigen Medizin zwei Grundlinien des Menschenbildes in ihrem spannungsvollen Miteinander, die uns schon an früherer Stelle begegnet sind (siehe oben S. 56 f.). Diese beiden Grundlinien manifestieren sich in dem griechischen und dem biblischen – beziehungsweise dem olympischen und dem jesuanischen – Bild vom Menschen. In diesen Menschenbildern hat die Verletzlichkeit einen unterschiedlichen Ort. Für das olympische Modell ist Vulnerabilität eine Beeinträchtigung, die nach Kräften überwunden werden muss; der Fortschritt der Medizin dient der Aufgabe, Beeinträchtigungen zum Verschwinden zu bringen. Für das jesuanische Modell ist Vulnerabilität eine Grundbestimmung des Menschseins, ein Bestandteil der *conditio humana*. Das Ziel kann nicht darin bestehen, alle Beeinträchtigungen einer vermeintlichen menschlichen Vollkommenheit zum Verschwinden zu bringen und diese Vollkommenheit darüber hinaus durch Verbesserungsmaßnahmen *(enhancement)* zu fördern. Es ist vielmehr darin zu sehen, dass der Mensch sich in seiner Verletzlichkeit annimmt und dass auf dieser Grundlage behebbare Beeinträchtigungen überwunden und beherrschbare Gefährdungen des Lebens gebannt werden. Der seiner Vulnerabilität bewusste Mensch weiß, dass dies immer nur begrenzt möglich ist.

Jeder Mensch ist ein verletzliches, unvollkommenes und unvollständiges Wesen. Der Fortschrittsoptimismus der Moderne erhält damit ein wichtiges Gegengewicht. Die siegesgewisse Zuversicht der modernen Wissenschaft nährt die Vorstellung, es sei nur eine Frage der Zeit, bis Leid und Schmerz vollständig überwunden sind. Doch so bewundernswert die Erfolge der modernen Medizin sind: Die Endlichkeit des menschlichen Lebens löschen sie nicht aus. Auch wenn körperliche Schmerzen gelindert werden können: Den Schmerz, den Menschen einander zufügen, kann keine Medizin aus der Welt schaffen. Auch heute sind wir auf ein nüchternes Bild vom Menschen angewiesen, das die Wirklichkeit von Sünde, Schuld und Tod einschließt. Das bedeutet freilich nicht, Krankheit und Tod aus der menschlichen Sündhaftigkeit zu erklären. Vielmehr hat die neuere theologische Diskussion deutlich gezeigt, dass beide wesenhaft mit der Endlichkeit des Lebens verbunden sind; der Umgang mit der Erfahrung von Krankheit und Tod setzt deshalb die bewusste Annahme der Endlichkeit des Lebens voraus (vgl. Thomas 2010).

Mit dankbarem Staunen kann man dennoch feststellen, welche Fortschritte die Medizin in einer einzigen Generation zu Stande gebracht hat. Diese Veränderungen haben sogar das Nachdenken über den Tod und den Todeszeitpunkt revolutioniert. Die Medizin sieht inzwischen im Ausfall der Hirnfunktionen und nicht in der Beendigung des Blutkreislaufs das entscheidende Todeszeichen. Noch immer ist die Debatte über diesen Paradigmenwechsel keineswegs abgeschlossen.

Die Weltgesundheitsorganisation hat ihre Gesundheitsdefinition in der Ottawa-Charta zur Gesundheitsförderung von 1986 revidiert. Man orientiert sich nicht mehr an einem Idealbild der Gesundheit, sondern achtet auf die verschiedenen Dimensionen, in denen sich menschliches Leben vollzieht und Gestalt annimmt. Dies sind Aktivität und Selbstbestimmung, subjektiv erlebtes Wohlbefinden und Lebensqualität, Gesundheitsverhalten und Lebensstil, gesundheitsverträgliche und gesundheitsfördernde Umwelt. Die mit ihnen verbundenen Aufgaben stellen sich, wenn eine Krankheit sich beheben lässt, aber auch dann, wenn Menschen sich dauerhaft auf ein chronisches Leiden einstellen müssen. In beiden Fällen geht es darum, das erreichbare Maß an Lebensqualität und sozialer Teilhabe zu ermöglichen. Die Beachtung solcher Dimensionen nötigt zugleich zu einem umfassenden Blick auf die Lebenssituation von Patienten. Ihre Lebenswelt und ihre sozialen Bezüge treten genauso vor Augen wie ihr individuelles Befinden; die seelisch-geistige Situation verlangt ebenso Beachtung wie ihr körperlicher Zustand. Besondere Vorkehrungen sind nötig, um zu erreichen, dass Patienten durch ihr eigenes Gesundheitsverhalten Therapieziele unterstützen und sich Schritte vornehmen, durch die sie auch neue psychische Kraft schöpfen können.

Vor dem Hintergrund solcher Überlegungen wird die Erinnerung an die «Verlorene Kunst des Heilens» verständlich, mit der Bernard Lown, bedeutender amerikanischer Kardiologe und Friedensnobelpreisträger des Jahres 1985, an die Öffentlichkeit getreten ist (Lown 2004). Er macht geltend, dass eine sorgfältige Gesprächsführung und vor allem die Zuwendung zum Patienten als Person zur Heilung ebenso viel beitragen wie alle technischen Verfahren. Ausdrücklich warnt Lown davor, dass die Konzentration auf die Apparatemedizin, ökonomischer Druck und überbordende Administration sich zu einer Gefährdung der ärztlichen Aufgabe summieren. Damit wendet er sich von einem rein naturwissenschaftlichen Verständnis der Medizin ab und knüpft unausgesprochen an Denkweisen an, wie sie in Deutschland in der psychosomatischen Medizin Viktor von Weizsäckers und seiner Schule entwickelt wurden. Hier wird der Patient nicht nur in dem Sinn als Subjekt wahrgenommen, dass seine Krankengeschichte rekapituliert wird, vielmehr bedeutet Arbeit an der Biographie auch, «ungelebtes Leben als das Wirksame, Unmögliches als das Wirkliche zu erkennen». In diesem die Zukunft einschließenden Sinn trägt jede Krankheit einen lebensgeschichtlichen Charakter und muss deshalb auch biographisch verstanden werden (Weizsäcker 2005: 281, 289). Daraus entwickelt Viktor von Weizsäcker das Konzept einer «biographischen Medizin», die den Zusammenhang von Krankheit und Lebensschicksal in den Blick nimmt; zu ihm gehört die «Auseinandersetzung eines Menschen mit der Einmaligkeit seines Lebens, also mit seinem individuellen Tode» (Weizsäcker 2008: 243). Eine so verstandene patientenzentrierte Wendung des ärztlichen Handelns – bis hin zur Gestaltung der Visite im Krankenhaus – zielt auf weit mehr als nur auf die informierte Zustimmung des Patienten zu den nächsten Behandlungsschritten, nämlich auf das Verständnis der Krankheit als Teil seiner Lebensgeschichte (Janz 2003: 48).

Medizinischer Fortschritt und personalisierte Medizin

Viktor von Weizsäckers Vorschlag, das Subjekt in die Medizin einzuführen (Weizsäcker 1986: 279; 1997: 295 ff.), ist nicht zu verwechseln mit der Tendenz zu einer sogenannten personalisierten Medizin. Diese ist von der Erwartung bestimmt, dass die Sequenzierung des menschlichen Genoms in absehbarer Zeit als Routine-Instrument der medizinischen Diagnostik Verwendung finden wird. Krankheiten können dann mit viel größerer Differenzierung bestimmt und die therapeutischen Mittel entsprechend präzise ausgewählt werden (Ciechanover 2011).

Die neuen Möglichkeiten der personalisierten Medizin bergen jedoch auch neue Probleme in sich. Wem werden die Informationen aus der Genomsequenzierung zugänglich gemacht und wie können sie vor illegitimem Zugriff und Missbrauch geschützt werden? Wie wird das Recht des Patienten auf Nichtwissen gewahrt? Noch gravierender als solche Fragen ist die Tendenz zu einer genetischen Reduktion des Menschenbildes. Der Begriff der personalisierten Medizin verleitet zu dem Irrtum, man komme der menschlichen Person dann in einem umfassenden Sinn auf die Spur, wenn man das Genom eines Menschen sequenziert hat. Doch der Mensch ist mehr als die Summe seiner Gene, die Person ist Natur und Geschichte. Genetische Dispositionen für eine Erkrankung sind nicht identisch mit den vielfältigen Gründen in Biographie, Lebensstil, Umwelt- und Gesundheitsbedingungen, die zum Ausbruch einer Krankheit und ihrer konkreten Gestalt beitragen. Auch neue Fragen nach dem Gesundheitsbudget werden sich stellen, denn individualisierte Therapien werden die Kosten in die Höhe treiben. So melden sich manche Vorbehalte gegen den enthusiastischen Ausruf des Nobelpreisträgers Aaron Ciechanover, mit der personalisierten Medizin gingen wir einem «wunderbaren Zeitalter» entgegen.

Gerechtigkeit im Gesundheitswesen

Übertreiben scheint auch die Erwartung zu sein, mit der personalisierten Medizin erfülle sich der Traum, der Mensch könne alle Krankheiten hinter sich lassen. Optimistische Verfechter der personalisierten Medizin bezeichnen die Erfüllung dieses Traums als das Ziel ihrer Arbeit. Die Erfahrung lehrt freilich eher, dass die Verletzlichkeit des Menschen – seine gesundheitliche Verletzlichkeit eingeschlossen – sich auf neue Weise zeigt, wenn alte Gefährdungen gebannt sind. So beeindruckend die Fortschritte der Medizin sind, wird diese Art der Verletzlichkeit auch weiterhin zu den Bedingungen des menschlichen Lebens gehören. Das hat Konsequenzen für die Frage, ob es im strengen Sinn ein Recht auf Gesundheit gibt.

Gesundheit lässt sich nicht einklagen. Es gibt für sie keine Garantie, wie jedem bewusst ist, der einer anderen Person Gesundheit wünscht oder sie für sich selbst erhofft. Denn Wünsche richten sich stets auf etwas, das nicht sicher ist; von Hoffnungen weiß man, dass sie enttäuscht werden können. Vorstellbar ist also nicht ein «Recht auf Gesundheit», sondern allenfalls, wie der Pakt der Vereinten Nationen über wirtschaftliche, soziale und kulturelle Rechte von 1966 in seinem Artikel 12 formuliert, das «Recht eines jeden auf das für ihn erreichbare Höchstmaß an körperlicher und geistiger Gesundheit». Soweit sich aus diesem Recht ein Anspruch an die Rechtsgemeinschaft ableiten lässt, bezieht sich dieser nicht auf die Gesundheit selbst, sondern auf das Vorhandensein von bestimmten Gesundheitseinrichtungen und den gerechten Zugang zu ihnen. Der Artikel 25 der Allgemeinen Erklärung der Menschenrechte von 1948 sagt deshalb, jeder habe «das Recht auf einen Lebensstandard, der seine und seiner Familie Gesundheit und Wohl gewährleistet, einschließlich Nahrung, Kleidung, Wohnung, ärztliche Versorgung und notwendige soziale Leistungen, sowie das Recht auf Sicherheit im Falle von Arbeitslosigkeit, Krankheit, Invalidität oder Verwitwung, im Alter sowie bei anderweitigem Verlust seiner Unterhaltsmittel durch unverschuldete Umstände». Ärztliche Versorgung sowie die nötige materielle Sicherheit bei Krankheit und Invalidität sind die Ansprüche, die durch dieses Menschenrecht gesichert werden, nicht die Gesundheit selbst. Der Ausschuss der Vereinten Nationen für wirtschaftliche, soziale und kulturelle Rechte hat dementsprechend zur Auslegung des Artikels 12 des Internationalen Paktes über wirtschaftliche, soziale und kulturelle Rechte festgestellt, das Recht auf das für den einzelnen erreichbare Höchstmaß an Gesundheit schließe die Verfügbarkeit von quantitativ ausreichenden und qualitativ genügenden öffentlichen Gesundheitseinrichtungen sowie den diskriminierungsfreien Zugang zu diesen Einrichtungen ein. Der Zugang zu Gesundheitseinrichtungen ist ein Recht. Gesundheit selbst dagegen ist ein Gut, also ein erstrebenswertes Ziel menschlichen Handelns. In der Organisation des Gesundheitswesens muss erkennbar werden, dass es in ihm um das hohe Gut der Gesundheit und damit um die Aufgabe geht, Schaden vom menschlichen Leben abzuwenden und dem Schutz dieses Lebens zu dienen.

Nicht nur Ärztinnen und Ärzte sowie Pflegekräfte, sondern alle Menschen sind auf dieses Gut verpflichtet. Es handelt sich nicht nur um ein Prinzip des ärztlichen Ethos, sondern der allgemeinen Moral. Darin, dass die Förderung und der Schutz der Gesundheit sowie die Hilfe bei Krankheit nicht nur als eine Verpflichtung der Einzelnen, sondern als eine Solidaritätspflicht der Gemeinschaft anerkannt wurde, liegt der Durchbruch zu einem sozialstaatlichen Verständnis der Gesundheitsvorsorge. Doch dieser Übergang macht die Erinnerung an die Gesundheitsverantwortung jedes Einzelnen nicht gegenstandslos. Jeder Mensch ist dazu verpflichtet, sich selbst vor Schaden zu bewahren und seinen Nächsten nicht zu schädigen. Diese Gesundheitsverantwortung ist auch für den Zusammenhang von Gerechtigkeit und Solidarität wichtig, der das Gesundheitssystem kennzeichnet. Denn Solidarität setzt voraus, dass jeder das ihm Mögliche für sich selbst tut, damit alle gemeinsam die Kraft aufbringen können, den Einzelnen bei dem beizustehen, was sie nicht für sich selbst tun können.

An Gesundheitsbemühungen in armen Ländern lässt sich diese Einsicht exemplarisch verdeutlichen. Im Anschluss an die Ottawa-Charta zur Gesundheitsförderung der WHO hat sich in ihnen ein internationales Netz von *health promoting schools* entwickelt. Schulische Gesundheitsförderung umfasst dabei nicht nur die Vermittlung von Kenntnissen über gesundheitsfördernde und gesundheitsgefährdende Verhaltensweisen. Es geht um das Einüben einer ethischen Haltung, die zu Konsequenzen aus solchen Kenntnissen befähigt. Ein vorrangiges Bildungsziel besteht in der Verantwortung jedes Einzelnen für die eigene Gesundheit. Nicht nur für Entwicklungsländer ist das eine wichtige Aufgabe von Bildung.

Der innere Zusammenhang von Solidarität und Gerechtigkeit zeigt seine praktische Bedeutung vor allem darin, dass der Zugang zum Gesundheitssystem nicht von Einkommenssituation oder Herkunft, Alter oder Geschlecht abhängen darf. Die gesamte Bevölkerung muss vielmehr Zugang zu zureichenden Gesundheitsleistungen haben. Kostengünstige Methoden in Diagnose und Therapie sind dafür ebenso notwendig wie ein solidarisches Versicherungswesen.

Der Gerechtigkeitsgedanke schließt nicht aus, dass jemand auf eigene Kosten über das Notwendige hinausgehende Gesundheitsmaßnahmen finanziert; dies allein ist kein Grund zu dem kritischen Vorhalt, es handle sich um eine «Zwei-Klassen-Medizin». Begründet ist dieser Einwand dann, wenn innerhalb des solidarischen Versicherungssystems unterschiedliche Standards der Behandlung und Versorgung etabliert werden, wenn die Institutionen des allen offenstehenden Gesundheitswesens ohne angemessenen Kostenausgleich für private Vorteile genutzt werden oder wenn die Bevorzugung von Privatpatienten sich für Kassenpatienten nachteilig auswirkt. In Deutschland wirft das nach wie vor bestehende Nebeneinander von gesetzlicher und privater Krankenversicherung immer wieder die Frage auf, ob es sich um selbst finanzierte Zusatzleistungen oder um eine Zwei-Klassen-Medizin innerhalb des auf Gerechtigkeit verpflichteten solidarischen Versicherungssystems handelt. Immer wieder wird darüber nachgedacht, diese Systeme zusammenzuführen. Wenn das einvernehmlich gelingen sollte, würde dadurch das Vertrauen in die Gerechtigkeit des Gesundheitswesens gestärkt (vgl. EKD 2011).

Auch in wirtschaftlich hoch entwickelten Ländern kann ein Solidarsystem nicht beliebig große Lasten tragen. Unausweichlich stellt sich die Frage, was medizinisch notwendig ist und auf welche Weise darüber entschieden wird. Einigkeit sollte darin bestehen, dass bei vergleichbarer Effizienz die kostengünstigere Diagnosestellung und Therapie den Vorrang haben muss. Ferner sind Rationalisierungsmaßnahmen wie der Verzicht auf nutzlose Doppeluntersuchungen oder auf die Verschreibung unnötiger Medikamente moralisch verpflichtend. Medikamente, die unter Patentschutz stehen und dadurch teurer sind als andere, können nur eingesetzt werden, wenn sich mit ihnen ein erheblicher Zusatznutzen verbindet. Rationalisierungen dieser Art schieben die Grenze hinaus, jenseits derer sich die Frage nach der Rationierung medizinischer Leistungen stellt.

Das Thema der Rationierung ist in Deutschland aus nachvollziehbaren Gründen mit einem Tabu belegt, denn unter dem Hitler-Regime wurden Lebenschancen nach rassistischen Maßstäben, aber auch nach der Verwendbarkeit von Menschen für Arbeitseinsätze zugeteilt. Seitdem stößt jeder Vorschlag, der im Sinn einer Unterscheidung von lebenswertem und lebensunwertem oder von nützlichem und weniger nützlichem Leben verstanden werden kann, zu Recht auf große Vorbehalte.

Jede Entscheidung über einen Vorrang in der medizinischen Behandlung muss diesen Vorbehalten Rechnung tragen und sich ausdrücklich vor dem Gleichheitsgrundsatz und damit vor dem Recht auf gleichen Zugang zu Gesundheitsleistungen legitimieren. Nur so begründete Prioritäten haben vor dem medizinischen Ethos Bestand. Im Gleichheitsgrundsatz muss es begründet sein, wenn in einer Notfallaufnahme Patienten nicht einfach nach ihrer Ankunftszeit, sondern nach ihrem akuten Gefährdungszustand behandelt werden, oder wenn die Zuweisung von Organen nach der aktuellen Lebensgefahr und den erhofften Heilungschancen erfolgt.

Die Zentrale Ethikkommission der Bundesärztekammer hat bei der Erörterung dieser Frage formale und inhaltliche Kriterien voneinander unterschieden. In formaler Hinsicht hat sie unter anderem Transparenz, demokratische Legitimation und wirksamen Rechtsschutz gefordert. In inhaltlicher Hinsicht hat sie drei Kriterien vorgeschlagen, nämlich die medizinische Bedürftigkeit (Schweregrad und Gefährlichkeit der Krankheit, Dringlichkeit des Eingreifens), den erwarteten medizinischen Nutzen und die Kosteneffizienz.

Das erste dieser drei inhaltlichen Kriterien wird an Hand unterschiedlicher Stufen der Dringlichkeit verdeutlicht. Der Lebensschutz sowie der Schutz vor schwerem Leid und starken Schmerzen am einen Ende der Skala haben Vorrang vor der Verbesserung und Stärkung von Körperfunktionen an deren anderem Ende. Beim zweiten Kriterium geht es um den medizinischen Nutzen beim einzelnen Patienten, also nicht um einen medizinischen Gesamtnutzen für die Gesellschaft. Ausdrücklich ausgeschlossen ist schon durch den Wortlaut die Bezugnahme auf einen ökonomischen Nutzen, also etwa die Vorstellung, dass die Behandlung eines Besserverdienenden den Vorrang vor derjenigen eines Schlechterverdienenden oder eines Arbeitslosen hat. Beim dritten Kriterium dagegen wird eine Kosten-Nutzen-Rechung vorausgesetzt, die sich nicht nur auf den Einzelfall bezieht. Es heißt vielmehr wörtlich: «Wenn Maßnahmen mit einem sehr ungünstigen Kosten-Nutzen-Profil unterbleiben, können die frei werdenden Ressourcen anderen Patienten mit einem größeren zu erwartenden Nutzen zugute kommen.» (Zentrale Ethikkommission 2007: A2752)

Die Philosophin Weyma Lübbe hat eingewandt, dass mit der Bezugnahme auf einen Gesamtnutzen der Übergang von einer am Recht der Einzelnen orientierten Betrachtungsweise zu einer utilitaristischen Argumentation vollzogen wird. Das Recht des Einzelnen tritt hinter dem Gesamtnutzen für die Gesellschaft zurück. Wenn es um Gesundheit geht, ist jedoch eine solche Betrachtungsweise verfehlt. Denn «wir möchten, dass Patienten versorgt werden, weil es gut für ihre Gesundheit ist, nicht, weil ihre Gesundheit gut für die Gesellschaft ist» (Lübbe, in: Deutscher Ethikrat 2011: 109). Nicht die gesellschaftliche Nützlichkeit ist maßgeblich; vielmehr muss beim Verzicht auf bestimmte Maßnahmen gezeigt werden, dass die Behandlung im gegebenen Fall ungerecht wäre (Lübbe in: Deutscher Ethikrat 2011: 119 ff., vgl. 116 f.). Die Prüfung der Kosteneffizienz muss sich also auf den Vergleich bestimmter Leistungen im Einzelfall beziehen, nicht auf den Vergleich zwischen verschiedenen Patienten oder auf einen gesellschaftlichen Gesamtnutzen.

Neben der medizinischen Dringlichkeit und dem erhofften medizinischen Nutzen für den Einzelnen ist der gesellschaftliche Gesamtnutzen also kein eigenständiges Kriterium für die Entscheidung über die Verwendung knapper Ressourcen im Gesundheitswesen. Die Kosteneffizienz ist ein wichtiges Kriterium beim Vergleich unterschiedlicher Behandlungswege oder bei der Vereinbarung von Medikamentenpreisen oder Pflegesätzen. Eine Grundlage für die Entscheidung darüber, welcher Patient oder welche Patientengruppe Vorrang genießt, bietet sie dagegen nicht.

Gesundheitsleistungen tragen nicht nur einen technisch messbaren Charakter. Zu ihnen gehört menschliche Zuwendung, die von Ärzten, Pflegekräften und Seelsorgern situationsgerecht erbracht werden muss. Wenn die Zuwendung zu Kindern auf der Kinderstation oder das Gespräch mit Krebspatienten oder Sterbenden nicht mehr in die Fallkalkulation aufgenommen werden, muss man deshalb von schweren Qualitätsmängeln sprechen. Ärztliches Handeln und Pflege tragen den Charakter der Fürsorge und der Beziehungsarbeit. Das zu achten gehört zu den vorrangigen institutionsethischen Aspekten des Gesundheitswesens.

Medizin und Pflege haben es nicht nur mit Heilung *(cure)*, sondern auch mit Fürsorge *(care)* zu tun. Die Gleichberechtigung dieser beiden Aufgaben ist ein medizinethisches Postulat. Pflege und Palliativversorgung werden in Zukunft an Gewicht gewinnen. Menschen, die unter eingeschränkten Lebensperspektiven leiden, brauchen eine Gesundheitsversorgung im Quartier, in der Hausarztpraxen nicht nur mit Fachärzten, sondern auch mit Beratungsstellen sowie mit Pflege- und Sozialdiensten kooperieren. Zum Anspruch auf den Zugang zu Gesundheitsleistungen gehört eine umfassende Zuwendung.

Die Gleichberechtigung von *cure* und *care* hat weitreichende Konsequenzen für die ärztlichen Aufgaben. Die Heilung von Krankheiten, so weit dies möglich ist, tritt neben die Begleitung bei chronischen Krankheiten. Der verantwortungsbewusste Ressourceneinsatz verbindet sich mit dem Engagement in der Prävention, das öffentliche Eintreten gegen gesundheitsgefährdende zivilisatorische Entwicklungen eingeschlossen. Die Spannweite ärztlichen Handelns reicht von der Unterstützung der individuellen Gesundheitsverantwortung bis zur Sterbebegleitung.

Noch einmal: Organtransplantation

Wir kehren abschließend zum Beispiel der Organtransplantation zurück, mit dem dieses Kapitel begann. Trotz der Risiken, die sich vor allem mit Abstoßungseffekten verbinden, hängen große Heilungshoffnungen an der Bereitschaft zur Organspende. Zu prüfen, ob man dazu bereit ist, gehört heute zur mitmenschlichen Verantwortung. Durch geeignete Initiativen ist diese Selbstprüfung weiter zu stärken. Dabei bleibt die ethische Grundlage für den in Deutschland eingeschlagenen Weg richtig: Die Bereitschaft zur Organspende ist ein Akt der Nächstenliebe. Auch wenn man die Bereitschaft zur Organspende als die ethisch vorzugswürdige Entscheidung ansieht, darf niemand moralisch oder rechtlich zu dieser Entscheidung genötigt werden (Nationaler Ethikrat 2007: 39).

Ein Teil des eigenen Körpers wird zur Verfügung gestellt. Da wir Menschen nicht nur einen Körper haben, sondern unser Körper sind, gilt für die postmortale Organspende wie für die Lebendspende: Menschliche Organe sind keine Handelsware, die mit Geld aufzuwiegen sind. Sie haben teil an der Würde des Menschen, die unveräußerlich und deshalb auch unverkäuflich ist. Deshalb kann die Bereitschaft zur Spende aus freien Stücken nicht durch eine Pflicht abgelöst werden, die eigenen Organe zur Verfügung zu stellen, um das Leben eines anderen zu retten. Die Bereitschaft zum freiwilligen Einsatz prägt auch in anderen Zusammenhängen den Weg, den unsere Gesellschaft geht. An die Stelle des Zivildienstes treten Freiwilligendienste; die allgemeine Wehrpflicht wurde ausgesetzt. Nur solange Freiwilligkeit die Grundlage bildet, behält das Wort «Organspende» einen klaren Sinn. Wer dagegen eine Pflicht festlegen will, muss von einer «Organbereitstellungspflicht» und nicht etwa von einer «Pflicht zur Organspende» sprechen, denn «Pflicht» und «Spende» schließen einander aus. Der Unterschied zwischen der Steuerpflicht und einer finanziellen Spende zeigt das klar.

Die entscheidende Aufgabe besteht darin, bei voller Wahrung der Selbstbestimmung die Entscheidung zur Organspende in der Bevölkerung besser zu verankern und dadurch den Anteil derer, die ihre Bereitschaft zur Organspende dokumentieren, deutlich zu erhöhen. Deshalb wurde im deutschen Recht die Zustimmungslösung um eine Entscheidungskomponente verstärkt. Die Verankerung der Organspende in der Selbstbestimmung wie im freiwilligen Eintreten für den Mitmenschen würde dagegen aufgelöst, wenn die Zustimmungslösung durch eine Widerspruchslösung ersetzt würde, nach der jedem postmortal Organe entnommen werden können, der seinen Widerspruch dagegen nicht ausdrücklich dokumentiert hat. Ethisch betrachtet ist es der richtige Weg, dass jede Bürgerin und jeder Bürger auf ausreichende Anlässe stößt, eine eigenständige Entscheidung zu diesem Thema zu treffen und diese Entscheidung zu dokumentieren. Doch aus dem Entscheidungsanlass darf kein Entscheidungsdruck werden. Auch wer trotz eingehender Information die Entscheidung aufschiebt, hat dazu ein gutes Recht. Dennoch bleibt festzuhalten: Wenn jede krankenversicherte Person über 16 Jahre wiederholt mit der Aufforderung konfrontiert wurde, sich mit dieser Frage zu beschäftigen, sinkt die Plausibilität stellvertretender Äußerungen von Angehörigen. Während bisher die erweiterte Zustimmungslösung so praktiziert wurde, dass in der ganz überwiegenden Zahl der Fälle eine Äußerung der Angehörigen über den mutmaßlichen Willen des Hirntoten die Grundlage für eine Organentnahme bildete, wird die stellvertretende Äußerung sich künftig im Wesentlichen auf die Gruppe junger Hirntoter zu beschränken haben. Der Anteil derer wird wachsen, bei denen man annehmen muss, dass sie ausreichende Anlässe dazu hatten, ihre Entscheidung selbst zu dokumentieren. Die Entscheidungslösung führt insofern zu Eingrenzungen der erweiterten Zustimmungslösung.

Dass aus der Entscheidungslösung kein Entscheidungszwang wird, ist noch aus einem weiteren Grund ethisch plausibel. Die Organtransplantation beruht auf der Auffassung, dass der vollständige Ausfall der Hirnfunktionen, kurz Hirntod genannt, ein untrügliches Todeszeichen darstellt. Bei Menschen, deren Herz- und Kreislauffunktionen mit intensivmedizinischen Mitteln aufrechterhalten werden, führt der Hirntod indessen nicht zur Beendigung aller Organfunktionen. Unabhängig davon, dass diese Menschen von der Mehrzahl der medizinischen Experten und von der Rechtsordnung als tot betrachtet werden, bestehen für viele Menschen erhebliche ethische Vorbehalte dagegen, in einem solchen Zustand den «Tod der menschlichen Person» zu sehen. Herztätigkeit, Atmung und Kreislauf sowie die Möglichkeit des Schmerzempfindens sind für sie Hinweise auf das Leben, die dem Ausfall der Hirnfunktionen als Hinweis auf den Tod entgegentreten. Deshalb wird auch in der Ethik wie im Verfassungsrecht die These vertreten, dass der eindeutig nachgewiesene Hirntod zwar ein untrügliches Indiz für einen irreversiblen Sterbeprozess, aber nicht der Tod der menschlichen Person ist (Denkhaus/Dabrock 2012; Höfling 2012). Wer sich aus diesem Grund an einer Entscheidung zur Organspende gehindert sieht, hat einen Anspruch darauf, in seiner gewissensbestimmten Haltung ernst genommen zu werden; ein Entscheidungsdruck ist damit unvereinbar. Dieselbe Auffassung vom Hirntod als Zeichen für einen irreversiblen Sterbeprozess kann bei anderen indessen dazu führen, dass sie einer Organentnahme zustimmen, wenn die Hirnfunktionen endgültig erloschen sind. Die Rechtsordnung muss den Raum für solche unterschiedlichen gewissensbestimmten Entscheidungen offenhalten.

Auch künftige Bemühungen, mit Hilfe der Organtransplantation Leben zu retten, sollten sich am Weg der Überzeugung und der Freiwilligkeit, also am Weg der Nächstenliebe, orientieren. Sie sollten dem Eindruck wehren, dass Todesdefinitionen je nach medizinischem Bedarf hin- und hergewendet werden – beispielsweise wenn potentielle Spender, bei denen Herz und Kreislauf zum Stillstand gekommen sind, möglichst schnell zur Organentnahme herangezogen werden sollen, obwohl die für die Hirntoddiagnostik vorgeschriebene Frist noch nicht abgelaufen ist (Joffe u. a. 2011). Vor allem aber sollte die Praxis der Organtransplantation so gestaltet werden, dass sie Vertrauen verdient.

15. Politik
Lassen sich Macht und Moral verbinden?

Im Februar 2011 wurde öffentlich bekannt, dass der damalige Verteidigungsminister der Bundesrepublik Deutschland seinen juristischen Doktorgrad mit einer Dissertation erworben hatte, die eine Fülle von Plagiaten enthielt. Karl-Theodor zu Guttenberg räumte Fehler ein, bestritt aber, dass ihn dabei eine betrügerische Absicht geleitet habe; er sei vielmehr schlicht überfordert gewesen. Bundeskanzlerin Angela Merkel versuchte den Politiker mit dem Argument zu halten, sie habe nicht einen wissenschaftlichen Assistenten, sondern einen Minister in ihr Kabinett berufen. Große Teile der Öffentlichkeit widersprachen heftig; ein Minister, der gegen elementare wissenschaftsethische Pflichten verstoßen hatte, konnte nicht im Amt bleiben. Guttenbergs Rücktritt, Plagiatvorwürfe gegen andere Personen sowie eine breite Debatte über Prinzipien des Wissenschaftsethos waren die Folge.

Die Pflicht zur Wahrheit als ethisches Thema

Mit diesem Vorgang trat der Begriff der Wahrheit ins Blickfeld, der in der Ethik nur selten so ausführlich erörtert wird, wie er es verdient. Es fällt auf, dass die Traditionen der Tugendlehre Wahrhaftigkeit nicht zu den Kardinaltugenden zählen. In den zehn Geboten dagegen wird die Wahrheitspflicht zum Thema – und zwar im Blick auf eine besonders gefährliche Situation, nämlich die Falschaussage vor Gericht. Das Gebot, «kein falsches Zeugnis zu reden wider deinen Nächsten», bezieht sich in seiner ursprünglichen Bedeutung auf die Aussage eines Zeugen vor Gericht, die gegebenenfalls über Leben oder Tod, Freiheit oder Unfreiheit, gewährten oder verweigerten Schadensersatz entscheiden kann. Bis zum heutigen Tag wird die Wahrheitspflicht bei Zeugenaussagen besonders eingeschärft. Aber auch in anderen Lebensbereichen zeigt sich die zentrale Bedeutung der Verpflichtung auf die Wahrheit. Zu ihnen gehört der Natur der Sache nach die Wissenschaft (siehe Kapitel 13). Karl-Theodor zu Guttenberg wurde in zwei Hinsichten vorgehalten, er habe gegen die Wahrheitspflicht verstoßen: Er hatte seine Quellen nicht klargestellt, sondern ohne Quellenangabe wörtlich oder sinngemäß zitiert; und er hatte den planmäßigen Charakter seines Vorgehens geleugnet.

Gibt es Notsituationen, so lässt sich aus diesem Anlass fragen, in denen die Verweigerung der Wahrheit erlaubt oder sogar geboten sein kann? Dietrich Bonhoeffer nennt das Beispiel eines Schülers, der vom Lehrer vor versammelter Klasse gefragt wird, ob sein Vater ein Trinker sei (Bonhoeffer 1996: 625). Bonhoeffer räumt dem Schüler das Recht ein, diese Frage wahrheitswidrig zu verneinen, denn der Lehrer hat mit seiner Frage eine Schwelle überschritten, die er hätte beachten müssen. Bonhoeffer selbst machte in der Konspiration gegen Hitler die Erfahrung, sich in allen «Künsten der Verstellung» üben zu müssen (Bonhoeffer 1998: 38). Doch mit der Feststellung, das Gut der Wahrheit kollidiere mit einem anderen hohen Gut, darf man es sich nicht zu einfach machen. Der Verstoß gegen die Wahrheitspflicht lässt sich nicht durch die Berufung auf einen rechtfertigenden Notstand bagatellisieren, denn menschliche Kommunikation beruht darauf, dass wir uns wechselseitig die Bereitschaft wie die Fähigkeit unterstellen, die Wahrheit zu sagen. Wo das Zutrauen zur wechselseitigen Wahrheitsfähigkeit zerbricht, steht das «Apriori der Kommunikationsgemeinschaft» auf dem Spiel (Apel 1973: 358 ff.). Ohne die wechselseitige Erwartung an die Wahrheitsfähigkeit von Dialogpartnern gibt es keine menschliche Kommunikation. Da menschliche Gemeinschaften durch Sprache konstituiert werden, gibt es ohne diese Voraussetzung auch keine menschliche Gemeinschaft. Sogar reine Zweckgemeinschaften sind auf das wechselseitige Vertrauen in die Wahrhaftigkeit der Beteiligten angewiesen.

Wahrhaftigkeit gehört deshalb zu den elementaren moralischen Pflichten (vgl. Schockenhoff 2000: 172 ff.). Aus der Pflicht, dass das, was wir sagen, wahr ist, ergibt sich jedoch keine Pflicht dazu, alles zu sagen, was wahr ist. Vielmehr ist auch das Einhalten von Vertraulichkeitsregeln und Verschwiegenheitspflichten moralisch verbindlich. Das Drängen darauf, dass der Gesprächspartner die Verschwiegenheitspflicht bricht und über etwas Auskunft gibt, was ihm vertraulich mitgeteilt wurde, ist in sich selbst moralisch fragwürdig. Freilich darf die Verschwiegenheitspflicht nicht benutzt werden, um Rechtsverstöße zu decken oder deren Aufklärung zu behindern. Nur bestimmte Professionen – insbesondere Seelsorger, Ärzte und Rechtsanwälte – haben ein Zeugnisverweigerungsrecht über Sachverhalte, die ihnen in Ausübung ihres Berufs bekannt geworden sind.

Zur Wahrheitsorientierung der Wissenschaft gehört die Transparenz im Blick auf die Quellen der eigenen Wahrheitserkenntnis; nur dann lässt sich auch ermessen, welche Einsichten ein Wissenschaftler selbst erarbeitet und welche er von anderen übernommen hat. Bei der Diskussion über das Verhalten von Karl-Theodor zu Guttenberg ging es indessen nicht nur um diese wissenschaftsethische Pflicht. Vielmehr verband sich damit die Frage nach den ethischen Erwartungen, die an die Inhaber öffentlicher Ämter zu richten sind.

Gibt es eine besondere Wahrheitspflicht in der Politik? Das landläufige Urteil unterstellt der Politik eher eine Bereitschaft, Sachverhalte so darzustellen, wie sie in das eigene Konzept passen, und ein Bemühen darum, sich selbst in einem besonders guten und den Gegner in einem fragwürdigen Licht erscheinen zu lassen. «Die Lüge galt immer als ein erlaubtes Mittel in der Politik.» (Arendt 1987: 8) Die politische Lüge gilt deshalb als der Prototyp der Lüge überhaupt (Erlinger 2012: 14 f.). Die drei großen Fernsehduelle der amerikanischen Präsidentschaftskandidaten des Jahres 2008, John McCain und Barack Obama, wurden von den Medien daraufhin untersucht, wie viele unzutreffende Aussagen von den Kandidaten innerhalb der Sendungen von jeweils neunzig Minuten gemacht worden waren. Die Quote war beträchtlich, insbesondere dann, wenn die Kandidaten scheinbar präzise Aussagen über die Höhe oder den prozentualen Anteil von öffentlichen Ausgaben machten. Die Öffentlichkeit unterstellte dabei in der Regel bewusste Lüge; im einen oder anderen Fall könnte es sich aber auch um einen Irrtum handeln.

Neben der vorsätzlichen Lüge und dem unbewussten oder fahrlässigen Irrtum ist schließlich die politische Fehleinschätzung zu erwähnen. Politik ist Zukunftsgestaltung, und da zukünftige Entwicklungen immer nur mit einer gewissen Wahrscheinlichkeit vorausgesagt werden können, sind politische Aussagen immer mit Unsicherheiten verbunden. Unzutreffende Einschätzungen künftiger Entwicklungen oder falsche Urteile über die Wirksamkeit der ergriffenen Maßnahmen führen dazu, dass Ankündigungen oder Versprechen nicht erfüllt werden; auch dies wird häufig unter der Kategorie der politischen Lüge verbucht.

Was bei Politikern als Verstoß gegen die Wahrheitspflicht angesehen wird, ist also komplexer, als es auf den ersten Blick erscheint. Umso mehr wird persönliche Wahrhaftigkeit zu einem entscheidenden Maßstab für deren Beurteilung; dass ihnen ein Mangel an Wahrhaftigkeit unterstellt wird, ist eine entscheidende Ursache für Politikverdrossenheit. In besonderen Konstellationen kann der Mangel an Wahrhaftigkeit zum Verlust eines politischen Amtes oder sogar zum Ende der politischen Karriere führen.

Ist Moral Privatsache?

Die ethischen Erwartungen an politische Verantwortungsträger sind in der politischen Kultur einzelner Länder unterschiedlich ausgeprägt. Welche moralischen Anforderungen an Politiker gestellt werden sollen, ist aber auch grundsätzlich umstritten. Die einen sind der Auffassung, dass Fragen der persönlichen Lebensführung für die Ausübung eines politischen Amts jedenfalls so lange ohne Bedeutung sind, wie es sich nicht um rechtlich inkriminierte Tatbestände handelt. Andere vertreten die Überzeugung, politische Amtsträger könnten ihre Vorbildfunktion nicht ignorieren. Diese kann sich nicht nur in fehlerfreiem Handeln, sondern auch im Umgang mit Fehlern zeigen. Nicht moralisch problematisches Handeln an sich, sondern der Umgang mit dem eigenen Versagen führt bisweilen zum Ende einer politischen Karriere.

In den öffentlichen Debatten über das Verhalten von Politikern ist viel Selbstgerechtigkeit im Spiel. Medien, die bestimmte Arten des Fehlverhaltens bei einzelnen Personen durch eigene Recherchen aufdecken, halten sich in ihrer publizistischen Praxis unter Umständen keineswegs an die hehren moralischen Maßstäbe, die sie an Politiker anlegen. Wer sich öffentlich zur moralischen Vertrauenswürdigkeit von Politikerinnen und Politikern äußert, sollte den dabei angewandten Kriterien auch selbst genügen.

Wiederkehr der Tugenden

In der Debatte über die Moral in der Politik zeigt sich nicht nur ein Interesse an der Veröffentlichung von Skandalgeschichten, mit denen sich die Auflage oder die Einschaltquote steigern lässt, und auch nicht nur eine enttäuschte Sehnsucht nach Vorbildern. Vielmehr hat diese Debatte Anteil an einer Gesprächslage, die durch ein neues Interesse an Tugenden geprägt ist (vgl. Bahr 2010).

In einer überraschenden Wende hat die jüngere ethische Diskussion das Nachdenken über Tugenden wieder belebt. Man kann darin eine Öffnung der modernen Ethik für Ansätze sehen, die in die Antike zurückreichen. Aristoteles hat den Begriff der Tugend maßgeblich geprägt. Er sieht in ihr eine Haltung, in der die Mitte zwischen den Extremen von Übermaß und Mangel gewahrt wird. Sie ist aber zugleich dadurch bestimmt, dass sie gegenüber anderen Haltungen als richtig einleuchtet und diesen gegenüber vorzugswürdig ist. Dass die Tugend die Mitte zwischen den Extremen hält, darf also nicht mit Mittelmaß verwechselt werden; vielmehr zeichnet die Tugend sich zugleich durch Vorzüglichkeit und Richtigkeit aus (Aristoteles II 1106b. f.; Höffe 2012: 96). Aristoteles sieht in ihr eine feste Grundhaltung, die, wie Hegel erläutert, in einer «Stetigkeit des Charakters» Ausdruck findet (Hegel 1976: 300). Diese Haltung muss erworben und eingeübt werden.

In der Konzeption des Aristoteles dienen die Tugenden dem Gelingen des Lebens, also dem Glück *(eudaimonia)*. Diesem Ziel werden sowohl die Verstandeskräfte des Menschen als auch seine nichtrationalen Strebungen untergeordnet. Daher lassen sich Verstandestugenden und nichtrationale Tugenden, mit deren Hilfe Emotionen und Begierden beherrscht werden, voneinander unterscheiden. Obwohl sich daraus eine Vielzahl von Tugenden ableiten lässt, hat sich in der abendländischen Tradition ein einfaches, auf Platon zurückgehendes Tugendschema durchgesetzt (vgl. Pieper 1998). Klugheit, Gerechtigkeit, Tapferkeit und Maß gelten als die vier grundlegenden Tugenden, die deshalb auch Kardinaltugenden genannt werden. Sie wurden in der christlichen Lehre aufgenommen, und ihnen wurden die drei theologischen Tugenden zur Seite gestellt, die Paulus am Ende seines «Hohen Lieds der Liebe» nennt, nämlich Glaube, Liebe und Hoffnung (1. Korinther 13,13). Die scholastische Theologie hat sich weithin an der Siebenzahl der Tugenden orientiert, die sich aus der Zusammenfügung von Kardinaltugenden und theologischen Tugenden ergab. An Aristoteles anknüpfend, versteht sie Tugendhaftigkeit als eine Haltung, die zum sittlichen Handeln befähigt. Die Tugendethik betrachtet dieses Handeln wesentlich als ein Können, das im Erlernen der Tugenden seine entscheidende Voraussetzung hat.

Die anthropologische Wende seit Renaissance und Reformation sowie der Übergang zum neuzeitlichen Wissenschaftsideal haben die Orientierung an vorgegebenen Tugenden in den Hintergrund gedrängt. Die Ethik orientierte sich nun stärker an Aufgaben, die selbstbestimmt wahrgenommen werden. Sittliches Handeln wird nicht mehr als ein durch Tugenden ermöglichtes Können, sondern als ein durch Pflichten oder Ziele bestimmtes Sollen verstanden. Im Blick auf dieses Sollen bewegte sich die neuzeitliche philosophische Ethik lange Zeit zwischen den Polen eines deontologischen und eines utilitaristischen Ansatzes. Die deontologische Ethik fragte nach den Pflichten, die für den Einzelnen verbindlich sind. Kant entwickelte dafür die Prüfregel, mit der nach der Verallgemeinerungsfähigkeit dessen gefragt wurde, was der Einzelne für sich als verpflichtend anerkennen wollte: «Handle nur nach derjenigen Maxime, durch die du zugleich wollen kannst, dass sie ein allgemeines Gesetz werde.» (Kant 1785/1786: BA52) Die utilitaristische Ethik fragte nach denjenigen Verhaltensweisen, die das Wohlbefinden fördern; man kann sie insofern als Variante einer Güterethik betrachten. Der Blick auf die Allgemeinheit wurde in diesem Fall dadurch eröffnet, dass nach «dem größtmöglichen Glück der größtmöglichen Zahl» Ausschau gehalten wurde (Bentham 1776: 3 im Anschluss an Francis Hutcheson). Während der Theologe und Philosoph Friedrich Schleiermacher zu Beginn des 19. Jahrhunderts die Tugendlehre noch in ein Konzept einfügte, das die Ethik in Güter-, Pflichten- und Tugendethik gliederte, betrachtete Friedrich Nietzsche gegen Ende desselben Jahrhunderts das Beharren auf Tugenden als Ausdruck von Schwäche und Mittelmäßigkeit. Diese Betrachtungsweise blieb für die Ethik im 20. Jahrhundert weithin bestimmend.

Umso überraschender ist die insbesondere mit dem Namen von Alasdair MacIntyre verbundene Wende zu einer Tugendethik, die wieder danach fragt, wie moralisches Handeln praktisch möglich wird (vgl. MacIntyre 1987). Lebensgemeinschaften treten wieder in den Blick, in denen sittliche Haltungen erlernt und eingeübt werden; die Rolle von Vorbildern wird rehabilitiert, und Charakterbildung wird wieder zu einem positiv besetzten Begriff. Christliche Kirchen werden als «Charaktergemeinschaften» in dem doppelten Sinn bezeichnet, dass sie Erzählungen tradieren, an denen sich der Charakter bilden kann, und dass sie selbst durch eine besondere Lebenshaltung (einen «Charakter») geprägt sind, die sie von ihrer gesellschaftlichen Umwelt unterscheidet (vgl. Hauerwas 1986). Die christliche Kirche wird dabei häufig als eine Kontrastgemeinschaft verstanden, die mit ihrer besonderen ethischen Prägung der Gesellschaft im Ganzen gegenübersteht.

Doch alle ethischen Konzepte, die durch ein solches Kontrastmotiv geprägt sind, laufen Gefahr, die Allgemeingültigkeit der Moral preiszugeben. Die Tugenden, für die sie eintreten, gelten nur für den jeweiligen Binnenbereich. Das in dieser Gemeinschaft gelebte Ethos hebt sich von der dunklen Folie gesellschaftlicher Normalität ab; daraus speist sich das radikale Pathos solcher ethischen Entwürfe. Eine derartige Ethik konzentriert sich ganz und gar auf die Frage nach dem Guten, das für eine besondere Lebensform bestimmend ist. Die Frage nach dem Richtigen, das für alle in gleicher Weise gilt, tritt dagegen zurück. Wenn dennoch das für die eigene Lebensform Gute als Forderung an die ganze Gesellschaft gerichtet wird, fehlt es dafür häufig an einer schlüssigen Begründung.

So weit diese neue Tugendethik sich auch konfrontativ von einer Regelethik abwendet, wirkt sie doch weithin restaurativ. Die Tugenden gelten als plausibel, weil sie sich einer achtenswerten Tradition verdanken; ihre Verbindlichkeit braucht nicht am Maßstab der Allgemeingültigkeit ausgewiesen zu werden. Von einem solchen Ausgangspunkt aus ist es schwer, einen angemessenen Zugang zu neuen ethischen Herausforderungen zu finden. Ein tugendethischer Ansatz reicht deshalb allein als ethische Orientierung nicht aus, er enthält aber ein unaufgebbares Wahrheitsmoment. Ethik hat es nicht nur mit dem richtigen Handeln und den dafür gültigen Regeln zu tun, sondern muss die Fähigkeit des Menschen in den Blick nehmen, sich von den Herausforderungen zum Handeln motivieren zu lassen und ihnen gegenüber eine ethisch angemessene Haltung zu entwickeln. Für die Ethik ist das Wahrnehmen ebenso wichtig wie das Handeln. Ethik kann deshalb von den Emotionen des Menschen und von deren Steuerung durch die Bildung des Charakters nicht absehen (vgl. Fischer 2012: 41 ff.). Als erstaunlich weitsichtig erweist sich somit Schleiermachers Idee, Pflichten, Tugenden und Güter in der Ethik aufeinander zu beziehen, statt die ethischen Konzepte, die sich an ihnen orientieren, gegeneinander auszuspielen (Schleiermacher 1967: 128 ff.). So liegt es nahe, tugendethische und deontologische Gesichtspunkte in der Ethik miteinander zu verbinden (vgl. Schockenhoff 2007: 43 ff., 303 ff.).

Politische Ethik als Professionsethik

Die neue Zuwendung zu den Tugenden in der ethischen Debatte hat sich auch auf die Diskussion über die Beziehung von Politik und Ethik ausgewirkt. Diese wird heute vielfach mit Blick auf Personen und nicht so sehr auf institutionelle Verhältnisse diskutiert. Der Blickwinkel, aus dem Personen dabei betrachtet werden, ist in der Regel personalethisch und nicht etwa professionsethisch bestimmt. Die Aufmerksamkeit richtet sich auf das Verhalten von Politikern in Ehe und Familie, auf sexistische Äußerungen und Verhaltensweisen, auf Verkehrsdelikte und den Umgang mit Geld, auf persönliche Glaubwürdigkeit und Ausstrahlung. Solche Aspekte und die Art ihrer öffentlichen Erörterung sind für die Erfolgschancen von Politikern von großer Bedeutung. Als öffentliche Personen müssen sie sich gefallen lassen, dass auch ihr Privatleben in die Beurteilung ihrer Vertrauenswürdigkeit einbezogen wird. Zugleich aber haben sie einen Anspruch auf den Schutz ihrer Privatsphäre, zumal für ihre politische Tätigkeit professionsethische Gesichtspunkte wichtiger sind. Sie werden aber nur selten zum Thema gemacht.

Dabei ist es von herausragender Bedeutung, wie ein Politiker sein Ziel, gewählt zu werden, zu dem ins Verhältnis setzt, was er als notwendig und richtig erkannt hat. Folgt er in seinem Handeln seinen Überzeugungen oder stellt er die Einsicht in das Notwendige zurück, weil er ungünstige Auswirkungen auf sein Wahlergebnis oder einen anderen taktischen Nachteil befürchtet? Lässt er den Zeithorizont seiner politischen Überlegungen vom nächsten Wahltermin bestimmen oder blickt er darüber hinaus? Kann er auch im Kampf um Macht und Einfluss menschlichem Mitgefühl Raum geben und dem politischen Gegner mit persönlichem Respekt begegnen?

Professionsethische Fragen dieser Art werden in der Öffentlichkeit nur selten in ihrer zentralen Bedeutung für das Verhältnis von Politik und Ethik gewürdigt. Die deutsche Verfassungsbestimmung, dass Politiker nicht an Weisungen gebunden, sondern allein ihrem Gewissen verpflichtet sind (Artikel 38 des Grundgesetzes), wird nur selten in ihrem ethischen Gehalt bedacht. Die Diskussion darüber, ob die Gewissensbindung sich mit der Abhängigkeit von der Partei, die einen Mandatsträger nominiert hat, und mit der Fraktionsdisziplin, die das praktische parlamentarische Handeln bestimmt, verträgt, reicht noch nicht an den Kern dieser Frage heran. Auch die Praxis, bei Entscheidungen, die nach einer Verabredung zwischen den Fraktionen als «Gewissensfragen» betrachtet werden (dabei handelt es sich meist um bioethische Fragen), die Abstimmung über die Fraktionsgrenzen hinweg freizugeben und gegebenenfalls sogar fraktionsübergreifende Gruppenanträge einzubringen, bestimmt die Rolle des Gewissens für das politische Handeln nicht hinreichend. Vom Gewissen ist nicht nur dann zu sprechen, wenn jemand vor einer Entscheidung steht, die so stark mit seiner persönlichen Identität verbunden ist, dass er sie als eine Gewissensentscheidung empfindet. Das Gewissen kommt vielmehr auch dann ins Spiel, wenn jemand seinen Beruf verantwortlich und damit gewissenhaft ausüben will. Genauso wichtig wie Gewissensentscheidungen sind gewissenhafte Entscheidungen (siehe Kapitel 8).

Solche Entscheidungen setzen sorgfältige Prüfung voraus. Kein Abgeordneter kann dies für alle anstehenden Fragestellungen in gleicher Weise leisten. Die Arbeitsteilung innerhalb der Fraktionen und die Verständigung auf ein von den jeweiligen Experten vorbereitetes und kritisch diskutiertes Votum haben also einen guten Sinn und sollten nicht pauschal als Fraktionszwang abgewertet werden. Es gibt jedoch Situationen, in denen Abgeordnete sich aus inhaltlichen Gründen dem Mehrheitsvotum ihrer Fraktion nicht anschließen können. Ob sie dennoch der Mehrheit folgen oder abweichend abstimmen, ist ein zentrales Thema gewissenhafter Berufsausübung. Wie auch immer die Abwägung ausfällt – sie muss vor dem Grundsatz Bestand haben, dass der Abgeordnete nur seinem Gewissen verpflichtet und nicht an Weisungen gebunden ist.

Die praktische Bedeutung dieses Grundsatzes zeigt sich auch im Verhältnis von Abgeordneten oder Regierungsmitgliedern zu den Interessengruppen, die sich im politischen Prozess zu Wort melden. Deren Anliegen zur Kenntnis zu nehmen und die Informationen zu verarbeiten, die von Unternehmen, Lobbygruppen und Organisationen der Zivilgesellschaft eingebracht werden, gehört zu den Pflichten sachgemäßer politischer Arbeit. Die Demokratie braucht intermediäre Gruppen, die zwischen den Einzelnen und dem politischen System vermitteln. Dabei sind jedoch Abhängigkeiten und Vermischungen zu vermeiden. Verbandsfunktionäre, die auch im parlamentarischen Mandat ihre Funktionärstätigkeit beibehalten, oder Mandatsträger, die Beraterverträge mit Verbänden oder Unternehmen abschließen, wecken Zweifel an ihrer Unabhängigkeit. Nicht nur Transparenz im Blick auf derartige Verflechtungen, sondern vor allem eine klare berufsethische Orientierung ist in solchen Fragen unerlässlich. Jede Form von Bestechung und Bestechlichkeit zerstört das Vertrauen in die Inhaber politischer Ämter.

Politische Verantwortung schließt die Bereitschaft ein, um des Gemeinwohls willen unbequeme Entscheidungen zu treffen. Die Gründe dafür öffentlich zu kommunizieren, um Zustimmung für den eingeschlagenen Weg zu werben, ist ein Kernstück politischer Kommunikation. Zur Gewissenhaftigkeit in der Politik gehört es, zu solchen Entscheidungen auch dann bereit zu sein, wenn sie die Chance, wiedergewählt zu werden, beeinträchtigen.

Die repräsentative Demokratie hat Politik zum Beruf gemacht. Die ethische Dimension dieses Berufs, so hat Max Weber 1919 dargelegt, kann nicht nur darin bestehen, in politischen Entscheidungen die eigenen Gesinnungen möglichst rein darzustellen. Sie muss zugleich darin zum Ausdruck kommen, dass politische Amtsträger sich der Verantwortung für die voraussehbaren Folgen ihres Handelns bewusst sind. Insbesondere dürfen sie nicht davor zurückscheuen, sich den großen Herausforderungen ihrer Zeit zu stellen. Mit dieser Entgegensetzung von Gesinnungsethik und Verantwortungsethik hat Max Weber Schule gemacht. Er war jedoch selbst keineswegs der Meinung, dass beide einander ausschließen müssten. Überzeugungstreue und Verantwortung für die Folgen des eigenen Handelns können sich durchaus miteinander verbinden (Weber 1994: 86 f.). Aus ethischer Perspektive ist genau diese Verbindung anzustreben.

Im Übergang zur repräsentativen Demokratie war der «Berufspolitiker» ein neues Phänomen, das Aufmerksamkeit auf sich zog. In einer Zeit, die durch Tendenzen zur «Postdemokratie» geprägt ist, ist eine weitergehende Überlegung nötig. Der «Beruf zur Politik» beschränkt sich nicht auf politische Mandatsträger, vielmehr verbindet er Repräsentanten und Repräsentierte, Regierende und Regierte miteinander. In der Demokratie haben nicht nur Mandatsträger und Regierungsmitglieder den Beruf zur Politik. An ihm haben alle Bürgerinnen und Bürger Anteil (EKD 1985: 22 ff.).

Politische Ethik als Institutionsethik

Am wichtigsten für die Vereinbarkeit von Macht und Moral ist die institutionsethische Dimension. Für die demokratische Staatsform spricht dabei zuallererst deren ethische Selbstbeschränkung. Ein freiheitlicher und demokratischer Rechtsstaat beansprucht nicht, über die Moralität seiner Bürgerinnen und Bürger zu verfügen. Zwar ist diese für ihn nicht gleichgültig, aber er muss sich darauf verlassen, dass sie aus anderen Quellen entsteht als aus staatlichen Vorschriften. Der staatliche Zwang kann Bürgerinnen und Bürger nur zu legalem Verhalten nötigen, ihre Moralität aber muss davon unterschieden werden (vgl. Kant 1797/1798: AB13 ff.). Wenn der Staat dennoch darauf angewiesen ist, dass seine Bürgerinnen und Bürger nicht nur aus Legalität, sondern auch aus Moralität handeln, stützt er sich auf Voraussetzungen, die er nicht selbst hervorbringen kann. Darin liegt nach einer berühmten Feststellung des Verfassungsrechtlers Ernst-Wolfgang Böckenförde ein entscheidendes Kennzeichen der säkularen Ordnung von Recht und Staat (Böckenförde 1991: 110 ff.). Durch die Unterscheidung von Legalität und Moralität ist der Staat allerdings nicht daran gehindert, Institutionen, die eine Zuständigkeit für moralische Bildung haben, in ihrem Wirken zu fördern.

Dass der Staat die ethischen Überzeugungen seiner Bürgerinnen und Bürger zwar in Anspruch nimmt, nicht aber über sie verfügt, ist für ein pluralistisches Gemeinwesen von entscheidender Bedeutung. Pluralität schließt eine Vielfalt von Lebensstilen und Überzeugungen ein. Ein pluralitätsfähiger Staat muss deshalb dem Recht auf Differenz einen hohen Rang einräumen. In der Religionsfreiheit hat dieses Recht seinen Ursprung. Mit guten Gründen wird ihr für die Entstehung und Entwicklung der modernen Menschenrechte ein zentraler Rang zuerkannt (vgl. Huber, Gerechtigkeit 2006: 270 ff., 304 ff.).

Die modernen Menschenrechte entwickelten sich zwar nicht ausschließlich aus den Kämpfen um die Religionsfreiheit, aber ihre Entwicklung wurde durch die Forderung von Minderheitsgruppen nach religiöser Gleichberechtigung entscheidend gefördert. Diesen *dissenters* oder *nonconformists* wurde im britischen Königreich durch den *Act of Toleration* von 1689 in beschränktem Maß Religionsfreiheit gewährt. Diejenigen von ihnen, die nach Amerika auswanderten, brachten ihre Freiheitsforderung auch in die neue Welt mit. Das verlieh dem Menschenrechtsdenken auf dem Weg zur *Virginia Bill of Rights* von 1776 und der amerikanischen Unabhängigkeitserklärung vom gleichen Jahr entscheidende Impulse. Die Religionsfreiheit wurde für verschiedene religiöse Gruppen gewährleistet; damit erwies sie sich als Ausgangs- und Kernpunkt dessen, was ich als das «Recht auf Differenz» bezeichne. Religion und Politik, aber auch Ethik und Politik sind gerade dadurch miteinander verbunden, dass der Staat unterschiedlichen religiösen und weltanschaulichen Überzeugungen ein Heimatrecht gewährt.

Möglich ist das nur, wenn die unterschiedlichen religiösen und weltanschaulichen Positionen einen gemeinsamen Bezugspunkt haben. Mit wachsender Deutlichkeit wurde die Menschenwürde als dieser zentrale Wert anerkannt. Aus ihr ergibt sich die Pflicht der Vertreter unterschiedlicher Überzeugungen, Wahrheitskonflikte nur so auszutragen, dass dabei die gleiche Würde aller Beteiligten geachtet wird. Wer die Religionsfreiheit im religiös pluralen Staat in Anspruch nimmt, muss auf Überlegenheitsansprüche verzichten, die sich mit einer Herabwürdigung Andersdenkender verbinden. Darin liegt der elementare Beitrag, den Religions- und Weltanschauungsgemeinschaften dazu leisten müssen, dass die Religionsfreiheit als Recht auf Differenz das Verständnis der Menschenrechte insgesamt prägen kann.

Doch nicht nur die Religionsfreiheit, sondern auch die Menschenrechte insgesamt bilden eine Brücke zwischen Ethik und Politik. Sie setzen der Ausübung politischer Macht eine klare Grenze. Wird diese Schranke missachtet, zerbricht auch der Zusammenhalt mit der Moral. Das zeigt sich in den Diktaturen des 20. und 21. Jahrhunderts, die sich systematisch von den Menschenrechten losgesagt haben. Dass sie für ihr Handeln als hochrangig ausgegebene moralische Ziele in Anspruch nehmen (das Wohl des Volkes, die Verwirklichung der Gerechtigkeit, die Bildung einer klassenlosen Gesellschaft, die Verwirklichung der Scharia etc.), kann nicht darüber hinwegtäuschen, dass sie durch die institutionelle Gestaltung politischer Herrschaft die Vereinbarkeit von Macht und

Moral auflösen. Nur eine staatliche Politik, die sich innerhalb der durch die Menschenrechte gesetzten Grenzen bewegt, wahrt die Verbindung zwischen Ethik und Politik; denn diese beruht auf der Achtung der Menschenwürde und der Wahrung der Menschenrechte.

Von vergleichbarer Bedeutung ist die demokratische Gestaltung des Gemeinwesens. Die Übertragung von Ämtern auf Zeit und die Rechenschaftspflicht der Amtsträger machen die Ausübung von Macht kontrollierbar. Die mit Wahlen verbundene Möglichkeit zum Regierungswechsel verankert institutionell die Chance zur Korrektur von Fehlern; deshalb wird die Demokratie eine «fehlerfreundliche» Staatsform genannt. Die demokratische Legitimation der Machtausübung und die Gesetzgebung mit den Mitteln der repräsentativen Demokratie tragen dazu bei, dass die Bürgerinnen und Bürger sich aktiv an der Gestaltung des Gemeinwesens beteiligen können und sich die Vielfalt ihrer Überzeugungen und Interessen in der politischen Willensbildung widerspiegelt.

In der repräsentativen Demokratie besteht dennoch die Gefahr einer Absonderung der Repräsentanten von den Repräsentierten. Politische Parteien gewinnen ein Eigenleben, die Nominierung der Kandidaten für politische Ämter wird in kleinen Kreisen ausgekungelt. Die Bereitschaft dazu, politische Verantwortung zur Lebensaufgabe zu machen, geht zurück. Zugleich verlieren parlamentarische Debatten und Entscheidungen an Gewicht. Die Lebensverhältnisse, die politisch zu gestalten sind, werden immer stärker durch wirtschaftliche Entscheidungen geprägt; dabei wächst insbesondere die – demokratisch unkontrollierte – Macht der Akteure auf den Finanzmärkten. Gleichzeitig verlagern sich wichtige politische Entscheidungen auf Ebenen jenseits des Nationalstaats. Die Institutionen der Europäischen Union ziehen zusätzliche Kompetenzen an sich, ohne dass die Gestaltung demokratischer Mitwirkungsrechte damit Schritt hält. Internationale Konferenzen und transnationale Zusammenschlüsse fällen – oder blockieren – wichtige Entscheidungen.

Dass die Reaktionen auf wirtschaftliche Turbulenzen in international abgestimmtem Regierungshandeln erfolgen, ist unausweichlich. Auch wenn deren Umsetzung mit einem Parlamentsvorbehalt versehen ist, bleibt der parlamentarische Einfluss auf solche Entscheidungen zumeist bedeutungslos. Finanzmarktkrisen und Staatsschuldenkrisen verändern das Verhältnis zwischen Wirtschaftsprozessen, Regierungsentscheidungen und parlamentarischer Gestaltungsmacht. Solche Entwicklungen erwecken den Eindruck, die entwickelten Demokratien seien in ein postdemokratisches Zeitalter eingetreten (Crouch 2008; 2011). Angesichts dieser Situation wird gefragt, mit welchen Mitteln die Demokratie bewahrt und weiterentwickelt werden kann. Als eines der Mittel zur Vitalisierung demokratischer Institutionen gilt die aktive Mitwirkung der Bürgergesellschaft. Deren direkte Beteiligung an politischen Entscheidungen soll die Verbindung zwischen Repräsentierten und Repräsentanten stärken. Eine Erweiterung der Partizipationsmöglichkeiten in der Demokratie sollte man jedoch nicht allein von zusätzlichen Möglichkeiten der Gesetzgebung durch Plebiszit erwarten. Auch auf andere Weise können die Bürgergesellschaft und ihre Zusammenschlüsse eine stärkere Bedeutung für politische Entscheidungsprozesse gewinnen. Das Lebenselement der Demokratie ist der öffentliche Diskurs, die Abwägung unterschiedlicher Lösungsmöglichkeiten bei breiter Wahrnehmung unterschiedlicher Lebenssituationen und Lebensinteressen. Das Wechselspiel zwischen Bürgergesellschaft und Parlamenten ist dafür von entscheidender Bedeutung. Organisierte Bürgerdialoge können dazu genauso beitragen wie spontane Formen des bürgerschaftlichen Engagements. Parlamentarische Debatten gewinnen an Substanz und Farbe, wenn sie sich auf eine lebendige gesellschaftliche Diskussion beziehen können. Verglichen damit führt die Vorstellung, dass eine breitere bürgerschaftliche Beteiligung sich vorrangig oder gar ausschließlich in erweiterten Formen des Plebiszits ausdrücken solle, eher zu einer Verengung. Eine direkte Mitwirkung an der Gesetzgebung über kontroverse Fragen gerät leicht in einen Sog der Polarisierung und Vereinfachung (vgl. Möllers 2008: 66f.). Es ist deshalb zu begrüßen, wenn die Forderung nach direkter Demokratie sich stärker mit den Konzepten von Bürgerbeteiligung und partizipatorischer Demokratie verbindet (Nolte 2012: 407).

Politik ist nach einem Otto von Bismarck zugeschriebenen Zitat die Kunst des Möglichen. Sie erfordert die Bereitschaft zum Kompromiss. Er darf jedoch nicht ein bequemer Ausweg aus der Kontroverse sein, sondern muss der Gestaltungsaufgabe gerecht werden, um die es geht. Dafür sind Kompetenz und Einsatzbereitschaft gefordert, oder – mit Max Weber gesprochen – «ein starkes langsames Bohren von harten Brettern mit Leidenschaft und Augenmaß zugleich» (Weber 1994: 88).

16. Toleranz
Wie viel Verschiedenheit halten wir aus?

Im Mai 2012 urteilte das Landgericht Köln, ein Arzt, der bei einem Jungen auf Verlangen der Eltern eine Beschneidung an der Vorhaut des Penis durchführe, mache sich der Körperverletzung schuldig. Auf eine Verurteilung des Arztes verzichtete das Gericht nur, weil es einen Verbotsirrtum unterstellte. Als das Urteil einige Wochen später bekannt wurde, erregte es eine außerordentliche öffentliche Aufmerksamkeit. Die Richter hatten sich nur auf die medizinrechtliche Perspektive bezogen: Jeder chirurgische Eingriff des Arztes ist eine Körperverletzung. Er ist deshalb nur gerechtfertigt, wenn eine medizinische Notwendigkeit dazu besteht und wenn der Betroffene ausdrücklich zugestimmt hat; bei noch nicht einwilligungsfähigen Kindern und Jugendlichen kann die Zustimmung der Eltern an die Stelle der Zustimmung der Betroffenen treten. Dagegen fehlte jeder Versuch, den hohen, grundrechtlich abgesicherten Rang der körperlichen Unversehrtheit zu zwei anderen Grundrechten in Beziehung zu setzen, nämlich dem Recht auf Religionsfreiheit und dem elterlichen Erziehungsrecht. Das Gericht hielt nicht einmal eine Abwägung der Frage für notwendig, ob es möglich sei, die religiöse Bedeutung der männlichen Beschneidung und das Recht der Eltern, ihre Kinder in einer religiösen Tradition aufwachsen zu lassen, mit dem Recht auf körperliche Unversehrtheit zum Ausgleich zu bringen.

Die Beschneidung als Toleranztest

Die christliche Tradition lehnt die Beschneidung als religiöses Ritual ab. Ob die Zugehörigkeit zur christlichen Gemeinde die Beschneidung der männlichen Mitglieder voraussetze, war einer der großen Kontroverspunkte des frühen Christentums. Das Ergebnis hieß, dass die Taufe – ein sakramentaler Ritus, der beide Geschlechter einschließt – die Voraussetzung der Gemeindezugehörigkeit sei, nicht die Beschneidung. Doch im Judentum blieb die Beschneidung männlicher Neugeborener am achten Tag ein maßgebliches Zeichen für die Aufnahme in den Bund, den Gott mit seinem Volk geschlossen hat. Ein paralleler Ritus bei weiblichen Neugeborenen trat nicht in den Blick. Ohne eine vergleichbar enge Bindung an den achten Tag nach der Geburt wird die männliche Beschneidung auch im Islam praktiziert; die religiöse Differenz zwischen Frauen und Männern lässt sich gerade an diesem Ritus ablesen.

Im Judentum wie im Islam ist die männliche Beschneidung klar von der weiblichen Genitalverstümmelung durch Entfernung der Klitoris unterschieden, die in der herrschenden Auffassung nicht als religiös begründeter oder kulturell vertretbarer Ritus akzeptiert ist. Bedrückenderweise wird freilich heute auch die Genitalverstümmelung an Mädchen, eine grauenvolle Verletzung mit lebenslangen Folgen, massenhaft praktiziert und teilweise sogar religiös gerechtfertigt. Jede Debatte über die Tolerierung der religiös motivierten männlichen Beschneidung muss von Anfang an durch eine klare Grenzziehung gegenüber der weiblichen Genitalverstümmelung bestimmt sein.

Für die meisten Menschen außerhalb jüdischer und muslimischer Gemeinschaften mag der Ritus der Beschneidung etwas Befremdliches haben. Doch genau deshalb taugt er als Prüfstein für die Frage, wie weit Toleranz gehen kann und gehen muss. Vertreter der jüdischen Gemeinschaft machen geltend, dass die Zukunft jüdischen Lebens in einer Gesellschaft davon abhänge, ob die Beschneidung männlicher Neugeborener vollzogen werden könne, ohne als Rechtsverstoß zu gelten. Auch von muslimischer Seite wird Klarheit darüber gefordert, dass eine religiös motivierte Beschneidung keine Straftat sei. Nachdenklich muss die Feststellung stimmen, dass ein strafrechtliches Verbot der Beschneidung weltweit einmalig wäre. In Deutschland wurde nach einer lebhaften Debatte gesetzlich klargestellt, dass eine mit Zustimmung der Eltern durchgeführte männliche Beschneidung, die nach den Regeln der ärztlichen Kunst durchgeführt wird, keine Körperverletzung darstellt.

Mit einer solchen Regelung ist auf der politischen Ebene gewährleistet, dass der Ritus der männlichen Beschneidung in den Bereich der religiösen

Überzeugungen und Verhaltensweisen gehört, die durch die Religionsfreiheit gedeckt und durch die Toleranz in religiösen Angelegenheiten geschützt sind. Doch Toleranz hat nicht nur eine politische, sondern auch eine gesellschaftliche und eine persönliche Dimension. Die lebhafte politische Debatte über dieses Thema lässt sich nur durch die Verknüpfung mit den beiden anderen Dimensionen verstehen. Die Grenze gesellschaftlicher Toleranz ist beispielsweise für diejenigen überschritten, für die – selbst bei einem vergleichsweise geringen chirurgischen Eingriff – die körperliche Unversehrtheit höher zu gewichten ist als die Religionsfreiheit. Der säkulare Charakter der Gesellschaft wird dafür in Anspruch genommen, dass ein rechtlicher Spielraum für einen Ritus dieser Art nicht länger gewährt werden müsse. Bei der Forderung, diese Praxis zu ächten, bleibt im Übrigen häufig unberücksichtigt, dass Beschneidungskritik in früheren geschichtlichen Phasen zum Arsenal antisemitischer Vorurteile gehörte.

Das Beispiel zeigt: An religiösen Riten kann sich noch stärker als an religiösen Doktrinen Streit entzünden; wenn religiöse Praktiken Kontroversen auslösen, spitzt sich häufig die Frage zu, wie weit die Toleranz reicht und wie viel Verschiedenheit hinzunehmen ist. Wenn unterschiedliche religionsbestimmte Praktiken auf engem Raum aufeinandertreffen, stellt sich der Ernstfall für die Toleranz ein. Er tritt für denjenigen auf, der von einer als negativ empfundenen Überzeugung oder Verhaltensweise betroffen ist, eine zumindest theoretische Möglichkeit der Einflussnahme hat und sich fragt, ob er das als negativ Empfundene dennoch hinnehmen will (Erlinger 2012: 173).

Nicht nur an religiösen Unterschieden entzündet sich diese Frage. Aber es ist kein Zufall, dass das moderne Konzept der Toleranz im Blick auf religiöse Pluralität ausgebildet wurde, denn in diesem Fall verbinden sich unterschiedliche Verhaltensweisen mit unterschiedlichen Wahrheitsüberzeugungen. Ist Toleranz eine geeignete Leitidee für den Umgang mit solchen Unterschieden?

Toleranz, Achtung, Anerkennung

In Breslau trägt ein Stadtteil in der Nähe des Zentrums seit einiger Zeit den Namen «Stadtviertel der gegenseitigen Achtung». Die jüdische Synagoge und Gotteshäuser für drei christliche Konfessionen liegen in diesem Gebiet. Zunächst hatte man vom «Stadtviertel der Toleranz» gesprochen, doch dann wurde der Name geändert: Toleranz sei nicht genug, so hieß der Einwand. Bloße Toleranz verweigere dem Wahrheitsanspruch des andern den Respekt. Man entziehe sich dadurch gerade der Spannung zwischen Identität und wechselseitiger Achtung.

Zu jeder Religion gehört ein unbedingter Wahrheitsanspruch. Unbedingt ist er in dem Sinn, dass man nicht gegensätzliche Überzeugungen zugleich als wahr anerkennen kann. Unter pluralen Gegebenheiten gelingt das Zusammenleben aber nur, wenn man nicht nur die eigene Wahrheit ernst nimmt, sondern auch die Wahrheitsansprüche anderer respektiert. Wie lässt sich beides miteinander verbinden?

Weder Duldung noch Indifferenz sind zureichende Lösungen. Gegen Toleranz als bloße Duldung sprach Johann Wolfgang von Goethe sich in einer markanten Weise aus, als er erklärte: «Dulden heißt Beleidigen.» Denn wahre Liberalität, so fügte er hinzu, könne sich nicht in bloßer Duldung erschöpfen, sondern müsse sich in der Anerkennung des Anderen zeigen (Goethe 1960: 385). Nur wenn man einen Anderen unabhängig von seiner abweichenden Überzeugung oder Lebenspraxis als Gleichen anerkennt, wird man der Vorstellung von einer unantastbaren Würde gerecht. Daran zeigt sich: Toleranz mag im Blick auf die Überzeugungen und mit ihnen verbundenen Handlungsweisen Anderer ausreichen, im Blick auf deren Person geht es aber um etwas anderes: Wir müssen ihnen mindestens Respekt, besser noch Wertschätzung entgegenbringen. «Respektiert wird die Person des Anderen, toleriert werden seine Überzeugungen und Handlungen.» (Forst 2003: 46)

Die Indifferenz in Wahrheitsfragen bietet ebenso wenig einen Ausweg, denn Menschen unterstellen sich als sprachlich kommunizierende Wesen Wahrheitsfähigkeit und leugnen eine zentrale Dimension ihres Menschseins und ihrer mitmenschlichen Existenz, wenn sie dies ignorieren. Sie nehmen einander als Personen nicht ernst, wenn sie gegenüber Konflikten in Wahrheitsfragen gleichgültig sind.

Wann immer von Toleranz die Rede ist, rückt die Ringparabel aus Lessings «Nathan der Weise» in den Blick. Doch zeigt dieser dichterische Vorschlag eine ausreichende Fahrrinne zwischen der Skylla der Duldung und der Charybdis der Indifferenz? Ist das Bild der drei Ringe, unter denen der wahre Ring sich nicht mehr finden lässt, wirklich ein Modell von Toleranz?

In dieser Parabel ziehen die drei Söhne, die von ihrem Vater drei gleich aussehende Ringe erhalten haben, vor den Richter, um feststellen zu lassen, wer den echten Ring und mit ihm auch die Herrschaft geerbt hat. Da jedoch nach der Auffassung des Richters die Wahrheitsfrage nicht entschieden werden kann, macht er stattdessen die Frage zum Prüfstein, wer von den dreien der beliebteste sei, welchen also zwei der drei Brüder besonders lieben. Dieser Test bleibt ohne Ergebnis, weil die erklärte Liebe zu einem Bruder das Eingeständnis impliziert hätte, dass er über den echten Ring verfügt. Das veranlasst den Richter zu der Einschätzung, dass es diesen gar nicht mehr gibt; er ging vielmehr, so vermutet er, verloren. An die drei Brüder appelliert er, trotzdem an die Echtheit ihrer Ringe zu glauben und dies durch ein Verhalten unter Beweis zu stellen, das durch vorurteilsfreie Liebe und Verträglichkeit geprägt ist (Lessing 1971: 276 ff.; vgl. Härle 2008: 118 ff.).

Vielleicht genügt das Bild eines Miteinanders, das durch Liebe und Verträglichkeit geprägt ist, der von Goethe erhobenen Forderung, Anerkennung an die Stelle bloßer Duldung treten zu lassen. Aber entgeht Lessing mit dem Abschluss der Ringparabel der Gefahr, dass die Wahrheitsfrage sich in bloßer Indifferenz auflöst? Mit dem richterlichen Entscheid, es gebe zwar keinen echten Ring, jeder solle aber gleichwohl an die Echtheit des eigenen Rings glauben, wird die Frage nach dem Verhältnis von Toleranz und Wahrheit geradezu suspendiert. Das Ertragen einer fremden Wahrheitsüberzeugung wird nicht mehr gefordert, denn nach der Wahrheit der Religion wird nicht mehr gefragt. Die Wahrheitsgewissheit wird aus einer Überzeugung zu einer Hypothese in praktischer Absicht. Religion wird auf Moralität reduziert und die Verschiedenheit der Glaubensüberzeugungen wird unerheblich. Damit werden diese Überzeugungen relativiert: Alle drei Religionen sind gleichermaßen «wahr». Die in der Ringparabel zum Ausdruck gebrachte Toleranzidee der Aufklärung hat allerdings bis zum heutigen Tag kaum zu einer Beilegung von Religionskonflikten geführt (vgl. Reuter/Kippenberg 2010).

Neue Religionskonflikte

Seit dem September 2001 zeichnet sich im Umgang mit dem Toleranzproblem ein Paradigmenwechsel ab. Bis zu diesem Datum neigte man dazu, die gesellschaftliche Transformation in Europa unter kulturellem Gesichtspunkt als eine Entwicklung zu wachsender Pluralität anzusehen. Eine pluralistische Religionskultur galt als eines ihrer Merkmale. Die aufgeklärte Säkularität, die in Europa das Verhältnis von Religion und Rechtsordnung bestimmt, erschien dafür als ein günstiger institutioneller Rahmen. Ein multireligiöser Relativismus galt vielen als eine für das Zusammenleben förderliche Geisteshaltung. Die Tendenz zur Selbstaufhebung, die jeder derartigen Indifferenz eignet, trat kaum ins Bewusstsein.

Zu den ersten Reaktionen nach den Anschlägen auf die Twin Towers in New York und das Pentagon in Washington am 11. September 2001 gehörte der Appell, den Dialog mit dem Islam verstärkt fortzusetzen. Die religiöse Trauerfeier für die Opfer des Anschlags auf das World Trade Center im Yankee Stadium in New York bezog die Vertreter des Islam bewusst ein. Aber zugleich ließen die Terroranschläge des 11. September wie auch die Selbstmordattentate jugendlicher Palästinenser eine Ausprägung des Islam vor Augen treten, die mit aufgeklärter Toleranz unvereinbar ist. Die Einschätzung, dass das Phänomen eines fundamentalistischen und teilweise gewaltbereiten Islamismus auf bestimmte Länder zwischen Saudi-Arabien und Pakistan beschränkt sei, trägt nicht mehr.

Die Attentäter des 11. September hatten eine religiöse Anleitung bei sich, in der die Vernichtung von Menschenleben direkt aus den Lehren des Koran hergeleitet wurde. Die Gewalt, die sie verübten, wurde als Vollzug eines göttlichen Willens und damit als Gottesdienst angesehen (vgl. Kippenberg 2008: 161 ff.; Huber 2009). Die Folge war, dass in vielen öffentlichen Debatten nicht nur der Islam, sondern die Religion insgesamt mit Gewaltbereitschaft und Intoleranz gleichgesetzt wurde. Menschen aus muslimisch geprägten Ländern wurden nun häufig nur noch im Hinblick auf ihre religiöse Identität betrachtet; hatte man sie vorher beispielsweise durch den Verweis auf ihr Herkunftsland gekennzeichnet, wurden sie nun allein durch ihre Religionszugehörigkeit identifiziert.

Doch in keinem Fall reicht es, die Identität von Gruppen oder Einzelnen nur von einem Identitätsmerkmal aus zu betrachten. Eine solche Reduktion – sei es auf den Status als Anhänger eines Fußballclubs, auf die Staatsangehörigkeit, auf ein ethnisches Merkmal, sei es auf Geschlecht, Klasse oder Religion – wird der multiplen Identität von Einzelnen und Gruppen in keinem Fall gerecht. Nehmen Gruppen sich wechselseitig auf eine derartige Weise wahr, fördert dies Fanatismus. Identitätsreduktion wirkt konfliktverschärfend und wird zur Identitätsfalle (Sen 2007; vgl. oben S. 99 f.). Diesem Mechanismus wurde die Religion seit 2001 in verstärktem Maß ausgeliefert. Die bereits Jahre zuvor von Samuel Huntington formulierte Vorstellung von einem Kampf der Kulturen erhielt dadurch einen erheblichen Auftrieb (vgl. Huntington 1996).

Ob Huntingtons These vom *clash of civilizations* sich doch als zutreffend erweise, wird inzwischen gefragt. Man wird einräumen müssen, dass das in Religionen enthaltene Konfliktpotential größer ist, als eine multireligiöse Euphorie wahrhaben wollte. Die programmatische Ausrufung eines Kulturkonflikts führt allerdings in die falsche Richtung. Dringlich geboten ist vielmehr ein tolerantes Verhältnis zwischen den Religionen. Die Furcht vor einer aggressiv auftretenden Religion wurde mit dem Versuch beantwortet, die Religion aus dem öffentlichen Raum zurückzudrängen und auf den Bereich des Privaten zu verweisen. Gibt es angesichts der Tendenzen zur Fundamentalisierung der Religion einerseits und ihrer Privatisierung andererseits eine dritte Möglichkeit?

Toleranz aus Überzeugung

Diese Möglichkeit eröffnet sich nur dann, wenn die Religionen aus sich selbst einen positiven Zugang zur Toleranz finden. Diese darf sich jedoch nicht auf Indifferenz, sondern muss sich auf Überzeugungen stützen. In der Toleranz verbinden sich, wie der Philosoph Rainer Forst gezeigt hat, drei Elemente miteinander: eine Ablehnungs-Komponente, eine Akzeptanz-Komponente und eine Zurückweisungskomponente (vgl. Forst 2000, 2003, 2011).

Von einer Ablehnungs-Komponente ist zu sprechen, weil das Problem der Toleranz überhaupt nur im Blick auf Praktiken oder Überzeugungen einer Gruppe entsteht, die von anderer Seite als falsch oder schlecht beurteilt werden. Wäre es anders, so würden diese Praktiken entweder gutgeheißen oder als gleichgültig angesehen – das Problem der Toleranz würde sich gar nicht stellen. Eine Toleranz aus Indifferenz kann es nicht geben, denn Indifferenz schließt eine Ablehnungs-Komponente aus.

Zur Toleranz gehört als zweites eine Akzeptanz-Komponente, die den abgelehnten Praktiken oder Überzeugungen Raum gibt – sei es, weil sie sich in einen größeren Zusammenhang einfügen, weil deren Träger aus pragmatischen Gründen willkommen sind oder weil der Respekt vor der gleichen Würde aller Menschen unabhängig von ihren Praktiken und Überzeugungen zu deren Akzeptanz verpflichtet.

Schließlich tritt diesen Merkmalen eine Zurückweisungskomponente zur Seite. Sie bezieht sich auf die Grenzen der Toleranz: Wenn Praktiken oder Überzeugungen die Bedingungen für ein gemeinsames Leben ihrerseits aufkündigen oder wenn deren Träger die gleiche Würde aller Menschen bestreiten oder missachten, sind Grenzen der Toleranz erreicht, die zu einer Zurückweisung führen. Denn in gruppenbezogener Menschenfeindlichkeit, fundamentalistischen Überlegenheitsbehauptungen, der Rechtfertigung von Gewalt zur Durchsetzung der eigenen Ziele oder dem Einsatz von Korruption zur Verwirklichung der eigenen Interessen werden die Bedingungen der Toleranz selbst negiert. Die Zurückweisung gilt dabei Haltungen und Handlungsweisen, der Respekt vor der Würde der beteiligten Personen bleibt davon unberührt.

Diese drei Komponenten miteinander zu verbinden ist eine anspruchsvolle Aufgabe. Die Religionen haben vor ihr immer wieder versagt, auch das Christentum. Voltaire lässt deshalb in seinem Essay über die Toleranz einen chinesischen Weisen an die Christenheit die Frage richten, warum sie es denn mit der Toleranz nicht weiter gebracht habe und woher sie die Anmaßung nehme, «die Rechte der Gottheit an sich reißen und noch eher als sie das ewige Schicksal aller Menschen entscheiden» zu wollen (Voltaire 1986: 235; Höffe 2012: 219). Auch wenn die christlichen Kirchen über lange Zeit von der Bereitschaft zur Toleranz weit entfernt waren, lässt sich doch zeigen, warum die Idee der Toleranz mit dem Kern des christlichen Glaubens verbunden ist und sich schließlich auch in weiten Bereichen des Christentums Geltung verschaffen konnte. Die Verbindung des Toleranzgedankens mit dem christlichen

Glauben muss, wie schließlich erkannt und anerkannt wurde, als so eng angesehen werden, dass der Intoleranz, wo immer sie im Christentum auftritt, aus Gründen des christlichen Glaubens selbst widersprochen und widerstanden werden muss.

Der christliche Glaube schließt die Überzeugung ein, dass alle Menschen zum Ebenbild Gottes geschaffen sind und ihnen, wie man seit der Renaissance sagt, deshalb die gleiche Würde zukommt. Diese Überzeugung begründet eine Achtung gegenüber jedem Menschen, die von Glaubensunterschieden unabhängig ist. Darüber hinaus gilt nach christlichem Verständnis für den Glauben, dass er nicht durch menschliches Handeln hervorgebracht wird; er ist vielmehr eine Gewissheit, die sich dem Menschen erschließt, ohne dass er selbst darüber verfügt. «Aus menschlicher Perspektive gilt: Glaube wird geschenkt, nicht gemacht.» (Schwöbel 2002: 24) Das gilt nach christlicher Überzeugung nicht nur für die christliche Glaubensgewissheit, sondern für alle Gewissheiten. Grundlegende Überzeugungen haben ihren Ort im Gewissen des Einzelnen. Gewissensentscheidungen anderer, so der scholastische Theologe Thomas von Aquin, sind auch dann zu achten, wenn es sich dabei um ein schuldlos irrendes Gewissen handelt (vgl. oben S. 110 f.). Die Reformation hat diese Einsicht dadurch verschärft, dass sie jeden Verdienstgedanken aus dem Gottesverhältnis des Menschen entfernte. Wenn der Mensch die göttliche Anerkennung nicht durch seine eigenen Leistungen erwirken kann, dann sind auch seine eigenen Glaubensüberzeugungen kein Mittel dazu, Gottes Gnade zu erlangen. Im Glauben geht der Mensch gerade aus sich heraus und verlässt sich ganz auf Gott; in diesem Sinn gilt, dass nicht das Werk, sondern der Glaube die Person konstituiert (Jüngel 1998: 209 ff.).

Toleranz gründet, so betrachtet, in einer unbedingten Wahrheitsgewissheit, mit der sich eine unbedingte Achtung für fremde Wahrheitsansprüche verbindet (Härle 2008: 104 ff.). In einem solchen «positionellen Pluralismus» wird der Mitmensch als Nächster geachtet und in seiner abweichenden Glaubensweise respektiert. Reformatorisch geprägter Glaube stützt sich auf eine göttlich zugesprochene Anerkennung der menschlichen Person, die unabhängig von ihren Taten und damit auch von ihren Überzeugungen gilt. Deshalb können Glaubensüberzeugungen genauso wenig wie sonstige Leistungen einen Grund dafür abgeben, anderen Menschen Gott gegenüber einen minderen

Status zuzuschreiben. Dann aber entfällt auch jede Rechtfertigung dafür, dass im Verhältnis der Menschen zueinander Unterschiede der Religion dafür in Anspruch genommen werden, einander das Menschsein abzusprechen oder die Gleichheit an Würde und Rechten einzuschränken. Voltaire, der sich selbst nicht als einen glaubenden Christen betrachtete, hatte deshalb gute Gründe dafür, den Christen ihren eigenen Glauben vorzuhalten. Aus ihm leitete er ab, dass die Christen nicht nur einander zu dulden, sondern alle Menschen als Geschwister anzusehen hätten.

Wenn Toleranz demzufolge nicht in religiöser Indifferenz, sondern in einer Glaubensüberzeugung gründet, hat das Folgen dafür, wie diese Toleranz praktiziert wird. Wenn Toleranz sich selbst aus einer Wahrheitsgewissheit speist, kann sie nicht die Wahrheitsfrage suspendieren, sondern muss sich im Streit um die Wahrheit bewähren. Wenn gelebte Toleranz eine im Leben bewährte Folge des Gottesverhältnisses ist, kann Religion auch um der Toleranz willen nicht auf Moralität reduziert werden; vielmehr muss die Gottesfrage im Verhältnis zwischen den Religionen eine konstitutive Bedeutung behalten. Deshalb ist die Frage nach Frieden und Toleranz zwischen den Religionen mit der Ausrufung eines «Projekts Weltethos» noch nicht zureichend beantwortet (Küng 1990). Die Antwort kündigt sich erst dann an, wenn die Religionen ihre Differenzen im Glaubensverständnis in einer Weise austragen können, die den Frieden nicht gefährdet, sondern stärkt.

Im Blick auf diese Aufgabe erweist sich die Definition als unzureichend, die sich in der Charta der Toleranz der UNESCO findet: «Toleranz bedeutet Respekt, Akzeptanz und Anerkennung der Kulturen unserer Welt, unserer Ausdrucksformen und Gestaltungsweisen unseres Menschseins in all ihrem Reichtum und ihrer Vielfalt. Toleranz ist Harmonie über Unterschiede hinweg.» Dem ist entgegenzuhalten: Wo Harmonie herrscht, braucht man keine Toleranz. Als Toleranz lässt sich eher mit Nikolaus Knoepffler eine Einstellung bezeichnen, «wonach eine andere Überzeugung bzw. Praxis zwar für falsch eingeschätzt wird, aber andererseits doch nicht für derart falsch, dass es nicht möglich wäre, diese Überzeugung und Praxis zu dulden» (Knoepffler 2009: 252 f.).

Persönliche, gesellschaftliche, politische Toleranz

Blickt man auf die neuzeitliche Entfaltung des Toleranzgedankens, so kann man in ihm systematisch drei Ebenen unterscheiden: die persönliche, die gesellschaftliche und die politische Toleranz (Huber 2005: 88).

Die *persönliche Toleranz* ist zu verstehen als eine überzeugte, nicht als eine indifferente Toleranz, denn sonst wäre sie keine Toleranz, die aus der Gewissensfreiheit folgt, handelt es sich bei ihr doch gerade um die Freiheit zur Bildung eigener Überzeugungen und zur Bindung an sie. Sie bezieht sich auf eine Differenz in grundlegenden Überzeugungen; ihr Inhalt ist ein wechselseitiger Respekt trotz dieser Differenz. Diese Toleranz schließt die Bereitschaft ein, Überzeugungen anderer zur Kenntnis zu nehmen, aber auch eigene Überzeugungen anderen gegenüber zu vertreten. Überzeugte Toleranz schafft Raum für den Austausch, das Gespräch und gegebenenfalls auch den Streit um unterschiedliche Wahrheitsgewissheiten. Doch alle Formen dieses Dialogs setzen den Respekt für die Gewissensfreiheit wie für die Gewissensbindung des anderen voraus. Die Gesprächskultur in einer pluralen Gesellschaft lebt im Entscheidenden aus der persönlichen Toleranz ihrer Glieder.

Die *gesellschaftliche Toleranz*, die aus ihr folgt, zielt auf eine wechselseitige Achtung von Überzeugungen und Lebensformen. Sie setzt voraus, dass diese nicht selbst der wechselseitigen Achtung widersprechen. Gute, rücksichtsvolle Nachbarschaft und Klarheit der Positionen müssen sich in gesellschaftlicher Toleranz miteinander verbinden (vgl. EKD, Klarheit 2006). Gesellschaftliche Toleranz ist nicht nur bei großen Debatten über kontroverse Themen – beispielsweise die Beschneidung – vonnöten. Vielmehr muss sie sich im Alltag des Zusammenlebens bewähren. Andernfalls können unterschiedliche Bräuche von Kulturen und Religionen leicht zu Konflikten führen. Eine kulturell und religiös plurale Hausgemeinschaft kann solche Konflikte leicht erleben, wenn muslimische Familien im Ramadan das tägliche Fastenbrechen nach Sonnenuntergang ausgiebig begehen, während christlich geprägte Familien den Ostersonntag mit lautstarkem Ostereiersuchen gestalten. Um solche Konflikte zu vermeiden, ist beides nötig: die unterschiedlichen Gewohnheiten zu verstehen und sie in einer Weise zu praktizieren, die das Zusammenleben nicht belastet.

Die *politische Toleranz* schließlich hat ihren Sinn darin, gesellschaftliches Miteinander zu ermöglichen. Sie sichert einen Raum, in dem sich Überzeugungen bilden und entfalten können. Dem dient die Gewährleistung der Religionsfreiheit, die nicht nur – negativ – die Freiheit von der Religion, sondern ebenso – positiv – die Freiheit zur Religion meint. Die Freiheit in religiösen Angelegenheiten umfasst die persönliche Bekenntnisfreiheit, die Freiheit, den Glauben gemeinsam mit anderen zu praktizieren, und die Freiheit zu einer dem Glauben entsprechenden Ausgestaltung religiöser Institutionen. In der Religionsfreiheit verbinden sich also eine persönliche, eine korporative und eine institutionelle Komponente miteinander. In Deutschland kommt das verfassungsrechtlich dadurch besonders klar zum Ausdruck, dass neben der persönlichen Religionsfreiheit und der Freiheit der gemeinschaftlichen Religionsausübung auch die Selbständigkeit der Religionsgemeinschaften in der Regelung ihrer eigenen Angelegenheiten ausdrücklich gesichert ist. Die institutionelle Freiheit ist dabei nur an die Grenzen des «für alle geltenden Gesetzes» gebunden (Art. 137, Abs. 3 Weimarer Reichsverfassung in Verbindung mit Art. 140 GG). Die institutionelle Freiheit der Religionsgemeinschaften kann nicht durch Spezialgesetze eingeschränkt werden. In Konfliktfällen – beispielsweise über die besondere Gestaltung des kirchlichen Arbeitsrechts oder den Ausschluss von Frauen aus dem Priesteramt nach den Vorschriften der römisch-katholischen Kirche – ist also jeweils zu prüfen, ob ein «für alle geltendes Gesetz» diesen eigenständigen Regelungen der Religionsgemeinschaften entgegensteht.

Der persönlich, korporativ und institutionell ausgestalteten Religionsfreiheit korrespondiert die Neutralität des Staates in religiösen Fragen; ihm ist die Identifikation mit einer bestimmten Religion oder religiösen Auffassung um der Religionsfreiheit willen verboten. Der Gedanke der Toleranz konnte sich deshalb politisch in dem Maß durchsetzen, in dem die Eingriffsrechte des Staates in Glaubensfragen eingeschränkt wurden. Die Neutralität des Staates in religiösen Fragen schließt jedoch nicht aus, dass er die Bedeutung der Religion für die Lebenshaltungen der Staatsbürgerinnen und Staatsbürger achtet, die kulturprägenden Wirkungen der Religion respektiert und die Beiträge der Religionsgemeinschaften zum Gemeinwohl – beispielsweise in ihrem diakonischen Wirken und ihren Bildungsaktivitäten – unterstützt. Im Blick auf solche Verbindungen zwischen dem staatlichen Handeln und den Religionsgemeinschaften – bei voller Wahrung ihrer wechselseitigen Unabhängigkeit – hat das Bundesverfassungsgericht von einer «offenen und übergreifenden, die Glaubensfreiheit für alle Bekenntnisse gleichermaßen fördernden» Neutralität gesprochen (Heinig/Musonius 2012: 168 ff.).

Zur Freiheit in religiösen Angelegenheiten gehört das Recht zum Wechsel der Religion oder Weltanschauung. Während die Allgemeine Erklärung der Menschenrechte von 1949 in ihrem Artikel 18 diese Freiheit zum Religionswechsel ausdrücklich vorsieht, ist in der Konvention der Vereinten Nationen über bürgerliche und politische Rechte von 1966 in deren Artikel 18 der Religionswechsel nicht mehr thematisiert; die Rede ist nur noch von dem Recht, «eine Religion oder Weltanschauung eigener Wahl zu haben oder anzunehmen». Dass das Recht, eine Religion «abzulegen» oder zu «wechseln», nicht mehr vorkommt, war der Preis, der für die Zustimmung von islamisch geprägten Staaten gezahlt wurde. Dieser Preis war genauso hoch wie die Konzession, die gegenüber den USA und anderen Staaten dadurch gemacht wurde, dass in dem Pakt von 1966 die Todesstrafe anerkannt und lediglich ihre Verhängung auf «schwerste Verbrechen» beschränkt wurde, die zu dem Zeitpunkt, zu dem sie verübt wurden, bereits mit der Todesstrafe belegt waren.

In beiden Fällen handelt es sich um verhängnisvolle Einschränkungen der Menschenrechte. Was die Religionsfreiheit betrifft, hat sich die Situation seitdem generell nicht verbessert. In islamischen Staaten gilt die Abwendung vom Islam als «Abfall», der in einer Reihe von Ländern mit der Todesstrafe bedroht ist. Die Verkündigung anderer Glaubensweisen neben dem Islam wird vielfach unterdrückt. So wird in der Türkei der Ausdruck «Missionar» nur in ablehnendem Sinn verwendet und nur auf Christen angewandt, die von ihrem Glauben auch in der türkischen Gesellschaft Zeugnis ablegen wollen. Bemerkenswert ist in diesem Zusammenhang, dass der Zentralrat der Muslime in Deutschland in seiner *Islamischen Charta* von 2002 ausdrücklich feststellt: «Die im Zentralrat vertretenen Muslime akzeptieren das Recht, die Religion zu wechseln, eine andere oder gar keine Religion zu haben.» Es ist zu wünschen, dass diese Auffassung sich möglichst weit verbreitet und dass aus dem «Akzeptieren» ein «Bejahen» wird.

Die unvollständige Normierung der Religionsfreiheit in der Konvention der Vereinten Nationen von 1966 ist ein fataler Kompromiss. Sowohl der ungehinderte Religionswechsel als auch die korporative Religionsfreiheit müssen anerkannt sein, wenn von staatlicher Ermöglichung und Gewährleistung der Toleranz die Rede sein soll. Dass diese Voraussetzungen in vielen islamisch geprägten Ländern heute nicht gegeben sind, gehört zu den großen Herausforderungen unserer Zeit. Dass Menschen wegen ihrer Religionszugehörigkeit um Leib und Leben fürchten müssen, ist einer der offenkundigen Skandale des 21. Jahrhunderts.

Fortschritte sind am ehesten dann zu erhoffen, wenn es gelingt, zu einer klaren Unterscheidung zwischen dem Politischen und dem Religiösen zu kommen. Eine solche Unterscheidung bedeutet, dass nicht politische Ziele mit den Mitteln religiöser Indoktrination durchgesetzt werden und dass nicht für die Verfolgung religiöser Ziele staatlicher Zwang eingesetzt wird. Mit dieser Unterscheidung ist jedoch nicht eine Beziehungslosigkeit zwischen beiden Sphären gemeint. Glaubensgemeinschaften bringen ihre Überzeugungen in die öffentliche Meinungsbildung ein, beteiligen sich an Bildungsaufgaben und helfen Notleidenden. Der Staat würdigt ihr Handeln auf der Grundlage einer fördernden Neutralität; er respektiert den Beitrag von Glaubensgemeinschaften zur Entwicklung des persönlichen Verantwortungsbewusstseins wie zur Bildung von Trägern gesellschaftlicher Verantwortung.

Ein freiheitlicher und demokratischer Rechtsstaat, der die Religionsfreiheit achtet, kann erwarten, dass Religionsgemeinschaften sich seiner Ordnung nicht nur äußerlich fügen, sondern sie auch innerlich bejahen. Es sprechen deshalb gute Gründe dafür, dass der Staat bei der konkreten Ausgestaltung seiner fördernden Neutralität die Frage einbezieht, ob eine Religionsgemeinschaft die freiheitliche Ordnung befürwortet, die Gleichberechtigung von Frau und Mann respektiert oder die schulische Integration von Mädchen und Jungen fördert.

Insgesamt geht es darum, dass die individuelle, korporative und institutionelle Religionsfreiheit mitsamt der religiösen Neutralität des Staates und der gemeinsamen Verantwortung von Staat und Religion für das Gemeinwesen geachtet werden. Ebenso notwendig ist es, dass alle Formen einer religiösen Legitimation von Gewalt, der Herabsetzung Andersglaubender oder der Diskriminierung aus anderen Gründen überwunden werden. Darin liegen wichtige Folgerungen aus den Religionskonflikten unserer Zeit. Wechselseitige Toleranz steht zu religiöser Identität nicht im Gegensatz; beide gehören vielmehr zusammen.

17. Krieg und Frieden
Wie weit reicht unsere Verantwortung?

Ausgelöst durch die Ermordung des ruandischen Präsidenten Habyarimana am 6. April 1994 brach in Ruanda eine Welle von Gewalttaten los, die bis Mitte Juli 1994 andauerte. In ihnen entlud sich die über Jahre angestaute Feindschaft zwischen den beiden Ethnien der Hutu und der Tutsi. Radikale Hutu, zum Teil aus der ruandischen Armee, der Präsidentengarde und der Nationalpolizei, brachten in ungefähr hundert Tagen drei Viertel der Tutsi sowie moderate Hutu ums Leben. Die Zahl der Opfer dieser humanitären Katastrophe wurde auf 800 000 bis eine Million geschätzt.

Warum griff die internationale Gemeinschaft angesichts dieses eklatanten Völkermords nicht ein? Warum wurden die Friedenstruppen der Vereinten Nationen, die wegen des Konflikts zwischen der Regierung und der Ruandischen Patriotischen Front in der Region stationiert waren, beim Ausbruch der Gewalt nicht verstärkt, sondern reduziert? Warum entzogen sich westliche Staaten trotz ihrer Verpflichtung auf die Menschenrechte der Aufgabe, Leben und Rechte der vom Völkermord Bedrohten zu schützen? Bitter stellte der damalige kanadische Blauhelmkommandeur General Roméo Dallaire zehn Jahre nach diesen Ereignissen fest, die wahren Verräter und Mittäter seien die einzelnen Staaten und die internationale Gemeinschaft gewesen – «mit ihrer Gleichgültigkeit und ihren Eigeninteressen» (zitiert nach de Maizière 2013: 29).

Nach dem Völkermord in Ruanda musste intensiv über eine Pflicht der internationalen Gemeinschaft nachgedacht werden, Menschen vor Völkermord, aber auch vor massiven Verletzungen ihrer individuellen Rechte zu schützen. Damit war erneut die Frage aufgeworfen, in welchen

Situationen der Einsatz von militärischer Gewalt ethisch und rechtlich hinnehmbar oder sogar geboten sei.

Das Konzept des gerechten Krieges

Die ethische Tradition antwortet auf diese Frage mit der Lehre vom gerechten Krieg. Sie geht in ersten Ansätzen auf die Antike zurück und wurde von Augustin in die christliche Ethik integriert. Seitdem wurde sie weiterentwickelt und tradiert. Ihre Zielsetzung besteht darin, moralische und rechtliche Kriterien für die Begrenzung kriegerischer Gewaltanwendung zu entwickeln. Dafür unterscheidet sie zwischen dem Recht zum Krieg und dem Recht im Krieg. Die Legitimität der Entscheidung zum Kriegseintritt wird vor allem an fünf Kriterien gemessen: der Entscheidung durch eine dazu legitimierte Autorität; einer rechtfertigenden Ursache; der Verwendung von militärischer Gewalt als äußerstem Mittel; der Ausrichtung auf das Ziel des Friedens; der Verhältnismäßigkeit der Mittel. Die mittelalterliche Scholastik hat diese Kriterien im Einzelnen verfeinert. Martin Luther präzisierte die überlieferte Lehre dadurch, dass er die legitimen Gründe der Kriegführung strikt auf die Notwehr begrenzte, also nur den Verteidigungskrieg gelten ließ.

Seit ihren Anfängen im römischen Rechtsdenken und ihrer Aufnahme in die christliche Ethik verfolgte die Lehre vom gerechten Krieg eine eingrenzende Absicht. Im Zeitalter der modernen Territorialstaaten wurden ihre Kriterien jedoch immer stärker ausgeweitet. Das Kriterium der legitimierten Autorität wurde maßgeblich, und das von Luther eingeschärfte Verbot des Angriffskriegs trat in den Hintergrund. Wenn zwei Staaten gegeneinander Krieg führten, konnte deshalb von einem gerechten Krieg von beiden Seiten die Rede sein. In den Nationalkriegen des 19. Jahrhunderts wurde die Absicht, die Kriegführung an moralische und rechtliche Kriterien zu binden, durch eine Sakralisierung des Krieges überboten. Zugleich weiteten sich die verfügbaren Gewaltmittel so aus, dass von einer Verhältnismäßigkeit der Mittel nicht mehr die Rede sein konnte. Mit dem Abwurf der ersten Atombomben auf Hiroshima und Nagasaki und der anschließenden Phase des atomaren Wettrüstens wurde die Aporie offenkundig: Wer sich an die Kriterien der Lehre vom gerechten Krieg hielt, konnte dem möglichen Einsatz von Atomwaffen nur ein klares Nein entgegensetzen.

Angesichts der Ausweitung kriegerischer Gewaltmittel im Zeitalter der Weltkriege vollzogen die Vereinten Nationen mit ihrer Charta von 1945 einen Neuansatz des Völkerrechts, der den Abschied von der Lehre vom gerechten Krieg einschließt. Man beließ es nicht dabei, den Krieg zu ächten, sondern formulierte ein allgemeines Gewaltverbot. Zwar räumt die UN-Charta das Recht einzelner Staaten oder Staatengruppen zur Selbstverteidigung ein, doch wird das völkerrechtliche Verbot der Gewaltanwendung dadurch nicht aufgehoben. Die Selbstverteidigung trägt vielmehr den Charakter der Notwehr oder der Nothilfe. Eine rechtlich sanktionierte Lösung des Konflikts muss von der internationalen Staatengemeinschaft kommen. Dafür muss der Sicherheitsrat der Vereinten Nationen tätig werden.

Die Umsetzung dieses völkerrechtlichen Konzepts wurde vier Jahrzehnte lang durch den Kalten Krieg zwischen den hochgerüsteten Militärblöcken unter Anführung der USA und der UdSSR blockiert. Mit der kommunistischen Herrschaft in den Staaten des Warschauer Pakts kam auch die Ost-West-Konfrontation an ein Ende. Rückblickend kann man urteilen, das Abschreckungssystem – einschließlich der Nachrüstung in den Siebzigerjahren – habe seine Bewährungsprobe bestanden; doch niemand möchte sich ausmalen, was geschehen wäre, wenn der Bann des Schreckens nicht gehalten hätte. Ob der Ausbruch eines Krieges trotz oder wegen des Systems der Abschreckung vermieden werden konnte, ist nach wie vor umstritten.

Nach 1989 waren manche der Meinung, mit den friedlichen Revolutionen in Mittel- und Osteuropa seien die friedensethischen Kontroversen an ein Ende gekommen und mit der Neugestaltung Europas seit 1990 sei eine Friedensepoche angebrochen, in der zu friedensethischen Auseinandersetzungen kein Anlass mehr bestehe. Die Wirklichkeit sah ganz anders aus. Mit dem Zerfall Jugoslawiens kehrte der Krieg mit Macht auf den europäischen Kontinent zurück. Das Erschrecken über die Anschläge auf das World Trade Center und das Pentagon am 11. September 2001, aber auch der von der damaligen US-Regierung in Gang gesetzte Krieg gegen den Terror schufen eine veränderte Situation. Mit den terroristischen Anschlägen in Madrid 2004 und in London 2005 erreichte diese neue Bedrohung auch Europa. Der gleichzeitige Zerfall des staatlichen Gewaltmonopols in einer Reihe von afrikanischen und asiatischen Ländern und gewaltsame Konflikte im Innern dieser Länder stellten die Staatengemeinschaft vor zusätzliche Aufgaben.

Auch während der Jahrzehnte der atomaren Abschreckung wurde die Argumentation mit den Kriterien des gerechten Krieges insbesondere in der US-amerikanischen ethischen Diskussion aufrechterhalten und weiterentwickelt (vgl. Huber/Reuter 1990: 190 ff.; Lienemann 2000: 84 f.). Als sich der Spannungszustand wechselseitiger Abschreckung mit dem Fall der Berliner Mauer auflöste, stand die Lehre vom gerechten Krieg als Interpretationsrahmen für neue kriegerische Auseinandersetzungen weiterhin zur Verfügung. Beginnend mit dem Golfkrieg von 1991 wurde sie in diesem Sinn praktisch angewandt, zugleich weiterentwickelt und aktualisiert (vgl. Elshtain 1992; Walzer 2003: 31 ff.; Walzer 2004). Damit verband sich die Tendenz, auch die Prozesse der Friedensstiftung, die auf eine gewaltsame Auseinandersetzung folgen, in dieses Theoriegebäude einzubeziehen. Man unterschied nicht nur wie in früheren Phasen zwischen dem Recht zum Krieg und dem Recht im Krieg, sondern fügte auch das Recht nach dem Krieg in die Konzeption des gerechten Krieges ein.

Mit den kriegerischen Auseinandersetzungen in den neuen Staaten auf dem Balkan und in Afghanistan wurde die Frage nach der Legitimation militärischer Gewaltanwendung aufs Neue aktuell. Das Militär, das nach Artikel 87a des deutschen Grundgesetzes nur zu Zwecken der Verteidigung (sowie zur Amtshilfe bei Naturkatastrophen und Unglücksfällen) befugt ist, wird seitdem vorrangig für Auslandseinsätze in Anspruch genommen, was verfassungsrechtlich allein auf Bündnisverpflichtungen gestützt wird (Art. 24,2 GG). Während solche militärischen Interventionen in der politischen und ethischen Diskussion in den USA häufig mit der Lehre vom gerechten Krieg gerechtfertigt werden, bestehen dagegen in der deutschen Debatte erhebliche Vorbehalte.

Die Vorstellung des gerechten Friedens

In dieser neuen friedensethischen Debatte wird der Lehre vom gerechten Krieg programmatisch das Konzept des gerechten Friedens gegenübergestellt (vgl. Strub 2010; Reuter 2013; zum Folgenden auch Huber, Recht

2012). Während die Theorie des gerechten Krieges vom Krieg her auf den Frieden schaut, betrachtet die ethische Konzeption des gerechten Friedens kriegerische Gewalt vom Frieden her. Programmatisch kam diese Entgegensetzung in den ökumenischen Diskussionen des Jahres 1989 zum Ausdruck. In der Dresdener Ökumenischen Versammlung wurde das Konzept des gerechten Friedens zum Leitbegriff für den Konziliaren Prozess für Gerechtigkeit, Frieden und die Bewahrung der Schöpfung erklärt.

Der Begriff des gerechten Friedens ist jedoch viel älter. Bereits der amerikanische Präsident Abraham Lincoln sprach angesichts des Bürgerkrieges zwischen Nord- und Südstaaten von der Aufgabe eines «gerechten und andauernden Friedens unter uns selbst und mit allen Völkern» *(just and lasting peace among ourselves and with all nations)* – so lauteten die letzten Worte der Ansprache zu seiner zweiten Vereidigung am 4. März 1865, einen Monat vor seiner Ermordung (Lincoln 2002: 19). Lincolns Wortwahl begegnet, leicht verändert, erneut in den Friedensüberlegungen in den USA und – von dort aus – im entstehenden Ökumenischen Rat der Kirchen während des Zweiten Weltkriegs. Der Begriff des gerechten und dauerhaften Friedens *(just and durable peace)* bestimmte seit 1940 die Arbeit einer Kommission unter der Leitung des späteren amerikanischen Außenministers John Foster Dulles, die vom Federal Council of the Churches of Christ in America eingesetzt worden war (Arend 1988). Zu den Voraussetzungen für die Arbeit dieser Kommission gehörte die Überzeugung, dass der Friedensschluss, der den Ersten Weltkrieg beendet hatte, von allzu kurzer Dauer war. Dafür wurde sein Mangel an Fairness als Ursache angesehen. In Anknüpfung an diese historische Erfahrung wurden Kriterien eines gerechten und dauerhaften Friedens formuliert, zu denen die wechselseitige Anerkennung, die Verzichtsbereitschaft und die gemeinsame Respektierung eines Regelwerks gehörten (vgl. Allan 2007).

In solchen Überlegungen wird der Begriff des gerechten – und deshalb auch dauerhaften – Friedens vor allem an der Frage gerechter Friedensbedingungen nach dem Ende eines Krieges orientiert (Rawls 2002: 41, 115 ff.). Doch die Vorstellung vom gerechten Frieden kann sich nicht auf die Bedingungen eines Friedensschlusses beschränken. Wenn nämlich die Gerechtigkeit des Friedens sich in seiner Dauerhaftigkeit erweisen soll, muss man die Frage nach denjenigen politischen Prozessen stellen, die nicht nur innerhalb der einzelnen Staaten, sondern auch zwischen ihnen ein Zusammenleben ermöglichen, das nicht auf Gewalt, sondern auf wechselseitige Anerkennung aufgebaut ist.

Gerechter Frieden als politisch-ethisches Leitbild lässt sich in verschiedenen Dimensionen entfalten. Die Friedensdenkschrift der EKD von 2007 zählt dazu den Schutz vor Gewalt, die Förderung der Freiheit, die Überwindung von Not sowie die Anerkennung kultureller Vielfalt (EKD 2007: 53 ff.). Diese vier Dimensionen werden als Bestandteile eines übergreifenden Konsenses verstanden, zu dem unterschiedliche Religionen und Weltsichten beitragen und Zugang finden können. Im Blick auf diese vier Dimensionen eines gerechten Friedens wird nach der politischen Form gefragt, in der Friedensprozesse ermöglicht und gestaltet werden können. Diese Form wird nicht mehr im Nebeneinander völlig unabhängiger politischer Einheiten – also Nationalstaaten –, aber auch nicht in der Bildung einer Weltregierung gesehen. Vielmehr gilt die staatliche Souveränität gerade in ihrer Bedeutung für den Schutz individueller Freiheit als unentbehrlich; sie bedarf der Ergänzung durch kooperative Organisationsformen der Staatengemeinschaft als einer Rechtsgemeinschaft. Die kooperativ verfasste, an gemeinsame Rechtsprinzipien gebundene Staatengemeinschaft bildet die Grundstruktur einer globalen Friedensordnung. Diese ist der politischen Verwirklichung von Frieden durch Recht verpflichtet. Aus den vier Dimensionen des politisch-ethischen Leitbilds ergeben sich dabei vier Ordnungselemente eines gerechten Friedens: kollektive Friedenssicherung, die Kodifizierung und der Schutz universaler und unteilbarer Menschenrechte, die Förderung transnationaler sozialer Gerechtigkeit sowie die Ermöglichung kultureller Vielfalt.

Betrachtet man den gerechten Frieden unter dem Gesichtspunkt des gerechten und dauerhaften Schutzes vor Gewalt, steht die Gerechtigkeit (also die Fairness der Friedensbedingungen) am Anfang des Friedens. Sobald man jedoch den Gesichtspunkt der Gerechtigkeit mit den Dimensionen des Schutzes der Freiheit, des Abbaus von Not und der Anerkennung kultureller Vielfalt verbindet, muss man mit Hans-Richard Reuter feststellen: «Der Prozess politischer Friedensstiftung beginnt nicht mit der Gerechtigkeit, sondern er vollendet sich durch sie. Die Verwirklichung von politischer und sozialer Gerechtigkeit gehört nicht zu den Anfangsbedingungen, sondern zu den Konsolidierungs- und Optimierungsbedingungen des Friedens.» (Reuter 2013: 15 f.) Die politische Gerechtigkeit zielt in diesem Zusammenhang auf die Anerkennung und Achtung der Menschenrechte; die soziale Gerechtigkeit zielt auf die Überwindung von Armut und Not und die Verwirklichung eines Rechts auf Entwicklung, das jedem Menschen die Möglichkeit eröffnet, ein auskömmliches und selbstbestimmtes Leben zu führen. Während Gerechtigkeit es im Blick auf den Schutz vor Gewalt mit der Fairness des Friedensschlusses zu tun hat – also der Frage des *peace-making* –, hat Gerechtigkeit es im Blick auf die Förderung der Freiheit, den Abbau von Not und die Anerkennung kultureller Vielfalt mit dem Prozess der Friedensgestaltung – also der Frage des *peace-building* – zu tun (Strub 2010: 173 ff.).

Mit der geforderten Rechtsförmigkeit einer internationalen Friedensordnung verknüpft sich der Anspruch, dass diese Rechtsordnung sich an den Leitgedanken der menschlichen Sicherheit und der menschlichen Entwicklung orientiert und damit dem Vorrang der zivilen Konfliktbearbeitung verpflichtet ist. Das Konzept der menschlichen Sicherheit bezieht sich konsequent auf die Sicherheitsbedürfnisse der Menschen in ihrem Alltagsleben und hebt darauf ab, «dass es zu den Aufgaben der Staaten und der internationalen Gemeinschaft gehört, die einzelnen Menschen sowohl vor Gewalt als auch vor Not zu schützen» (EKD 2007: 117). In einer Theorie des gerechten Friedens kommt der Prävention eine Schlüsselstellung zu. Gewaltfreien Methoden der Konfliktbearbeitung wird der Vorrang zuerkannt. Den zivilen Friedens- und Entwicklungsdiensten wird für die Wiederherstellung, Bewahrung und Förderung eines nachhaltigen Friedens eine wichtige Rolle zugeschrieben.

Gewalt im Dienst des Rechts

Ebenso wie für eine universalistische Vernunftmoral hat auch für eine christliche Ethik die Frage nach der Legitimität des Rechts den Vorrang vor der Frage nach der Legitimität der Gewalt. Das Recht soll Bedingungen dafür schaffen, dass Menschen sich wechselseitig achten und in ihrer Freiheit anerkennen. Gewalt dagegen entzieht dem anderen die Achtung. Sie ist aus der Sicht der jüdisch-christlichen Tradition ausgeschlossen: «Du sollst nicht töten.» (2. Mose 20,13) Nach der Bergpredigt Jesu kommt Gewalt auch als Mittel der Vergeltung nicht in Frage (Matthäus 5,38 ff.). Folglich gebührt der Gewaltlosigkeit der Vorrang vor allen Mitteln der Gewalt. Auch wenn es in der geschichtlichen Welt Situationen der Verstrickung gibt, die sich nicht ohne den Rückgriff auf das äußerste Mittel der Gewalt lösen lassen, folgt daraus keine eigenständige, sondern allenfalls eine abgeleitete Legitimität der Gewalt. Legitim ist sie nur als äußerstes Mittel und nur, soweit sie im Dienst des Rechts steht. Doch wer zu der Überzeugung kommt, um des Rechts willen Gewalt androhen oder anwenden zu müssen, sieht sich in Schuld verstrickt. Er bewegt sich in einer Sphäre, die Dietrich Bonhoeffer mit dem Begriff der «Schuldübernahme» gekennzeichnet hat (Bonhoeffer 1992: 275 ff.).

Die Gewaltthematik hat ihren Ort innerhalb einer Ethik der Erhaltung und Ermöglichung des Rechts (EKD 2007: 65 ff.). Vom Vorrang des Rechts aus betrachtet gibt es nur eine einzige Begründung, die den Einsatz physischer Gewalt zu legitimieren vermag: die Überzeugung nämlich, dass dieser Einsatz von Gewalt zur Bewahrung oder Wiederherstellung, zur Erhaltung oder Ermöglichung des Rechts unvermeidlich ist. Die Kriterien, an die der Einsatz von Gewalt zu binden ist, müssen grundsätzlich auf alle Fälle anwendbar sein, in denen über Gewalt als äußerstes Mittel im Dienst des Rechts nachgedacht wird. Zu diesen Fällen gehören der Einsatz militärischer Gewalt zwischen Staaten, der Einsatz polizeilicher Gewalt im Innern eines Staates, die Notwehr und der «große» Widerstand gegen eine Politik, die Menschenrechte und Demokratie negiert. Aus der Sicht einer Ethik der Erhaltung, Wiederherstellung und Ermöglichung des Rechts kann es keine Sonderethik für den Kriegsfall geben. Vielmehr muss das Verhältnis zwischen Recht und Gewalt für alle einschlägigen Konstellationen von den gleichen Grundsätzen aus bestimmt werden (vgl. Reuter 2013: 20, 175).

Sieht man all diese Fälle im Zusammenhang, dann lassen sich die ursprünglich in der Lehre vom gerechten Krieg entwickelten Kriterien in eine andere Ordnung bringen, als dies in den traditionellen Fassungen dieser Lehre geschieht. Die Betrachtung der Gewalt als äußerstem Mittel wird an drei Gebote geknüpft: ein Plausibilitätsgebot, ein Mäßigungsgebot und ein Autorisierungsgebot. Die Feststellung, eine Situation erfordere den Einsatz von Gewalt als äußerstem Mittel, genügt nicht; es muss gefragt werden, ob dieses äußerste Mittel auch zum angestrebten Ziel führen kann. Doch auch die Möglichkeit eines Erfolgs reicht nicht, sondern es muss geprüft werden, ob dabei die Verhältnismäßigkeit der Mittel gewahrt wird. Positive Ergebnisse bei der Prüfung dieser beiden Fragen sind jedoch immer noch unzulänglich; es muss auch geklärt werden, ob die Unterordnung der Gewalt unter das Recht darin gewahrt ist, dass die Entscheidung gemäß den Regeln des Rechts, also von einer dazu autorisierten Instanz, getroffen wurde. Dem Plausibilitätsgebot zufolge ist abzuwägen, ob eine realistische Chance besteht, das Ziel der Erhaltung bzw. Ermöglichung des Rechts durch die Gewalt, die als äußerstes Mittel eingesetzt werden soll, zu erreichen. Das Mäßigungsgebot erfordert die Beschränkung des Gewalteinsatzes auf das unvermeidliche Maß und die Beachtung des Schutzes der Nichtkombattanten. Dem Autorisierungsgebot gemäß muss der Einsatz von Gewalt unter Beachtung des staatlichen Gewaltmonopols von der dazu bestimmten Instanz autorisiert sein. Dabei bezeichnen militärische und polizeiliche Gewalt zwei Fälle, in denen die Autorisierung streng an den Inhaber des staatlichen Gewaltmonopols gebunden ist, während mit Widerstand und Notwehr diejenigen Grenzfälle genannt sind, in denen der Träger einer staatlichen Autorität ausfällt und das Wagnis der eigenen Tat als unausweichlich erscheint. Daraus ergibt sich, dass mit Widerstand und Notwehr zwei Fälle in den Blick treten, die den Charakter einer doppelten Ausnahme tragen. Sie verletzen nicht nur die Regel des generellen Gewaltverbots, sondern darüber hinaus auch die Regel des staatlichen Gewaltmonopols.

Neue Kriege und Schutzverantwortung

Das Konzept des gerechten Friedens muss sich in einer Situation bewähren, die durch das Phänomen neuer Kriege geprägt ist (Münkler 2005). Deren Ausgangspunkt liegt im Zerfall der Staatlichkeit *(failing states)*. Das Fehlen eines staatlichen Gewaltmonopols führt zum Ausbruch der Gewalt und löst Gegengewalt aus. Durch Bürgerkriegsparteien oder Kriegsparteien verübte Verbrechen gegen die Menschlichkeit nötigen zu der Frage, wann Ausnahmen vom völkerrechtlichen Interventionsverbot gegeben sind. In diesen Fällen besteht das Ziel einer militärischen Intervention nicht einfach in der Erhaltung des Rechts, sondern in der Ermöglichung eines Rechtszustands.

Diese Konstellation wurde seit Beginn der Neunzigerjahre des 20. Jahrhunderts unter dem Begriff der humanitären Intervention erörtert. Dabei handelt es sich um eine einseitige Handlung intervenierender Staaten, die nicht durch eine Entscheidung der Vereinten Nationen autorisiert ist; die Betrachtungsweise ist zudem ganz auf die Rechtfertigung eines militärischen Eingreifens konzentriert. Die Erfahrungen mit dem Völkermord in Ruanda oder mit «ethnischen Säuberungen» auf dem Balkan zeigen, dass dieses Denkmodell zu eng war. Ein Neuansatz musste die Frage beantworten, in welchem Verhältnis die einzelstaatliche Souveränität und eine Schutzverpflichtung der Staatengemeinschaft zueinander stehen. Die Antwort wurde in dem Konzept der Schutzverantwortung *(Responsibility to Protect – RtoP)* gefunden. Es wurde 2000/2001 von der auf kanadische Initiative eingerichteten «Kommission über Intervention und staatliche Souveränität» erarbeitet (vgl. Evans 2008; Bellamy 2009).

Mit der Schutzverantwortung wurde ein Konzept entwickelt, das die Verteidigung der Menschenrechte mit der Achtung der einzelstaatlichen Souveränität verbindet. Der Weltgipfel der Vereinten Nationen machte sich dieses Konzept 2005 zu Eigen; im Blick auf den Darfur-Konflikt im Sudan, die Auseinandersetzungen in der Demokratischen Republik Kongo und die Intervention in Libyen wurde es ausdrücklich herangezogen.

Die Schutzverantwortung beschränkt sich auf die schlimmsten humanitären Katastrophen, die als Menschheitsverbrechen bezeichnet werden: Völkermord, ethnische Vertreibung, Verbrechen gegen die Menschlichkeit und schwere Kriegsverbrechen. Sie antwortet darauf mit einem Konzept, das aus drei Elementen besteht. Als erstes Element wird die Verantwortung des jeweiligen Einzelstaats hervorgehoben, in dem ein Verbrechen verübt wird oder in dem Menschen, die von ihm betroffen sind, Zuflucht suchen. Die Souveränität des Einzelstaats wird geachtet, aber sie wird als Verantwortung interpretiert. Die Staatengemeinschaft hat zuallererst die Aufgabe, die Einzelstaaten an die Verpflichtungen zu erinnern, die sich aus ihrer Souveränität ergeben. Das zweite Element besteht in der Aufgabe der Staatengemeinschaft, Einzelstaaten, die ihrer Verpflichtung nicht aus eigener Kraft entsprechen können, bei deren Erfüllung in dem Maß zu unterstützen, in dem dieser Beistand erbeten wird. Das dritte Element zeigt sich in der Verpflichtung der Staatengemeinschaft zu rechtzeitigem und wirksamem kollektivem Handeln, und zwar in Übereinstimmung mit der Charta der Vereinten Nationen.

Der entscheidende Ansatzpunkt liegt darin, dass den Einzelstaaten selbst eine völkerrechtliche Pflicht zum Schutz ihrer Bevölkerung zukommt. Sie müssen sich dieser Verpflichtung stellen; im Bedarfsfall können sie dafür die Unterstützung anderer Staaten in Anspruch nehmen. Das Verbot, in die Angelegenheiten der Einzelstaaten einzugreifen, bildet den Ausgangspunkt, doch es verliert in dem Maß an Durchschlagskraft, in dem die einzelnen Staaten ihre genuine Schutzpflicht massiv verletzen. Umstritten ist allerdings, wie schwerwiegend diese Pflichtverletzung sein muss, wenn sie eine Einschränkung des Interventionsverbots rechtfertigen soll.

Zum subsidiären Handeln der Staatengemeinschaft gehören einerseits friedliche Mittel zum Schutz besonders verletzlicher oder gefährdeter Bevölkerungsgruppen. Der Sicherheitsrat der Vereinten Nationen kann darüber hinaus notwendige Maßnahmen unter Einschluss eines militärischen Eingreifens treffen, um fortgesetzte Menschheitsverbrechen zu verhindern. Damit übernimmt er zugleich die Verpflichtung dafür, dass die Sicherheit der Betroffenen auch nach einem solchen militärischen Eingreifen dauerhaft gewährleistet wird. Deshalb ist von Anfang an auf die Beteiligung der betroffenen Bevölkerungsgruppen zu achten.

Im Unterschied zum Konzept der humanitären Intervention geht der Gedanke der Schutzverantwortung von den Pflichten der Einzelstaaten aus. Die Staatengemeinschaft (also nicht ein intervenierender Einzelstaat oder eine Staatengruppe) wird subsidiär zur einzelstaatlichen Verantwortung tätig. Das Handeln der internationalen Gemeinschaft ist nicht auf die Möglichkeit einer militärischen Intervention beschränkt, sondern verbindet die Komponenten der Prävention, der Reaktion und des Wiederaufbaus miteinander. Die Staatengemeinschaft muss ihre Verantwortung zum Schutz bedrohter Bevölkerungsgruppen vor allem durch nicht-militärische vorbeugende Maßnahmen wahrnehmen. Nur wenn diese scheitern, kann der Einsatz militärischer Gewalt als äußerstes Mittel in Frage kommen. Dabei muss von vornherein bedacht werden, wie ein solches Eingreifen beendet werden kann. Doch die Schutzverantwortung reicht über die Beendigung von Gewaltmaßnahmen hinaus; zu ihr gehört der Beitrag zum Aufbau einer dauerhaften Friedensordnung.

Als der Bericht der Internationalen Kommission über Intervention und staatliche Souveränität 2001 veröffentlicht wurde, stand die Weltöffentlichkeit im Bann der Terroranschläge auf die Twin Towers in New York und das Pentagon in Washington am 11. September 2001. Das hemmte die Rezeption der Kommissionsvorschläge. Dem Kampf gegen den Terror galt der Vorrang vor der Schutzverantwortung der Staatengemeinschaft für Bevölkerungsgruppen, die von Völkermord oder anderen Menschheitsverbrechen bedroht oder betroffen sind. Diese Verschiebung der Aufmerksamkeit war nicht zu rechtfertigen. Es hätte nicht dazu kommen dürfen, dass der Kampf gegen den Terror der Schutzverantwortung für bedrohte Bevölkerungsgruppen im Wege steht. Der Prozess der völkerrechtlichen Kodifizierung des Konzepts der Schutzverpflichtung wurde dadurch erheblich erschwert; damit blieb auch deren völkerrechtliche Verbindlichkeit im Unklaren. Unzureichend bestimmt sind bisher auch die Kriterien dafür, wann dieses Konzept angewandt werden kann. Daran, dass der Völkermord in Ruanda und die ethnischen Vertreibungen im zerfallenen Jugoslawien solche Anwendungsfälle gewesen wären, kann jedoch kein Zweifel bestehen. Trotz aller verbleibenden Unklarheiten ist anzuerkennen, dass dieses Konzept ein wichtiger Schritt auf dem Weg von einer Theorie des gerechten Krieges hin zu einer Theorie des gerechten Friedens darstellt.

Auch unabhängig von der Reichweite der *Responsibility to Protect* müssen für militärische Einsätze die Kriterien der rechtserhaltenden Gewalt gelten. Grundsätzlich gehört dazu die Autorisierung durch die Vereinten Nationen. Sollten bei einer Blockade des Sicherheitsrats Einzelstaaten oder Staatengruppen ohne eine Legitimation durch die Vereinten Nationen tätig werden, ist nicht nur subsidiär eine Autorisierung durch die regionalen Systeme kollektiver Sicherheit sowie eine parlamentarische Beschlussfassung in den beteiligten Ländern, sondern ebenso eine eindeutige Mitsprache der Betroffenen *(local ownership)* erforderlich. Die Schwelle dafür, ohne eine Autorisierung durch die Vereinten Nationen aktiv zu werden, muss hoch angesetzt und kontinuierlich angehoben werden. Zugleich muss die Staatengemeinschaft die Entscheidungsfähigkeit der Vereinten Nationen in friedensrelevanten Fragen stärken; die völkerrechtliche Ausgestaltung der *Responsibility to Protect* ist dafür von vorrangiger Bedeutung.

Ein weiteres Anwendungsgebiet für deren Kriterien bildet der Rüstungsexport: Wenn militärische Gewalt nur als äußerstes Mittel für die

Erhaltung und Ermöglichung des Rechts in Frage kommen kann, ist der Export von Rüstungsgütern in Länder und Konfliktregionen, die sich diesen Maßstäben verweigern, nicht zu rechtfertigen. Gerade die größten Rüstungsexportnationen der Welt – die USA, Russland und Deutschland – müssen aus dieser Einsicht Konsequenzen ziehen.

In allen diesen Fällen ist die Gewalt dem Recht zu unterwerfen. Das ist eine zentrale Folge aus dem politisch-ethischen Leitbegriff des gerechten Friedens. Ihn politisch und rechtlich zu institutionalisieren ist eine vordringliche Aufgabe der internationalen Staatengemeinschaft.

18. Generationengerechtigkeit
Was hinterlassen wir unseren Nachkommen?

Am 11. März 2011 löste ein starkes Erdbeben auf der japanischen Hauptinsel Honshu einen schweren Tsunami aus. Von den Folgen dieses Naturereignisses war insbesondere die Präfektur Fukushima betroffen, in der ein großes Kernkraftwerk liegt. Die Stärke des Erdbebens überstieg das Maß der Naturkatastrophen, auf die das Kernkraftwerk ausgelegt war; vier seiner sechs Reaktorblöcke wurden zerstört. Die Kernschmelze setzte radioaktive Materialien frei, deren Umfang zehn bis zwanzig Prozent der radioaktiven Emissionen des Reaktorunglücks in Tschernobyl 1986 erreicht haben soll. Etwa 100 000 bis 150 000 Menschen wurden evakuiert. Die genaue Zahl der durch das Unglück zu Tode gekommenen Personen ist immer noch unbekannt; die Langzeitfolgen lassen sich nicht abschätzen. Hunderttausende Tiere, die in landwirtschaftlichen Betrieben zurückblieben, verhungerten. Nach einigem Zögern wurde eingeräumt, dass es sich um einen Nuklearunfall mit dem höchsten Schweregrad handelte. Vor möglichen Gefahren war bereits vorher gewarnt worden, doch die Betreiberfirma Tepco hatte die Risiken nicht ernst genug genommen.

Nach dem Reaktorunglück in Tschernobyl 1986 wurde geltend gemacht, die Sicherheitsstandards in der Ukraine seien nicht ausreichend gewesen, in fortschrittlichen Industrienationen sei ein solches Unglück unvorstellbar. Die Havarie von Fukushima ereignete sich in einem Hochtechnologieland, das zudem nach den USA und Frankreich weltweit am meisten Elektrizität aus Kernenergie produziert. Damit war das Argument, in fortschrittlichen Industrieländern mit vielen Kernkraftwerken könne sich Vergleichbares wie in Tschernobyl nicht ereignen, nicht mehr plausibel. Ein Umdenken war unausweichlich.

Die Debatte über die Kernenergie hält schon seit Jahrzehnten an. Seit die Besorgnis über den globalen Klimawandel wuchs, wurden Atomkraftwerke von manchen aus klimapolitischen Gründen für unentbehrlich erklärt, denn sie kommen ohne Kohlendioxid-Emissionen aus. Ohne Zweifel sind Energieerzeugung und Energieverbrauch unmittelbar mit den Herausforderungen des Klimaschutzes verbunden. Das ist jedoch nur eine der Dimensionen, die zu berücksichtigen sind; auch andere Folgelasten und Risiken, die sich aus den unterschiedlichen Arten der Energieerzeugung ergeben, müssen in die Beurteilung einbezogen werden.

Wie weit reicht die Inklusion?

Ich betrachte diese Fragen von einem in der theologischen Ethik entwickelten verantwortungsethischen Ansatz aus. Die mit der Freiheit des Menschen verbundene Verantwortung richtet sich nicht nur als Selbstverantwortung auf die Gestaltung des eigenen Lebens, sondern orientiert sich zugleich am Wohl der anderen. Der Glaube an den einen Gott, vor dem alle Menschen gleich sind, bildet die Grundlage für eine radikal verstandene Gleichachtung aller; sie konkretisiert sich in der Anerkennung der gleichen Würde und der gleichen elementaren Rechte aller Menschen.

Freilich hat die Frage, wie weit die Inklusion reicht, immer wieder Anlass zu Kontroversen gegeben. Wer gehört zu denen, die in ihrer Würde gleich zu achten sind? Vorrangig werden drei Antworten gegeben: Jeder Mensch vom Anfang bis zum Ende seines Lebens; Behinderte wie Nichtbehinderte; alle lebenden Menschen.

Die erste Antwort hat mit der Frage zu tun, von wann an dem Menschen Würde zuzusprechen ist und wie weit diese Würde reicht. Der Schutz des vorgeburtlichen Lebens und der Einbezug des Sterbens in ein menschenwürdiges Leben treten dann in den Vordergrund. In der zweiten Antwort wird Inklusion – insbesondere in der pädagogischen Diskussion – darauf bezogen, dass Menschen mit Beeinträchtigungen die gleichen Chancen haben sollen wie andere, deren Grenzen sich nicht in offenkundigen Behinderungen zeigen. Schließlich wird drittens die Antwort favorisiert, dass die Inklusion sich nicht nur auf die Angehörigen der eigenen Gesellschaft richtet, mit denen wir die gleichen Bürgerrechte teilen, sondern alle auf dem Globus lebenden Menschen einschließt, sich also an den für alle geltenden Menschenrechten ausrichtet.

Die Reichweite der Inklusion ist jedoch mit diesen drei Perspektiven noch nicht abschließend bestimmt. Schließt die Rücksichtnahme der heute Lebenden auch diejenigen ein, die nach ihnen kommen?

Das Generationenverhältnis lässt sich unter zwei Gesichtspunkten betrachten. Im einen Fall geht es um das synchrone, im anderen um das diachrone Generationenverhältnis. Einerseits schauen wir auf die verschiedenen Generationen, die gleichzeitig leben – schematisch gesprochen: die jüngere, die mittlere und die ältere Generation. Andererseits geht es um das Verhältnis zwischen Generationen, die nacheinander leben, das heißt um die Erinnerung an die Gestorbenen ebenso wie um die Verantwortung für die noch Ungeborenen. Mit diesem diachronen Generationenverhältnis ist die Verantwortung für die Bewahrung der natürlichen Ressourcen eng verbunden. Lebensmöglichkeiten für künftige Generationen zu bewahren gehört zu den Zukunftsaufgaben, die mit der wachsenden Reichweite des technisch Möglichen an Bedeutung gewinnen.

Bewahrung der Schöpfung?

Welche ethischen Maßstäbe sind beim Umgang mit diesen großen Zukunftsaufgaben anzulegen? Bei kaum einem anderen Thema wurde in den letzten Jahrzehnten intensiver auf die Sprache der Religion zurückgegriffen. Die Bewahrung der Schöpfung wurde zu einem erfolgreichen Motto für einen verantwortlichen Umgang mit der Umwelt. In der internationalen ökumenischen Bewegung wurde die Trias von Gerechtigkeit, Frieden und Bewahrung der Schöpfung zu einem wichtigen sozialethischen Leitbild.

Der Philosoph Hans Blumenberg wandte mit guten Gründen ein, es handle sich dabei um eine übersteigerte Redeweise. Die Aussage, es liege in der Hand des Menschen, die Schöpfung entweder zu bewahren oder zu zerstören, bezeichnete er als eine «törichte Anmaßung», denn der Mensch könne weder im Guten noch im Schlechten in Konkurrenz zum Schöpfer treten. Das Universum sei und bleibe seinem zerstörenden wie bewahrenden Zugriff entzogen (Blumenberg 1997: 31 ff.).

Die Bedeutung des Schöpfungsglaubens für den Umgang mit der Zukunft der dem Menschen zugänglichen Biosphäre liegt nicht in derart übersteigerten Ansprüchen; sie liegt eher in der Einsicht, dass die Erde dem Menschen zum verantwortlichen Gebrauch anvertraut ist. Die biblischen Schöpfungserzählungen veranschaulichen das auf ihre Weise. Die ältere dieser beiden Erzählungen spricht davon, der Garten Eden sei dem Menschen anvertraut worden, «dass er ihn bebaute und bewahrte» (1. Mose 2,15). Die jüngere wählt eine andere Sprache. Ihr zufolge gibt Gott dem Menschen den Auftrag, sich die Erde untertan zu machen und über die Tiere zu herrschen (1. Mose 1,28). Die aus diesem Auftrag abgeleitete Vorstellung von einer umfassenden menschlichen Herrschaft über die Erde *(dominium terrae)* wurde im Rahmen der aufstrebenden neuzeitlichen Naturwissenschaft als Legitimation dafür in Anspruch genommen, in die Geheimnisse der Natur einzudringen und sie dem menschlichen Verfügungsanspruch dienstbar zu machen. Soweit dabei theologische Bezüge eine Rolle spielten, verband sich das mit der Vorstellung, der Mensch könne die durch den Sündenfall verlorene Gottebenbildlichkeit durch seine Herrschaft über die Natur aus eigener Kraft wiederherstellen. Auf diese Weise erhielt der von Francis Bacon zu Beginn des 17. Jahrhunderts formulierte Grundsatz der neuzeitlichen Naturwissenschaft «Wissen ist Macht» den Anschein einer religiösen Legitimation. Der Konflikt zwischen einem dramatisch fortschreitenden Verbrauch natürlicher Ressourcen und der Schöpfungsverantwortung trat deshalb erst sehr spät ins Bewusstsein.

Ebenso spät setzte sich die Einsicht durch, dass die biblischen Erzählungen einen solchen Umgang mit der Natur keineswegs rechtfertigen. Vielmehr zielt der Herrschaftsauftrag an den Menschen auf dessen «königliche» Verantwortung für die Integrität der von Gott geschaffenen Welt und für das Lebensrecht seiner Geschöpfe. Insofern widersprechen sich der Kulturauftrag der älteren und der Herrschaftsauftrag der jüngeren Schöpfungserzählung nicht, sondern interpretieren sich wechselseitig (vgl. Lienkamp 2009: 182 ff.). Die Fürsorge für die Erde als Lebensraum ist die Aufgabe, die sich aus dem Schöpfungsauftrag ergibt. Die natürlichen Ressourcen sind deshalb in einer Weise zu gebrauchen, die den Fortbestand dieses Lebensraums nicht gefährdet. Verantwortlich ist der Umgang mit den natürlichen Ressourcen nur, wenn er die Lebensmöglichkeiten künftiger Generationen und den Eigenwert der Natur achtet.

Angesichts des fortschreitenden Wachstums der Weltbevölkerung und der massiven Gegensätze in den Lebensbedingungen auf der Erde liegt darin eine große Herausforderung, für die sich der Begriff der nachhaltigen Entwicklung eingebürgert hat.

Gegenwartsschrumpfung und Nachhaltigkeit

Nach der Möglichkeit einer nachhaltigen Entwicklung fragen wir in einer Epoche, in der das Zeitgefühl in erheblichem Umfang durch das Phänomen der «Gegenwartsschrumpfung» geprägt ist. Der Zeitraum, für den wir mit einer relativen Konstanz der Lebensverhältnisse rechnen können, wird immer kürzer (Lübbe 2000: 11, 15). Durch die technisch verursachte Beschleunigung entsteht in der geschrumpften Gegenwart zugleich eine Erlebnis- und Handlungsdichte, vor der Vergangenheit und Zukunft verblassen (Rosa 2005: 161 ff.). Erinnerung und Hoffnung werden gegenüber dem aktuellen Erleben sekundär. Auch die Beschäftigung mit den Toten und das Nachdenken über das Leben derer, die nach uns kommen, verlieren, so scheint es, an Bedeutung.

Die Wirkungen unserer Handlungen stehen aber in einem umgekehrten Verhältnis zu dieser Gegenwartsschrumpfung. In weit höherem Maß als frühere Generationen verbrauchen wir durch unser Handeln Vergangenheit und determinieren zugleich Zukunft. Der Vergangenheitsverbrauch zeigt sich vor allem als Destruktion kultureller Bestände. Der technisch induzierte Veränderungssog zehrt kulturelle Lebensformen auf, ohne dass erkennbar wäre, was an deren Stelle treten soll. Vielleicht finden sich Äquivalente zu der am selben Ort beheimateten Familie, zum gemeinsamen Rhythmus des Tages und der Woche, zu eingelebten Formen, mit den großen Einschnitten des Lebens zwischen Geburt und Tod umzugehen, oder zur Beheimatung in religiösen Riten und Überzeugungen. Aber ob es zu solchen Äquivalenten kommt, ist ungewiss. Ein Zweifel daran sollte kein Grund dafür sein, dem gesellschaftlichen Wandel eine reaktionäre Veränderungsabwehr entgegenzusetzen. Es gibt aber gute Gründe dafür, die eingeschlagene Richtung kritisch zu bedenken, denn eingelebte kulturelle Institutionen lassen sich leicht zerstören, aber nur schwer wieder aufbauen. Formen des gemeinsamen Lebens völlig neu zu institutionalisieren, ist weit schwerer, als sie vom Gegebenen aus weiterzuentwickeln. Deshalb ist das gegenwärtige Tempo des Vergangenheitsverbrauchs mit Risiken verbunden, die für niemanden kalkulierbar sind. Ob der Auflösung kultureller Traditionen ein vergleichbares Maß an Kulturproduktivität entspricht, bleibt fraglich.

Im Blick auf die diachrone Gerechtigkeit wird vergleichsweise selten darüber nachgedacht, wie wir mit dem umgehen, was wir von vorangegangen Generationen übernommen haben oder übernehmen können. Häufiger ist davon die Rede, wie wir künftigen Generationen Handlungsmöglichkeiten hinterlassen, die denen vergleichbar sind, die wir für uns selbst in Anspruch nehmen. Deutlicher als die Auflösung überlieferter kultureller Bestände steht uns heute vor Augen, dass Ressourcenverbrauch, Umweltzerstörung und Schuldenpolitik materielle und immaterielle Folgen haben, mit denen die gegenwärtigen Akteure künftige Generationen belasten. Der elementare Gerechtigkeitsgrundsatz gleicher Freiheit wird gegenüber den künftigen Generationen sehenden Auges massiv verletzt.

Kommende Generationen bilden eine Haftungsgemeinschaft nicht nur für die Folgen politischer Verbrechen von Vorgängergenerationen, wie wir in Deutschland aus der Haftung für die Folgen der Nazi-Diktatur wissen. Sie bilden ebenso eine Haftungsgemeinschaft für die Folgen von exzessiver Rohstoffnutzung und Umweltbelastung. Wer das durchschaut, kann sein wirtschaftliches Handeln nicht so einrichten, als wüsste er nichts von den Belastungen kommender Generationen.

Dass wir Gerechtigkeitspflichten gegenüber kommenden Generationen haben, wird von manchen prinzipiell bestritten. Es wird geltend gemacht, dass eine solche Entgrenzung gegenwärtiger Verantwortung der menschlichen Natur widerspricht. Die zur Begründung angeführten soziobiologischen Argumente besagen, dass Menschen aus der Evolution der Lebewesen nur einen Instinkt dazu geerbt haben, die eigene Brut zu schützen. Auf Menschen, zu denen keine verwandtschaftliche oder gruppenmäßige Beziehung besteht, lässt sich dieser Instinkt nur insoweit ausdehnen, als von ihnen reziproke Handlungen erwartet werden können, denn die einzige Form von Altruismus, die der Soziobiologie als wahrscheinlich erscheint, ist der «reziproke Altruismus», also der Tausch von Leistung und Gegenleistung (Trivers 1971). Aufgeschobene Reziprozität ist allenfalls in synchronen Generationen, nicht aber in diachronen Generationen vorstellbar: Eltern setzen sich für ihre Kinder ein und verbinden damit die Hoffnung, dass sie im späteren Verlauf des Lebens eine Gegengabe erhalten. Von zukünftigen Generationen kann eine jetzige Generation jedoch keine Gegenleistung erwarten; darum fehlt jedes Motiv zu altruistischem Handeln.

Man kann einwenden, dass diese Argumentation auf einem naturalistischen Fehlschluss beruht. Von einem solchen Fehlschluss ist in der Ethik dann die Rede, wenn man aus dem Sein auf das Sollen schließt und Annahmen über die Natur des Menschen zum Maßstab des für ihn moralisch verpflichtenden Handelns macht. Eine solche Argumentation verkennt, dass Regeln für menschliches Verhalten sich geschichtlich verändern. Sie können also nicht ungeschichtlich definiert werden – sei es durch soziobiologische Annahmen oder durch den Verweis auf eine unveränderliche Schöpfungsordnung oder ein für alle Zeiten gültiges Naturrecht (vgl. Bedford-Strohm 1998: 285 ff.). Schließlich wird verkannt, dass Menschen in allen Lebensbereichen auf eine generalisierte Reziprozität angewiesen sind, die über die einfache Tauschmoral hinausgeht.

Die geschichtlichen Veränderungen, auf die wir uns heute einzustellen haben, betreffen insbesondere die Reichweite gegenwärtigen Handelns. Solange die Meinung vorherrschte, dass das Handeln einer Generation sich nur auf die Generationen der Kinder und Enkel auswirkt, ließ sich auch die wechselseitige Verantwortung auf drei Generationen – junge, mittlere und ältere Generation – beschränken. Mit der Einsicht, dass die Reichweite heutigen Handelns diesen Generationenzusammenhang übersteigt, verbindet sich die Pflicht, die Lebensbedingungen künftiger Generationen angemessen zu berücksichtigen. Nicht eine überdehnte Altruismus-Vorstellung ist bei dieser Überlegung leitend. Es geht vielmehr um die Pflicht, den eigenen Freiheitsgebrauch so zu verantworten, dass die voraussehbaren Folgen unter dem Gesichtspunkt der Gerechtigkeit geprüft werden. Wenn Gerechtigkeit im Kern auf gleiche Freiheit zielt, müssen wir in unserem Handeln berücksichtigen, dass andere Menschen einen Anspruch auf das gleiche Maß an Freiheit haben, das wir für uns selbst in Anspruch nehmen. Dieses Kriterium ist universalisierbar und betrifft die moralischen Pflichten aller. Die Frage dagegen, welches Ausmaß von Altruismus – also von Zuwendung zu anderen Menschen, die nicht von der Erwartung einer Gegenleistung abhängt – ein Mensch aufzubringen bereit ist, gehört in den Bereich einer Ethik des guten Lebens; auf diese Frage können Menschen im Rahmen der für alle geltenden moralischen Maßstäbe unterschiedliche Antworten geben (vgl. oben S. 17 ff.). Die Nächstenliebe, von der im Sinn des christlichen Glaubens niemand ausgeschlossen ist, bildet nicht eine universale moralische Pflicht; sie ist vielmehr ein Maßstab des guten, gelingenden Lebens.

Es gab immer schon menschliche Lebensbereiche, in denen die Beteiligten berücksichtigten, dass die Folgen des eigenen Handelns noch weit jenseits der eigenen Lebenszeit spürbar sein würden. Zu ihnen gehören Forstwirtschaft und Landwirtschaft. Es ist deshalb kein Wunder, dass in diesen Bereichen zuerst über eine generationenübergreifende Verantwortung nachgedacht wurde. Hier entwickelte sich ein Bewusstsein dafür, dass die Verantwortung für unser Handeln dessen langfristige Folgen einschließt. Dafür wurde zuerst in der Forstwirtschaft das heute so beliebte Wort Nachhaltigkeit geprägt. Es bindet die land- und forstwirtschaftliche Nutzung von Grund und Boden an einen Generationenvertrag, dem zufolge wirtschaftlich effektives Handeln sich nicht nur am eigenen Vorteil, sondern auch am Nutzen für die Nachkommenschaft ausrichtet (vgl. Grober 2010).

Angesichts der langfristigen Auswirkungen des technisch verursachten Ressourcenverbrauchs zeigt sich heute die Aktualität eines Ansatzes, der Zukunftsfähigkeit an den Grundsätzen der Nachhaltigkeit und des Generationenvertrags misst. Auch wenn die Angehörigen künftiger Generationen als noch nicht Geborene nicht Träger personaler Würde sein können, haben sie doch dergestalt Anteil an der menschlichen Würde, dass sie, wenn sie geboren werden, nicht in Verhältnisse hineinwachsen sollen, die mit ihr unvereinbar sind.

Dieser Aspekt der Nachhaltigkeit verbindet sich mit der Einsicht, dass auch die Natur nicht nur ein Instrument zur Steigerung menschlicher Machtentfaltung ist, sondern einen Eigenwert hat. Deshalb ist sie nicht nur im Blick auf die Nutzungsmöglichkeiten künftiger Generationen, sondern auch um ihres Eigenwerts willen zu bewahren.

Aus der Geschichte des Wortes Nachhaltigkeit ergibt sich eine deutliche Warnung davor, sich auf dessen ökologischen Aspekt zu beschränken. Nachhaltigkeit ist in ihrem ursprünglichen Verständnis ein Prinzip wirtschaftlich vernünftigen Verhaltens, das sich mit einem Bewusstsein von sozialer Verantwortung verbindet. Das legt nahe, den Begriff der Nachhaltigkeit in dem Dreieck zwischen Ökologie, Ökonomie und

Sozialem anzusiedeln. Im Anschluss an den Bericht der Weltkommission für Umwelt und Entwicklung von 1987 wurden deshalb drei Dimensionen der Nachhaltigkeit miteinander verbunden: intakte Umwelt, tragfähige Wirtschaft und soziale Gerechtigkeit (Hauff 1987). Darüber hinaus stellt jedoch auch kulturelle Zukunftsfähigkeit eine unentbehrliche Dimension der Nachhaltigkeit dar (vgl. Kapitel 7). Die Weitergabe des Weltkulturerbes an die kommenden Generationen ist dafür ebenso wichtig wie die Entwicklung neuer kultureller Ausdrucksformen und der Dialog der Kulturen. Deshalb sollte das geläufige Nachhaltigkeits-Dreieck zu einem Viereck weiterentwickelt werden, in dem intakte Umwelt, tragfähige Wirtschaft, soziale Gerechtigkeit und kulturelle Zukunftsfähigkeit miteinander verbunden sind.

Ist unser Wohlstand zukunftsverträglich?

Derzeit ist in diesem Viereck das Element der tragfähigen Wirtschaft besonders umstritten. Wenn dafür lediglich das Bruttoinlandsprodukt und dessen Wachstum als Maßstab genommen werden, ist dies offenkundig unzureichend, denn das durchschnittliche Bruttoinlandsprodukt pro Person sagt nichts über die Verteilung von Einkommen und Lebensstandard in einer Gesellschaft, über Lebensqualität und Lebenserwartung. Es wird nicht einbezogen, ob dieses Bruttoinlandsprodukt sich aus der Gesundheit oder der Krankheit der Menschen speist und ob die Art, in der es entsteht, Zukunft eröffnet oder gefährdet. Man muss also einen Wohlstandsbegriff entwickeln, der die Zukunftsverträglichkeit berücksichtigt.

Das Konzept eines «Wohlstandsquintetts» bezieht den Zukunftsaspekt auf exemplarische Weise ein (Denkwerk Zukunft 2011). Es umfasst das Bruttoinlandsprodukt pro Kopf, die Relation zwischen dem obersten und dem untersten Fünftel der Einkommenspyramide, das Ausmaß gesellschaftlicher Ausgrenzung, den ökologischen Fußabdruck *(ecological footprint)* im Verhältnis zur globalen Biokapazität und die Schuldenquote der öffentlichen Hand. Wirtschaftliche Leistungskraft, soziale Gerechtigkeit, gesellschaftliche Integration, ökologische Zukunftsfähigkeit und Verschuldung sind die fünf Dimensionen, in denen nach diesem Vorschlag der Wohlstand einer Gesellschaft gemessen werden soll.

Unter diesen fünf Dimensionen kommt der ökologischen Zukunftsfähigkeit eine besondere Bedeutung zu. Dass sie vor allem von den wohlhabenden Industrieländern verfehlt wird, zeigt sich daran, dass durch deren exzessiven Energiekonsum die globalen Kohlendioxid-Emissionen nicht in ausreichendem Maß gebunden werden können, sondern sich in einer globalen Erwärmung auswirken. Daraus ergibt sich eine vorrangige Verpflichtung wohlhabender Industriestaaten, einen schnellen und wirksamen Beitrag zur Emissionsminderung und damit zur Begrenzung des globalen Klimawandels zu leisten.

Ethisch betrachtet hat die Begrenzung des Klimawandels den Vorrang vor der Anpassung an die Veränderung des Erdklimas. Das gilt insbesondere deshalb, weil die dramatischsten Auswirkungen des Klimawandels in den Armutsregionen der Erde zu erwarten sind – unter anderem die Überflutung besiedelter Gebiete durch das Ansteigen des Meeresspiegels –, an die eine Anpassung gar nicht möglich ist. Deshalb besteht in Klimafragen eine vorrangige Verpflichtung seitens hoch industrialisierter Länder, den globalen Temperaturanstieg durch schnelle und wirksame Veränderungen in Energieverbrauch und Energieproduktion zu begrenzen.

Von vergleichbarer Dramatik ist die Herausforderung durch das wachsende Ausmaß öffentlicher Verschuldung. Um die Wende vom 20. zum 21. Jahrhundert trat vor allem die Verschuldung von Entwicklungsländern in den Blick. Ein Programm zur Entschuldung der ärmsten Staaten des Globus wurde gefordert. Auch heute sollte die Frage im Zentrum stehen, wie die Staaten im Armutsgürtel der Erde mit ihrer schnell wachsenden Bevölkerung ihren elementaren Aufgaben gerecht werden können, ohne in einen neuen Teufelskreis der Verschuldung zu geraten; darin liegt eine zentrale Herausforderung nachhaltiger Entwicklung. Im Wohlstandsgürtel der Erde steht inzwischen die Verschuldung der USA und europäischer Staaten im Vordergrund.

Für die wachsende Beunruhigung über das Ausmaß öffentlicher Schulden in hoch entwickelten Staaten gibt es gute Gründe, denn sie bürden kommenden Generationen große Lasten auf. Unter Umständen nehmen diese Lasten die Form einer gigantischen Geldentwertung an und wirken sich damit wie eine kollektive Enteignung aus. Deshalb ist es eine Aufgabe von hohem Rang, kommende Generationen nicht mit Schuldenbergen zu belasten, die ihre Leistungsfähigkeit überfordern.

Auch darin zeigt sich die Aktualität, die dem Grundsatz des Generationenvertrags zukommt.

Die Bändigung der Staatsschuldenkrise ist nur vorstellbar, wenn die Staaten sich wieder an die Regeln des Rechts halten (vgl. Kirchhof 2012: 76 ff.). Das Versprechen, die Bürger bei sinkenden Steuern mit wachsenden Leistungen versorgen zu können, hat die Staaten dazu veranlasst, über Jahre gegen elementare Gebote verantwortlichen Haushaltens zu verstoßen. Die Notwendigkeit, die Folgen der Finanzmarktkrise einzudämmen, hat Freiheit und Haftung voneinander entkoppelt. Viele Staaten haben die Pflicht zur Einhaltung von Verschuldungsgrenzen verletzt. Sie haben schließlich unter Berufung auf eine außerordentliche Notsituation das Verbot ignoriert, wechselseitig für ihre Staatsschulden einzustehen. Ein Weg aus dieser Krise erfordert mehr als nur finanzpolitische Maßnahmen. Notwendig ist eine ethische Besinnung, die sich nicht auf den Verzicht auf Neuverschuldung beschränkt, sondern die Reduzierung der Gesamtverschuldung einschließt.

Die Pflicht zur verantwortlichen Gestaltung öffentlicher Haushalte ist somit keineswegs nur eine institutionsethische Forderung; sie schließt vielmehr professionsethisch den Verzicht von Politikerinnen und Politikern auf uneinlösbare Versprechungen ebenso ein, wie sie personalethisch von Bürgerinnen und Bürgern den Verzicht darauf verlangt, die eigenen Bedürfnisse auf Kosten künftiger Generationen befriedigen zu wollen.

Das Vorsichtsprinzip

Auch ein umfassendes Konzept der Nachhaltigkeit und eines zukunftsverträglichen Wohlstands gibt noch keine Antwort auf die Frage, wie mit den wachsenden Zukunftsgefährdungen umzugehen ist, die sich mit der technologischen Zivilisation verbinden. Dafür ist die Anerkennung des Vorsichtsprinzips als Grundelement politischer Verantwortung erforderlich.

Die technische Entwicklung ist mit Risiken verbunden, denen nur durch rechtzeitiges und vorausschauendes Handeln begegnet werden kann. Darin liegt ein so grundlegendes Charakteristikum einer technologisch geprägten Welt, dass diese sogar mit dem Titel Weltrisikogesellschaft belegt wurde (Beck 2007). Wie sind die Risiken und Chancen technologischer Entwicklungen gegeneinander abzuwägen? In welchen Fällen ist ein vorsorgliches Eingreifen geboten? Diese Problemstellungen wurden in der internationalen Diskussion mit der Einführung des Vorsichtsprinzips *(precautionary principle)* beantwortet, das im Deutschen häufig, wenn auch irreführend, als Vorsorgeprinzip bezeichnet wird. Es ist für eine Ethik der Zukunftsverantwortung unerlässlich, sich über die Tragfähigkeit und die Reichweite dieses Konzepts Klarheit zu verschaffen (vgl. Huber, Fukushima 2012).

Beim Vorsichtsprinzip geht es um eine besondere Form der Vermeidung von Gefahren. Es gehört zu den elementaren menschlichen Pflichten, Gefährdungen für sich und für andere abzuwehren. Es handelt sich dabei um eine Reaktion, die in der Instinktausstattung der Menschen angelegt ist. Doch diese Reaktionsweise scheint sich auf unmittelbar drohende Gefahren zu beschränken. Solche, die erst in einer weiteren Zukunft zu befürchten sind, nehmen die meisten Menschen auch dann weit weniger ernst, wenn sie selbst davon betroffen sein können. Die möglichen Auswirkungen auf andere erhöhen den instinktiven Impuls zur Abwehr solcher Gefahren nicht. Am Rauchen oder am Autofahren nach Alkoholgenuss lässt sich das verdeutlichen. Schon für solche Gefahren im Nahbereich können sich Menschen nicht auf ihre Instinkte verlassen, sondern müssen eine ethische Orientierungssicherheit entwickeln. Noch viel mehr gilt das für schädliche Auswirkungen technologischer Entwicklungen, die sich erst in der Zukunft – unter Umständen sogar erst in einer weit entfernten – zeigen. Das übersteigt nicht nur die Möglichkeiten einer instinktgesteuerten Reaktion, sondern auch die Kategorien der traditionellen Ethik. Um dieses Defizit auszugleichen, wurde das Vorsichtsprinzip entwickelt. Es verpflichtet dazu, künftige Risiken in die Entscheidung über anstehende Handlungen einzubeziehen. Die rechtzeitige Vermeidung künftiger Schäden gilt auch dann als Pflicht, wenn es über deren Eintreten keine letzte Gewissheit gibt.

Die moderne Technologie verführt dazu, der Natur mehr Rohstoffe zu entnehmen, als in ihr nachwachsen, sie mit mehr Abfällen zu belasten, als sie abzubauen vermag, Technologien zu verwenden, die unter Umständen mit hohen Risiken verbunden sind, oder Treibhausgase in die Atmosphäre zu emittieren, die einen gefährlichen Klimawandel zur Folge haben. Angesichts der Schäden, die Menschen einander oder der

Biosphäre durch die Möglichkeiten moderner Technologie zufügen können, hat Hans Jonas in seiner Ethik für das technologische Zeitalter das Gebot, nicht zu töten, oder allgemeiner: kein Übel zuzufügen, in die Zukunft hinein ausgedehnt.

Der Imperativ, so zu handeln, dass die Wirkungen des eigenen Handelns mit der Permanenz echten menschlichen Lebens vereinbar sind, schließt die Verpflichtung ein, die (möglichen) Wirkungen gegenwärtiger Handlungen in der Zukunft zu antizipieren. Das ist jedoch nur möglich, wenn man sich einer Heuristik der Furcht bedient. Es genügt nicht, die Aufmerksamkeit auf mögliche positive Wirkungen neuer technologischer Entwicklungen zu lenken, sondern man muss auch ihre negativen Auswirkungen bedenken. Wegen der Verantwortung für die Erhaltung des Lebens plädiert Hans Jonas sogar für einen Vorrang der schlechten vor der guten Prognose. Die Wahrnehmungsfähigkeit für das, was vermieden werden muss, ist eine notwendige Voraussetzung dafür, mögliche negative Auswirkungen rechtzeitig genug zu bedenken (Jonas 1979: 70 ff.).

Wenige Jahre nach dem «Prinzip Verantwortung» von Hans Jonas wurde das *precautionary principle* explizit formuliert. Auf dem Erdgipfel in Rio de Janeiro 1992 fand es Eingang in die Deklaration über Umwelt und Entwicklung. Deren Prinzip 15 heißt: «Zum Schutz der Umwelt wenden die Staaten im Rahmen ihrer Möglichkeiten weitgehend den Grundsatz der Vorsicht an. Drohen schwerwiegende oder bleibende Schäden, so darf ein Mangel an vollständiger wissenschaftlicher Gewissheit kein Grund dafür sein, kostenwirksame Maßnahmen zur Vermeidung von Umweltverschlechterungen aufzuschieben.» Im selben Jahr fand das Vorsichtsprinzip auch Eingang in den Maastricht-Vertrag, der die Arbeitsweise der Organe der Europäischen Union regelte. Er verband das Vorsichtsprinzip mit dem Verursacherprinzip, das dem Urheber einer umweltschädlichen Aktivität die Folgekosten zuschreibt.

In diesen frühesten Definitionen des Vorsichtsprinzips wurde hervorgehoben, dass mögliche Gefährdungen der Gesundheit von Menschen, Tieren oder Pflanzen oder schädliche Folgen für die Umwelt auch dann zum Handeln verpflichten, wenn über diese möglichen Auswirkungen keine letzte wissenschaftliche Gewissheit besteht. Dieser Gesichtspunkt ist nicht nur deshalb von Bedeutung, weil alle Wissenschaft unter dem Vorbehalt besserer Erkenntnis steht, sondern weil Prognosen über die

Folgen heutiger Handlungen immer Möglichkeitscharakter haben (vgl. Picht 1980: 362 ff.). Natürlich gibt es wissenschaftliche Aussagen über die Zukunft von höherer oder geringerer Wahrscheinlichkeit. Auch wenn eine Heuristik der Furcht angewandt wird, kann bessere Einsicht zur Überprüfung bisheriger Urteile führen. Fortschritte von Wissenschaft und Technik können eine veränderte Einschätzung von Chancen und Risiken zur Folge haben. Deshalb ist das Vorsichtsprinzip in einer revisionsoffenen Weise einzusetzen.

Manche haben dieses Prinzip so interpretiert, dass es eine bestimmte Beweislastregel enthält. So erklärte die Kommission der Europäischen Gemeinschaft im Jahr 2000, dass in Fällen, in denen Strahlenbelastungen oder giftige Stoffe an die Biosphäre abgegeben oder großflächige Rodungen vorgenommen werden, die Beweislast nicht bei denen liegt, die eine Schädigung von menschlicher Gesundheit und Umwelt befürchten, sondern bei den Initiatoren einer solchen Aktivität. Wenn der schlechten Prognose der Vorrang vor der guten zukommt, dann ist der beweispflichtig, der die schlechte Prognose entkräften will. Dadurch entsteht jedoch der Eindruck, dass jeder, der eine neue Technologie oder beispielsweise einen neuen Impfstoff entwickelt, nachweisen muss, dass dies mit keinerlei Risiken verbunden ist. Das Vorsichtsprinzip hätte insofern die Idee einer Null-Risiko-Gesellschaft zur Konsequenz; der schlechteste Fall würde unabhängig von seiner Wahrscheinlichkeit zum Entscheidungsmaßstab (Sunstein 2007). Es ist aber ohnehin fragwürdig, die aus dem Prozessrecht stammende Vorstellung von einer Beweislast auf solche Entscheidungen zu übertragen. Vielmehr sollten in einem möglichst transparenten Verfahren die Argumente beider Seiten ausgetauscht und abgewogen werden. Am Ende muss auf der Grundlage ethischer Überlegungen politisch entschieden werden, welcher Seite das größere Gewicht zukommt.

Welche Bedeutung kommt in einer solchen Abwägung dem Ausmaß zu erwartender Gefahren zu? In der Wissenschaft werden künftige Schäden üblicherweise so gewichtet, dass man eine Zahl für das Ausmaß des Schadens mit einer Zahl für die Wahrscheinlichkeit seines Eintretens multipliziert; bei geringer Wahrscheinlichkeit hat dies zur Folge, dass eine große Gefährdung für Mensch und Umwelt vernachlässigt wird. In neuerer Zeit trat jedoch das eigenständige Gewicht irreversibler Konsequenzen in den Blick; auch in mathematische Modelle wurde dieser Gesichtspunkt einbezogen. Deshalb wird es heute als rational anerkannt, Handlungen, die möglicherweise mit hohen Risiken verbunden sind, auch dann gemäß dem Vorsichtsprinzip zu behandeln, wenn nur eine geringe Wahrscheinlichkeit für das Eintreten dieser Risiken besteht. Die deutsche Ethikkommission über «Sichere Energieversorgung» hat diese Überlegung zum Kernpunkt ihrer Argumentation gemacht (Ethik-Kommission 2011: 35). Es ist kein Gebot rationalen Vorgehens, sich in jedem Fall an den Erwartungswert eines Ereignisses zu halten, der sich aus der Multiplikation von Schadensausmaß und Schadenswahrscheinlichkeit ergibt. Es ist vielmehr eine rational begründbare Entscheidung, ein hohes Ausmaß irreversibler Schäden auch dann als Entscheidungsgrund anzuerkennen, wenn sein Eintreten nur mit geringer Wahrscheinlichkeit erwartet wird. Im technologischen Zeitalter ist es ein zentraler Gegenstand öffentlicher Ethik, welches Risikoniveau eine Gesellschaft auf sich nehmen und nachfolgenden Generationen aufbürden will. Die Energieversorgung ist dafür ein Schlüsselthema. Die Entscheidung, die Nutzung der Kernenergie innerhalb eines Jahrzehnts zu beenden, ist deshalb ethisch gut begründet und rational nachvollziehbar.

Gelegentlich wird vorgebracht, die Anwendung des Vorsichtsprinzips berge ihre eigenen Gefahren. Max More hat dafür die Formel von den *perils of precaution* geprägt (More 2010). Er präsentiert eine lange Liste der Errungenschaften von Wissenschaft und Technik, die mit dem Flugzeug und mit Aspirin beginnt und mit den Impfstoffen gegen Tollwut, Masern, Kinderlähmung und Pocken endet. More ist davon überzeugt, dass in all diesen Fällen das Vorsichtsprinzip im Blick auf mögliche Nebenwirkungen angewandt worden wäre, wenn es zum fraglichen Zeitpunkt schon in Geltung gestanden hätte. Das Prinzip, so folgert er, verhindert Durchbrüche des wissenschaftlichen und technischen Fortschritts; es gefährdet die Menschen genau dadurch, dass es sie im Übermaß zu schützen versucht.

Gewiss gibt es Gründe dafür, vor einem maßlosen Gebrauch des Vorsichtsprinzips zu warnen. Es wird auch immer wieder Kontroversen über seine Anwendung geben. So wird beispielsweise lebhaft diskutiert, ob eine Ablehnung der grünen Gentechnologie durch das Vorsichtsprinzip begründet werden kann. Doch die Kritik an einer übertriebenen Anwendung dieses Prinzips hebt nicht das Prinzip selbst auf; es geht um dessen gut begründeten und argumentativ ausgewiesenen Gebrauch.

Energieproduktion und Energiekonsum als ethische Herausforderung

Aus dem Reaktorunglück in Fukushima wurden in Deutschland schnell Konsequenzen gezogen. Der frühere Konsens über einen möglichst zügigen Ausstieg aus der Nutzung der Kernenergie wurde wieder in Kraft gesetzt. Die zur Vorbereitung dieser Entscheidung berufene Ethikkommission verband damit die These, dass der Energieeffizienz als Teil einer umfassenden Ressourceneffizienz und der sparsamen Energienutzung der Vorrang vor der Debatte über die Energiequellen zukommt. Wenn gleichzeitig mit einem Verzicht auf die Kernenergie der Übergang zu einem global erträglichen Maß an Kohlendioxidemissionen gelingen soll, setzt dies deren weltweite Reduzierung und nicht nur einen weltweiten Emissionshandel sowie eine Verstärkung der Erneuerbaren Energien voraus. Die nötige Verringerung muss insbesondere bei den Hauptemittenten ansetzen, also den USA, den Staaten der Europäischen Union, China und anderen. Dass ein solcher Abbau möglich ist, zeigt die Entwicklung der deutschen Emissionen seit 1990. Zwar haben die erreichten Fortschritte insbesondere mit dem verstärkten Übergang auf Erneuerbare Energien sowie der wirtschaftlichen Umstrukturierung in den neuen Bundesländern und nur in geringerem Maß mit Energieeinsparmaßnahmen zu tun, doch sind sie ein Signal dafür, dass erhebliche Einschränkungen der Emission von Kohlendioxid möglich sind.

Zu den Folgerungen aus der Globalisierung gehört es deshalb, das Zivilisations- und Wohlstandsmodell der wohlhabenden Länder daran zu messen, ob es global betrachtet nachhaltig ist und ob es Gerechtigkeit im globalen Maßstab zu fördern vermag. Dieses Zivilisationsmodell global zuträglich zu gestalten, ist nicht eine Frage der Barmherzigkeit gegenüber den Ärmsten der Armen, sondern ergibt sich aus der Pflicht zu internationaler Gerechtigkeit und einer global betrachteten Nachhaltigkeit.

Dafür kommt der Energieeffizienz im Rahmen einer umfassenden Ressourceneffizienz zentrale Bedeutung zu. Diese Energieeffizienz ist keine statische Größe, sondern hat durch den technischen Fortschritt einen dynamischen Charakter. Die Chancen einer Erhöhung der Energieproduktivität werden inzwischen mit dem Faktor 5 angegeben (Weizsäcker 2010). Die öffentliche Diskussion nimmt stattdessen in der Regel einen statischen Energiebedarf an, dem sie unterstellt, er wachse analog zum Bruttoinlandsprodukt insgesamt. Doch die Gesellschaft hat nicht einen Bedarf an Energie, sondern an Energiedienstleistungen. Ihr Energiebedarf kann infolgedessen sinken, wenn die Energieproduktivität steigt. Steigende Energiekosten werden dann verkraftbar, wenn die Energieproduktivität sich erhöht und dadurch der Energiebedarf abnimmt. In einer solchen Situation die Aufgaben von Energiepolitik allein darin zu sehen, eine stabile Energieversorgung zuverlässig zu sichern und zumutbare Energiepreise zu gewährleisten, greift zu kurz. Der Schlüssel besteht darin, die Energieeffizienz zu steigern und die Vergeudung von Energie zu vermeiden.

Vermutlich sind in diesem Bereich ebenso wie in anderen vergleichbar wichtigen Bereichen, zum Beispiel dem Gesundheitswesen, kurzfristig Effizienzreserven von 20 bis 25 Prozent zu heben. Falls dies plausibel ist, könnte in Deutschland der Abschied von der Kernenergie dadurch ausgeglichen werden; der weitere Ausbau Erneuerbarer Energien könnte dafür eingesetzt werden, fossile Energieträger zu ersetzen. Dabei wäre nicht eine Einbuße an Energiedienstleistungen vorausgesetzt, sondern erwartet würde lediglich, dass diese Energiedienstleistungen sparsamer erbracht würden. Die Verpflichtung, durch technologische Innovationen eine Effizienzrevolution voranzubringen, bliebe weiterhin bestehen.

Die Forderung, die in Anspruch genommene Energiedienstleistung mit einem möglichst geringen Energieeinsatz zu erreichen, trägt universalen Charakter und ist in diesem Sinn als moralische Forderung zu verstehen. Auf einem Globus, auf dem gegenwärtig sieben Milliarden Menschen leben und um die Mitte des Jahrhunderts eine Bevölkerungszahl von neun Milliarden erwartet wird, ist es richtig, sparsam mit Energie umzugehen. Ein Entwicklungsweg, der dabei auf Einbrüche in der Energiedienstleistung verzichtet, macht diese moralische Forderung mit Gesichtspunkten des Wohlstands und der wirtschaftlichen Stabilität vereinbar.

Manche gehen weiter und sind aus ethischen Gründen zu echten Einschränkungen bereit. Ethische Überzeugungen entsprechen einem Lebensentwurf, den sich nicht jeder zu Eigen macht; sie sind Teil eines gesellschaftlichen Pluralismus, in dem verschiedene Gruppen und Einzelne sich an unterschiedlichen Vorstellungen des guten Lebens orientieren. Gruppen, die sich zum Energiesparen durch bewussten Verzicht entscheiden, können dadurch zur Veränderung des gesellschaftlichen

Bewusstseins beitragen. Sie stehen für eine «Ethik des Genug», die eine wichtige Vorreiterrolle beim Wandel des zivilisatorischen Paradigmas spielt, der gerade in verschwenderischen Industriestaaten Platz greifen muss.

Eine Neuorientierung des gesellschaftlichen Bewusstseins und der mit ihm verbundenen Handlungsweisen beginnt immer mit dem Handeln von Überzeugungsgemeinschaften. Glaubensgemeinschaften spielen dabei eine wichtige Rolle; sie sind aber nicht die einzigen Träger solcher Veränderungen. Ihnen sagt man aus guten Gründen eine wertkonservative Grundhaltung nach; sie bewahren die Erinnerung an Weltdeutungen und Wertorientierungen auch dann, wenn viele meinen, sie seien im Wandel der wissenschaftlich-technischen Welt nicht praktikabel. Zu diesen überlieferten Weltdeutungen gehört die Überzeugung, dass nicht der Mensch allein als «Krone der Schöpfung» ausgezeichnet ist, sondern seinen Ort in einer Mitwelt hat, für die er Verantwortung trägt. Der Wechsel von Arbeit und Ruhe, von Gestalten und Wahrnehmen bildet ein Grundmuster des menschlichen Lebens. Schon diese Einsichten genügen als Gründe dafür, warum eine Ökonomie für den Menschen, wie Amartya Sen sie beschrieben hat (Sen 2000), eine Ökonomie mit menschlichem Maß ist, die der Mitwelt ihr Recht einräumt und den Menschen nicht nur als Tätigkeitswesen versteht.

Eine Ethik des Genug hat einen doppelten Sinn: Sie richtet sich daran aus, dass alle Menschen in gleicher Weise an den Gütern der Erde teilhaben und genug zum Leben haben können. Sie verabschiedet sich deshalb von der Vorstellung, dass ein Teil der Menschheit niemals genug haben kann. Beide Seiten einer solchen Ethik des Genug sind gleich wichtig.

In der öffentlichen Diskussion drängen immer wieder Themen in den Vordergrund, die mit der Frage des Energieangebots zu tun haben: die Verstärkung der Erneuerbaren Energiequellen, die dafür nötige Netzinfrastruktur, der Ausstieg aus der Kernenergie und der Abschied vom fossilen Zeitalter. Eine neue Netzinfrastruktur und neue Energiespeicher sind zu entwickeln; das erfordert einen erheblichen finanziellen Einsatz. Für veränderte Formen der Energieproduktion ist eine verstärkte internationale Zusammenarbeit nötig, die spezifische Stabilitätsprobleme in sich birgt. Doch es reicht nicht, das Energieangebot auf eine neue Grundlage zu stellen. Ebenso wichtig ist der Paradigmenwechsel hin zur

Ressourcen- und Energieeffizienz. Nur durch einen großen Dialog über gesellschaftliche Zukunftsbilder wird die Haltung, die vor den hohen Kosten zurückscheut, überwindbar sein. Die fortgeschrittenen Gesellschaften stehen vor der Aufgabe, ein Bild vom gelingenden Leben zu entwerfen, das nicht länger auf der Zerstörung der Erde beruht. Sie müssen an einer Zukunft arbeiten, die jedem Menschen einen gleichen Anteil an den natürlichen Ressourcen ermöglicht. Wenn dabei die natürlichen Lebensgrundlagen bewahrt und nicht zerstört werden sollen, ist dies nur bei einem viel sparsameren und effizienteren Umgang mit ihnen möglich.

Die globalisierte Wirtschaft muss hohe Umweltstandards als verpflichtend anerkennen. Diese müssen auch ärmeren Ländern – durch finanzielle Unterstützung – ermöglicht werden. Sich dieser Verantwortung zu stellen, ergibt sich für die reichen Länder daraus, wie sie zuvor ihr Zivilisationsmodell praktiziert und exportiert haben. Es ist für hoch entwickelte Länder möglich, eine Energieversorgung zu erreichen, die sich mit der Bewahrung der Natur vereinbaren lässt. Wenn die besten Kräfte dafür eingesetzt werden und die Bereitschaft wächst, über die eigenen Interessen hinaus das Ganze in den Blick zu nehmen, lässt sich tatsächlich von einer Energiewende sprechen.

19. Alter
Was heißt «Vater und Mutter ehren»?

In einem bewegenden Buch beschreibt Arno Geiger, wie er gemeinsam mit seinen Geschwistern den an Demenz erkrankten Vater begleitet. Besonders kritisch blickt er auf die Zeit, in der die Kinder sich weigerten, die Krankheit des Vaters anzuerkennen: «Wir schimpften mit der Person und meinten die Krankheit.» Erst als sie sich darauf einstellen, dass ihr Vater Gedächtnis und Orientierungssinn weitgehend verloren hat, finden sie die Kraft, ihm beizustehen. «Die Einsicht in den wahren Sachverhalt bedeutete für alle eine Erleichterung. ... Nur die Einsicht, dass wir viel zu viel Zeit damit vergeudet hatten, gegen ein Phantom anzukämpfen, war bitter.» (Geiger 2011: 7. 25) Abwechselnd nehmen sie sich Zeit dafür, die Last des Alters mit ihrem Vater zu tragen; nun erst können sie auch heitere Situationen und den unerwarteten Sprachwitz des Kranken wahrnehmen.

Vergleichbare Erfahrungen machen heute viele Menschen. Meine Frau hat auf die letzten Berufsjahre vor der Pensionierung verzichtet, um ihre alt gewordene Mutter zu begleiten (Kara Huber 2011). Eine südafrikanische Freundin, die in Kanada lebt, muss ihr Leben so einrichten, dass sie einige Monate im Jahr in Südafrika sein und ihre Mutter betreuen kann; sie teilt sich diese Aufgabe mit ihren beiden Schwestern. Gibt es eine ethische Pflicht dazu, den eigenen Lebensplan auf die Pflegebedürftigkeit alt gewordener Angehöriger einzurichten?

Das vierte Gebot heute

Die zehn Gebote enthalten einen wichtigen Hinweis zur Sorge um die Angehörigen. Das vierte Gebot heißt: «Du sollst deinen Vater und deine Mutter ehren, auf dass du lange lebest in dem Lande, das dir der Herr, dein Gott, geben wird.» (2. Mose 20,12) Der Wortlaut des Gebots knüpft an die Situation an, in der die Gebote nach dem biblischen Bericht dem Volk Israel gegeben wurden: am Berg Sinai, in der Zeit der Wüstenwanderung auf dem Weg in das gelobte Land, in dem Milch und Honig fließen sollen. Die zukünftige Existenz in diesem verheißenen Land wird an die Voraussetzung gebunden, Vater und Mutter zu ehren.

Eine nach wie vor verbreitete Deutung sagt, damit sei der Gehorsam heranwachsender Kinder gegenüber ihren Erziehungsberechtigten gemeint. Beispielhaft ist Martin Luthers Auslegung dieses Gebots, in dem er das «große, gute und heilige Werk» dargestellt sieht, das den Kindern auferlegt sei (Evangelische Bekenntnisse 2, 2008: 59). Den kindlichen Gehorsam gegenüber den Eltern setzt er dabei in Parallele zu dem Gehorsam gegenüber der Obrigkeit: «Wir sollen Gott fürchten und lieben, dass wir unsere Eltern und Herren nicht verachten noch erzürnen, sondern sie in Ehren halten, ihnen dienen, gehorchen, sie lieb und wert haben.» (Evangelische Bekenntnisse 2, 2008: 17)

Doch der Dekalog ist ursprünglich nicht für den Konfirmandenunterricht geschrieben; er richtet sich nicht an Kinder oder Jugendliche, sondern an erwachsene Israeliten. Das Thema des vierten Gebots ist das Verhalten Erwachsener gegenüber der alt gewordenen Elterngeneration. Die Verpflichtungen der mittleren Generation stehen im Zentrum der Aufmerksamkeit. Sie trägt die Verantwortung für das Aufwachsen der Kinder und hat zugleich eine besondere Verantwortung für die Lebensbedingungen der älteren Generation. Der Auftrag des vierten Gebots, die Eltern zu ehren, lässt sich gemäß der Grundbedeutung des entsprechenden hebräischen Worts am besten als Aufforderung fassen, sie «als gewichtig anzuerkennen» (Köckert 2007: 73). Es geht nicht um bloße Worte, auch nicht um einmalige Ehrbezeugungen. Der Respekt, der den Eltern gebührt, schließt nicht nur die Nachsicht gegenüber ihrer nachlassenden Leistungsfähigkeit, sondern auch die Bereitschaft ein, sie zu unterstützen: «Kind, unterstütze deinen Vater im Alter und kränke ihn nicht, solange er lebt. Wenn sein Verstand nachlässt, übe Nachsicht und entwürdige ihn nicht in deiner ganzen Kraft.» (Jesus Sirach 3,12 f.)

Zu der gebotenen Unterstützung gehört die Verpflichtung, für die Versorgung der Eltern aufzukommen, wenn sie nicht mehr für sich selbst sorgen können. In Gesellschaften, für die eine staatlich gesicherte Altersversorgung noch in weiter Ferne liegt, lässt sich die Versorgung der Alten nur durch einen unmittelbaren, personengebundenen Generationenvertrag sicherstellen. Er ist lebenswichtig, denn die Alternative besteht, wie Sagen aus nomadischer Zeit noch erkennen lassen, in der Aussetzung oder gar Tötung der Alten, die nicht mehr mithalten können. Wer sich darüber wundert, dass das Elterngebot im Dekalog dem Tötungsverbot vorausgeht, muss sich diese elementare, lebensnotwendige Bedeutung vergegenwärtigen, die dem Einsatz der Jüngeren für die Älteren zukommt.

Die Dringlichkeit dieses Gebotes wird dadurch unterstrichen, dass die Jüngeren auf ihre eigene Lebensperspektive hingewiesen werden. Die Aussicht, lange im verheißenen Land leben zu können, haben sie nämlich nur dann, wenn sie von ihren Kindern ein vergleichbares Handeln erwarten können, wie es ihnen im Blick auf ihre eigenen Eltern geboten wird. Das wird bei einem griechischen Autor des 4. vorchristlichen Jahrhunderts in Gestalt einer Goldenen Regel für das Generationenverhältnis formuliert: «Verhalte dich gegenüber deinen Eltern so, wie du möchtest, dass sich deine eigenen Kinder dir gegenüber verhalten.» (Pseudo-Isokrates, zitiert bei Köckert 2007: 75)

Die Goldene Regel zielt auf eine Ethik der Gegenseitigkeit: «Was ihr wollt, dass euch die Leute tun sollen, das tut ihnen auch.» (Matthäus 7,12) Da sie einen formalen Charakter trägt, verzichtet sie auf eine ausdrückliche Klärung der Frage, ob alle Wünsche, die man für sich selbst hat, moralisch richtig oder ethisch gut sind (vgl. Härle 2010: 82 ff.). Doch der Sinn der Goldenen Regel erschließt sich nur dann, wenn man unterstellt, dass es sich um moralisch und ethisch vertretbare Wünsche handelt. Ebenso wichtig ist die Einsicht, dass die Goldene Regel keineswegs eine schlichte Tauschmoral repräsentiert, der man, wie Nietzsche meinte (Höffe 2012: 322. 328), einen naiven Egoismus unterstellen könnte. Das zeigt sich an der Anwendung dieser Regel auf Familienbeziehungen besonders deutlich. Schon hier geht es um mehr als nur um eine unmittelbare Reziprozität zwischen Individuen oder Gruppen, die sich wechselseitig unterstützen; es handelt sich auch nicht nur um eine aufgeschobene Reziprozität wie in der Beziehung zwischen Eltern und Kindern, in der Eltern zu einem späteren Zeitpunkt eine Gegenleistung für das erhoffen, was sie beim Aufwachsen ihrer Kinder geleistet haben. Schon Familienbeziehungen zeigen vielmehr Züge einer generalisierten Reziprozität, die anderen gegenüber praktiziert, was auch für das eigene Leben erhofft wird: Hilfe für denjenigen, der schlechter gestellt ist und der Unterstützung bedarf. Es geht um mehr als um die Erwartung direkter Gegenseitigkeit. Es geht um die Hoffnung auf gelingendes Leben; dafür ist entscheidend, dass die Schwächeren einbezogen werden (vgl. Bedford-Strohm 1998: 178 ff. 269 ff.).

Der Beistand für pflegebedürftige Ältere ist dafür ein wichtiger Prüfstein. In bäuerlich geprägten Traditionen hat er seinen Ort in der Mehrgenerationenfamilie. Die Sicherung für das Alter wird in festen Institutionen der bäuerlichen Welt verbürgt. Ein Beispiel ist das Altenteil, das der Generation, die den Hof zu Lebzeiten an die nächste Generation weitergibt, Wohnung und Rente zuerkennt. Der Prozess der Industrialisierung löste derartige Strukturen auf; die Alterssicherung wurde zu einer Aufgabe der als Solidargemeinschaft verstandenen Gesellschaft. Der Generationenvertrag wurde entpersonalisiert; die Gegenseitigkeit wurde in einem bis in das 19. Jahrhundert unbekannten Maß generalisiert. Unterstützung für den unbekannten Nächsten war nicht mehr ein Akt barmherziger Nächstenliebe, sondern wurde zu einem Teil gesellschaftlicher Gerechtigkeit. Vorausgesetzt war dabei ein Verhältnis der Generationen zueinander, in dem die aktive Generation weit größer war als die Generation der Versorgungsempfänger.

Auch heute bleibt es vor allem Sohnes- oder meistens Tochterpflicht, die Hilfsbedürftigkeit der eigenen Eltern wahrzunehmen und Wege der Hilfe zu finden. Nicht immer wird sich diese Pflicht so wahrnehmen lassen, dass die Jüngeren ihren eigenen Lebensplan um der Älteren willen umstellen. Es gibt darüber hinaus Situationen, denen nur professionelle Pflegerinnen und Pfleger gewachsen sind.

Die räumliche Entfernung, berufliche Pflichten oder familiäre Aufgaben schließen oft eine ausreichende direkte Unterstützung aus. In Deutschland hat in wenigen Jahren der Wohnungsabstand zwischen den Generationen erheblich zugenommen, der Umfang der wechselseitigen Unterstützung ist entsprechend zurückgegangen. Viele nehmen jedoch auch über große Entfernungen hinweg regelmäßig am Leben der Elterngeneration Anteil. Sie zeigen dadurch: Die veränderten Lebensumstände lassen die grundsätzliche Verpflichtung, Verantwortung nicht nur für die folgende, sondern auch für die vorangehende Generation zu übernehmen, unberührt.

Die Formen, in denen dies geschieht, wandeln sich von Generation zu Generation. Die Fälle, in denen Eltern- und Großelterngeneration zusammen in einem Haus oder an einem Ort wohnen, werden seltener. Soweit private Pflege ganz oder teilweise möglich ist, verändert sie ihr Gesicht. Heute übernehmen Männer in etwas höherem Maß als früher pflegerische Verpflichtungen. Die Beteiligung von Nachbarn, Freunden oder Bekannten an solchen Aufgaben wird größer, informelle Netzwerke und «kleine Lebenskreise» (vgl. oben S. 35) gewinnen dafür an Bedeutung. Die wechselseitige Unterstützung innerhalb derselben Generation nimmt neue Formen an. Schließlich verändert sich die Rolle der Kinder und Schwiegerkinder; weil sie oft nicht selbst helfen können, kümmern sie sich verstärkt darum, Hilfe zu organisieren.

Private und professionelle Pflege ergänzen sich in vielen Fällen. Das gilt nicht nur dort, wo ambulante Pflegedienste alten Menschen ermöglichen, weiterhin in der eigenen Wohnung zu bleiben. Auch wenn ältere Menschen in einem Seniorenwohnheim, im Betreuten Wohnen oder in einem Pflegeheim sind, brauchen sie neben der dort geleisteten Unterstützung die Begleitung durch Angehörige, Bekannte oder ehrenamtliche Besuchsdienste. Ein kostengünstiges Wohnheim in einem fernen, beispielsweise ostasiatischen Land mag landschaftlich noch so reizvoll liegen – der Wunsch eines älteren Menschen nach lebendigen Beziehungen wird an solchen Orten häufig unerfüllt bleiben. Gerade im Alter zeigt sich, dass der Mensch ein Beziehungswesen ist; seine Vitalität hängt sehr davon ab, ob er Verbindungen zu anderen Menschen, insbesondere zu jüngeren, hat. Auch die Pflege ist als ein Beziehungsgeschehen zu verstehen und zu gestalten; für den Austausch mit den Pflegebedürftigen muss ausreichend Zeit sein. Pflege als Beruf braucht gesellschaftliche Wertschätzung und angemessene Bezahlung.

Leben mit dem «Methusalem-Komplott»

Mit den Veränderungen in der Altersstruktur wird der generalisierte Generationenvertrag in Frage gestellt. In Deutschland und vergleichbaren Ländern ist dieser Alterswandel durch das Phänomen des *double aging* geprägt (vgl. oben S. 185). Dank der Fortschritte von Medizin, Hygiene, Arbeitsschutz und Umweltbedingungen werden die Menschen im statistischen Durchschnitt älter, und angesichts einer abnehmenden Geburtenrate altert die Gesellschaft im Ganzen. Dieser doppelte Alterungsprozess verschärft die Anforderungen an die nachrückende wie erst recht an die künftigen Generationen (vgl. Kapitel 18).

Viele befürchten, dass die Versorgungslasten für die Älteren die mittlere Generation überfordern werden. Sie haben mit Frank Schirrmacher Angst vor einem «Methusalem-Komplott» (Schirrmacher 2004). Doch als Symbol für einen Herrschaftsanspruch, den die Alten gegenüber den Jungen erheben, taugt die biblische Gestalt des 969 Jahre alten Methusalem nicht.

Die Probleme, die sich aus dem demographischen Wandel für die Versorgung der Älteren ergeben, lassen sich auch nicht einfach aus einem solchen Herrschaftsanspruch ableiten. Die durch zurückliegende Entscheidungen begründeten Versorgungsverpflichtungen erzeugen wachsende Belastungen für die Jüngeren. Ein zentraler politischer Konflikt geht darum, in welchem Maß deren Sozialversicherungsbeiträge angehoben werden können und in welchem Maß die Versorgungsansprüche gesenkt werden müssen. Für die Entwicklung öffentlicher Haushalte sind die indirekten Schulden, die sich aus künftigen Versorgungsverpflichtungen herleiten, eine vergleichbare Belastung wie die direkten Schulden, die sich aus den Krediten der Vergangenheit ergeben. Die Altersversorgung, die die ältere Generation sich selbst gesetzlich gesichert hat, mindert den Lebensstandard der jüngeren Generation auf unabsehbare Zeit. Die Jüngeren können nicht damit rechnen, dass sie selbst in ihrer Berufsbiographie einen ähnlichen Zuwachs an Lebensstandard erleben werden wie die vorangehende Generation. Obwohl sie häufig von einem höheren Wohlstandsniveau ausgehen können als die Elterngeneration in der entsprechenden Lebensphase, empfinden sie die veränderte Situation als einen Verlust an Zukunftsperspektiven. Ob Berufstätige künftige

Versorgungseinbußen durch einen höheren Anteil an Eigenvorsorge kompensieren können, hängt davon ab, ob ihr verbleibendes Arbeitseinkommen angesichts steigender Sozialabgaben überhaupt die Möglichkeit zur privaten Vorsorge eröffnet. Die wachsende Ungleichheit von Einkommen und Vermögen verschärft dieses Problem.

Der Alterswandel, der gerade aus der Perspektive wohlhabender Industrieländer beschrieben wurde, ist in das Wachstum der Weltbevölkerung einzuordnen. In globaler Perspektive erhöht sich keineswegs nur die Zahl der Jüngeren, sondern eine höhere durchschnittliche Lebenserwartung wirkt sich auch in Schwellenländern und im Armutsgürtel der Erde in einer Zunahme Älterer aus. Im Jahr 2050 wird allein in China die Zahl der Menschen über 65 Jahre größer sein als ein halbes Jahrhundert vorher auf der ganzen Welt. Die Sicherung eines Mindestmaßes von gesellschaftlicher Solidarität kommt unter solchen Bedingungen einer Herkulesaufgabe gleich. Wer zur Resignation neigt, wird von einer Katastrophe sprechen und mit dem Ethnologen Claude Lévi-Strauss sagen: «Im Vergleich zur demographischen Katastrophe ist der Zusammenbruch des Kommunismus unwichtig» (zitiert bei Schirrmacher 2004: 19). Wer vor dieser Aufgabe nicht kapitulieren will, muss große Anstrengungen darauf verwenden, die sozialen Sicherungssysteme zukunftsfähig zu gestalten. Nur eine vorausschauende Sozial- und Wirtschaftspolitik wird dieser Aufgabe gewachsen sein; auch unter dem Gesichtspunkt der Verantwortung, die den nachwachsenden Generationen im demographischen Wandel zufällt, sind gute Bildungsangebote und faire Teilhabechancen für diese Generationen von zentraler Bedeutung (vgl. Kapitel 6).

Noch so gut überlegte Rentenformeln und ergänzende Versorgungsleistungen («Riester-Rente») allein werden dieses Problem weder für wohlhabende Länder noch für die Weltgesellschaft lösen können. So notwendig die Anstrengung ist, die Solidarsysteme zukunftsfähig zu gestalten, so wichtig ist es zugleich, Ältere nicht nur als Versorgungsempfänger zu betrachten, sondern darauf zu achten, was sie selbst zur Gestaltung des eigenen Lebens und zum Zusammenleben der Gesellschaft beitragen können.

Die Kreativität des Alters

Das Alter wird heute häufig unter dem Gesichtspunkt betrachtet, dass sich in dieser Lebensphase die Verletzlichkeit des Menschen besonders sichtbar zeigt (siehe Kapitel 9). Die Einschränkungen und Defizite des Alters treten deshalb – insbesondere am Beispiel der Demenzerkrankungen – ins Zentrum der Aufmerksamkeit. Das ist jedoch eine einseitige Sicht, denn mit der höheren Lebenserwartung verbindet sich auch ein besserer Gesundheitszustand der Alten. An die Stelle einer durchschnittlichen Lebenserwartung von 46 Jahren zu Beginn des 20. Jahrhunderts ist heute eine durchschnittliche Lebenserwartung von 81 Jahren getreten. Zugleich ist festzustellen, dass es angesichts der höheren Leistungsfähigkeit vieler Älterer keine medizinisch plausiblen Gründe mehr dafür gibt, die Berufstätigkeit oder die Übertragung ehrenamtlicher Aufgaben an starre Altersgrenzen zu binden; dafür ist die gesundheitliche Entwicklung zu unterschiedlich. Darüber hinaus ist es eine Schlüsselaufgabe persönlicher Lebensführung und gesellschaftlicher Gestaltung, die kreativen Möglichkeiten des Alters zu erhalten, zu fördern und zu nutzen.

Ob sich eine solche Sichtweise ausbreitet, hängt entscheidend von der Perspektive ab, aus der dieser Teil der menschlichen Lebensgeschichte betrachtet wird. Zur Sichtweise des christlichen Glaubens gehört es, die Begrenztheit des menschlichen Lebens nicht nur als Last, sondern auch als gnädige Fügung zu sehen. So wie Menschen ihr Leben aus Gottes Hand empfangen, so legen sie es wieder in Gottes Hand zurück. Weil sie auf eine Zukunft über die Grenze des individuellen Lebens hinaus hoffen, sehen sie im Abschied vom irdischen Leben keine Katastrophe. Ihre Hoffnung gilt der Auferstehung der Toten; damit ist gesagt, dass Gott die Beziehung zu jedem Menschen über seinen Tod hinaus hält und erneuert. Die Auferweckung Jesu aus dem Tod ist das Unterpfand dieser Hoffnung. Weil der Tod der Durchgang zu einem neuen Leben ist, lässt sich das Sterben als Teil des Lebens annehmen. Es klingt wie ein Bonmot, hat aber einen tiefen Sinn, wenn vom französischen Staatspräsidenten Charles de Gaulle berichtet wird, er habe auf die Frage, wie er sterben wolle, geantwortet: «Lebend!» (Geiger 2011: 179)

Das Annehmen der eigenen Endlichkeit aus einer Hoffnung, die über den eigenen Tod hinausreicht, kann den Umgang mit den Erfahrungen des Alters prägen. Auch in späten Abschnitten des Lebens ist mit der Möglichkeit des Neu-Werdens zu rechnen (EKD, Alter 2009: 38 ff.). Dass Menschen trotz allem, was war und ist, neu anfangen können, beschreibt Jesus im Gespräch mit Nikodemus, einem alten Mann, in dem Bild der Wiedergeburt (Johannes 3,1 ff.).

Wie verhält sich die Zuversicht, auch im Alter neu werden zu können, zum Alter selbst? Typisierend lassen sich drei Phasen im höheren Alter voneinander unterscheiden, die sich individuell früher oder später einstellen und unterschiedlich lang andauern können. In der ersten Phase verfügen ältere Menschen über die Fähigkeit, sich in einem weiteren Umkreis Neues anzueignen und Aufgaben zu übernehmen; das zeigt sich unter anderem daran, dass in Deutschland gegenwärtig die Altersgruppe zwischen 65 und 74 Jahren den höchsten Umfang an freiwilligen Tätigkeiten übernimmt. In einer weiteren Phase können ältere Menschen für ihren eigenen Lebensumkreis verantwortlich sein und die Aufgaben des täglichen Lebens selbständig erledigen. In einer dritten Phase sind sie für die Meisterung des täglichen Lebens auf die Hilfe anderer angewiesen, oder sie sind pflegebedürftig.

Es dient dem erfüllten Leben des Einzelnen, aber auch dem gesellschaftlichen Zusammenleben, wenn Menschen dazu befähigt werden, so lange wie möglich in den beiden ersten Phasen zu bleiben. Das hängt nicht nur von der Bereitschaft zu persönlicher Anstrengung und eigenem Einsatz ab, sondern auch von den gesellschaftlichen Rahmenbedingungen. Zu ihnen gehört ein zureichendes Auskommen im Alter. Angesichts der demographischen Verschiebungen setzt das eine längere Lebensarbeitszeit und einen flexibleren Umgang mit der Altersgrenze für berufliche Tätigkeiten voraus. Nur dadurch lassen sich gravierende Abstriche an der Altersversorgung in Grenzen halten; andernfalls werden sie wegen des veränderten Altersaufbaus der Gesellschaft unvermeidlich. Die Ausweitung der Lebensarbeitszeit wird freilich nur dann überzeugend gelingen, wenn eine längere Erwerbsarbeitszeit nicht als unangemessene Belastung, sondern als sinnvolle Inanspruchnahme der Erfahrung und Leistungsfähigkeit Älterer angesehen wird. Dagegen werden die Verständigung und der Ausgleich zwischen den Generationen durch übertreibende Darstellungen – sei es «das Methusalem-Komplott» oder «die gierige Generation» – eher behindert als gefördert.

Für ältere Menschen verändern sich die Beziehungen zu anderen. Berufliche Kontakte treten zurück und oberflächliche Verbindungen verlieren an Relevanz. Der Austausch konzentriert sich auf einen Kreis von Menschen, der subjektiv als wichtig und bedeutsam angesehen wird; Jüngere, die von sich aus den Kontakt aufrechterhalten, gewinnen oft eine Schlüsselstellung. Die Gemeinschaft mit anderen wird zu einem wichtigen Raum für die Bewahrung und Weiterentwicklung sozialer und mentaler Kompetenzen. Beziehungen werden vor allem im familiären Umfeld gesucht und gepflegt; das Ausmaß, in dem Ältere im Austausch mit Jüngeren stehen, hängt deshalb eng mit dem familiären Generationenverbund zusammen. Kinderlose sind häufig von Einsamkeit bedroht, doch die persönlichen Kontakte sind nicht zwangsläufig auf Mitglieder der eigenen Familie beschränkt. Kleine Lebenskreise, Freizeitgemeinschaften, Nachbarschaftsnetze und Seniorentreffs bieten ebenfalls Chancen dazu, neue Kontakte zu knüpfen. Durch solche Begegnungen wächst das Gefühl, angenommen zu sein, am Leben anderer teilhaben und die eigenen Fähigkeiten einbringen zu können. Dieser Austausch kann auch für Jüngere ein Grund zur Freude und eine prägende menschliche Erfahrung sein. Für Ältere behält er auch dann Bedeutung, wenn die körperliche und geistige Beweglichkeit zurückgeht und die Fähigkeit, das Leben selbständig zu meistern, schwindet. Gerade wenn sich dadurch Selbstzweifel ausbreiten, ist die Verbindung mit anderen besonders wichtig.

Im Blick auf die vielfältigen Möglichkeiten eigenständiger und kreativer Gestaltung des Alters ist es durchaus angebracht, den Begriff des «Talents» auch auf diese Lebensphase anzuwenden (siehe oben S. 84 ff.) und deren schöpferische Möglichkeiten genauso ernst zu nehmen wie die mit ihr verbundenen Begrenzungen.

Demenz als Grenzerfahrung

Eine solche positive Betrachtungsweise kann auch dann noch helfen, wenn die Kräfte alter Menschen sichtbar schwinden und Krankheiten ihr Leben bestimmen, denn in dieser Lebensphase gibt es immer noch Kompetenzen, die wachzurufen oder lebendig zu halten sind. Demenzkranke können noch im fortgeschrittenen Stadium ihrer Erkrankung differenziert auf bestimmte soziale Situationen reagieren oder Ereignisse auf eine überraschende Weise kommentieren. Besonders schmerzlich ist es, wenn dies unbemerkt bleibt, weil niemand mehr mit einer solchen Fähigkeit rechnet. Lebenskräfte können dagegen noch über einen längeren Zeitraum bewahrt werden, wenn Demenzkranke in den ihnen gesetzten Grenzen zu eigenständiger Aktivität ermutigt werden und ihnen dafür ein geschützter Raum angeboten wird (Deutscher Ethikrat, Demenz 2012: 53 ff.).

Solche Bemühungen können jedoch nicht darüber hinwegtäuschen, dass Demenzerkrankungen in die kognitiven Fähigkeiten eines Menschen so tief eingreifen können, dass es kaum noch möglich erscheint, im Gespräch seinem Selbst auf die Spur zu kommen. Solche Enttäuschungen stellen sich vor allem dann ein, wenn der Kranke seine Gesprächspartnerin oder seinen Gesprächspartner nicht mehr erkennt. Auf schmerzliche Weise kann dann der Eindruck entstehen, dass der Kranke, um dessen Betreuung man sich bemüht, mit dem Menschen, den man liebte, nicht identisch ist; doch auch dann kann die Gewissheit tragen, sich miteinander verbunden zu haben, «bis der Tod euch scheidet» (Jens 2009: 291).

Neben der Erinnerung an die gemeinsame Geschichte kann die Hoffnung helfen, bei Gott auch dann zusammenzugehören, wenn man sich unter den Bedingungen der Krankheit gar nicht mehr oder kaum noch erreicht. Plötzlich, so wird es immer wieder berichtet, «erblickt man in den Augen eine Brücke des dankbaren Verstehens. Wie schön sind die Augen von Dementen, die aufleuchten! Auch im Lachen verbinden sich die ‹Gesunden› mit den ‹Kranken›, weil für einen Augenblick sich die Wirklichkeit beider trifft.» (EKD, Demenz 2008: 43)

20. Sterben
Wann ist es Zeit für den Tod?

Im September 2010 nahmen sich der Manager Eberhard von Brauchitsch und seine Frau, die Ärztin Helga von Brauchitsch, das Leben. Ein halbes Jahr später erschoss sich der Fotograf und Kunstsammler Gunter Sachs. Das Ehepaar Brauchitsch unternahm diesen Schritt nach langer Krankheit; er litt an einem Lungenemphysem, sie an Parkinson. Gunter Sachs wollte nicht akzeptieren, dass er im Gespräch langsamer wurde als früher; er fürchtete, nicht mehr alles unter Kontrolle zu haben. Die Selbstdiagnose lautete: Alzheimer. Bevor er Einschränkungen akzeptierte, setzte er selbst das Ende.

Vor dem Tod verstummt alle Kritik. Keiner kann voraussehen, was ihm selbst an der Grenze des Lebens widerfahren wird. Die Ungewissheit der eigenen Zukunft mahnt zur Vorsicht. Doch wer sich selbst tötet, appelliert damit auch an die Lebenden. Welchen Appell enthält ein zerfetzter Körper? Wem wurde dieser Anblick zugemutet und warum? Entsprach das der Würde, die der Tote doch bis zuletzt wahren wollte?

Unabhängig davon, wie Gunter Sachs aus dem Leben schied – jeder Mensch ist einzigartig und verdient Respekt. Viele Menschen reagierten deshalb mit Verständnis auf die Todesnachricht. Zugleich erinnerte dieser Tod an eine Grundfrage, der sich jeder stellen muss: Verstehe ich mein Leben als Geschenk, das mir anvertraut ist, oder als Besitz, über den ich verfüge? Akzeptiere ich, dass nicht nur das Leben, sondern auch das Sterben seine Zeit hat – oder soll die Kontrolle so weit gehen, dass ich auch über den Zeitpunkt meines Todes bestimme?

Sterben und Tod

Alle Lebewesen müssen sterben, aber der Mensch ist das Lebewesen, das weiß, dass es sterben muss. Deshalb können wir Menschen uns mit unserem Tod auseinandersetzen. Eine erste Antwort auf die Frage nach dem Tod besteht darin, dass mit ihm auch das Wissen um die eigene Sterblichkeit zu Ende geht: «Die Lebenden wissen, dass sie sterben müssen, die Toten aber wissen gar nichts mehr.» (Prediger 9,5) Gerade in neuerer Zeit ist das Nachdenken über das Sterben stärker verbreitet als das Nachdenken über den Tod. Das Sterben anderer Menschen haben manche schon erlebt, vielleicht auch selbst schon Sterbensangst gehabt. Der Tod dagegen ist dem Menschen unbekannt, denn im Tod zu sein bedeutet nichts zu wissen, also auch vom Tod kein Bewusstsein zu haben. Auch Nahtoderfahrungen sind keine Todeserfahrungen.

Trotzdem haben sich Philosophie und Theologie nicht nur dem Sterben zugewandt, sondern auch zu deuten versucht, was es mit dem Tod auf sich hat. Eine verbreitete, in klassischer Form von dem griechischen Philosophen Platon in seinem Dialog Phaidon formulierte Deutung versteht den Tod als Trennung von Leib und Seele. Zwar kommt mit dem Tod die leibliche Existenz des Menschen ans Ende, aber da er nicht nur Leib, sondern auch Seele und Geist ist, ist der Tod nicht das Ende des Menschen schlechthin, sondern nur das Ende seines Leibes. Die Seele (beziehungsweise der Geist) stirbt nicht, sondern wird nach der platonischen Deutung im Tod von den Bedingungen der endlichen Existenz befreit.

Eine andere, vor allem in der biblischen Überlieferung verankerte Deutung folgt dieser Trennung des Leibes von Seele und Geist nicht. Dass der Leib des Menschen stirbt, bedeutet, dass der Mensch *als* Leib stirbt. Die Hoffnung über den Tod hinaus gründet nicht in den menschlichen Seelenkräften, die der Macht des Todes entzogen sind. Sie richtet sich auf die Treue Gottes, der keinen Menschen fallen lässt. Diese auf Gott gerichtete Hoffnung verbürgt eine Zukunft über den Tod hinaus. Im christlichen Denken stützt sich diese Hoffnung auf die Befreiung des gekreuzigten Christus aus dem Tod. Dass Gott von sich aus zu diesem Toten in Beziehung tritt und aus seinem Tod Leben entstehen lässt, ist der entscheidende Grund menschlicher Hoffnung über den Tod hinaus (Jüngel 1971: 59 ff.).

Mit dem Tod gehen alle Beziehungen zu Ende, die ein Mensch eingeht und aufrechtzuerhalten vermag: die Beziehung zu sich selbst, zu anderen Menschen, zur Welt und zu Gott. Mit dem Tod tritt der als Beziehungswesen geschaffene Mensch in die Beziehungslosigkeit ein. In biblischen Texten wird der Tod als «der Sünde Sold» bezeichnet (Römer 6,23), denn im Tod wird der Abbruch aller Beziehungen manifest, der in der sündigen Selbstabschließung des Menschen schon das Leben überschattet. Wer im Leben die Befreiung aus dieser Selbstabschließung erfahren hat, braucht die Beziehungslosigkeit nicht zu fürchten, die ihn im Tod erwartet. Denn er vertraut darauf, dass die Beziehungen, die er als Toter nicht mehr von sich aus aufrechterhalten kann, dennoch lebendig bleiben. Es wird Menschen geben, die sich an ihn erinnern, und auch im Tod wird er nicht tiefer fallen als in Gottes Hand.

In früheren Zeiten war der Tod fraglos ein Teil des Lebens. Matthias Claudius schließt sein Gedicht «Der Mensch» mit den schlichten Zeilen: «Dann legt er sich zu seinen Vätern nieder, / und er kömmt nimmer wieder.» (Claudius 1984: 248) Zu Bauernhäusern gehörte früher eine Sterbekammer, in der alte und kranke Familienmitglieder ihre letzte Lebenszeit verbrachten und die Angehörigen sich zum Abschied versammelten. Der Begräbnisweg verband Wohnhaus und Friedhof miteinander; die Gräber, an denen man sich der Vorfahren erinnerte, befanden sich mitten im Dorf. Die Riten von Abschied, Bestattung und Erinnerung kreisten um die Beziehungen, die zu dem Toten bestehen bleiben, obwohl er selbst in die Beziehungslosigkeit eingetreten ist. Zum Abschied gehörte das Versprechen, dass des Toten auch in Zukunft gedacht wird; sein Grab wurde als Ort des Erinnerns gestaltet, und er wurde der Gottesbeziehung anvertraut, die kein Mensch von sich aus über den eigenen Tod hinaus aufrechterhalten kann.

Diese Riten waren in Lebensform und Lebensrhythmus eingebettet. Mit den Veränderungen der Lebenswirklichkeit wandelten sich auch die Rituale des Abschieds. Welche Haltungen sich mit künftigen Ritualen verbinden werden, ist ungewiss. Doch Rituale des Abschieds und des Erinnerns sind unentbehrlich dafür, das Sterben als Teil des Lebens zu verstehen und Beziehungen zu anderen auch dann aufrechtzuerhalten, wenn sie selbst in die Beziehungslosigkeit eingetreten sind. Dabei sollte bewusst bleiben, dass die Erinnerung an einen Menschen an seinem Namen hängt und einen Ort braucht. Eine anonyme Bestattung steht zu den Traditionen der Bestattung in einer offenkundigen Spannung. Die Rituale von Abschied und Erinnern sind einzubeziehen, wenn Sterben und Tod in ihrer ethischen Bedeutung gewürdigt werden.

Im Vordergrund der ethischen Debatte stehen heute jedoch andere Themen. Die Aufmerksamkeit gilt dem biologischen und medizinischen Verständnis von Sterben und Tod. Diese Verschiebung hat mit der Erweiterung medizinischer Möglichkeiten zu tun. Während über lange Zeit der Stillstand von Herz und Kreislauf als untrügliches Todeszeichen galt, haben die Möglichkeiten der Wiederbelebung eines Menschen nach dem Aussetzen der Herztätigkeit dieses Kriterium zweifelhaft gemacht. Die Möglichkeit, Atmung und Herztätigkeit intensivmedizinisch aufrechtzuerhalten, hat die Frage nach sicheren Todeszeichen verschärft. Nicht mehr der Stillstand von Herz und Kreislauf, sondern der Ausfall der Hirnfunktionen gilt nun als untrügliches Todeszeichen; mehr noch: Der Tod der menschlichen Person wird mit dem Ende der Hirntätigkeit gleichgesetzt (vgl. oben S. 198 f.). Nicht mehr das Wesen des Todes, sondern dessen Zeitpunkt ist dabei die entscheidende Frage. Gefragt wird nicht, was das Todesschicksal für den Menschen bedeutet, sondern wann der Prozess seines Sterbens zum Abschluss gekommen ist. Damit verbindet sich die weitere Frage, ob der Mensch berechtigt ist, sein Sterben selbst in die Hand zu nehmen.

Sterben und Selbstbestimmung

Der christliche Glaube sieht im menschlichen Leben eine Gabe des Schöpfers. Sie dankbar anzunehmen und mit ihr verantwortlich umzugehen, ist die große Aufgabe jedes Menschen. Zugleich richtet die christliche Hoffnung den Blick über die Endlichkeit des menschlichen Lebens hinaus auf die Ewigkeit Gottes, in der jedes individuelle menschliche Schicksal seinen Ort findet. Weil in dieser Hoffnung der Tod nicht das letzte Wort hat, können Menschen die Begrenztheit ihres Lebens annehmen und zum Sterben Ja sagen, wenn es an der Zeit ist. Was bedeuten die Dankbarkeit für das Leben in seinen Grenzen und die Hoffnung über diese Grenzen hinaus angesichts der heutigen medizinischen Möglichkeiten?

Die Fortschritte der Medizin verheißen Gesundheit bis ins hohe Alter. Manche leiten daraus ein subjektives Recht auf Gesundheit ab. Das Leben gilt nicht mehr als lebenswert, wenn es den eigenen Ansprüchen auf Gesundheit und Lebensqualität nicht mehr genügt. Wenn diese Ansprüche nicht erfüllt sind, entsteht nach dieser Auffassung ein Recht, dem Leben ein Ende zu setzen. Bisweilen meldet sich sogar der Gedanke, man könne anderen das eigene Leben nicht mehr zumuten, wenn man alt und hinfällig wird. Die Bestimmung über den eigenen Todeszeitpunkt wird als Teil der Selbstbestimmung angesehen. Von Ärzten werden nicht nur Begleitung und Beistand im Sterben, sondern Hilfe zur Selbsttötung oder darüber hinaus auch die Tötung auf Verlangen erwartet.

Das hängt mit den ambivalenten Auswirkungen der modernen Medizin zusammen. Sie verheißt Gesundheit, doch sie verlängert das Leben auch dann, wenn es von schwerer Krankheit gezeichnet ist. Wegen solcher Möglichkeiten der Intensivmedizin schlägt die Dankbarkeit für die Segnungen der modernen Medizin in die Angst vor ihren Folgen um. Es muss jedoch im Bewusstsein bleiben: Über unseren Tod verfügen wir Menschen so wenig wie über unsere Geburt. Auch wenn Menschen unter großen Belastungen den «Freitod» wählen, ergibt sich daraus nicht, dass wir generell über den Zeitpunkt und die Art unseres Todes verfügen können.

Heilen und Helfen

Zum ärztlichen Ethos gehört es, das Leben des Patienten zu erhalten. Ein Arzt, der Beihilfe zum Suizid leistet oder eine Tötung auf Verlangen vollzieht, verstößt gegen diese Pflicht. Deshalb sind beide Handlungsweisen seit dem Hippokratischen Eid bis zur heutigen Berufsordnung für Ärztinnen und Ärzte untersagt. Ebenso gehört jedoch zur ärztlichen Kunst die Einsicht, dass das Sterben seine Zeit hat. Sie gebietet, sich auf das *caring* zu beschränken, wenn die Zeit des *curing* abgelaufen ist. Wenn therapeutisch nichts mehr getan werden kann, ist die Bereitschaft gefragt, einen Menschen gehen zu lassen. Verantwortliches Handeln an dieser Grenze lässt sich nicht bis ins Letzte durch gesetzliche oder standesrechtliche Regeln festlegen. Wichtiger als solche Regelungen ist es, dass auch im modernen Medizinbetrieb Vertrauen und Menschlichkeit ihren Ort behalten.

Wenn allgemein bekannt wäre, dass dies die ärztliche Haltung ist, würden manche erhitzten Debatten über eine standesrechtliche Anerkennung des ärztlich assistierten Suizids möglicherweise verstummen. Zu diesen Debatten hat der damalige Bundespräsident Johannes Rau unter Berufung auf einen Arzt gesagt: «Wo das Weiterleben nur eine von zwei legalen Optionen ist, wird jeder rechenschaftspflichtig, der anderen die Last seines Weiterlebens aufbürdet.» (Rau 2001: 27 f.) Wenn am Zusammenklang von Vernunft, Humanität und Nächstenliebe ein lebendiges Interesse besteht, sollte es dahin nicht kommen.

Der Zweifel daran, dass dem Sterben seine Zeit eingeräumt wird, hat die Debatte über Patientenverfügungen, verschiedene Formen der Sterbehilfe und insbesondere den assistierten Suizid aufgeheizt (vgl. Ridder 2010). Wichtiger als solche Debatten ist jedoch die Vorsorge dafür, dass Sterbende nicht allein sind. Menschen sind aufeinander angewiesen – am Ende des Lebens ebenso wie an dessen Beginn, aber auch in dessen Verlauf. Jeder Mensch braucht die Beziehung zu anderen bis zum letzten Atemzug. Die vorsorgende Bitte an einen anderen Menschen, als Vertrauensperson ansprechbar zu sein, wenn man sich nicht mehr selbst äußern kann, ist ein wichtiger Beitrag dazu, ein nach Möglichkeit würdiges Sterben vorzubereiten. Die Vereinsamung Alter und Kranker aber gefährdet ein menschenwürdiges Sterben. Angesichts von Sterben und Tod wiegt nicht die Tendenz zur medizinischen Überversorgung am schwersten, sondern die Einsamkeit der Sterbenden (Elias 1991).

Die Begleitung und der Beistand im Sterben haben nicht nur medizinische Aspekte. Menschliche Nähe, seelsorgerlicher Beistand und geistliche Begleitung sind ebenso wichtig wie ärztliche und pflegerische Betreuung. Die Zuwendung im Sterben ist eine ebenso zentrale Aufgabe wie die Heilung von Krankheiten und die Bewahrung des Lebens. Ethisch kommt denjenigen Handlungsmöglichkeiten eine besondere Bedeutung zu, die geeignet sind, die Furcht vor einer als sinnlos empfundenen Verlängerung des Leidens zu mildern.

Sind Leben und Tod gleichwertig?

Die Massenmorde an behinderten Menschen während der nationalsozialistischen Herrschaft haben die Diskussion über die Unantastbarkeit des Lebens in Deutschland über lange Zeit beeinflusst. Während in anderen Ländern schon seit den siebziger Jahren des 20. Jahrhunderts eine neue Diskussion über eine humanitär begründete Lebensverkürzung aufkam und in einigen von ihnen – insbesondere den Niederlanden – zu neuen Gesetzen führte, waren derartige Überlegungen in Deutschland mit einem Tabu belegt. Für die unbedingte Geltung des Lebensschutzes sprachen dabei sowohl die Erinnerung an geschichtliche Schuld als auch moralische Überlegungen. Allein Würde und Leben des Einzelnen und nicht etwa Gründe, die sich aus der Belastung der Angehörigen oder der fehlenden Nützlichkeit eines Kranken für die Gesellschaft ergaben, sollten die Entscheidung über medizinische Maßnahmen am Lebensende bestimmen.

Ganz anders zu bewerten ist der persönliche Wunsch, angesichts einer unheilbaren Krankheit aus dem Leben zu scheiden. Keine Rechtsordnung kann einen Menschen daran hindern, aus freier Selbstbestimmung für sich den Tod und nicht das Leben zu wählen. Doch auch wenn aus Respekt vor der Selbstbestimmung des Menschen die Strafbarkeit des Suizids aus unserer Rechtsordnung verbannt wurde, folgt daraus keine Gleichwertigkeit der Entscheidung für das Leben oder für den Tod.

Es lässt sich einwenden, dass zur Lebenskunst auch die Bereitschaft gehört, das Sterben anzunehmen, wenn die Zeit gekommen ist. Doch diese Bereitschaft gründet nicht darin, dass der Freiheit zum Leben eine gleichrangige Freiheit zum Tod zur Seite träte. Es ist nicht die Freiheit zum Tod, sondern die Freiheit vom Tod, die uns Menschen ermöglicht, Sterben und Tod anzunehmen. Diese Freiheit wurzelt in der Gewissheit, dass Leiden, Krankheit und Tod nicht das letzte Wort über unser Leben haben, denn diesem Leben ist eine über all das hinausweisende Gültigkeit zugesprochen.

Religiös und ethisch gibt es keine Gleichwertigkeit zwischen der Option für das Leben und der Option für den Tod. Besteht rechtlich eine solche Gleichwertigkeit? Das Bundesverfassungsgericht hat formuliert, die Freiheit des Einzelnen bestehe in der «Selbstbestimmung über den eigenen Lebensentwurf und seinen Vollzug». Für die individuelle Lebensführung, so folgert der Verfassungsrechtler Horst Dreier, kann das auch Entscheidungen einschließen, die unvernünftig, medizinisch unvertretbar, ja selbstzerstörerisch sind (Dreier 2008). Doch selbst wenn das Grundrecht auf Selbstbestimmung solche Entscheidungen einschließt, darf man doch versuchen, einen Menschen von selbstzerstörerischen Handlungen abzuhalten. Gerade auf solche Situationen bezieht sich die Pflicht zur Fürsorge und zur Verantwortung für fremdes Leben. Dem Mitmenschen auch in solchen Situationen zu raten, beizustehen und Mut zum Leben zu machen, ist eine vorrangige Aufgabe. Seine Entscheidung ist zu respektieren; die Einsamkeit, die ihn vielleicht zu ihr führt, ist dagegen nicht hinzunehmen. Alle Anstrengung ist darauf zu richten, dass er nicht unberaten und unbegleitet seinem Leben ein Ende setzt.

Die existentielle Notlage der Betroffenen ist auch zu berücksichtigen, wenn Menschen, die unter unheilbaren Krankheiten leiden, von Sterbehilfeorganisationen Hilfe erwarten. Solche Organisationen machen den assistierten Suizid zum Geschäftsmodell. Das geschieht auch dann, wenn die Erträge aus dieser Tätigkeit nicht als wirtschaftlicher Profit erscheinen, sondern einem Verein zufließen, der sie für die Stabilisierung und Ausweitung seines Angebots nutzt. Die organisatorische Beihilfe zum Suizid legt die Auffassung nahe, bei ausweglos erscheinender Krankheit sei der Suizid die ethisch vorrangige Option. Aus der Selbstbestimmung des Suizidwilligen wird abgeleitet, es gebe sowohl ein Recht als auch eine Pflicht dazu, ihm bei der Erfüllung seines Wunsches beizustehen. Doch einen solchen Automatismus kann es schon deshalb nicht geben, weil der Wunsch nach Selbsttötung keineswegs immer das Ergebnis einer selbstbestimmten Wahl zwischen unterschiedlichen Möglichkeiten ist. Er kann vielmehr auch aus dem Gefühl der Ausweglosigkeit entstanden sein. Deshalb bleibt es eine vorrangige moralische Pflicht, Suizide nach Möglichkeit zu verhindern und sich mit Menschen, die ihre Situation als ausweglos empfinden, um alternative Möglichkeiten zu bemühen. Die organisierte Form der Suizidbeihilfe ist deshalb abzulehnen. Die Tatsache, dass sie in europäischen Nachbarländern zugelassen ist, kann kein hinreichender Grund für ihre Legalisierung sein (vgl. EKD, Sterben 2008: 24 ff.).

Begleitung und Beistand im Sterben

Wenn vor diesem Hintergrund die ärztliche Beihilfe zum Suizid und die Tötung auf Verlangen aus ethischen Gründen ausgeschlossen sein sollen, stellt sich die Frage nach ärztlichen und pflegerischen Maßnahmen, die unnötiges Leiden vermeiden und dessen sinnlose Verlängerung ausschließen (vgl. Borasio 2012; Bormann/Borasio 2012; Maio 2012: 337 ff.). Die erste dieser Handlungsweisen ist der Ausbau und wirksame Einsatz der Palliativmedizin. Schmerz und Leiden bei Krankheiten zum Tode zu lindern, ist eine vorrangige Aufgabe ärztlichen Handelns; sie kann an die Grenze führen, an der wirksame Schmerzlinderung mit der Gefahr einer Lebensverkürzung verbunden ist (sogenannte «indirekte Sterbehilfe»). Es ist in der Medizinethik verbreitet, die mögliche Lebensverkürzung mit der Begründung zu rechtfertigen, es handle sich um einen nicht intendierten Nebeneffekt der schmerzlindernden Maßnahme (*duplex effectus*; vgl. Schockenhoff 2009: 276 f.). In allen Fällen, in denen diese Nebenwirkung mit einiger Wahrscheinlichkeit vorausgesehen werden kann, überzeugt dieses Argument nicht. Denn es gilt, die Verantwortung für die voraussehbaren Folgen des eigenen Handelns zu übernehmen. Im Fall solcher möglicher Nebenwirkungen ist deshalb entscheidend, dass die Maßnahme dem ausgesprochenen oder anzunehmenden Willen des Patienten entspricht. Es muss ein Einverständnis darüber erreicht sein, dass Patient und Arzt gemeinsam im Fall einer unheilbaren Krankheit und angesichts von Schmerz und Leiden das mit der schmerzlindernden Maßnahme verbundene Risiko auf sich nehmen.

Eine weitere Handlungsweise ist der Verzicht auf lebensverlängernde Maßnahmen (sogenannte «passive Sterbehilfe»). Unstrittig ist in der Medizinethik, dass «Maßnahmen zur Verlängerung des Lebens abgebrochen werden dürfen, wenn eine Verzögerung des Todeseintritts für den Sterbenden eine nicht zumutbare Verlängerung des Leidens bedeutet und das Grundleiden mit seinem irreversiblen Verlauf nicht mehr beeinflusst werden kann» (Bundesärztekammer 2004: 1298). Auch hier kommt es darauf an, dass der Wille des Patienten und die ärztliche Entscheidung übereinstimmen. Die standesärztlichen Richtlinien stellen klar, dass lebensverlängernde Maßnahmen, die nicht mehr zumutbar sind, auch dann eingestellt werden können, wenn der Patient nicht mehr äußerungsfähig ist.

Für solche Situationen wurde das Instrument der Patientenverfügung entwickelt und rechtlich geregelt. Eine Patientenverfügung kann die Bedingungen für die Beendigung therapeutischer Maßnahmen für den Fall festlegen, in dem der Patient selbst nicht mehr einwilligen kann. Die christlichen Kirchen in Deutschland haben ihren Vorschlag zur Gestaltung einer solchen Erklärung nicht mehr unter den Titel der «Patientenverfügung», sondern unter den Titel der «Patientenvorsorge» gestellt (Deutsche Bischofskonferenz/EKD 2011). Sie rücken als entscheidendes Instrument die Vorsorgevollmacht ins Zentrum und sehen in ihr den Dreh- und Angelpunkt. Ihr kann eine Betreuungsverfügung für die Vertrauensperson, die eine Vorsorgevollmacht hat, hinzugefügt werden. Behandlungswünsche können dort niedergelegt werden. Am Ende folgt auch ein Formular für eine Patientenverfügung. Die Akzentsetzung ist gegenüber der üblichen Betrachtungsweise umgekehrt: Entscheidend ist, dass der Arzt oder die Ärztin bei fehlender Einwilligungsfähigkeit einen Ansprechpartner hat, denn der richtige Weg muss im Gespräch gefunden werden und kann nicht allein von Festlegungen abhängig sein, die oft fern von der konkret eingetretenen Situation erfolgt sind und deshalb in jedem Fall in der aktuellen Lage interpretiert werden müssen.

So können sich auch auf der letzten Etappe des menschlichen Lebens Selbstbestimmung und Fürsorge miteinander verbinden. Es kann zugleich berücksichtigt werden, dass die ärztlichen Möglichkeiten in einer konkreten Situation niemals genau vorwegzunehmen und zu beurteilen sind. Ein durch eine Vorsorgevollmacht Beauftragter hat Behandlungswünsche oder eine Patientenverfügung zu berücksichtigen, kann diese aber gemeinsam mit dem behandelnden Arzt gemäß den Intentionen des Patienten auf die entstandene Situation beziehen. Ähnliches gilt für eine Betreuungsverfügung.

Es gibt lang anhaltende Krankheiten, bei denen Menschen vom Leben lassen wollen und es doch nicht können. Manche von ihnen hören auf zu essen und zu trinken. Es ist auch möglich, dass sie sich dazu bewusst entscheiden. Unter verantwortlicher Prüfung der Umstände und sorgfältiger Pflege ist ein solches selbstbestimmtes Sterben alter und kranker Menschen durch den Verzicht auf Essen und Trinken anzunehmen. Ärzte sind in diesen Fällen von ihrer Garantenstellung zu befreien, denn ein anderes Handeln, etwa die künstliche Ernährung, würde dem klar erkennbaren Willen des Patienten widersprechen (Chabot/Walther 2011: 106 f.).

Zu Recht hat die Sterbebegleitung durch stationäre und ambulante Hospize an Bedeutung gewonnen, auch wenn diese Form des Beistands auf der letzten Etappe des menschlichen Lebens noch nicht für alle Menschen, die sie benötigen, erreichbar ist. An dieser Möglichkeit, Menschen auf dem Weg zum Tod einen bergenden Ort zu geben, zeigt sich besonders eindrucksvoll, was für das Leben insgesamt gilt: Selbstbestimmung und Fürsorge widersprechen einander nicht, sie gehören zusammen. Auch wenn das Leben des Menschen an sein irdisches Ende kommt, bleibt der Mensch ein Beziehungswesen.

Die öffentliche Diskussion neigt zu Verengung und Zuspitzung, auch die Debatte über die Patientenverfügung. Was kann geschehen, wenn ein Mensch nicht mehr hör- und äußerungsfähig ist? Wie lässt sich die rechtliche Verbindlichkeit seiner zuvor festgelegten Willensäußerung sichern? Unter Berufung auf das Selbstbestimmungsrecht wird die Patientenverfügung von manchen als Königsweg betrachtet. Zur Begründung wird vorgebracht, in einer Gesellschaft, die durch Individualisierung und Vereinzelung geprägt ist, hätten viele Menschen gar keine Vertrauensperson, der sie eine Vorsorgevollmacht übertragen könnten. Doch auch in einer Gesellschaft vielfältiger Überzeugungen und Lebensformen bleiben die Menschen aufeinander angewiesen. In Familien und kleinen Lebenskreisen sollten Beziehungen gestärkt werden, in denen Menschen sich aufeinander verlassen und füreinander einstehen können.

Je riskanter unser Leben wird, desto wichtiger werden die elementaren Lebensgewissheiten – insbesondere Vertrauen, Zuversicht und Liebe.

Nachwort

Ethik im 21. Jahrhundert

Das 21. Jahrhundert ist in ethischer Hinsicht durch einen Paradigmenwechsel geprägt. Er zeigt sich vor allem in drei Hinsichten:

Das Leben als Projekt. Stärker als in früheren Zeiten wird das menschliche Leben wie ein Projekt entworfen. Geburten werden geplant, Schwangerschaften werden abgebrochen; für die Verwirklichung des Kinderwunschs werden die Mittel der Reproduktionsmedizin eingesetzt. Menschen werden zu Architekten ihres Lebensbaus, wechseln den Wohnort, den Beruf und oft auch die Partnerschaft. Der eigene Körper wird «gestylt», das persönliche Wohlbefinden wird mit den Mitteln einer «personalisierten Medizin» geplant. Manche wollen auch das Sterben planen und den Zeitpunkt ihres Todes selbst bestimmen. Neben den «Lebensentwurf» tritt der «Sterbeentwurf».

Doch kein Mensch verfügt über alle Bedingungen seines Lebens. Die meisten Menschen sehen sich Gegebenheiten ausgesetzt, mit denen sie leben müssen, ob sie wollen oder nicht. Die einen verfügen über wachsende Möglichkeiten der Selbstbestimmung, den anderen fehlt das Nötigste für den täglichen Bedarf. Ohne Sensibilität für solche sozialen und wirtschaftlichen Unterschiede klingt die Behauptung, jeder Mensch habe ein Recht auf Selbstbestimmung, illusorisch. Während für die einen die individuellen Gestaltungsmöglichkeiten wachsen, werden sie für die anderen durch Armut und Ungerechtigkeit massiv eingeschränkt. Freiheit kann nur dann ein Schlüsselbegriff der Ethik sein, wenn dabei der gleiche Zugang zur Freiheit, also Gerechtigkeit, mitgedacht wird.

Wie sich an unfreiwilliger Ungleichheit zeigt, wird das menschliche Leben unzureichend verstanden, wenn wir es als Projekt begreifen. In dieser Vorstellung bleibt darüber hinaus unberücksichtigt, dass wir endliche und verletzliche Wesen sind, die in vielen Hinsichten nicht über ihr Leben verfügen können. Die Fortschritte von Wissenschaft und Technik ändern nichts daran, dass wir mit Scheitern und Schuld konfrontiert sind. Es geht in der Ethik nicht nur um die Frage, was wir können und was wir sollen, sondern auch um die Frage, wer wir sind.

Zu Hause in einer globalisierten Welt. Prozesse der Globalisierung hat es immer wieder gegeben. Aus europäischer Perspektive drängen sich als Beispiele die Entdeckung neuer Welten am Übergang vom Mittelalter zur Neuzeit, das Ausgreifen europäischer Herrschaftsansprüche auf die Kolonialgebiete im 19. Jahrhundert und die militärische Globalisierung in der Zeit der beiden Weltkriege auf. Aus der Perspektive anderer Kontinente sieht die Geschichte der Globalisierung anders aus. Für die zweite Hälfte des 20. Jahrhunderts lässt sich jedoch sagen: Die Globalisierung ist global geworden. Sie ist dabei vorrangig durch drei Kennzeichen geprägt: durch die Proklamation universaler Menschenrechte, durch die Entwicklung eines weltweiten Kommunikationsnetzes und durch weltweite wirtschaftliche Abhängigkeiten.

Jedes dieser drei Kennzeichen ist umstritten. Ob die Menschenrechte wirklich universale Anerkennung verdienen, wird kontrovers diskutiert. Jedenfalls ist diese universale Anerkennung noch längst nicht erreicht. Dass sie vor allem mit Traditionen der westlichen Aufklärung und der jüdisch-christlichen Tradition begründet werden, weckt Gegenwehr bei Menschen aus anderen Kulturen. Im Zeitalter digitaler Kommunikation entsteht ein weltweites Netz der Kommunikation; die moderne Mobilität befördert Personen und Güter in kurzer Zeit über weite Strecken. Doch ob dadurch globale Verbundenheit gestiftet wird, ist umstritten; neue Formen der Machtzusammenballung in der Hand von Internetfirmen wie von Staaten bergen erhebliche Gefahren in sich. Besonders offenkundig sind diese Gefahren angesichts der Erweiterung ökonomischer Macht wie angesichts der Verselbständigung der Finanzmärkte.

Räumliche Abstände werden geringer, Verantwortlichkeiten wachsen. Die Pluralität unserer Welt rückt uns an jedem Ort nahe. Wie wir in unserer Verschiedenheit zusammen leben können, wird an jedem Ort der Erde zu einem zentralen Thema. Ohne die Erfahrung von Fremdheit und die Begegnung mit dem Fremden können wir nirgendwo mehr zu Hause sein.

Die Zukunft als das Feld der Ethik. Die Tradition der philosophischen und theologischen Ethik fragt nach den Maßstäben für gegenwärtiges Handeln. Mit den erweiterten wissenschaftlichen und technischen Möglichkeiten unserer Zeit verbinden sich jedoch weitreichende, manchmal gar nicht absehbare Folgen für die Zukunft. Nicht nur die Chancen, die sich dadurch auftun, sondern auch die Risiken, die damit verbunden sind, müssen rechtzeitig bedacht werden. Gegenüber den klassischen Formen einer Ethik, die sich an Prinzipien oder Werten, an Gesetzen oder Regeln orientiert, sieht sich die Ethik heute ungleich größeren Unsicherheiten ausgesetzt. Durch welches Handeln Risiken vermieden und Chancen genutzt werden, lässt sich oft nicht mit letzter Gewissheit sagen. In jedem Fall müssen ethische Vorschläge heute zukunftsorientiert sein. Der dominierende Zug heutiger Ethik besteht darin, dass sie zur Verantwortungsethik wird. Nachhaltigkeit wird zu einem ihrer wichtigsten Themen.

Integrative Ethik

Angesichts dieser drei Herausforderungen verfolge ich in diesem Buch einen integrativen Ansatz. Auch dafür will ich drei Aspekte hervorheben.

Theologische und philosophische Ethik. Ethik wird sowohl in der Theologie als auch in der Philosophie betrieben. Im Lauf der Geschichte war der Austausch zwischen diesen beiden Bereichen bald schwächer, bald stärker. Mit unterschiedlichen religiösen, weltanschaulichen und wissenschaftlichen Konstellationen verbinden sich unterschiedliche Gesprächskulturen zwischen Theologie und Philosophie. In Europa erleben wir derzeit eine Phase, in der die Bereitschaft der Theologen zum Gespräch mit der Philosophie größer ist als umgekehrt.

Doch für beide Seiten ist dieses Gespräch unerlässlich. Die Philosophie kann Kategorien klären, Begriffe erläutern, Bedingungen für die Universalisierung ethischer Aussagen bestimmen. Die Theologie prüft, was das Ethos der Religion zur ethischen Orientierung in der Gegenwart beiträgt. Angesichts der weit verbreiteten Instrumentalisierung von Religion zur Rechtfertigung von Intoleranz und Gewalt trägt sie zu der nötigen Selbstkritik der Religion bei. Sie achtet auf die Resonanz, die der Respekt vor der gleichen Würde jedes Menschen im egalitären Universalismus religiöser Traditionen, insbesondere im Judentum und im Christentum, findet. Sie weckt einen neuen Sinn für die Endlichkeit des Lebens, für die Verletzlichkeit und Irrtumsanfälligkeit unserer Existenz, für das Leben selbst, das eine Gabe ist – und nicht nur ein Projekt. Theologische Ethik hat heute die große Aufgabe, den Dialog zwischen Philosophie und Theologie in Gang zu halten und ihn für das Gespräch mit anderen Disziplinen zu öffnen.

Dimensionen der Ethik. Innerhalb der Ethik wird häufig zwischen Metaethik und angewandter Ethik oder Bereichsethiken unterschieden. Bei der Beschäftigung mit Schlüsselthemen der Ethik hat sich für mich deutlich gezeigt, dass in jedem Thema der Ethik Grundbegriffe mit Fragen der konkreten Urteilsbildung verbunden sind. Der Sinn der Beschäftigung mit «metaethischen» Fragen erschließt sich gerade dann, wenn sie im Zusammenhang mit praktischen Problemen begegnen.

Sobald man sich mit ethischen Einzelfragen beschäftigt, erweist sich auch die geläufige Unterscheidung zwischen Individual- und Sozialethik als problematisch. Denn jedes wichtige ethische Problem hat eine personalethische, eine professionsethische und eine institutionsethische Seite hat. Bei jeder komplexen ethischen Herausforderung geht es um persönliche Entscheidungen, um die Verantwortung für die persönliche Lebensführung. Jedes dieser Themen ist zugleich eingebettet in die Strukturen unserer arbeitsteilig gestalteten Welt. Unterschiedliche Berufe wirken an der Gestaltung dieser Welt mit und haben Einfluss darauf, welche Lösungen für ein ethisches Problem gefunden werden können. Es ist deshalb kein Zufall, dass die Zahl der «Bereichsethiken» sich in den letzten Jahren vermehrt hat. Doch jede Bereichsethik hat mehr als nur eine professionsethische Bedeutung. Sie bezieht sich auf Fragen, die die Lebensführung aller betreffen. Deshalb findet die Leserin oder der Leser hier kein eigenes Kapitel über Umweltethik; vielmehr stehen Überlegungen dazu beispielsweise in den Kapiteln über «Profit» oder «Generationengerechtigkeit». Über Gender-Fragen gibt es kein eigenes Kapitel, aber Gedanken dazu ziehen sich durch viele Überlegungen von der

Familie bis zur Arbeit. Um professionsethische und personalethische Reflexionen miteinander verbinden zu können, muss man die Bereichsethiken zumindest exemplarisch miteinander verknüpfen. Schließlich enthält jedes gravierende ethische Problem eine institutionsethische Dimension. Gefragt werden muss nach der jeweiligen Verantwortung des Staats, der Wirtschaft, der Erziehungsinstitutionen, der Wissenschaft, der Kirchen, der Zivilgesellschaft insgesamt. Ohne diesen institutionellen Aspekt laufen ethische Überlegungen ins Leere.

Deshalb sehe ich eine wesentliche Aufgabe der Ethik darin, personalethische, professionsethische und institutionsethische Überlegungen miteinander zu verbinden. Weil es mir auf diese Verbindung ankommt, ist das Buch nicht gemäß dem Schema von Individual- und Sozialethik gegliedert. Genauso wenig trennt es die Grundlegung der Ethik von der angewandten Ethik. Denn die Grundthese dieses Buchs heißt: Die Grundfragen der Ethik stellt das Leben selbst.

Ethik und Lebensgeschichte. Wie lässt sich angesichts der Fülle ethischer Herausforderungen, mit denen wir heute konfrontiert sind, eine Auswahl treffen, die nicht mit dem Vorwurf der Willkür rechnen muss? Wenn Ethik eine Theorie der menschlichen Lebensführung ist, dann müssen sich die wichtigen Themen der Ethik aus dem Gang der menschlichen Lebensgeschichte ergeben. Blickt man auf sie, so stellt man erstaunt fest: Die Vielfalt der Lebenssituationen schließt den Dialog über die Grenzen unterschiedlicher Kontexte hinweg nicht aus. Die Verschiedenheit der Kulturen macht die Verständigung über grundlegende Prinzipien für die Gestaltung einer gemeinsamen Lebenswelt nicht unmöglich. Auch wenn die politischen und wirtschaftlichen Strukturen unterschiedlich sind, können wir nach gemeinsamen Maßstäben für die Begrenzung politischer und wirtschaftlicher Macht fragen.

Das Gespräch über solche Unterschiede hinweg gelingt leichter, wenn wir uns an den grundlegenden Stationen des menschlichen Lebenslaufs orientieren. Geburt und Familie, Behinderung und Integration, Grundbedürfnisse und Armut, Bildung und Arbeit, Wirtschaftsmacht und politische Macht, Krieg und Frieden, Gesundheit und Krankheit, Sterben und Tod sind Phänomene, die in jeder Gesellschaft bekannt sind. Eine Ethik, die sich an diesen Phänomenen orientiert, kann einen Beitrag zum Gespräch zwischen den Kulturen leisten.

Jeder derartige Beitrag lässt den Kontext erkennen, aus dem er stammt. Ich habe auf verschiedenen Kontinenten gelebt und noch mehr Kontinente besucht; verwurzelt bin ich in Mitteleuropa, in der deutschen Kultur und in der protestantischen Gestalt des christlichen Glaubens. Ich bemühe mich um ein Gespräch zwischen verschiedenen wissenschaftlichen Disziplinen; aber ich führe dieses Gespräch als evangelischer Theologe, der in der Universität, in kirchlicher Leitungsverantwortung und in der öffentlichen Debatte über Fragen der Zeit Erfahrungen gesammelt hat. Eines meiner Lebensthemen ist das Verhältnis von Protestantismus und Politik. Dabei interessiere ich mich für den gemeinsamen christlichen Glauben mehr als für die konfessionellen Unterschiede. Das Gespräch mit anderen Religionen und Weltanschauungen ist mir ebenso wichtig wie die Verwurzelung in der eigenen Tradition. Immer wieder sollten wir unsere Traditionen fruchtbar machen, unsere Hoffnungen mobilisieren, unserer Empathie Raum geben und unseren Verstand einsetzen, um auf die enormen Herausforderungen zu antworten, vor denen unsere Welt – und mit ihr jede und jeder Einzelne – heute steht.

Jekyll and Hyde

Im Jahr 1886 veröffentlichte der schottische Autor Robert Louis Stevenson die «Seltsame Geschichte von Dr. Jekyll und Mr. Hyde». Sie handelt von dem Londoner Rechtsanwalt Gabriel John Utterson, der merkwürdigen Begebenheiten zwischen seinem langjährigen Freund Dr. Henry Jekyll und dem Schurken Edward Hyde nachgeht. Wie sich am Ende herausstellt, handelt es sich um ein und dieselbe Person. Jekyll, ein hilfsbereiter und wohltätiger Mensch, hat nämlich in sich selbst die Neigung zu bösen Gedanken und üblen Taten entdeckt. Vor allem aber hat er herausgefunden, dass er sich mit Medikamenten für einige Zeit in einen finsteren Gesellen verwandeln kann, um seine üblen Neigungen auszuleben. Danach aber schlüpft er wieder in die Rolle des liebenswürdigen Dr. Jekyll. Die Geschichte endet auf grausame Weise. Der medikamentöse Aufwand dafür, aus Mr. Hyde wieder Dr. Jekyll zu machen, wird immer höher; Dr. Jekyll alias Mr. Hyde nimmt sich das Leben (Stevenson 2003).

«Jekyll and Hyde» wurde zu einer stehenden Redewendung dafür, dass viele Menschen zwei Seiten haben und manche sogar als gespaltene Persönlichkeiten zu betrachten sind. Unter den Bedingungen der globalisierten Moderne scheint diese Spaltung zu einem allgemeinen Phänomen zu werden. Man spricht deshalb auch vom «Jekyll and Hyde-Syndrom» als einem inzwischen weit verbreiteten, behandlungsbedürftigen Befund.

Nach wie vor gelten auf der einen Seite Empathie und Respekt, Wohlwollen und Hilfsbereitschaft als bedeutungsvolle Werte, während auf der anderen Seite vom Einzelnen erwartet wird, dass er in einer ökonomie-getriebenen Gesellschaft funktioniert, für die Wettbewerb und Profit, Misstrauen und Eigennutz die vorherrschenden Motive sind. Die Normen des wirtschaftlichen Wettbewerbs beherrschen immer weitere Bereiche; Wissenschaft und Bildung, Gesundheit und Kultur, Sport und Freizeit sind Beispiele dafür. Immer massiver wird das persönliche Leben den Gesetzen des Marktes unterworfen; Selbstbehauptung und Profitstreben bestimmen das Selbstverständnis des Menschen immer stärker. Es wird immer schwerer, Mr. Hyde wieder in Dr. Jekyll zu verwandeln.

Eine gespaltene Persönlichkeit ist jedoch kein überzeugendes ethisches Leitbild. Die Gesetze des Marktes müssen in ihren Auswirkungen so begrenzt werden, wie es der Aufgabe der Wirtschaft entspricht. Sie soll Güter und Dienstleistungen zu erschwinglichen Preisen zur Verfügung stellen und deshalb die verfügbaren Ressourcen effizient einsetzen. Es hat mit der Funktionsweise von Wirtschaft nichts zu tun, wenn ihre Regeln so in andere Bereiche ausstrahlen, dass sie die Wirksamkeit von Mitgefühl und Solidarität auslöschen. Damit werden vielmehr die Bedingungen für erfolgreiches Wirtschaften selbst gefährdet. Denn der Zusammenhalt der Gesellschaft hängt daran, dass Menschen einander in ihrer Würde anerkennen, sich für die Lebensbedingungen künftiger Generationen verantwortlich wissen, füreinander Empathie entwickeln, achtsam mit der Natur umgehen und je auf ihre Weise Ehrfurcht gegenüber dem Heiligen entwickeln. Dr. Jekyll muss Mr. Hyde in sich selbst zähmen.

Woher kommen die Kräfte, die dafür nötig sind? Neben Gründen der Vernunft und Motiven des Glaubens treten die Instinkte und Emotionen in den Blick, die menschliches Handeln prägen. Die Bereitschaft zur Gerechtigkeit ist auf eine emotionale Basis angewiesen; Gerechtigkeit und Liebe können, ja müssen sich miteinander verbinden (Nussbaum 2013). Zugleich wird die These revidiert, nach der Autonomie und Gerechtigkeit die männliche Moralentwicklung prägen, während die weibliche Einfühlung und Fürsorge betont. Denn so lange man diese moralischen Orientierungen binär auf männliche und weibliche Verhaltensmuster aufteilt, bleibt man in einem patriarchalen Denkschema befangen (Gilligan 2011; vgl. Gilligan 1982). Gerechtigkeit wie Fürsorge bilden jedoch elementare Bestimmungen *menschlicher* Existenz. Dabei gehört zur Gerechtigkeit gegenüber anderen auch die Fairness gegenüber sich selbst; ebenso entspricht der Fürsorge für andere das verantwortliche Sorgen für sich selbst. Mit den Worten von Carol Gilligan: «Wenn es gut ist, mit Empathie auf andere Menschen zuzugehen und sich für deren Bedürfnisse verantwortlich zu wissen – warum soll es dann ein Ausdruck von Selbstsucht sein, wenn man mit sich selbst verantwortlich umgeht?» (Gilligan 2011)

Die Aufteilung moralischer Orientierungen auf Geschlechter – Gerechtigkeit ist männlich, Fürsorge weiblich – wird zu den Akten gelegt. Gerechtigkeit richtet sich auf die anderen im Allgemeinen («the generalized other»), Fürsorge wendet sich dem konkreten anderen («the concrete other») zu (vgl. Benhabib 2011: 69). Das eine wie das andere ist menschlich; Gerechtigkeit wie Fürsorge sind deshalb von Männern wie von Frauen gleichermaßen zu erwarten.

In den Wissenschaften vom Menschen bahnt sich ein Wandel an, der ein starkes Echo in der theologischen Ethik verdient. Die Trennung zwischen Körper und Geist, zwischen Emotion und Vernunft, zwischen dem Selbst und den Beziehungen zu anderen wird in Frage gestellt. Ein Wandel zeigt sich auch darin, dass die Anlage zu Empathie und Fürsorge in der Menschheitsentwicklung bis zu den Primaten und über sie hinaus zurückverfolgt wird (De Waal 2009; Hrdy 2009). Das Gebot, seinen Nächsten zu lieben wie sich selbst, ist evolutionsgeschichtlich in uns Menschen angelegt. Naturwissenschaftler erforschen, wie es zu dieser Anlage kommt. Daher müssen wir fragen: Wodurch verlernen wir, was in uns angelegt ist? Wenn die Überbewertung wirtschaftlichen Konkurrenzverhaltens uns zu Persönlichkeiten mit einem Jekyll and Hyde-Syndrom macht, ist eine Revision angesagt.

Sie wird durch die Einsicht ermöglicht, dass wir Menschen Beziehungswesen sind. In ihr treffen sich theologische Überlegungen mit naturwissenschaftlichen Erkenntnissen. Gegenüber dem herrschenden Bild vom wirtschaftenden Individuum, das nur am eigenen Vorteil interessiert ist, bedeutet das einen Perspektivenwechsel. Um eine derart veränderte Wahrnehmung geht es in der christlichen Ethik. Dass wir Menschen Beziehungswesen sind, ist deshalb der Leitgedanke dieses Buches.

Dank

Am Schluss soll der Dank stehen. Einen wichtigen Anstoß zu dem vorliegenden Buch verdanke ich Matthias Naß, der mich einlud, in der ZEIT-Akademie über «Ethik» vorzutragen. Mit ihm und Elisabeth von Thadden habe ich die Idee, ethische Grundfragen am Leitfaden des menschlichen Lebenslaufs zu erörtern, das erste Mal diskutiert. Elisabeth von Thadden und Evelyn Finger waren anregende Gesprächspartnerinnen bei der Durchführung des ZEIT-Projekts. Ulrich Nolte hat den Plan, daraus ein Buch zu machen, beharrlich und kompetent begleitet; dem Verlag C. H. Beck danke ich sehr für die Aufnahme dieses Titels in sein Programm.

Für die Arbeit an diesem Vorhaben war das Stellenbosch Institute for Advanced Study (STIAS) in Stellenbosch/Südafrika eine hervorragende Basis. Dessen Direktor Hendrik Geyer sowie die Kollegen und Freunde im Forschungsbereich «Faith and Fabric» Dirk J. Smit und Hans Joas haben mich sehr ermutigt. Die Frank-Loeb-Professur an der Universität Koblenz-Landau und die Mercator-Professur an der Universität Duisburg-Essen boten Gelegenheiten dazu, einzelne Überlegungen zur Diskussion zu stellen. Marc Bergermann, Hendrik Meyer-Magister und Mirjam Neusius haben mich mit Rat und Tat unterstützt. Wichtige Anregungen verdanke ich vielen Kolleginnen und Kollegen, unter ihnen besonders den Freunden Heinrich Bedford-Strohm, Charles Marsh und Hans-Richard Reuter.

Für meine eigenen Urteile zu den Grundfragen des menschlichen Lebens und Zusammenlebens habe ich viel aus der Mitverantwortung für Stellungnahmen der Evangelischen Kirche in Deutschland (EKD) zu diesen Themen gelernt. Darauf greife ich in diesem Buch immer wieder zurück; mein Dank gilt allen, mit denen zusammen ich diese Verantwortung wahrgenommen habe. Ebenso dankbar bin ich für die Zusammenarbeit mit den Mitgliedern und Mitarbeitenden des Deutschen Ethikrats; auch dessen Stellungnahmen sind für meine ethische Meinungsbildung von großer Bedeutung.

Kara Huber hat mich auf dem langen Weg zu diesem Buch liebevoll begleitet und ermutigt. Zur Endgestalt des Textes hat sie wichtige Anregungen beigetragen. Die dankbare Freude an unseren Enkeln hat den Zeithorizont für meine Überlegungen geweitet. Meiner Frau und unserer Familie gilt mein größter Dank.

Anhang

Literaturhinweise

Die folgenden Angaben beschränken sich im wesentlichen auf Veröffentlichungen, auf die im Text direkt Bezug genommen wird. Dort werden die Titel unter Angabe von Verfasser, Erscheinungsjahr und gegebenenfalls einer Seitenzahl angegeben. Falls notwendig, wird zusätzlich ein Kurztitel ergänzt.

Albert, Matthias u. a.: Jugend 2010. Eine pragmatische Generation behauptet sich, Bonn 2010.
Allan, Pierre: Der gerechte Friede in vergleichender Perspektive, in: Jean-Daniel Strub/Stefan Grotefeld (Hg.), Der gerechte Friede zwischen Pazifismus und gerechtem Krieg. Paradigmen der Friedensethik im Diskurs, Stuttgart 2007, 145–168.
Althammer, Jürg u. a.: Wie viel Familie verträgt die moderne Gesellschaft?, München 2011.
Anders, Günther: Die Antiquiertheit des Menschen, Bd. II: Über die Zerstörung des Lebens im Zeitalter der dritten industriellen Revolution, 4. Aufl. München 1988.
Apel, Karl-Otto: Transformation der Philosophie II. Das Apriori der Kommunikationsgemeinschaft, Frankfurt/M. 1973.
Appiah, Kwame Anthony: The Ethics of Identity, Princeton NJ 2005.
–: Der Kosmopolit. Philosophie des Weltbürgertums, München 2007.
Arbeitsgruppe Bildungsberichterstattung: Bildung in Deutschland 2010. Ein indikatorengestützter Bericht mit einer Analyse zu Perspektiven des Bildungswesens im demografischen Wandel, Bielefeld 2010.
Arend, Anthony Clark: Pursuing a Just and Durable Peace: John Foster Dulles and International Organisations, Westport/Conn. 1988.
Arendt, Hannah: Wahrheit und Lüge in der Politik. Zwei Essays, München 1987.
–: Vita activa oder Vom tätigen Leben, München 1998.
Aristoteles, Nikomachische Ethik, hg. von Olof Gigon, 2. Aufl. Zürich 1967.
Assmann, Jan: Ma'at. Gerechtigkeit und Unsterblichkeit im Alten Ägypten, München 1990.
Bahr, Petra: Haltung zeigen. Ein Knigge nicht nur für Christen, Gütersloh 2010.

Bayertz, Kurt: Das Ethos der Wissenschaften und die Moral, in: Ludwig Siep (Hg.), Ethik als Anspruch an die Wissenschaft oder: Ethik in der Wissenschaft, Zürich 1988, 9–20.
Beauchamp, Tom L./James F. Childress: Principles of Biomedical Ethics, 5. Aufl. New York/Oxford 2001.
Beck, Ulrich: Weltrisikogesellschaft. Auf der Suche nach der verlorenen Sicherheit, Frankfurt/M. 2007.
Bedford-Strohm, Heinrich: Vorrang für die Armen. Auf dem Weg zu einer theologischen Theorie der Gerechtigkeit, Gütersloh 1993.
–: Gemeinschaft aus kommunikativer Freiheit. Sozialer Zusammenhalt in der modernen Gesellschaft. Ein theologischer Beitrag, Gütersloh 1998.
– (Hg.): Glück-Seligkeit. Theologische Rede vom Glück in einer bedrohten Welt, Neukirchen 2011.
Beicht, Ursula/Mona Granato: Geringe Chancen und schwierige Wege für junge Menschen mit Migrationshintergrund, Bonn 2009.
Bellah, Robert u. a.: The Good Society, New York 1991.
Bellamy, Alex J.: Responsibility to Protect. The Global Effort to End Mass Atrocities, Cambridge 2009.
Benjamin, Walter: Das Kunstwerk im Zeitalter seiner technischen Reproduzierbarkeit. Drei Studien zur Kunstsoziologie (1936), Frankfurt/M. 1963.
Bentham, Jeremy: A Fragment on Government (1776), hg. von Ross Harrison, Cambridge 1988.
Berlin, Isaiah: Freiheit. Vier Versuche, Frankfurt/M. 2006.
Besier, Gerhard/Klaus Schreiner: Toleranz, in: Geschichtliche Grundbegriffe 6, Stuttgart 1990, 445–605.
Bethge, Herbert: Gewissensfreiheit, in: Josef Isensee/Paul Kirchhof (Hg.): Handbuch des Staatsrechts der Bundesrepublik Deutschland, Bd. VII: Freiheitsrechte, 3. Aufl. Heidelberg 2009, 663–709.
Biedenkopf, Kurt u. a.: Starke Familie – Solidarität, Subsidiarität und kleine Lebenskreise. Bericht der Kommission «Familie und demographischer Wandel», Stuttgart 2009.
Bieri, Peter: Das Handwerk der Freiheit. Über die Entdeckung des eigenen Willens, München/Wien 2001.
Blackburn, Simon: Gut sein. Eine kurze Einführung in die Ethik, 2. Aufl. der deutschen Ausgabe, Darmstadt 2009.
Blühdorn, Jürgen-Gerhard (Hg.): Das Gewissen in der Diskussion, Darmstadt 1976.
Blumenberg, Hans: Ein mögliches Selbstverständnis. Aus dem Nachlass, Stuttgart 1997.
Böckenförde, Ernst-Wolfgang: Staat, Gesellschaft, Freiheit. Studien zur Staatstheorie und zum Verfassungsrecht, Frankfurt/M. 1976.
–: Recht, Staat, Freiheit. Studien zur Rechtsphilosophie, Staatstheorie und Verfassungsgeschichte, Frankfurt/M. 1991.

Bonhoeffer, Dietrich: Ethik (Dietrich Bonhoeffer, Werke, Bd. 6), München 1992.
−: Konspiration und Haft 1940−1945 (Dietrich Bonhoeffer, Werke, Bd. 16), Gütersloh 1996.
−: Widerstand und Ergebung. Briefe und Aufzeichnungen aus der Haft (Dietrich Bonhoeffer, Werke, Bd. 8), Gütersloh 1998.
Borasio, Gian Domenico: Über das Sterben. Was wir wissen. Was wir tun können. Wie wir uns darauf einstellen, 4. Aufl. München 2012.
Bormann, Franz-Josef/Gian Domenico Borasio: Sterben. Dimensionen eines anthropologischen Grundphänomens, Berlin 2012.
Brakelmann, Günther/Traugott Jähnichen: Die protestantischen Wurzeln der Sozialen Marktwirtschaft. Ein Quellenband, Gütersloh 1994.
Braun, Christina von: Der Preis des Geldes. Eine Kulturgeschichte, Berlin 2012.
Brecht, Bertolt: Die Dreigroschenoper, in: Gesammelte Werke in 20 Bänden, Bd. 2, Frankfurt/M. 1967, 393−497.
−: Leben des Galilei, in: Gesammelte Werke in 20 Bänden, Bd. 3, Frankfurt/M. 1967, 1229−1345.
Brede, Werner: Mängelwesen, in: Historisches Wörterbuch der Philosophie 5, Basel 1980, 712 f.
Bredekamp, Horst: Bilder bewegen. Von der Kunstkammer zum Endspiel, Berlin 2007.
Broder, Henryk M.: Kritik der reinen Toleranz, Berlin 2008.
Bundesärztekammer: Grundsätze zur ärztlichen Sterbebegleitung, in: Deutsches Ärzteblatt 101, 2004, 1298 f.
Bundesministerium für Arbeit und Soziales (Hg.): Lebenslagen in Deutschland. Dritter Armuts- und Reichtumsbericht der Bundesregierung, Berlin 2008.
Cassirer, Ernst: Was ist der Mensch? Versuch einer Philosophie der menschlichen Kultur, Stuttgart 1960.
Chabot, Boudewijn/Christian Walther: Ausweg am Lebensende. Selbstbestimmtes Sterben durch freiwilligen Verzicht auf Essen und Trinken, 2. Aufl. München/Basel 2011.
Chomsky, Noam: Probleme sprachlichen Wissens, Weinheim 1996.
Chwaszcza, Christine: Politische Ethik II: Ethik der Internationalen Beziehungen, in: Julian Nida-Rümelin (Hg.): Angewandte Ethik. Die Bereichsethiken und ihre theoretische Fundierung. Ein Handbuch, 2. Aufl. Stuttgart 2005, 156−200.
Ciechanover, Aaron: Breaking the Wall of Diseases. Is Personalized Medicine Going to Cure All Human Maladies? Falling Walls. The International Conference on Future Breakthroughs in Science and Society, Berlin 2011 (http://falling-walls.com/lectures/aaron-ciechanover/{8. 2. 2012}).
Claudius, Matthias: Sämtliche Werke, München 1984.
Conradi, Elisabeth: Kosmopolitische Zivilgesellschaft, Frankfurt/M. 2011.
Conze, Werner: Arbeit, in: Geschichtliche Grundbegriffe, I, Stuttgart 1972, 154−215.
−: Beruf, in: Geschichtliche Grundbegriffe I, Stuttgart 1972, 490−507.

Coulmas, Peter: Weltbürger, Reinbek 1990.
Crouch, Colin: Postdemokratie, Frankfurt/M. 2008.
–: Das befremdliche Überleben des Neoliberalismus. Postdemokratie II, Berlin 2011.
Dabrock, Peter/Lars Klinnert/Stefanie Schardien: Menschenwürde und Lebensschutz. Herausforderungen theologischer Bioethik, Gütersloh 2004.
Dabrock, Peter: Befähigungsgerechtigkeit. Ein Grundkonzept konkreter Ethik in fundamentaltheologischer Perspektive, Gütersloh 2012.
Daele, Wolfgang van den: Vorgeburtliche Selektion: Ist die Pränataldiagnostik behindertenfeindlich?, in: Ders. (Hg.), Biopolitik. Leviathan Sonderheft Nr. 23, Wiesbaden 2005, 97–122.
Denkhaus, Ruth/Peter Dabrock: Grauzonen zwischen Leben und Tod. Ein Plädoyer für mehr Ehrlichkeit in der Debatte um das Hirntod-Kriterium, in: Zeitschrift für medizinische Ethik 58, 2012, 135–148.
Denkwerk Zukunft (Hg.): Das Wohlstandsquintett. Zur Messung des Wohlstands in Deutschland und anderen früh industrialisierten Ländern, Bonn 2011.
Deutsche Bischofskonferenz/Evangelische Kirche in Deutschland (Hg.): Für eine Zukunft in Solidarität und Gerechtigkeit. Wort des Rates der Evangelischen Kirche in Deutschland und der Deutschen Bischofskonferenz zur wirtschaftlichen und sozialen Lage in Deutschland, Hannover/Bonn 1997.
– (Hg.): Christliche Patientenvorsorge durch Vorsorgevollmacht, Betreuungsverfügung, Behandlungswünsche und Patientenverfügung. Handreichung und Formular, Bonn/Hannover 2011.
Deutscher Ethikrat: Das Problem der anonymen Kindesabgabe. Stellungnahme, Berlin 2009.
–: Humanbiobanken für die Forschung. Stellungnahme, Berlin 2010.
–: Nutzen und Kosten im Gesundheitswesen. Zur normativen Funktion ihrer Bewertung. Stellungnahme, Berlin 2011.
–: Präimplantationsdiagnostik. Stellungnahme, Berlin 2011.
–: Demenz und Selbstbestimmung. Stellungnahme, Berlin 2012.
– (Hg.): Die Ernährung der Weltbevölkerung – eine ethische Herausforderung, Jahrestagung 2011, Berlin 2012.
Deutsches Institut für Normung (Hg.): DIN ISO 26000: 2011–01 (D). Leitfaden zur gesellschaftlichen Verantwortung, Berlin 2011.
De Waal, Frans: The Age of Empathy. Nature's Lessons for a Kinder Society, New York, NY 2009.
Diefenbacher Hans/Roland Zieschank: Woran sich Wohlstand wirklich messen lässt. Alternativen zum Bruttoinlandsprodukt, München 2011.
Dink, Hrant: Von der Saat der Worte, hg. von Günter Seufert, Berlin 2008.
Dittmann, Jürgen: Der Spracherwerb des Kindes. Verlauf und Störungen, 3. Aufl. München 2010.
Drehsen, Volker: Der Sozialwert der Religion. Aufsätze zur Religionssoziologie, hg. von Christian Albrecht, Berlin 2009.

Dreier, Horst: Die Freiheit des Andersdenkenden, in: Frankfurter Allgemeine Zeitung, 30. August 2008, 8.
Duden, Barbara: Der Frauenleib als öffentlicher Ort, Zürich 1991.
Duve, Karen: Anständig essen. Ein Selbstversuch, Berlin 2010.
Düwell, Marcus u. a.: Handbuch Ethik, 3. Aufl. Stuttgart 2011.
Dworkin, Ronald: Bürgerrechte ernst genommen, Frankfurt/M. 1984.
–: Die Grenzen des Lebens. Abtreibung, Euthanasie und persönliche Freiheit, Reinbek 1995.
–: What is a Good Life, in: The New York Review of Books LVIII/2 (2011), 41–43.
–: Gerechtigkeit für Igel, Berlin 2012.
Ebeling, Gerhard/Traugott Koch: Was ist das: Gewissen?, Hannover 1984.
Elias, Norbert: Über die Einsamkeit der Sterbenden in unseren Tagen, 7. Aufl. Frankfurt/M. 1991.
Elshtain, Jean Bethke (Hg.): Just War Theory, New York 1992.
Erlinger, Rainer: Moral. Wie man richtig gut lebt, Frankfurt/M. 2011.
–: Nachdenken über Moral. Gewissensfragen auf den Grund gegangen, Frankfurt/M. 2012.
Ethik-Kommission Sichere Energieversorgung (Hg.): Deutschlands Energiewende. Ein Gemeinschaftswerk für die Zukunft, Berlin 2011.
Eucken, Walter: Grundsätze der Wirtschaftspolitik (1952), Reinbek 1965.
Europäische Kommission (Hg.): Lehren und Lernen. Auf dem Weg zur kognitiven Gesellschaft, Brüssel 1995.
Evangelische Bekenntnisse. Bekenntnisschriften der Reformation und neuere Theologische Erklärungen, 2 Bände, 2. Aufl. Bielefeld 2008.
Evangelische Kirche in Deutschland (EKD) (Hg.): Evangelische Kirche und freiheitliche Demokratie. Der Staat des Grundgesetzes als Angebot und Aufgabe. Eine Denkschrift der Evangelischen Kirche in Deutschland, Gütersloh 1985.
Evangelische Kirche in Deutschland/Vereinigung evangelischer Freikirchen (Hg.): Gestaltung und Kritik. Zum Verhältnis von Protestantismus und Kultur im neuen Jahrhundert, Hannover 1999.
Evangelische Kirche in Deutschland/Vereinigung evangelischer Freikirchen (Hg.): Räume der Begegnung. Religion und Kultur in evangelischer Perspektive. Eine Denkschrift der Evangelischen Kirche in Deutschland und der Vereinigung Evangelischer Freikirchen, Gütersloh 2002.
Evangelische Kirche in Deutschland (Hg.): Maße des Menschlichen. Evangelische Perspektiven zur Bildung in der Wissens- und Lerngesellschaft. Eine Denkschrift des Rates der Evangelischen Kirche in Deutschland, Gütersloh 2003.
– (Hg.): Gerechte Teilhabe. Befähigung zu Eigenverantwortung und Solidarität. Eine Denkschrift des Rates der Evangelischen Kirche in Deutschland, Gütersloh 2006.

- (Hg.): Klarheit und gute Nachbarschaft. Christen und Muslime in Deutschland. Eine Handreichung des Rates der EKD, Hannover 2006.
- (Hg.): Aus Gottes Frieden leben – für gerechten Frieden arbeiten. Eine Denkschrift des Rates der Evangelischen Kirche in Deutschland, Gütersloh 2007.
- (Hg.): Leben mit Demenz. Beiträge aus medizinisch-pflegerischer, theologischer und lebenspraktischer Sicht, Hannover 2008.
- (Hg.): Unternehmerisches Handeln in evangelischer Perspektive. Eine Denkschrift des Rates der Evangelischen Kirche in Deutschland, Gütersloh 2008.
- (Hg.): Wenn Menschen sterben wollen. Eine Orientierungshilfe zum Problem der ärztlichen Beihilfe zum Suizid, Hannover 2008.
- (Hg.): Wie ein Riss in einer hohen Mauer. Wort des Rates der Evangelischen Kirche in Deutschland zur globalen Finanzmarkt- und Wirtschaftskrise, Hannover 2009.
- (Hg.): Im Alter neu werden können. Evangelische Perspektiven für Individuum, Gesellschaft und Kirche. Eine Orientierungshilfe des Rates der Evangelischen Kirche in Deutschland, Gütersloh 2009.
- (Hg.): «Und unsern kranken Nachbarn auch». Aktuelle Herausforderungen der Gesundheitspolitik. Eine Denkschrift des Rates der Evangelischen Kirche in Deutschland, Gütersloh 2011.

Evans, Gareth: The Responsibility to Protect. Ending Mass Atrocity Crimes Once and For All, Washington D. C. 2008.

Fischer, Johannes, Verstehen statt Begründen. Warum es in der Ethik um mehr als nur um Handlungen geht, Stuttgart 2012.

Flammer, August: Entwicklungstheorien. Psychologische Theorien der menschlichen Entwicklung, 4. Aufl. Bern 2009.

Foer, Jonathan Safran: Tiere essen, Köln 2010.

Forst, Rainer (Hg.): Toleranz, Frankfurt/M./New York 2000.

–: Toleranz im Konflikt, Frankfurt/M. 2003.

–: Toleranz, in: Marcus Düwell u. a. (Hg.): Handbuch Ethik, 3. Aufl. Stuttgart 2011, 529–534.

Friedman, Milton: The Social Responsibility of Business is to Increase its Profits, in: The New York Times Magazine, September 13, 1970.

Fuld, Werner: Das Buch der verbotenen Bücher. Universalgeschichte des Verfolgten und Verfemten von der Antike bis heute, Berlin 2012.

Fülleborn, Ulrich: Besitzen als besäße man nicht. Besitzdenken und seine Alternativen in der Literatur, Frankfurt/M. 1995.

Funiok, Rüdiger: Medienethik. Verantwortung in der Mediengesellschaft, Stuttgart 2007.

Geertz, Clifford: Dichte Beschreibung. Beiträge zum Verstehen kultureller Systeme, Frankfurt/M. 1987.

Gehlen, Arnold: Der Mensch. Seine Natur und seine Stellung in der Welt (1940), 15. Aufl. Wiebelsheim 2009.

Geiger, Arno: Der alte König in seinem Exil, München 2011.

Gensicke, Thomas/Sabine Geiss: Hauptbericht des Freiwilligensurveys 2009: Zivilgesellschaft, soziales Kapital und freiwilliges Engagement in Deutschland 1999–2004–2009, München 2010.
Gerhardt, Volker: Der Mensch wird geboren. Kleine Apologie der Humanität, München 2001.
–: Öffentlichkeit. Die politische Form des Bewusstseins, München 2012.
Gestrich, Andreas u. a.: Geschichte der Familie, Stuttgart 2003.
Gilligan, Carol: In a Different Voice. Psychological Theory and Women's Development, Cambridge, MA 1982.
–: Looking Back to Look Forward. Revisiting *In a Different Voice*, in: *Classics@*, Issue 9, 2011: «Defense Mechanisms», http://nrs.harvard.edu/urn3:hul.ebook: CHS_Classicsat.
Goethe, Johann Wolfgang von: Maximen und Reflexionen (Goethes Werke, Hamburger Ausgabe, Bd. XII), 4. Aufl. Hamburg 1960.
Grethlein, Christian: Kommunikation des Evangeliums in der Mediengesellschaft, Leipzig 2003.
Grober, Ulrich: Die Entdeckung der Nachhaltigkeit. Kulturgeschichte eines Begriffs, München 2010.
Gründel, Johannes: Menschliche Embryonen – in allen Phasen gleich schützenswert, in: Wolfgang Lenzen (Hg.): Wie bestimmt man den «moralischen Status» von Embryonen?, Paderborn 2004, 123–140.
Grunenberg, Manfred: «Jedem Kind ein Instrument». Interkulturell – ein Praxisbericht, in: Kulturbüro des Rates der EKD (Hg.), Kirchenkulturkongress – ein Nachlesebuch, Berlin 2012, 114–117.
Habermas, Jürgen: Erläuterungen zur Diskursethik, Frankfurt/M. 1991.
–: Glauben und Wissen. Friedenspreis des Deutschen Buchhandels 2001, Frankfurt/M. 2001.
–: Die Zukunft der menschlichen Natur. Auf dem Weg zu einer liberalen Eugenik?, Frankfurt/M. 2001.
–: Es beginnt mit dem Zeigefinger, in: DIE ZEIT, Nr. 51, 2009.
–: Nachmetaphysisches Denken II. Aufsätze und Repliken, Berlin 2012.
Hamm, Ingrid (Hg.): Verantwortung im freien Medienmarkt, Gütersloh 1996.
Härle, Wilfried: Gewissen, dogmatisch und ethisch, in: Religion in Geschichte und Gegenwart, Bd. 3, 4. Aufl. Tübingen 2000, 902–906.
–: Spurensuche nach Gott. Studien zur Fundamentaltheologie und Gotteslehre, Berlin 2008.
–: Würde. Groß vom Menschen denken, München 2010.
–: Ethik, Berlin 2011.
Haspel, Michael: Friedensethik und Humanitäre Intervention. Der Kosovo-Krieg als Herausforderung evangelischer Friedensethik, Neukirchen-Vluyn 2002.
Hauerwas, Stanley: A Community of Character. Toward a Constructive Christian Social Ethic, 4. Aufl. Notre Dame 1986.

Hauff, Volker (Hg.): Unsere gemeinsame Zukunft. Der Brundtland-Bericht der Weltkommission für Umwelt und Entwicklung, Greven 1987.
Hausmanninger, Thomas/Ralf Capurro: Netzethik. Grundlegungsfragen der Internetethik, München 2002.
Heesen, Jessica: Medienethik, in: Marcus Düwell u. a. (Hg.): Handbuch Ethik, 3. Aufl. Stuttgart/Weimar 2011, 269–274.
Hegel, Georg Wilhelm Friedrich: Grundlinien der Philosophie des Rechts (Theorie-Werkausgabe, Bd. VII), Frankfurt/M. 1976.
Heimbach-Steins, Marianne (Hg.): Christliche Sozialethik. Ein Lehrbuch, 2 Bände, Paderborn 2005/2006.
Heinig, Hans Michael/Hendrik Musonius (Hg.): 100 Begriffe aus dem Staatskirchenrecht, Tübingen 2012.
Heinrich-Böll-Stiftung u. a. (Hg.): Fleischatlas. Daten und Fakten über Tiere als Nahrungsmittel, Berlin 2013.
Heitmeyer, Wilhelm (Hg.): Deutsche Zustände, Bd. 1–10, Frankfurt/M./Berlin 2002–2011.
Henn, Markus: Wasser ist keine Ware. Wasserversorgung zwischen Gemeinwohl und Kommerz, Berlin 2012.
Herder, Johann Gottfried: Abhandlung über den Ursprung der Sprache (1772), Stuttgart 2001.
Heun, Werner u. a. (Hg.), Evangelisches Staatslexikon. Neuausgabe, Stuttgart 2006.
Hilpert, Konrad: Gewissen. Theologisch-ethisch, in: Lexikon für Theologie und Kirche, 3. Aufl., durchgesehene Sonderausgabe, Bd. 4, Freiburg/Br. 2006, 621–626.
Hirsch, Emanuel: Geschichte der neueren evangelischen Theologie, Bd. I, Gütersloh 1960.
Höffe, Otfried: Demokratie im Zeitalter der Globalisierung, München 1999.
–: Lesebuch zur Ethik. Philosophische Texte von der Antike bis zur Gegenwart, 5. Aufl. München 2012.
Höfling, Wolfram: Tot oder lebendig – tertium non datur. Eine verfassungsrechtliche Kritik der Hirntodkonzeption, in: Zeitschrift für medizinische Ethik 58, 2012, 163–172.
Höhn, Hans-Joachim: Solidarische Individualität?, in: Andreas Fritsche/Manfred Kwiran (Hg.), Der Mensch, München 1998, 88–116.
Holderegger, Adrian (Hg.): Kommunikations- und Medienethik. Interdisziplinäre Perspektiven, 3. Aufl. Freiburg (Schweiz) 2004.
Homann, Karl: Ethik in der Marktwirtschaft, München 2007.
Honneth, Axel: Das Recht der Freiheit. Grundriss einer demokratischen Sittlichkeit, Berlin 2011.
Hörisch, Jochen: Ende der Vorstellung. Die Poesie der Medien, Frankfurt/M. 1999.
–: Der Sinn und die Sinne. Eine Geschichte der Medien, Frankfurt/M. 2001.
Hrdy, Sarah Blaffer: Mothers and Others. The Evolutionary Origins of Mutual Understanding, Cambridge, MA 2009.

Huber, Kara: Sie gleitet in eine andere Welt, in: Friederike von Kirchbach (Hg.): Heute war es schön. Ein Lesebuch über Demenz, Berlin 2011, 52–65.
Huber, Wolfgang/Heinz Eduard Tödt: Menschenrechte. Perspektiven einer menschlichen Welt, 3. Aufl. München 1988.
Huber, Wolfgang/Hans-Richard Reuter: Friedensethik, Stuttgart 1990.
Huber Wolfgang: Sport als Kult – Sport als Kultur?, in: Ommo Gruppe (Hg.), Einblicke, Aspekte olympischer Sportentwicklung, Schorndorf 1999, 13–22.
–: Recht als Beruf – Verantwortung für das Recht im Horizont der Gerechtigkeit. in: Ist der Rechtsstaat auch ein Gerechtigkeitsstaat? Interdisziplinäre Referatsreihe an der Universität Basel, München 2000, 31–59.
–: Der gemachte Mensch. Christlicher Glaube und Biotechnik, Berlin 2002.
–: Die christlich-jüdische Tradition, in: Hans Joas/Klaus Wiegand (Hg.): Die kulturellen Werte Europas, Frankfurt/M. 2005, 69–92.
–: Familie haben alle, Berlin 2006.
–: Gerechtigkeit und Recht. Grundlinien christlicher Rechtsethik, 3. Aufl. Gütersloh 2006.
–: Wissenschaft verantworten. Überlegungen zur Ethik der Forschung, in: Zeitschrift für evangelische Ethik 50, 2006, 170–181.
–: «Der Mensch ist zur Arbeit geboren wie der Vogel zum Fliegen …». Hat das protestantische Arbeitsethos noch eine Zukunft?, in: Evangelisches Predigerseminar Wittenberg (Hg.), «Wer nit arbeitet, soll auch nit essen …» Die neue Frage nach Arbeit, Wittenberger Sonntagsvorlesungen, Wittenberg 2007, 66–83.
–: Religion, Politik und Gewalt in der heutigen Welt, in: Karl Kardinal Lehmann (Hg.), Weltreligionen – Verstehen. Verständigung. Verantwortung, Frankfurt/M. 2009, 229–251.
–: Wenn ihr umkehrt, wird euch geholfen. Oder: Anmerkungen zur globalen Finanzmarkt- und Wirtschaftskrise, Frankfurt/M. 2010.
–: Darauf vertraue ich. Grundworte des christlichen Glaubens, Freiburg/Br. 2011.
–: Von der Freiheit. Christliche Perspektiven für eine solidarische Welt, München 2012.
–: After Fukushima: The Precautionary Principle Revisited, in: Verbum et Ecclesia 33(2), 2012, Art. 736.
–: Legitimes Recht und legitime Rechtsgewalt in theologischer Perspektive, in: Torsten Meireis (Hg.): Gewalt und Gewalten. Zur Ausübung, Legitimität und Ambivalenz rechtserhaltender Gewalt, Tübingen 2012, 225–242.
Hübner, Jörg: Ethik der Freiheit. Grundlegung und Handlungsfelder einer globalen Ethik in christlicher Perspektive, Stuttgart 2012.
Huizinga, Johan: Homo ludens. Vom Ursprung der Kultur im Spiel (1939), Reinbek 2009.
Hülswitt, Tobias: Werden wir ewig leben, Mister Kurzweil?, in: Frankfurter Allgemeine Zeitung, 23. Februar 2008, Z 6.

Huntington, Samuel Philips: Kampf der Kulturen. Die Neugestaltung der Weltpolitik im 21. Jahrhundert, München 2002.
Illich, Ivan: Die Nemesis der Medizin. Von den Grenzen des Gesundheitswesens, Reinbek 1981.
Institut für Demoskopie Allensbach: Schwangerschaftskonflikt und anonyme Geburt. Befragung von Müttern, die von SterniPark betreut wurden, Hamburg 2013.
Janz, Dieter: Anthropologische Erfahrungen in der Klinik, in: Rainer-M. E. Jacobi/Dieter Janz (Hg.): Zur Aktualität Viktor von Weizsäckers, Würzburg 2003, 41–53.
Jens, Inge: Unvollständige Erinnerungen, Reinbek 2009.
Joas, Hans: Die Entstehung der Werte, Frankfurt/M. 1997.
–: Der Wert der Freiheit und die Erfahrung der Unfreiheit, in: Heinrich Bedford-Strohm u. a. (Hg.): Freiheit verantworten. Festschrift für Wolfgang Huber, Gütersloh 2002, 446–455.
–: Die Sakralität der Person. Eine neue Genealogie der Menschenrechte, Berlin 2011.
Joffe, Ari R. u. a.: Donation after cardiocirculatory death. A call for a moratorium pending full public disclosure and fully informed consent, in: Ari R. Joffe u. a.: Philosophy, Ethics, and Humanities in Medicine, 2011, 6:17 (http:77www.peh-med.com/content/6/1/17).
Jonas, Hans: Das Prinzip Verantwortung. Versuch einer Ethik für die technologische Zivilisation, Frankfurt/M. 1979.
–: Der Gottesbegriff nach Auschwitz. Eine jüdische Stimme, Frankfurt/M. 1987.
Jüngel, Eberhard: Tod, Stuttgart/Berlin 1971.
–: Das Evangelium von der Rechtfertigung des Gottlosen als Zentrum des christlichen Glaubens. Eine theologische Studie in ökumenischer Absicht, Tübingen 1998.
Kant, Immanuel: Kritik der reinen Vernunft, 1781/1787, in: Kant-Studienausgabe, hg. von Wilhelm Weischedel, Bd. II, Darmstadt 1956, 1–712.
–: Grundlegung zur Metaphysik der Sitten, 1785/1786, in: Kant-Studienausgabe, hg. von Wilhelm Weischedel, Bd. IV, Darmstadt 1956, 9–102.
–: Was heißt: sich im Denken orientieren?, 1786, in: Kant-Studienausgabe, hg. von Wilhelm Weischedel, Bd. III, Darmstadt 1956, 267–283.
–: Zum ewigen Frieden, 1795, in: Kant-Studienausgabe, hg. von Wilhelm Weischedel, Bd. VI, Darmstadt 1956, 193–251.
–: Die Metaphysik der Sitten, 1797/1798, in: Kant-Studienausgabe, hg. von Wilhelm Weischedel, Bd. IV, Darmstadt 1956, 305–634.
Kippenberg, Hans G.: Gewalt als Gottesdienst. Religionskriege im Zeitalter der Globalisierung, München 2008.
Kirchhof, Paul: Deutschland im Schuldensog. Der Weg vom Bürgen zurück zum Bürger, München 2012.
Kittsteiner, Heinz Dieter: Die Entstehung des modernen Gewissens, Frankfurt/M. 1995.

Klemm, Klaus: Jugendliche ohne Hauptschulabschluss. Analysen – Regionale Trends – Reformansätze, Gütersloh 2010.

Knoepffler, Nikolaus: Toleranz und Umgang der Religionen mit bioethischen Kontroversen, in: Zeitschrift für Evangelische Ethik 53, 2009, 252–266.

Kocka, Jürgen u. a.: Altern: Familie, Zivilgesellschaft, Politik, Halle (Saale)/Stuttgart 2009.

Köckert, Matthias: Die Zehn Gebote, München 2007.

Kohlberg, Lawrence: Die Psychologie der Moralentwicklung, Frankfurt/M. 1996.

Kohler-Weiß, Christiane: Schutz der Menschwerdung. Schwangerschaft und Schwangerschaftskonflikt als Themen evangelischer Ethik, Gütersloh 2003.

–: Das perfekte Kind. Eine Streitschrift gegen den Anforderungswahn, Freiburg/Br. 2008.

Körtner, Ulrich H. J.: Evangelische Sozialethik, Göttingen 1999.

Koselleck, Reinhart: Einleitung, in: Geschichtliche Grundbegriffe I, Stuttgart 1972, XIII–XXVII.

Kranert, Martin u. a.: Ermittlung der weggeworfenen Lebensmittelmengen und Vorschläge zur Verminderung der Wegwerfrate bei Lebensmitteln in Deutschland, Stuttgart 2012.

Krebs, Angelika: Arbeit und Liebe. Die philosophischen Grundlagen sozialer Gerechtigkeit, Frankfurt/M. 2002.

Krugman, Paul: The Return of Depression Economics and the Crisis of 2008, New York NY 2008.

Kruse, Andreas: Was stimmt? Alter. Die wichtigsten Antworten, Freiburg/Br. 2007.

–: Das letzte Lebensjahr. Die körperliche, psychische und soziale Situation des alten Menschen am Ende seines Lebens, Stuttgart 2007.

Küng, Hans: Projekt Weltethos, München 1990.

Küppers, Bernd-Olaf: Die Berechenbarkeit der Welt. Grenzfragen der exakten Wissenschaften, Stuttgart 2012.

Kurzweil, Ray/Terry Grossman: Fantastic Voyage: Live Long Enough to Live Forever, New York 2005.

Kurzweil, Ray: Singularity is Near, London 2006.

Lerg, Charlotte A.: Die Amerikanische Revolution, Tübingen 2010.

Lessing, Gotthold Ephraim: Nathan der Weise, in: Werke, hg. von Herbert G. Göpfert, Bd. 2, München 1971, 205–347.

Levinas, Emmanuel: Die Spur des Anderen. Untersuchungen zur Phänomenologie und Sozialphilosophie, 3. Aufl. Freiburg/Br./München 1992.

–: Zwischen uns. Versuche über das Denken an den Anderen, München/Wien 1995.

Lienemann, Wolfgang: Frieden. Vom «gerechten Krieg» zum «gerechten Frieden», Göttingen 2000.

–: Grundinformation Theologische Ethik, Göttingen 2008.

Lienkamp, Andreas: Klimawandel und Gerechtigkeit. Eine Ethik der Nachhaltigkeit in christlicher Perspektive, Paderborn u. a. 2009.

Lincoln, Abraham: Lincoln's Greatest Speech. The Second Inaugural, hg. von Ronald C. White Jr., New York 2002.

Lown, Bernard: Die verlorene Kunst des Heilens. Anstiftung zum Umdenken. Mit einem Vorwort von Ulrich Gottstein, 2. Aufl. Stuttgart 2004.

Lübbe, Hermann: Mediennutzungsethik. Medienkonsum als moralische Herausforderung, in: Hoffmann, Hilmar (Hg.): Gestern begann die Zukunft. Entwicklung und gesellschaftliche Bedeutung der Medienvielfalt, Darmstadt 1994, 313–318.

–: Gegenwartsschrumpfung und zivilisatorische Selbsthistorisierung, in: Frithjof Hager/Werner Schenkel (Hg.): Schrumpfungen. Chancen für ein anderes Wachstum. Ein Diskurs der Natur- und Sozialwissenschaften, Berlin/Heidelberg 2000, 11–20.

Luck, Edward C.: Der verantwortliche Souverän und die Schutzverantwortung, in: Vereinte Nationen 2008, H. 2, 51–58.

Luhmann, Niklas, Die Wirtschaft der Gesellschaft, Frankfurt/M. 1988.

–: Die Realität der Massenmedien, 4. Aufl. Wiesbaden 2009.

Luther, Martin: Der Große Katechismus, 1529, in: Evangelische Bekenntnisse, Teilband 2, 2. Aufl. Bielefeld 2008, 39–132.

–: Sermon von dreierlei gutem Leben, das Gewissen zu unterrichten, 1521, in: Weimarer Ausgabe, Bd. 7, 795–802.

–: Epistel S. Petri, gepredigt und ausgelegt, 1523, in: Weimarer Ausgabe, Bd. 12, 259–399.

Luz, Ulrich: Das Evangelium nach Matthäus, Bd. 3, Zürich und Düsseldorf/Neukirchen-Vluyn 1997.

MacIntyre, Alasdair: Der Verlust der Tugend. Zur moralischen Krise der Gegenwart, Frankfurt/M./New York 1987.

Mahbubani, Kishore: Marktwirtschaft kann Asien besser, in: Financial Times Deutschland, 9. Februar 2012.

Mahrenholz, Ernst Gottfried u. a.: Bericht zur Lage des Fernsehens für den Präsidenten der Bundesrepublik Deutschland Richard von Weizsäcker, Gütersloh 1994.

Maio, Giovanni: Mittelpunkt Mensch: Ethik in der Medizin. Ein Lehrbuch, Stuttgart 2012.

Maizière, Thomas de: Toleranz in internationalen Konflikten. Über Chancen und Grenzen der sogenannten Schutzverantwortung, in: Schatten der Reformation. Der lange Weg zur Toleranz (EKD-Magazin zum Themenjahr 2013), Frankfurt/M. 2013, 28 f.

Mangold, Ijoma: Liebe ist auch Glaubenssache. Gespräch mit Martin Walser, in: DIE ZEIT, 6. 10. 2011.

Mann, Thomas: Betrachtungen eines Unpolitischen (1918), Frankfurt/M. 2009.

Markschies, Christoph: Ist Theologie eine Lebenswissenschaft? Einige Beobachtungen aus der Antike und ihre Konsequenzen für die Gegenwart, Hildesheim u. a. 2005.

Marx, Reinhard/Arnd Küppers: Das Kapital. Ein Plädoyer für den Menschen, München 2008.
Maslow, Abraham H.: Motivation und Persönlichkeit, 12. Aufl. Reinbek 1981.
McLuhan, Marshall: Die magischen Kanäle – Understanding Media, Düsseldorf/Wien 1970.
–: Medien verstehen. Der McLuhan-Reader, Mannheim 1997.
Mead, George Herbert: Naturrecht und die Theorie der politischen Institutionen, in: ders., Gesammelte Aufsätze, Bd. 2, hg. von Hans Joas, Frankfurt/M. 1983, 403–423.
Meilaender, Gilbert/Werpehowski, William (eds.): The Oxford Handbook of Theological Ethics, New York 2005.
Meireis, Torsten: Tätigkeit und Erfüllung. Protestantische Ethik im Umbruch der Arbeitsgesellschaft, Tübingen 2008.
– (Hg.): Gewalt und Gewalten. Zur Ausübung, Legitimität und Ambivalenz rechtserhaltender Gewalt, Tübingen 2012.
Meyer, Andreas K. W. im Auftrag der Deutschen Oper Berlin (Hg.): Siebenjahrbuch MMIV-MMXI, Berlin 2011.
Meyers Konversations-Lexikon, 3. Aufl., Bd. 10, Leipzig 1877.
Meyers, Christopher (ed.): Journalism Ethics. A Philosophical Approach, New York 2010.
Mittelstraß, Jürgen: Wissen und Grenzen. Philosophische Studien, Frankfurt/M. 2001.
–: Bildung und ethische Maße, in: Nelson Kilius/Jürgen Kluge/Linda Reisch (Hg.): Die Zukunft der Bildung, Frankfurt/M. 2002, 151–170.
Mokrosch, Reinhold: Gewissen, in: Lexikon der Ethik im Sport, Schorndorf 1998, 223–228.
–: Gewissensbildung und Gewissenserziehung, in: Religion in Geschichte und Gegenwart, 4. Aufl. Bd. 4, Tübingen 2000, 907 f.
Möllers, Christoph: Demokratie – Zumutungen und Versprechungen, Berlin 2008.
More, Max: The Perils of Precaution, 2010 (www.maxmore.com/perils.htm).
Müller-Armack, Alfred: Wirtschaftslenkung und Marktwirtschaft (1947), München 1990.
Münkler, Herfried: Neue Kriege, 2. Aufl. Reinbek 2005.
Nationaler Ethikrat (Hg.): Die Zahl der Organspenden erhöhen – Zu einem drängenden Problem der Transplantationsmedizin in Deutschland. Stellungnahme, Berlin 2007.
Nida-Rümelin, Julian (Hg.): Angewandte Ethik. Die Bereichsethiken und ihre theoretische Fundierung, Stuttgart 2005.
Niebuhr, H. Richard: The Responsible Self, San Francisco 1978.
Niejahr, Elisabeth: Alt sind nur die anderen. So werden wir leben, lieben und arbeiten, Frankfurt/M. 2004.
Noleppa, Steffen: Klimawandel auf dem Teller. Ernährung – Nahrungsmittelverluste – Klimawirkung, Berlin 2012.

–/Harald von Witzke: Tonnen für die Tonne: Ernährung – Nahrungsmittelverluste – Flächenverbrauch, Berlin 2012.
Nolte, Paul: Was ist Demokratie? Geschichte und Gegenwart, München 2012.
Nunner-Winkler, Gertrud: Entwicklung des moralischen Bewusstseins, in: Lexikon der Ethik im Sport, Schorndorf 1998, 117–122.
Nussbaum, Martha: Die Grenzen der Gerechtigkeit. Behinderung, Nationalität und Spezieszugehörigkeit, Berlin 2010.
–: Political Emotions. Why Love Matters for Justice, Cambridge, MA 2013.
Patterson, Orlando: Freedom, vol. 1: Freedom in the Making of Western Culture, New York 1992.
Perpeet, Willy: Kulturphilosophie, in: Archiv für Begriffsgeschichte 20, 1976, 42–99.
Petersen, Thomas: Freiheit und bürgerschaftliches Engagement. Ergebnisse der aktuellen Allensbach-Studie, in: Herbert Quandt-Stiftung (Hg.): Freiheit – Sicherheit – Gleichheit. Perspektiven für unsere Gesellschaft, Freiburg/Br. 2012, 12–33.
Peuckert, Rüdiger: Familienformen im sozialen Wandel, 7. Aufl. Wiesbaden 2008.
Pfürtner, Stephan H. u. a.: Ethik in der europäischen Geschichte I: Antike und Mittelalter, Stuttgart 1988.
Picht, Georg: Wahrheit, Vernunft, Verantwortung. Philosophische Studien, Stuttgart 1969.
–: Hier und Jetzt: Philosophieren nach Auschwitz und Hiroshima I, Stuttgart 1980.
Pico della Mirandola, Giovanni: Über die Würde des Menschen (1486), 2. Aufl. Zürich 1989.
Pieper, Josef: Das Viergespann. Klugheit, Gerechtigkeit, Tapferkeit, Maß, München 1998.
Pies, Ingo: Gier und Größenwahn? – Zur Wirtschaftsethik der Wirtschaftskrise, Halle 2009.
Pilz, Gunter A.: Fangewalt, Rechtsextremismus und Diskriminierung im Fußballsport, in: Günther Deegener/Wilhelm Körner (Hg.): Gewalt und Aggression im Kindes- und Jugendalter. Ursachen, Formen, Intervention. Weinheim und Basel 2011, 233–250.
Pogge, Thomas: Weltarmut und Menschenrechte. Kosmopolitische Verantwortung und Reformen, Berlin/New York 2011.
Postman, Neil: Wir amüsieren uns zu Tode. Urteilsbildung im Zeitalter der Unterhaltungsindustrie, Frankfurt/M. 1993.
Qaim, Matin u. a.: Welternährung 2010: Was heißt das global? Und was heißt das für Deutschland?, in: Heinz Lohmann Stiftung (Hg.): Tagungsband zum 9. Ernährungssymposium: Global oder Lokal? Wie ernähren wir die Welt übermorgen?, Visbek 2013, 24–35.
Rahner, Karl: Zur Theologie des Todes, Freiburg/Br. 1958.

Rapp, Rayna: Testing Women, Testing the Fetus: The Social Impact of Amniocentesis in America, New York 1999.
Rappaport, Alfred: Shareholder Value, Stuttgart 1999.
Rau, Johannes: Wird alles gut? Für einen Fortschritt nach menschlichem Maß, Frankfurt/M. 2001.
Rauff, Helga (Hg.): Spielen zwischen Rausch und Regeln, Ostfildern-Ruit 2005.
Rawls, John: Eine Theorie der Gerechtigkeit, Frankfurt/M. 1975.
–: Die Idee des politischen Liberalismus. Aufsätze 1978–1989, Frankfurt/M. 1992.
–: Das Recht der Völker, Berlin/New York 2002.
–: Gerechtigkeit als Fairness. Ein Neuentwurf, Frankfurt/M. 2006.
Recki, Birgit: Kultur. Philosophisch, in: Religion in Geschichte und Gegenwart, 4. Aufl. Bd. IV, Tübingen 2001, 1824–1825.
–: Kulturphilosophie, in: Religion in Geschichte und Gegenwart, 4. Aufl. Bd. 14, Tübingen 2001, 1847–1848.
Reich, Jens: Zusammen Gott spielen, in: Focus Magazin Nr. 23/2010.
Reiner, Hans: Gewissen, in: Historisches Wörterbuch der Philosophie 3, Basel 1974, 547–592.
Reuter, Astrid/Hans G. Kippenberg (Hg.): Religionskonflikte im Verfassungsstaat, Göttingen 2010.
Reuter, Hans-Richard: Eigenverantwortung und Solidarität – Befähigung und Teilhabe. Zur neuen Gerechtigkeitssemantik in der evangelischen Sozialethik, in: Friederike Nüssel (Hg.): Theologische Ethik der Gegenwart. Ein Überblick über zentrale Ansätze und Themen, Tübingen 2009, 183–206.
–: Teilhabegerechtigkeit – Karriere und Unschärfen einer neuen Wertidee, in: Zeitschrift für Evangelische Ethik 56, 2012, 244–248.
–: Gewissen, in: Zeitschrift für Evangelische Ethik 56, 2012, 292–295.
–: Recht und Frieden. Beiträge zur politischen Ethik, Leipzig 2013.
Richter, Dieter/Jochen Vogt (Hg.): Die heimlichen Erzieher. Kinderbücher und politisches Lernen, Reinbek 1974.
Ridder, Michael de: Wie wollen wir sterben? Ein ärztliches Plädoyer für eine neue Sterbekultur in Zeiten der Hochleistungsmedizin, München 2010.
Rosa, Hartmut: Beschleunigung. Die Veränderung der Zeitstruktur in der Moderne, Frankfurt/M. 2005.
Rössler, Dietrich: Der Arzt zwischen Technik und Humanität, München 1977.
Sandel, Michael (Hg.): Plädoyer gegen die Perfektion. Ethik im Zeitalter der genetischen Technik, Berlin 2008.
Schaller, Christian: Gibt es eine «Responsibility to Protect»?, in: Aus Politik und Zeitgeschehen 46/2008, 9–14.
Schellnhuber, Hans-Joachim u. a. (Hg.): Global Sustainability. A Nobel Cause, Cambridge UK/New York 2010.
Schicha, Christian/Carsten Brosda (Hg.): Handbuch Medienethik, Wiesbaden 2010.
Schilling, Heinz: Martin Luther – Rebell in einer Zeit des Umbruchs. Eine Biographie, München 2012.

Schirrmacher, Frank: Das Methusalem-Komplott, München 2004.
Schlatzer, Martin: Tierproduktion und Klimawandel. Ein wissenschaftlicher Diskurs zum Einfluss der Ernährung auf Umwelt und Klima, Münster 2010.
Schleiermacher, Friedrich Daniel Ernst: Grundlinien einer Kritik der bisherigen Sittenlehre (1803), in: Schleiermachers Werke, hg. von Otto Braun und Johannes Bauer, Bd. I, Aalen 1967, 1–346.
Schockenhoff, Eberhard, Das umstrittene Gewissen, Freiburg/Br. 1990.
–: Zur Lüge verdammt? Politik, Medien, Medizin, Justiz, Wissenschaft und die Ethik der Wahrheit, Freiburg/Br. 2000.
–: Grundlegung der Ethik. Ein theologischer Entwurf, Freiburg/Br. 2007.
–: Ethik des Lebens. Grundlagen und neue Herausforderungen, Freiburg/Br. 2009.
Schöne-Seifert, Bettina: Grundlagen der Medizinethik, Stuttgart 2007.
Schröder, Richard: Ab wann ist der Mensch ein Mensch? Zum Status menschlicher Embryonen vor Beginn der Schwangerschaft, in: Nova Acta Leopoldina Neue Folge 116, Nr. 394 (2012), 269–284.
Schumpeter, Joseph A.: Kapitalismus, Sozialismus und Demokratie, 3. Aufl. München 1972.
Schweiker, William (ed.): The Blackwell Companion to Religious Ethics, Oxford 2008.
Schwemmer, Oswald: Die kulturelle Existenz des Menschen, Berlin 1997.
Schwöbel, Christoph: Toleranz aus Glauben. Identität und Toleranz im Horizont religiöser Wahrheitsgewissheiten, in: Christoph Schwöbel/Dorothee von Tippelskirch (Hg.): Die religiösen Wurzeln der Toleranz, Freiburg/Br. 2002, 11–38.
Sen, Amartya: Ökonomie für den Menschen. Wege zu Gerechtigkeit und Solidarität in der Marktwirtschaft, München 2000.
–: Die Identitätsfalle. Warum es keinen Krieg der Kulturen gibt, München 2007.
–: Die Idee der Gerechtigkeit, München 2010.
Shiva, Vandana: Gesundheit vom Acker – Frauen nutzen ihr Wissen zur Sicherung der Ernährung, in: Deutscher Ethikrat (Hg.): Die Ernährung der Weltbevölkerung – eine ethische Herausforderung, Berlin 2012, 67–71.
Siemens, Werner von: Das naturwissenschaftliche Zeitalter, Berlin 1886.
Stevenson, Robert Louis: Strange Case of Dr. Jekyll and Mr. Hyde, ed. by Kathrine Linehan, New York, NY 2003.
Strub, Jean-Daniel: Der gerechte Friede. Spannungsfelder eines friedensethischen Leitbegriffs, Stuttgart 2010.
Struth, Thomas: Fotografien 1978–2010, München 2010.
Suchanek, Andreas: Ökonomische Ethik, 2. Aufl. Tübingen 2007.
Sunstein Cass R.: Gesetze der Angst. Jenseits des Vorsorgeprinzips, Frankfurt/M. 2007.
–: Infotopia. Wie viele Köpfe Wissen produzieren, Frankfurt/M. 2009.
Taylor, Charles: Negative Freiheit? Zur Kritik des neuzeitlichen Individualismus, Frankfurt/M. 1988.

Taylor, John: Body Horror. Photo Journalism, Catastrophe and War, New York 1998.
Teichert, Will: Medienethik, in: Julian Nida-Rümelin (Hg.): Angewandte Ethik. Die Bereichsethiken und ihre theoretische Fundierung, 2. Aufl. Stuttgart 2005, 804–833.
Tellkamp, Uwe: Hermeswerft. Uhrenvergleich mit Neo Rauch, in: Hans-Werner Schmidt/Bernhart Schwenk (Hg.): Neo Rauch. Begleiter, Ostfildern 2010, I–VIII.
Tesch-Römer, Clemens: Soziale Beziehungen alter Menschen, Stuttgart 2010.
Theunissen, Michael: Freiheit und Schuld – Freiheit und Sünde, in: Heinrich Bedford-Strohm u. a. (Hg.): Freiheit verantworten. Festschrift für Wolfgang Huber, Gütersloh 2002, 343–356.
Thomas, Günter/Isolde Karle (Hg.): Krankheitsdeutung in der postsäkularen Gesellschaft, Stuttgart 2009.
Thomas, Günter: Krankheit und menschliche Endlichkeit. Eine systematisch-theologische Skizze medizinischer Anthropologie, in: Gregor Etzelmüller/Annette Weissenrieder (Hg.): Religion und Krankheit, Darmstadt 2010, 293–316.
Tomasello, Michael: Die Ursprünge der menschlichen Kommunikation, Frankfurt/M. 2009.
Trivers, Robert: The Evolution of Reciprocal Altruism, in: Quarterly Review of Biology 46, 1971, 35–57.
Ulrich, Peter: Integrative Wirtschaftsethik. Grundlagen einer lebensdienlichen Ökonomie, 4. Aufl. Bern u. a. 2008.
–: Zivilisierte Marktwirtschaft. Eine wirtschaftsethische Orientierung, Neuausgabe Bern u. a. 2010..
Vieregge, Henning von: «Der Ruhestand kommt später». Wie Manager das Beste aus den silbernen Jahren machen, Frankfurt/M. 2011.
Virchow, Rudolf: Die Gründung der Berliner Universität und der Übergang aus dem philosophischen in das naturwissenschaftliche Zeitalter, Berlin 1893.
Vogl, Joseph: Das Gespenst des Kapitals, Zürich/München 2010.
Vogt, Markus: Prinzip Nachhaltigkeit. Ein Entwurf aus theologisch-ethischer Perspektive, München 2009.
Voltaire: Über die Toleranz, in: ders., Recht und Politik, hg. von G. Mensching, Frankfurt/M. 1986.
Walzer, Michael: Sphären der Gerechtigkeit. Ein Plädoyer für Pluralität und Gleichheit, Frankfurt/M. 1992.
–: Erklärte Kriege – Kriegserklärungen, Hamburg 2003.
–: Arguing about War, New Haven 2004.
Warnach, Walter: Freiheit, in: Historisches Wörterbuch der Philosophie, Bd. 2, Basel 1972, 1064–1083.
Weber, Max: Wissenschaft als Beruf, 1917/1919. Politik als Beruf, 1919, Tübingen 1994.

–: Die protestantische Ethik und der Geist des Kapitalismus, 1904/05 und 1920, 3. Aufl. München 2010.
Weilert, Katarina A.: Fortpflanzungsautonomie als Anspruch, in: Zeitschrift für Evangelische Ethik 57, 2013, 48–61.
Weinrich, Harald: Über das Haben. 33 Ansichten, München 2012.
Weizsäcker, Carl Friedrich von: Der bedrohte Friede. Politische Aufsätze 1945–1981, München 1981.
Weizsäcker, Ernst-Ulrich von u. a.: Faktor Fünf. Die Formel für nachhaltiges Wachstum, München 2010.
Weizsäcker, Viktor von: Körpergeschehen und Neurose. Psychosomatische Medizin (Gesammelte Schriften, Bd. 6), Frankfurt/M. 1986.
–: Der Gestaltkreis. Theorie der Einheit von Wahrnehmen und Bewegen (Gesammelte Schriften, Bd. 4), Frankfurt/M. 1997.
–: Pathosophie (Gesammelte Schriften, Bd. 10), Frankfurt/M. 2005.
–: Warum wird man krank? Ein Lesebuch, Frankfurt/M. 2008.
Wiegerling, Klaus: Medienethik, Stuttgart/Weimar 1998.
Williams, John R. (ed.): World Medical Association – Medical Ethics Manual, Ferney-Voltaire Cedex 2005.
Wingren, Gustav: Beruf II. Historische und ethische Aspekte, in: Theologische Realenzyklopädie, Bd. 5, Berlin/New York 1980, 657–671.
Winkler, Heinrich August: Der lange Weg nach Westen, Bd. I: Deutsche Geschichte vom Ende des Alten Reiches bis zum Untergang der Weimarer Republik, München 2000.
Wittenberg-Zentrum für globale Ethik: Leitbild für verantwortliches Handeln in der Wirtschaft, Wittenberg 2010 (http://www.wcge.org/download/120206_leitbild-de_Unterschriften_0.pdf{10. 02. 2012}).
Wolf, Ernst: Peregrinatio. Studien zur reformatorischen Theologie, zum Kirchenrecht und zur Sozialethik, Bd. 2, München 1965.
World Health Organisation: Ottawa Charta zur Gesundheitsförderung,1986 (http://www.euro.who.int/__data/assets/pdf_file/0006/129534/Ottawa_Charter_G.pdf{11. 02. 2012}).
Zentrale Ethikkommission der Bundesärztekammer (Hg.): Priorisierung medizinischer Leistungen im System der Gesetzlichen Krankenversicherung (GKV), in: Deutsches Ärzteblatt 104, H. 40 (2007), A 2750 – A 2754 (Langfassung: http://www.zentrale-ethikkommission.de/downloads/LangfassungPriorisierung.pdf {8. 2. 2012}).
Ziegler, Jean: Wir lassen sie verhungern. Die Massenvernichtung in der Dritten Welt, München 2012.
Zimmermann, Olaf/Gabriele Schulz: Wa(h)re Kunst. Über den Doppelcharakter von Kulturgütern und kulturellen Dienstleistungen, in: Politik & Kultur 1/2013, 15.

Personenregister

Das Register enthält nur Hinweise auf Stellen, an denen die Personen im Text erwähnt werden. Bloße Quellennachweise sind nicht aufgenommen.

A
Annan, Kofi 138
Appiah, Kwame Anthony 125
Arendt, Hannah 44, 142
Aristoteles 24, 27, 79 f., 135, 204 f.
Assmann, Jan 80
Augustin, Kirchenvater 229

B
Bacon, Francis 244
Barnard, Christiaan 182
Benedikt von Nursia 146
Benjamin, Walter 170
Bertalanffy, Ludwig von 177
Bismarck, Otto von 213
Blumenberg, Hans 243
Böckenförde, Ernst-Wolfgang 210
Bonhoeffer, Dietrich 65, 115, 120, 155, 201, 235
Brauchitsch, Eberhard von 271
Brauchitsch, Helga von 271
Brecht, Bertolt 65–67, 173

C
Calvin, Johannes 148
Cassirer, Ernst 92 f.
Chomsky, Noam 95
Cicero 93

Ciechanover, Aaron 191
Claudius, Matthias 273
Conze, Werner 149

D
Dallaire, Roméo 228
Dietze, Constantin von 155
Dink, Hrant 103 f.
Dink, Rahel 103
Dreier, Horst 277
Dulles, John Foster 232
Dworkin, Ronald 18 f.

E
Erikson, Erik 111
Eucken, Walter 154 f.

F
Forst, Rainer 220
Freud, Sigmund 108

G
Gaulle, Charles de 267
Geertz, Clifford 93
Geiger, Arno 260
Gilligan, Carol 290
Goethe, Johann Wolfgang von 217 f.
Guttenberg, Karl-Theodor zu 200–202

H
Habermas, Jürgen 18 f., 43 f., 58
Habyarimana, Juvénal 228
Hahn, Otto 169
Heisenberg, Werner 169
Heitmeyer, Wilhelm 99
Hippokrates 184
Hitler, Adolf 201
Holmes, Oliver Wendell jr. 10
Huizinga, Johan 96
Huntington, Samuel 92, 220

J
Jefferson, Thomas 122
Jesus von Nazareth 56 f., 65 f., 85 f., 89, 163, 235, 268
Joas, Hans 60, 124
Jonas, Hans 119, 175, 253

K
Kant, Immanuel 10, 19, 91, 114, 116, 124, 126
Karl V., Kaiser 105
Knoepffler, Nikolaus 223
Kohlberg, Lawrence 111, 114
Konstantin, röm. Kaiser 163
Korczak, Janusz 67
Kurzweil, Ray 57 f.

L
Lampe, Adolf 155
Lessing, Gotthold Ephraim 217
Levinas, Emmanuel 119, 125
Lévi-Strauss, Claude 266
Lincoln, Abraham 232
Lown, Bernard 190
Lübbe, Hermann 134, 136
Lübbe, Weyma 195
Luther, Martin 104 f., 108, 146, 148 f., 229, 261

M
MacIntyre, Alasdair 205

Maio, Giovanni 187
Marx, Karl 144
Maslow, Abraham H. 64
Maxentius, röm. Kaiser 163
McCain, John 202
McLuhan, Marshall 133
Meiners, Christoph 177
Merkel, Angela 200
Mittelstraß, Jürgen 86
Mohammed 89
More, Max 255
Mozart, Wolfgang Amadeus 89
Müller-Armack, Alfred 154 f.
Murray, Joseph 182

N
Neuenfels, Hans 89
Niebuhr, H. Richard 121
Nietzsche, Friedrich 108, 205
Nobel, Alfred 169
Nussbaum, Martha C. 83

O
Obama, Barack 202

P
Paulus, Apostel 107, 162, 204
Phidias 56
Piaget, Jean 111
Platon 91, 204, 272
Praxiteles, griech. Bildhauer 56
Pufendorf, Samuel 92

R
Rapp, Rayna 53 f.
Rau, Johannes 276
Rauch, Neo 153
Rawls, John 16, 82 f.
Reich, Jens 171
Reuter, Hans-Richard 233
Rössler, Dietrich 187
Rousseau, Jean Jacques 91

S

Sachs, Gunter 271
Schirrmacher, Frank 265
Schleiermacher, Friedrich 205
Schumpeter, Josef 157
Sen, Amartya 79, 83, 99, 160, 258
Shiva, Vindana 76
Siemens, Werner von 173
Steinmeier, Frank-Walter 182
Stevenson, Robert Louis 288
Struth, Thomas 23
Sunstein, Cass R. 136

T

Tellkamp, Uwe 153
Thomas von Aquin 110, 146, 222

U

Ulpian, röm. Jurist 78 f.

V

Virchow, Rudolf 173
Voltaire 221

W

Walser, Martin 23
Weber, Max 120, 148 f., 172, 209, 213
Weizsäcker, Carl Friedrich von 169
Weizsäcker, Viktor von 190
Wingren, Gustav 150

Z

Zwingli, Huldrych 148

Sachregister

Das Register enthält ausgewählte Schlagwörter. Halbfette Seitenzahlen verweisen auf Hauptstellen zu dem jeweiligen Begriff.

A
Abtreibung *s*. Schwangerschaftsabbruch
Alter 32, **267–269**
- Altenpflege, private und professionelle 263 f.
- Altersversorgung 265 f., 268

Arbeit 141–146, 148, 150–152
- Arbeitsethos, protestantisches 148–150
- Arbeitslosigkeit 80, 142
- Arbeitsverhältnisse und -formen 141–144
- Arbeitsverständnisse, antike, jüdische und christliche 144–149
- Erwerbsarbeit 36, **141–143**, 147
- Familien- und Eigenarbeit **143 f.**, 147
- Fließbandarbeit 150
- Freiwilligenarbeit **143**, 147
- –, journalistische 130 f.

Armut 64 f., 74, **77 f.**, 84, 88, 138, 151, 160 f., 163, 234, 283
- –, absolute 64 f., **77 f.**
- –, relative 77 f.

B
Behinderung **60–62**, 242
Beruf **146–148**
- Berufstätigkeit 36 f.
- Berufsverständnisse, reformatorische 146–149
- und Familie 36 f., 142
- zur Politik 209 f.

Beschneidung 214–216
Bestattungsriten 65, **273 f.**
Bestechlichkeit 208 f.
Bildung **83–88**, 140 f., 193
- –, berufliche 128
- Bildungsinstitutionen 95, 127 f.
- –, gesundheitliche 193
- in Entwicklungsländern 75, 88
- –, musikalische 100 f.
- –, sprachliche 95

C
Care **36**, 83, 187, 196 f.

D
Demografischer Wandel 27 f., 37, 143, **185 f.**, 265 f.
Demokratie
- –, direkte 213
- –, repräsentative 212

Diskriminierung
- –, sexuelle 21
- im Sport 99 f.

Doping 97 f.

Sachregister

E

Ebenbild Gottes *s.* Gottebenbildlichkeit
Egoismus 66–68
Ehe 25, 29, 33, 35
Embryo 29, **40–49**, 55
– embryonaler Mensch oder menschlicher Embryo 42–46
– Embryonenschutz 29, 41, 45 f., 48
– Entwicklung des 43–46
Ethik **9–15**, 17–20, 22, 29
– Bereichsethiken 286 f.
–, christliche 15–17, 19 f., 65 f., 161–164
–, deontologische **205**, 207
– des Genug 258
–, Dimensionen der 22, 286
– Fernstenethik 125 f.
– Gesinnungsethik 120, 209
– Individualehtik 22, 286
– Internetethik 129 f., 137–139
– und das Gute **18–20**, 67, 111, 131, 206
– und Moral **18–20**, 66 f.
–, Philosophische 15, 18 f., 205, 285 f.
– Sexualethik 20 f., 29
– Sozialethik 22, 286
–, Theologische 15–17, 242, 285 f., 290
– Tugendethik 204–207
–, utilitaristische 205
– Verantwortungsethik 15, 46 f., **120–128**, 209

F

Familie 24–38
– als Versorgungsgemeinschaft 30 f.
– Familienpolitik 36–38
– und Beruf 141 f.
Fankultur 99 f.
Finanzmarktregulierung 166–168
Freiheit **11–15**, 58 f., 80–83, 173, 179, 242, 283

–, absolute 13
–, christliche 14 f.
–, kommunikative 14
–, negative 12
–, positive 12 f.
– und Gerechtigkeit 80–83
– und Kunst 90
–, verantwortete 15, 17, 155 f.
Friede, gerechter 231–234
Fürsorge 31 f., 36 f., 56, 67 f., 121, 278, 280 f., 289 f.

G

Geburt 30, 44 f.
–, anonyme 27, 51
Geisteswissenschaften 176, 181
Geld 163
Generationen, Verhältnis der 27 f., 32, 34–37, 70, 162 f., 243, 246–248, 261–265
Gerechtigkeit 78–84, 283, 289 f.
– Befähigungsgerechtigkeit 84, 87 f., 150 f.
– Beteiligungsgerechtigkeit 80, 84, 150 f., 283
–, distributive 79 f.
–, kommutative 79 f.
–, konnektive 80
–, kontributive *s.* Beteiligungsgerechtigkeit
–, soziale 81–84, 138, 234, 249
–, transformative 81, 83
Gesundheit 187–189
– Gesundheitsverantwortung 193
– Gesundheitswesen 185 f., 192–197
–, Recht auf **191 f.**, 274 f.
Gewissen **104–116**, 208, 222
–, folgsames 107 f., 112
– Gewissensbildung 110–113
– Gewissensentscheidungen 109 f., 114, 208, 222
– Gewissenskonflikte 109 f.
– in der Politik 208

–, mündiges 108, 112
Gewissensfreiheit 104–106, 113–115, 224
Glaube, christlicher 221 f., 272 f.
Glaubensfreiheit s. Religionsfreiheit
Gleichberechtigung von Männern und Frauen 24, 27, 36, 161
Globalisierung 256, 284
Glück **28–30**, 204
Goldene Regel 16, 163 f., 262 f.
Gottebenbildlichkeit 23 f., 56, 58, 120, 124, 145, 222, 244
Grundbedürfnisse 30, **63–75**, 90
Guten und Richtigen, die Frage nach dem **18–20**, 67, 111, 206

H
Hippokratischer Eid **184**, 275
Hirntod 198 f., 274
Homosexualität 21, 29 f., 35

I
Identitätsfalle 99, 219 f.
Individualität, menschliche **26**, 58
Inklusion 60, **242 f.**
Internet 129 f., 136–139

J
Journalismus 130–133

K
Kernenergie 256
Kirche, christliche 206
Klimawandel 119 f., 250
Kommunikation
–, digitale 132–134, 284
–, (zwischen)menschliche 64 f., 111, 132, 136, 201
Kosmopolitismus/Weltbürgertum 124–128
Krieg
–, gerechter **229–231**, 235 f.
–, Recht im 229

–, Recht nach dem 231
–, Recht zum 229
Kultur 90–102
– Kulturpolitik 101 f.
– Popkultur 101
– und Ethik 94
Kunst 90, **100–102**
– und Natur 91 f.

L
Landwirtschaft 74–76, 88, 248
Leben
–, gelingendes **18 f.**, 67
–, menschliches 48, 59, 91, 188 f., 258, 267, 283 f., 287 f.
– Lebensführung 10, 46 f., 57, 71, 106, 128, 155, 267, 277, 286
– Lebensgemeinschaften 25, 35
– Lebenslauf 22, 287
– Lebenswissenschaften 55, 59, **174–179**, 181
Lebensmittel 68–77
Leib-Seele-Problem 272

M
Massentierhaltung 71 f.
Medien 115, **132–137**
– Medienethik 130–139
– Mediengesellschaft 115, 127
– Mediennutzungsethik/Publikumsethik 134 f.
Medizin **187–196**, 274 f.
– medizinische Bedürftigkeit 195
– medizinische Kosteneffizienz 195 f.
– medizinischer Nutzen 195 f.
–, personalisierte 190 f.
Meinungsfreiheit 104–106, **115 f.**
Mensch
– als Beziehungs-/Gemeinschaftswesen **23 f.**, 26, 41 f., 64, 95, 188, 264, 273, 281, 290 f.
– als *homo ludens* 96
– als Kulturwesen 90, 93

Sachregister

- als Mängelwesen 64, 91
- –, embryonaler 42, *s. a.* menschlicher Embryo
- –, Gottesverhältnis des 14 f., 80, 179 f., 222
- –, Urzustand des 91 f.

Menschenbild 26, **56–58**, 121 f.
- –, biblisches/jesuanisches **56 f.**, 188
- der Medizin 187 f., 191
- –, olympisches **56 f.**, 188

Menschenrechte 106, **121–124**, 126, 129, 185, 192, 210–212, 284

Menschenwürde 42–44, 60–62, 80 f., 97, 122–126, 139, 151, 161, 170, 197, 211, 221, 242, 248, 286

Moral 10, **17–20**, 66–68
- in der Politik 203
- und Ethik **18–20**, 66 f.
- und das Richtige **18–20**, 111, 131, 206

Moral hazard 158 f.

Musik 100 f.

N

Nachhaltigkeit 126, **161 f.**, 175, **244–249**, 285

Nächstenliebe 56 f., 146 f., 197–199, 248, 276, 290

Naturwissenschaften 173, 176 f., 187, 244

O

Ordoliberalismus 154 f.

Organspende 182 f., 197–199

P

Palliativmedizin 279–281

Patientenverfügung 279–281

Perils of precaution 255

Politik
- als Beruf 209 f.
- politische Lüge 202 f.

Präimplantationsdiagnostik 55

Pränataldiagnostik 40 f., 53 f., 55

Precautionary principle 252–255

Profit, wirtschaftlicher 157 f.

Pro life/Pro choice-Debatte 40 f.

R

Recht auf Differenz 210 f.

Recht und Gewalt, Verhältnis von 106, 234–236, 239 f.

Religion 285 f.
- Religionskonflikte 219 f., 222 f., 226
- Religiöse Ethik 15–17
- und Staat 225–227
- –, Wahrheitsanspruch der 217 f., 222 f.

Religionsfreiheit 104–106, 113–115, 210 f., 214–216, 225–227

Reproduktionsmedizin 29, 41, 45–48, 51, 55

Responsibility to Protect 236–239

Rüstungsexport 239 f.

S

Schöpfung 243 f.
- Schöpfungsberichte 23 f., 244

Schutzverantwortung *s. Responsibility to Protect*

Schwangerschaft 39–52
- Schwangerschaftsabbruch 39 f., 48–54

Selbstbestimmung
- des Menschen 11, 19, 42 f., 56, 133, 178, 283
- des Patienten 185 f., 279 f.
- des Sterbenden 274 f., 277, 279–281
- –, reproduktive 40 f., 50 f.

Selbsttötung 275, 277 f.
- Beihilfe zur 275 f., 278

Sexualität 21, 29 f.

Solidarität 155 f., 193, 289

Soziale Marktwirtschaft **154–156**, 165

Sozialethik, evangelische 17, 155 f.
Sozialisation 31 f.
Soziallehre, katholische 17, 155 f.
Spiel 96
Sport 96–100
Sprache 95, 217
Sterben 199, 267, 272, **274–277**
– Beistand im Sterben 276, 278 f.
– Sterbehilfe 275 f., 278 f.
Subsidaritätsprinzip 155
Suizid s. Selbsttötung

T
Talent **85 f.**, 269
Teilhabe, gesellschaftliche 84 f., 140 f.
Tod 178, 198, 267 f., 272 f., 274, 277
Toleranz
–, Ablehnungs-Komponente der 220 f.
–, Akzeptanz-Komponente der 221
–, gesellschaftliche 224
–, persönliche 224
–, politische 225
–, religiöse 216–218, 220–223
– und Christentum 221 f.
–, Zurückweisungs-Komponente der 221
Transaktionssteuer 167
Tugenden 135 f., **204–207**
Tutiorismus 43

U
Umweltethik 286

Ungehorsam, bürgerlicher 114 f.
Unsterblichkeit 57 f.
Urheberrecht 137

V
Verantwortung 118–121, 126–128
– für andere 66–68, 151
– für sich selbst 67 f., 290
–, politische 209
– Unterscheidung von Verantwortung vor/für 121
– vor Gott 46, 106, 121
Verantwortungsethik 285
Verletzlichkeit/Vulnerabilität 20, 56, 188, 191, 267
Vorsichtsprinzip s. *Precautionary principle*

W
Wahrheitspflicht 200–203
– in der Politik 202 f.
– in der Wissenschaft 172 f.
Wettbewerb, wirtschaftlicher/ Wirtschaft 289
Widerstandsrecht 114 f., 235
Wissenschaft
– und Wahrheit 172 f., 176 f.
– Verantwortung der 179–181
Wohlstand 249 f.

Z
Zukunft 119 f., 285